Heinrich Friedjung

Kaiser Karl IV. und sein Anteil am geistigen Leben seiner Zeit

Heinrich Friedjung

Kaiser Karl IV. und sein Anteil am geistigen Leben seiner Zeit

ISBN/EAN: 9783743617834

Hergestellt in Europa, USA, Kanada, Australien, Japan

Cover: Foto ©ninafisch / pixelio.de

Manufactured and distributed by brebook publishing software (www.brebook.com)

Heinrich Friedjung

Kaiser Karl IV. und sein Anteil am geistigen Leben seiner Zeit

KAISER KARL IV.

UND SEIN ANTHEIL

AM GEISTIGEN LEBEN SEINER ZEIT.

VON

HEINRICH FRIEDJUNG.

WIEN 1876.

WILHELM BRAUMÜLLER

K. K. HOF- UND UNIVERSITÄTSBUCHHÄNDLER.

MEINEN GELIEBTEN ELTERN

GEWIDMET.

Inhaltsverzeichniss.

Einleitung.

Die zwei Jahrhunderte von dem Fall der Hohenstaufen bis
zum Aufblühen der humanistischen Studien und bis zur Regung des
reformatorischen Geistes in Deutschland haben erst seit kurzer Zeit
die Aufmerksamkeit der deutschen Historiker auf sich gezogen.
Sonst sprach man von dieser Periode nur wie von einer Zeit des
Uebergangs, die an sich des Interesses nur wenig einzuflössen vermag. Wie nun jedes Ding, das nicht um seiner selbst willen betrachtet
wird, in der Schätzung zu kurz kommt, oder wegen seiner nur
mittelbaren Folgen uns wichtiger dünkt als es verdient, so auch
diese Epoche. Für den Geschichtsschreiber, der die glorreiche Zeit
des deutschen Kaiserthums im Mittelalter schilderte, für den Schätzer
unserer grossen Dichter der staufischen Periode war sie eine Zeit
der Nachzügler und Ausläufer, des Verfalls und des Unglücks des
deutschen Volkes; für denjenigen dagegen, der die wissenschaftlichen
und religiösen Bewegungen des 15. und 16. Jahrhundertes zu verstehen suchte, eine Epoche, in der er die hoffnungsvollen Keime für
alles Grosse der Zukunft aufgehen sah. Wies jener auf die Demüthigung Ludwig des Baiers, auf die Ohnmacht König Wenzels
und Ruprechts von der Pfalz hin, so sprach dieser von der deutschen
Hansa und ihrer Herrschaft über den Norden Europas; wenn der
Eine das Verkümmern des deutschen Wesens im vlämischen Belgien, in dem die burgundischen Herrscher französische Sitte und
Sprache grosszogen, wenn er die Loslösung Hollands und der Schweiz
von der Gesammtentwicklung Deutschlands beklagte, so mochte jener
mit Stolz erzählen, dass sich bis zur Schlacht bei Tannenberg und
bis zu den hussitischen Kriegen die deutsche Zunge über Meklen-

burg, Pommern und Preussen, über Böhmen, Mähren und Schlesien,
über Steiermark und Kärnthen, das deutsche Recht bis tief nach
Ungarn und Polen siegreich ausbreitete. In gleichem Schwanken
muss man zugestehen, dass Heinrich der Teichner, Oswald von Wol-
kenstein nur unwürdige Nachfolger Walters von der Vogelweide und
Wolframs von Eschenbach waren; allein wer vermöchte zu leugnen,
dass die Mystiker dagegen für die abgezogensten Begriffe der Philosophie eine Prosa schufen, aus deren Gehalt und wohl auch aus
deren Form Luther die mächtigste Anregung schöpfte?

Derselbe Widerstreit der Meinungen macht sich geltend, wenn
man andere Aeusserungen menschlichen Lebens ins Auge fasst. In
unaufhaltsamem Niedergang sehen wir unter Anderem die Scola-
stik begriffen. Wer immer die Weltgeschichte nicht in den Rahmen
eines selbstgebildeten Begriffs des Fortschrittes der Menschheit
zwängt, dem wird die scholastische Philosophie in ihrer Entwicklung
und Blüthe als eine der grössten Anstrengungen des menschlichen
Geistes gelten. Auf diesem Gebiete nun hat der Geschichtsschreiber
der Philosophie ein Ermatten der Forschung in Europa zu verzeichnen, aus dem erst Baco und Descartes die Geister aufrüttelten.

Allein gerade als der Tiefsinn der Menschen an der Lösung der
Frage von dem Verhältnisse der Philosophie und der Religion er-
mattete, fiel es wie Schuppen von ihrem leiblichen Auge, ihr Form-
sinn erwachte und die Welt des Schönen tauchte empor in jener
Zeit, die man schlechtweg die „Wiedergeburt" nennt. —

Will man sich nun zwischen diesen widersprechenden Gesichtspunkten zurechtfinden, so bleibt nichts übrig, als sich in die Dinge
selbst hineinzuversetzen und ihnen nach eigenem Werth Rang und
Stellung in der Geschichte anzuweisen. Dann werden die Erscheinungen des 14. und 15. Jahrhunderts nicht allein als Ausläufer
und Vorgänger, sondern auch als selbstständige Individualitäten hervortreten. Nicht minder aber werden die Entwicklungen, deren Wir-
kungen sie gewesen sind, und deren Ursachen zu werden sie wieder
bestimmt waren, an Klarheit vor unserem Auge gewinnen.

Doch kann es mir nicht einfallen, eine Aufgabe, wie es die
Darstellung der Culturgeschichte des 14. und 15. Jahrhunderts ist,
in ihren vollem Umfange lösen zu wollen. Eine Monographie wie die
vorliegende darf allerdings den Zusammenhang ihres Gegenstandes
mit der Entwicklung des Ganzen nicht aus dem Auge verlieren,
allein sie kann das Gesammtbild der Zeit nur von dem Standpunkt

ihres Stoffes erscheinen lassen. Es kann nur in der Wahl des Letzteren grössere oder geringere Veranlassung liegen, die Erscheinungen einer Epoche vollständiger vorzuführen. Es wird Persönlichkeiten geben, welche im engen Rahmen ihrer Entwicklung ein Bild ihrer Zeit bieten, und so denjenigen, der ihre Bedeutung zu schildern versucht, nöthigen, in seiner Arbeit weiter auszuholen und die Bausteine von der Ferne herbeizuführen. — Als eine solche Persönlichkeit ist in vollem Masse Karl der Vierte anzusehen. Es gibt kaum eines der oben besprochenen Verhältnisse, zu denen Karl nicht Stellung nimmt, kaum eine geistige Bewegung in seiner Zeit, zu der er nicht in freundliche oder feindliche Beziehung getreten wäre, der er nicht Anregung verdanken würde. Eine vollständige Darstellung seines Lebens müsste in ungezwungenster Weise zur Schilderung seiner Zeit anwachsen. Selbst wenn man von seinem politischen Wirken absieht, wie es die vorliegende Schrift thut, und sich auf den verhältnissmässig engen Kreis seiner literarischen Beziehungen beschränkt, müssen die hervorragendsten Richtungen seiner Zeit gestreift, manche genauer erörtert werden.

Entstammt ist Karl dem Geschlechte der Luxemburger, dessen Sprosse Heinrich VII. den deutschen Kaiserthron bestieg und in dem ritterlichen Streben nach der Bewältigung Italiens den Tod fand. Sein abenteuerlicher Sinn, sein feuriger Geist, dem das Nahe zu eng und das ferne Ziel allein ruhmvoll schien, vererbte sich auf seinen Sohn Johann, der durch seine Vermählung mit Elisabeth, Tochter Wenzel II., König von Böhmen wurde. Dessen Sohn nun war Karl der Vierte, dessen Wiege schon von dem Kampfe zwischen Adel und Städten, zwischen deutschem und czechischem Wesen umtobt wurde. Mit seinem siebenten Jahre kam er nach Paris, wo er die tiefen Eindrücke der Kindheit empfing und durch seinen Lehrer, Peter von Fescan, den späteren Papst Clemens VI., für immer für die scholastisch-päpstliche Richtung seiner Umgebung gewonnen wurde. Da wurde er schon gegen den Einfluss der freisinnigen Franziskaner geschützt, die unter Wilhelm von Ockam gegen das Papstthum kämpften; hier unter dem Einflusse der Lehrer der Pariser Universität gewann er Interesse für die scholastische Wissenschaft, in der er selbst ein eingeweihter Kenner geworden ist.

Mit dem fünfzehnten Jahre kam er nach Italien, wo ihm das Treiben der Parteien den praktischen Sinn schärfte und ihm einen Einblick in die Lehren der ghibellinischen Partei verschaffte, deren

erlauchtester Vertreter, Dante, mit den Waffen der Wissenschaft
seine Ansicht verfochten hatte, die ihm bald von den Anhängern
Ludwigs des Baiers abgeborgt wurden. Nach Böhmen zurückgekehrt,
erwies sich Karl als trefflicher Verwalter des zerrütteten Königs-
reichs; mit seinem Vater durchzog er dann halb Europa und ward
theils durch den Einfluss seines Lehrers, des nachmaligen Papstes
Clemens VI., theils durch die Politik seines Hauses gegen die Theorien von der Hoheit des Kaiserthums eingenommen, die er auch als
deutscher König von sich wies. Weniger feindselig zeigte er sich
anfangs gegen die Mystiker, deren Haupt Johann Tauler ihm bei
seinem Aufenthalt in Strassburg lebhaftes Interesse einflösste. Allmählig gewann er jenes besonnene Wesen, das sich so recht im
Gegensatz gegen seinen Vater ausbildete; seine Pläne reiften, und
als er 1347 den deutschen Königsthron bestieg, konnte er seine
längstüberdachten Absichten ins Werk setzen. Der Kaisername sollte
ein glänzender Titel bleiben; in Deutschland schaffte er nothdürftige
Ordnung; in den traurigen Formen, die sich bis an den Ausgang
des deutschen Reiches fortschleppten, auf Böhmen concentrirte sich
sein ganzes Streben. Der Streit der Nationalitäten in Böhmen wich
unter seiner unparteiischen Fürsorge, die eine slavische Liturgie
ins Leben rief und der deutsche Dichter ein Mittel waren, das den
Glanz seiner Regierung erhöhte. Die deutsche Mystik wurde von dem
streng kirchlichen Monarchen unterdrückt; dafür sollte die neugegründete Prager Universität der Mittelpunkt der scholastischen Bildung für Deutschland und für den slavischen Osten werden.

Nirgends wurde der Sinn für kirchlichen Prunk, für den Glanz
des Gottesdienstes, für die Aeusserlichkeiten der Reliquienverehrung
so hoch getrieben, als damals in Böhmen. Der Religion dienten
Wissenschaft und Kunst, deren hervorragendste Vertreter aus Frankreich, Deutschland, Italien geholt wurden, um die ausgebildeten Formen der französischen Gothik und der italienischen Malerei nach
Böhmen zu übertragen. Die Geschichtschreibung, die freilich in dieser höfischen Atmosphäre keine freien Flüge unternehmen konnte,
wurde gepflegt und ein berühmter italienischer Reisender Johann
von Marignola nach Prag gezogen.

Bildet so die Regierung Karl des Vierten einen letzten Höhepunkt der versinkenden alten Zeit, so ist der immer regsame Herrscher nicht unempfänglich für das Herannahen einer neuen Epoche.

Er wird aufmerksam auf die Schäden der Kirchenverfassung

und gewährt Schutz und Duldung jenen kühnen Predigern, die die
Geschichte als Vorläufer Hussens nennt; die classische Welt, deren
Wiedererweckung Franz Petrarca ein Leben voll Begeisterung und
Talent widmet, berührt mit ihrem Zauber sein Gemüth und er geniesst den Ruhm, eine Richtung gewürdigt zu haben, die mit ihren
weltlichen, auf das Menschlich-Schöne gerichteten Zielen seinem
innersten Wesen von vornherein fremd war. Während er selbst in
seiner schriftstellerischen Thätigkeit, der wir seine Selbstbiographie,
eine Legende des heiligen Wenzel und eine Predigt in lateinischer
Sprache verdanken, ganz der alten Richtung angehört, zeigt er sich
in seinem Briefwechsel mit Petrarca, in seinem Verkehr mit Zanobi
di Strata als Förderer des Humanismus. Seine Thätigkeit als Gesetzgeber ist nicht reformirend, denn er sammelt nur die alten Rechte
der Fürsten Deutschlands bei der Kaiserwahl, die Gewohnheiten in
Böhmen und in Brandenburg; allein sie gemahnt durch diese con-
sequenten Veranlassungen zu Codificationen an die gesetzgeberische
Thätigkeit moderner Herrscher, die dem Geiste des Mittelalters
vollständig fremd ist.

Wo wir demnach hinblicken, gewahren wir einen nimmermüden
Geist, der Verständniss für das Verschiedenartigste erweist und mit
weitem Blicke alles zu Förderung seines ·Königreiches verwendet.
Karl IV. zeigt keinen Funken des Genies, das neue Bahnen ein-
schlägt und anweist; durch Arbeit hat er sich auf die Höhe seiner
Zeit emporgeschwungen; er sucht durch Fleiss zu ersetzen, was die
Natur ihm versagte.

Wohl mochte dann manches Errungene das Steife des Aner-
zogenen an sich tragen, wohl mochten viele seiner Institutionen an
dem Künstlichen ihrer Hervorbringung kranken und zu Grunde
gehen; immerhin geniesst er den Ruhm, dass er sich keiner Zeit-
bewegung feindselig gegenübergestellt, sondern jede zu würdigen gewusst hat. Wohl sprengte manche die Fessel, innerhalb deren er sie
zu leiten gedachte; die nationale, die reformatorische und die
humanistische Richtung halfen das zerstören, was ihm das Liebste
an seinen Schöpfungen gewesen ist: allein jede blieb ihm dankbar
als ihrem Beschützer oder als dem, der ihr die nothwendigste Lebens
luft gewährt hatte.

Aus dieser Darlegung erhellt, dass in der vorliegenden Arbeit
manche Abschweifung von dem Mittelpunkte derselben gemacht
werden muss, wenn Karls Wesen richtig verstanden werden soll. Es

wird häufig schwierig sein, die Einheit der Darstellung mit der Forderung der Vollständigkeit zu vereinigen. Der Plan der Arbeit ist
nun der: in den einzelnen Abschnitten die Personen und Verhältnisse,
mit denen Karl IV. in Berührung kam, jedesmal in einer gewissen
Abgeschlossenheit zu schildern, wobei jedoch der Bildungsgang dieses
Monarchen der Faden sein soll, der die verschiedenen Bilder vereinigt. Deshalb werden die Geistesrichtungen des 14. Jahrhunderts in
jener Reihenfolge geschildert werden, in der sie für die Entwicklung
Karls von Wichtigkeit geworden sind. Naturgemäss wird Karl IV.
anfangs nur wenig hervortreten, da er zuerst der Aufnehmende und
Lernende ist; immer mehr wird sich sein Charakter vor unsern
Augen entwickeln, immer bestimmender wird sein Geist auf die
Verhältnisse einwirken, bis wir uns in den spätern Abschnitten ausschliesslich mit seinem Wirken beschäftigen werden.

Der erste Abschnitt wird sich mit den Parteien beschäftigen
müssen, die in seiner frühesten Jugend in Böhmen mit einander
kämpften: wir werden den trefflichen Geschichtsschreiber dieser Zeit,
Peter von Zittau genau kennen lernen und durch dessen Persönlichkeit, Ansichten und Parteistellung Verständniss für die künftige
Entwicklung Karls gewinnen.

Karl IV. Jugendjahre. Die Parteien in Böhmen und Peter von Zittau.

Karl IV. wurde am 14. Mai 1316 zu Prag geboren und erhielt in der Taufe den Namen Wenzel. Dies war der Name des Schutzpatrons seines Landes und zugleich seines mütterlichen Grossvaters Wenzel II. Dessen Sohn Wenzel III., der seinem Vater 1305 folgte, war diesem durchaus unähnlich; die Rathschläge der Freunde seines Vaters, unter ihnen auch Abt Konrads von Königsaal zurückweisend, verprasste er mit seinen Zechgenossen die königlichen Güter und fand nach kurzem, wüsten Leben einen frühen Tod durch den Dolch eines Mörders (1306). Da das Königsgeschlecht der Premisliden mit ihm im männlichen Stamme ausgestorben war, so eilte der deutsche König Albrecht, Böhmen als heimgefallenes Reich betrachtend, herbei und setzte seinen erstgebornen Sohn Rudolf als Herrscher ein, indem er sich auf die gleiche Rechtsanschauung der deutschen Bürger und eines Theiles des Adels stützte [1]). Doch Rudolf starb schon im nächsten Jahre im Unfrieden mit seinen Baronen, obwohl er zur Mehrung seiner Ansprüche die Witwe König Wenzel II. heiratete. Wieder drängte jene deutschgesinnte Partei zur Anerkennung der Rechte des Reiches; doch Albrechts Zug nach Böhmen, um seinen zweiten Sohn Friedrich den Schönen einzusetzen, mislang; er selbst fiel bald darauf durch die Hand seines Neffen Johann Parricida; seine Anhänger in Böhmen wurden theils getödtet,

---

[1]) Schlesinger, die Deutschböhmen unter den Luxemburgern. Schriften des Vereins für die Geschichte der Deutschen in Böhmen. 5. Jahrg., 3. Heft und 6. Jahrg., 1. Heft.

wie der Landmarschall Thomas von Bechin und der Prager Hiltmar
Fridinger, theils vertrieben, wie der reiche Wolfram aus Prag, theils
beugten sie sich, wie die deutschen Cistercienser unter die Stimmung des Landes, das die Deutschen als Fremde betrachtete.

Wenzel III. älteste Schwester Anna schien ihrem Gemahl Herzog Heinrich von Kärnthen die nächsten Rechte auf den Thron zu
geben und so ward dieser zum König gewählt. —

Wenn auch weder Heinrich seinen früheren Gegnern ihren
Widerstand, noch diese ihm seinen Sieg verziehen, so äusserte sich
doch anfangs kein für ihn gefährlicher Gegensatz. Bald aber zog ihn
ein tiefgehenderer Widerspruch grundsätzlicher Natur, den er nicht
zu versöhnen verstand und in dem er selbst zu Grunde ging, in seine
Kreise. Deutsches Bürgerthum und czechischer Adel standen sich
schon lange feindselig gegenüber; unter Heinrichs schwacher Regierung trafen die Gegner zuerst im Kampf aufeinander. Wohl mit
des Königs Vorwissen und geheimer Mitwirkung brachen die Bürger
zuerst los und bemächtigten sich der Häupter des Adels durch un-
vorgesehenen Ueberfall, als diese im Cistercienserstift Sedlez mit
Heinrichs alten Gegnern, jenem Wolfram und den deutschen Aebten
zu uns unbekanntem Zweck Rath hielten. Persönliche Feindschaft
und principielle Gegnerschaft verwirren das Land, in dem jetzt Alles
durcheinanderkämpft, Freund und Feind in fast unscheidbarem Los-
schlagen jedes Unheil über Böhmen entfesseln.

Nur zwei Punkte scheinen in der allgemeinen Verwirrung fest zu
stehen, des deutschen Königs Heinrich VII. lehensherrliches Recht und
die Hoffnung auf Elisabeth, der Königin Anna jüngere Schwester.
Jenes eigenmächtige Vorgehen der Städter lag nicht im Wunsche
der Aebte von Sedlez und Königsaal, zumal da jene es mit dem
verhassten Heinrich von Kärnten hielten; allein das Reich und die
geliebte Tochter ihres Gönners Wenzel II. hielten auch sie hoch
und all' ihr Bestreben ging dahin, Beider Interessen zu vereinigen.
Mit eigener Gefahr begab sich Abt Konrad von Königsaal mit seinem
treuen Capellan Peter von Zittau an den Hof König Heinrich VII.,
den sie bewogen, seinen Sohn Johann in ihr Vaterland zu schicken,
um diesem den Frieden zu schenken, sich selbst mit der Hand
Elisabeths die Königskrone zu holen. Johann erfüllte diese Aufgabe
unter Führung Erzbischof Peters von Mainz aufs Glänzendste und
schien das Land zu neuem Leben zu erwecken.

An allen Wandlungen und Kämpfen, die hierauf folgten, hat

auch Peter von Zittau, der bekannte Geschichtsschreiber [1]) selbst-
thätig theilgenommen, und da er sie alle selbst beschrieben hat, so
wird mit der Schilderung seiner Person auch eine genaue Kenntniss-
nahme aller Verhältnisse, unter deren Einfluss Karl heranwuchs
und sich bildete, Hand in Hand gehen können. —

Peter, aus Zittau in der Lausitz stammend, trat bald nach der
Stiftung von Königsaal in dieses Kloster [2]). Als ihn sein Wunsch, ein
gesichertes Heim zu finden, an ein Kloster gewiesen habe, sei er, so
erzählt er, lange mit sich zu Rathe gegangen, wohin er sich wenden
solle. Sei es wohl klug, den Orden der Franciskaner zu wählen, „der
behäbigen Bettler, der Freunde der Welt, die unter dem Volke
wohnen, unter ihm die Lehre ausstreuen?" oder solle er sich an
die Dominikaner wenden, „die fleckenlos wandelnden, die durch die
Zonen eilen, durch den süssen Hauch der Rede den Glauben verbreiten, die mit Tugenden getränkt, als Leuchte auf den Stän-
der gesetzt sind, die dem matten Geiste Heilung bringen, dem
Schuldtragenden Verzeihung reichen. Wenn sie auch arm unter den
schwarzen Kutten einhergehen, so pflegen sie doch des Studiums,
üben das Geistesspiel, gewichtige Gründe statt der Lanzen schleu-
dernd." Da treten auch die Augustiner vor ihn hin, die reichen,
sorgenfreien; die Kreuzherren, die den Freuden der Welt nachgehen,
wohl nur, wie er ironisch hinzusetzt, um sich mühevoller zu ihrer
Pflicht durchzuringen. Endlich aber gewinnt ihn der Orden der Cistercienser, die in Waldeinsamkeit leben, Sparsamkeit predigen, sich
an die Niedrigen wenden, all' die Verlockungen der Welt und des
Hochmuths fliehen und in den Fussstapfen der purpurnen Märtyrer,
der leuchtenden Bekenner einherwandeln. —

Das neugestiftete Königsaal, schön und still gelegen, schien
ihm der rechte Ort, um die edlen Vorsätze eines jungen Novizen

---

[1]) Das 2. Buch s. Chronik herausg. von Freher Script. rer. Bohemiae
p. 21—85; die ganze Chronik von Dobner Monumenta Bohem. hist. V. B. Die
Literatur bei Lorenz Deutschlands Geschichtsquellen S. 209 und 326. Dann
J. Loserth, Die Königsaaler Geschichtsquellen im Archiv für österr. Geschichte.
B. 51, S. 449—501. Palacky Italienische Reise. Abh. d. böhm. Ges. 5. Folge.
2. Band.

[2]) Dobner Monumenta V, p. 417. Dass die Stelle p. 413, wo einem ein-
tretenden Novizen die Abtwürde prophezeit wird, sich auf Peter bezieht, hat
Heidemann, Forschungen 1869 gezeigt. Loserth nimmt an, er sei erst 1303 oder
1304 ins Kloster eingetreten. Archiv B. 51, S. 470.

zur Reife zu bringen. Er fand allerdings nicht die Ruhe, die er, wie
er glaubte, gesucht hatte, wohl aber eine Rührigkeit, die seinen Anlagen weit besser entsprach. Da galt es für die rüstigen Mönche
sich wohnlich einzurichten, ihre Güter zu verwalten und zu coloni-
siren, daneben die Wissenschaft zu pflegen und den Einfluss ihres
Ordens, der auf König Ottokar II, der Goldenkron, und auf Wenzel II,
der Königsaal gestiftet hatte, gleich gross war, zu wahren. Wurden
doch die Cistercienser von den klugen Königen besonders geschätzt,
da sie es verstanden, deutsche Anbauer ins Land zu ziehen und den
Boden urbar zu machen. Die Brüder des Ordens in Böhmen waren
fast ausschliesslich Deutsche [1]) und betrachteten das Stift Waldsassen
in Baiern als Mutterkloster. Während die Aebte Johann III. von
Waldsassen, Heidenreich [2]), dessen mehr als vierzigjährige Wirksamkeit als Abt von Sedlez 1320 endete, Konrad, der erste Abt von
Königsaal eine einflussreiche Rolle in den öffentlichen Angelegenheiten spielten, war neben jenem Johann noch Otto, der zweite Vorsteher von Königsaal, wissenschaftlich thätig. Johann III., der 16. Abt
seines Klosters, wie Peter rechnet [3]), der Heidenreich — einstens für

---

[1]) Die Namen der 12 ersten Mönche von Königsaal sind durchgehends
deutsch (Chronicon Aulae Regiae p. 87); ebenso alle Namen später vorkommen-
der Klosterbrüder: Fridericus Bavarus (S. 253), Theodricus Thuringus (S. 257)
etc. Zur Geschichte des Klosters könnten auch die Formeln in dem Formelbuch des Stiftes Ossek benutzt werden. Palacky, Formelbücher I. S. 239 und
241 in Abh. d. böhm. Ges. und Wiss. 5. Folge, 1. Band. Erst 1348 wandte sich
Karl IV. an den Generalabt der Cistercienser, dass er die böhmischen Aebte
anweise nicht mehr, wie bisher, die Einheimischen ganz auszuschliessen. Palacky,
Formelbücher S. 361.

[2]) Heidenreich ist schon 1282 Abt zu Sedlez (Chronicon Aulae Regie
p. 68 bei Dobner, Monumenta V), ward etwa 1303 Abt zu Waldsassen. (Die
Geschichte von Waldsassen siehe bei Oefele S. S. rerum Boicarum S. 50 ff.)
Er verliess indessen Waldsassen bald, um nach Sedlez zurückzukehren.

[3]) Die Zählung der Aebte schwankt überhaupt. Die Chronik bei Oefele
rechnet auch den Abt von Walderbach, der in Waldsassen nur kurze Zeit
fungirte, nicht mit. Die Regierungszeit Johann III. bestimmt sich folgendermassen: Abt Theodorich, der 13. Abt, trat unter Papst Benedikt XI. ab (also
October 1303—Juli 1304); Otto, der 14. Abt, regierte zwei Jahre; Heidenreich
nur zwei Monate; Udalrich, der 15. Abt, 6½ Jahre. Demnach wird Johann III.
1313 gewählt. Mit dieser Angabe des Chronicon bei Oefele stimmt auch
Jongelinus, Notitia Abbatiarum Ord. Cisterc. Anderseits erzählt die Chronik,
dass Johann IV., Nachfolger Johann III., 1322—1337 regiert habe. Loserth
S. 479 richtet sich nach letzterer Angabe.

zwei Monate Vorsteher von Waldsassen — offenbar nicht mitzählt, stammte aus Elbogen in Böhmen, trat seine Stelle 1313 an und legte sie nach dreizehnjähriger Thätigkeit nieder. Ihn verehrte Peter als älteren Freund, der ihn oft anregte und ermunterte. Johann selbst beschäftigte sich mit der Geschichte seines Klosters und schrieb zur Erbauung seiner Mitbrüder ein Buch über das Leben ehrwürdiger Glieder desselben, reich mit Wundern und Sagen ausgestattet, wie sie im Geschmacke des Zeitalters lagen [1]). Diesem Buche weist Peter, da es nicht rein theologischen Inhalts ist, nur einen Platz an der Schwelle des Stiftszeltes zu. Einmal eifert Johann seinen jüngern Freund zur Lesung des moralischen Commentars des h. Gregor zu Hiob an. Peter wieder pflegte mündlich und schriftlich Leben und Treiben aus seinem Kloster. Erbauliches zumeist, doch auch Politisches, und was in die Wirthschaft des geistlichen Hauses einschlug, nach Waldsassen zu melden [2]). Jene Wundergeschichten hat Johann dem Peter, als er Abt zu Königsaal geworden war, gewidmet. Im eigenen Kloster fand Letzterer an Bruder Otto, dem zweiten Abt von Königsaal, einen weit bedeutenderen Darsteller geschichtlicher Ereignisse, die dieser in dem Buche der Gründung von Königsaal, von dem wir noch sprechen müssen, niederschrieb. —

Nicht minder fand Peter Gelegenheit, seine praktischen Anlagen zu üben. Sie wurden früh bemerkt, denn sehr bald verwandte ihn sein Kloster zu manchen Sendungen, wie er der stete Begleiter seines Abtes Konrad auf dessen wichtigen diplomatischen Reisen wurde.

Bei dieser mannigfachen Thätigkeit fand sich Peter im Kloster schneller zurecht, als ihm dies bei ascetischem Leben möglich gewesen wäre. Dies äussert sich auch in der poetischen Epistel, die er

---

[1]) Herausgegeben von Bernh. Pez in der Bibliotheca ascetica Tom. VIII §. 4. pag. 465: De vita venerabilium monasterii und nach einer Handschrift von 1420 benutzt in der Chronik des Priors Otto († 1508) (bei Oefele) unter dem Titel Origines et revelationes quaedam. Diesen Otto meint wohl auch Vischius in der Bibliotheca scriptorum sacri ord. Cisterc. unter jenem Otto Prior von Waldsassen, den er 1307 sterben läst. Das Fragmentum historiae dipl. monasterii Sedlicensis ab anno 1143 usque ad a. 1363 deductae, das Pelzel im Leben Karl IV., II. S. 481, aus dem MS. citirt, scheint noch ungedruckt zu sein.

[2]) Die Widmung bei Pez, Bibl. ascet. VIII. p. 467.

noch als Novize an einen Freund richtete, der sein Glück bei den
Kreuzherren versucht hatte, ein Erzeugniss seiner Laune, aus der
schon oben ein Stück citirt wurde.

Launig und schalkhaft schildert er den früheren Zwist in
seinem Herzen; aber ihm erscheinen jetzt die Kämpfe zwischen den
Verlockungen der Sinne und den strengen Forderungen seines Kleides
von der heiteren Seite. Er spricht nicht mit dem Ernste eines
Büssers, der sich selbst überwunden, sondern mit der ü b e r l e g e n e n
Feinheit eines Mannes, dem die Herzenskämpfe als Spiel der Jugend
als nothwendige ernste Episode des Lebens erscheinen, die der
Humor zu verklären bestimmt ist. Und es i s t Ueberlegenheit, da eine
solche Denkungsart in Peters Zeitalter ungewöhnlich war, wo sie nicht
auf Leichtfertigkeit beruhte. —

Die Chronik Ottos über die Gründung von Königsaal wurde
schon erwähnt; sie ist uns in den 51 ersten Capiteln der Chronik
dieses Klosters [1]) und zwar, wie es scheint, unverändert erhalten.
Selbst die Einleitung, die der Verfasser zu ihr schrieb [2]), ging unverändert in das grössere Werk über, so dass sie für Letzteres zu
eng wurde. Um so viel weniger mag an dem Verlaufe des Buches
gebessert worden sein. In jenem Prolog sagt Otto, er sei vielfach
aufgefordert, eine Geschichte des verewigten König Wenzel II. zu
schreiben; doch scheine ihm diese Aufgabe zu schwer, und so wolle
er denn nur einige der vornehmsten Thaten Ottokars und jenes
Monarchen schildern, um dann die Gründung von Königsaal genauer
zu erzählen. Dieser Inhalt stimmt auf das Genaueste mit der Summe
desjenigen, was Peter selbst als Ottos Arbeit bezeichnet. Nach dem
Tode Wenzels, wahrscheinlich aber kurz vor 1314, wo Peter an die
Fortsetzung der Arbeit ging, schrieb der Verfasser jenes Buch; in
der That ist der chronologische Faden nur lose festgehalten, wenn
auch der persönliche Antheil, den der Autor an den Dingen nimmt [3]),

------

[1]) Vgl. Die Widmung an den Abt von Waldsassen und Dobners Einleitung.

[2]) Caput 1. des 1. Buches, auch Prologus genannt, des Chronicon Aulae
Regiae.

[3]) Siehe Beginn des Caput XXI, wo er sein Staunen und seinen Schrecken
kundgibt, als Zawisch von Rosenberg mit einem Male als Verräther seines
Stiefsohnes König Wenzel behandelt wird. Dass Otto nicht schon nach der
Gründung von Königsaal schrieb, geht aus der Stelle aus seinem Prolog hervor, in der Wenzel II. († 1305) als verstorben erwähnt ist.

auf jeden Fall auf einen Zeitgenossen und nicht auf den jüngeren
Peter als den Geschichtsschreiber hinweist. Auch die eingestreuten
leoninischen Verse sind das Werk Ottos, da sie vollständig in den Text
verwebt sind, oft selbst den angefangenen Satz poetisch fortführen [1].
Die Darstellung ist breit und trefflich characterisirend, so dass uns
Personen und Verhältnisse mit der grössten Lebhaftigkeit vor Augen
stehen. Wo der König thätig in die Gründung des Klosters miteingreift,
da wird der historische Styl zu interessanter Kleinmalerei
auf dem Gebiete klösterlichen Lebens, wie sie uns in belehrenderer
Weise nur in den Schicksalen des St. Gallusklosters geboten wird.
Eigenthümlich ist es, wie er da fast jedem der zwölf ersten Mönche
des neuen Klosters, die er aufzählt, ein wohltönendes Epitheton beilegt,
sich selbst aber den Schamhaften nennt, etwa, weil er diesmal
selbst in der Erzählung hervortreten muss.

Im Kloster ward das Buch mit Recht als treffliches Denkmal
werthgehalten; man wünschte dann aus kundiger Hand eine Weiterführung
bis herab zur Gegenwart. Otto starb im März 1314, offenbar
mitten in der Bearbeitung seines Buches, da er doch sonst
Musso gehabt hätte, selbst die Fortsetzung seines Buches zu übernehmen,
die nun einem Jüngeren zufiel.

Wie kaum ein Anderer war Peter hiezu geeignet, der wohl
schon früher eine oder die andere der Schriften [2] verfasst hatte, die
auch sonst seinen Namen tragen Seine Predigten liegen gesammelt in
der Leipziger Bibliothek, eine chronologisch-astronomische Schrift [3]
zu Heiligenkreuz, aus einem Buch der Geheimnisse — meist Wundergeschichten
enthaltend – hat er selbst einiges in die Königsaaler
Chronik aufgenommen [4]. Er stand damals im kräftigsten Mannes-

---

[1] Diesen Punkt hat Lorenz, Deutschlands Geschichtsquellen p. 215 in
Frage gestellt. Er meint, dass die Verse eine poetische Umschreibung eines
späteren Umarbeiters, etwa Peters wären. Seite 34, 36, 37, 41, 44, 46 etc. sind
die Verse nur Fortführungen von Sätzen im untrennbaren Zusammenhang mit
der Prosa, wie nur der erste Autor geschrieben haben kann. Loserth im österr.
Archiv B. 51 S. 463 schliesst sich der Ansicht Lorenz' an. Seine sorgsame
Untersuchung S. 491-499 kann mich nicht überzeugen.

[2] Peschek's Nachtrag im N. Lausitzischen Magazin XII.

[3] Sie steht im Codex Nr. 286 fol. 95 und besteht in einem Cisionianus,
d. h. Verson auf die Witterungsverhältnisse jeden Monates, dann einem Kalender.

[4] Auf poetische Regeln für angehende Cleriker hat Loserth österr. Archiv
B. 51, S. 455 Anm. 2 aufmerksam gemacht.

alter und in jeder Beziehung auf der Höhe seiner Laufbahn. Die
Königsfamilie war ihm verpflichtet, er selbst ein getreuer Freund
der Königin; die Einsetzung des luxemburgischen Hauses in Böhmen
war zum guten Theile sein Werk. das noch nicht, wie einige Jahre
später, stark ins Wanken gerathen war. Als Konrad nach der Niederlegung der Abtswürde durch Otto zum zweiten Male Vorsteher
des Klosters wurde und wieder abdicirte, traf die Wahl Peter von
Zittau (1316).

Um diese Zeit schrieb er denn auf Anregung Abt Johanns
von Waldsassen das Königsaaler Zeitbuch seinem grössten Theile
nach, so weit es uns als erstes Buch überliefert ist, und widmete
es jenem Freunde.

Die Richtigkeit dieser Zeitbestimmung ergibt sich daraus, dass
die Begebenheiten bis zum Mai 1315 in grossen systematischen
Gruppen, ohne durchgängige chronologische Reihenfolge erzählt
werden [1], dass aber die folgenden Ereignisse, sowohl dieses Buches
als der beiden nächsten, genau in der Folge der Zeit mitgetheilt sind.

Der unbefangene und vielseitige Geist Peters äussert sich in
der Widmung von Abt Johann. Es gäbe, meint Peter, unter den
strebsamen Gemüthern verschiedene Richtungen. Die Einen beschäftigen sich nur mit der heiligen Schrift, die Andern versenken sich
in Allegorien und mystisches Erkennen, Andere in die Erklärung
sprachlicher Formen, manche in die Lesung weltlicher Chroniken.
„Ihrer Aller Bemühung, denke ich, ist, wenn auch nicht gleich, zu
loben. In jedem Stoffe, den das fromme Gemüth sammelt, kann es,
der fleissigen Biene vergleichbar, immer etwas finden, aus dem es

---

[1] Seite 205—240 die Bemühungen um die Erhebung Elisabeths, 240 —
281 die Regierung Johann bis zum Tode seines Vaters, 281—334 die Geschichte Heinrich VII. Dann folgt der Zug gegen Mathias von Trentschin, Juni
1315. die streitige Königswahl 1313. sodann aber von Seite 341 alle Ereignisse
genau chronologisch Begebenheiten die nach 1316 fallen, sind im ersten Buche.
auch wo es nothwendig wäre, nirgends berührt; so lässt Peter Wenzel III. zu
Olmütz ruhen und kennt noch nicht die Ueberführung seiner Leiche nach
Königsaal 1326. Wohl aber kennt Peter S. 107 bei der Abdankung Papsts Cö-
lestins 1296 dessen Canonisation 1313, Seite 196 beim Jahr 1306 die Vertreibung Heinrichs, die 1310 fällt. S. 343 Aug. 1316 schreibt er gleichzeitig: ubi
adhuc manet. Seite 181 zum Jahr 1307 erwähnt er den Tod Annas von Kärnthen, † 3. Okt. 1313. Einen treffenden Beweis für das Jahr 1316 führt auch
Loserth Archiv. B. 51. S. S. 478.

auswählend Förderung der Tugend und Erkenntnis gewinnen kann."
Er hält eine solche Vielseitigkeit für nothwendig; selbst aus den
Fabeln der Philosophen könne die ernste Wahrheit herausgefunden
werden. So hält er auch seine Mühe nicht für unnütz, wenn er
sich der Schilderung der Geschichte seines Landes hingebe.

Die Form und der Umfang der Darstellung war ihm durch
sein Vorbild, dem er sich genau anschloss, vollständig gegeben. Die
jedesmal zusammengehörenden Ereignisse sind je zu einem Capitel
zusammengefasst, in das oft poetische Stücke, theils erzählenden,
theils betrachtenden Inhalts verwebt sind. Zumal die letzten Thaten
König Wenzel II. sind in der panegyrischen Form Ottos beschrieben.
Dann aber drängten sich, wie es der erweiterte Zweck des Buches
verlangte, das ursprünglich nur als Gründungsgeschichte des Klosters
angelegt war, die politischen Gesichtspunkte hervor und die Fülle
des Stoffs schafft sich unter den lobspendenden Einkleidungen
Raum. —

Es mag vielleicht zu weit ausgeholt erscheinen, wenn ich ausser
diesen Thatsachen, die um die Zeit der Geburt Karl IV. des Sohnes
König Johanns fallen, auch ihren Eindruck auf Peter, wie er sich
in dessen Chronik spiegelt, wiedergebe. Indessen wird dadurch auf
Karls spätere Stellung zwischen den nationalen und politischen Parteien seines Landes ein so helles Licht fallen, dass diese scheinbaren
Abschweifungen entschuldigt sein werden.

Peter von Zittau war ein Deutscher aus einer Stadt, die zum
Königreich Böhmen gehörte; aus dieser Stellung ergibt sich fast seine
ganze Auffassung der Verhältnisse. Wie seine Zeitgenossen unter der
hoffnungsreichen Regierung Heinrich VII., so setzt auch er alle Zu-
versicht auf das deutsche Kaiserthum und vindicirt ihm die Herrschaft der Welt; er begeistert sich für die Tapferkeit, die seine
deutschen Landsleute auf dem Römerzuge bewährten [1]. Seine letzte
Hoffnung ist das Reich; doch so innig ist wieder seine Hingebung
nicht, dass sie seine sonstigen Antipathien überwinden könnte. Seine
politische Stellung, sein Hass gegen Heinrich von Kärnthen, seine
Liebe zu Elisabeth bestimmten ihn bisweilen, mit wenig Achtung
vom kaiserlichen Rechte zu sprechen. So legt er dort, wo sich Heinrichs Gemahlin Anna auf Urkunden des Kaisers beruft, wenig Werth

---

[1] Chronicon Aulae Regiae bei Dobner, Monumenta p. 288, 291.

auf solche Begründung [1]). Das deutsche Reich hat Rechte auf Böhmen; sein Gefühl aber ist ganz auf Seite seines engeren Vaterlandes.

Obgleich selbst Parteimann der deutschen Prinzen aus dem Hause Habsburg beklagt er es dennoch tief, dass das Land sich nach dem Aussterben der heimischen Könige einen Fürsten aus „fremden" Stamme erbetteln müsse. Wo der Gegensatz „deutsch oder böhmisch" lautet, da steht er auf letzterer Seite: dass ein böhmischer Ritter im Turnier nach der Vermählung Elisabeths über die Deutschen den Sieg davon getragen hat, erfüllt ihn mit Freude und begeistert ihn zu einer Ansprache des böhmischen Wappens, des zweischwänzigen Löwen, dem er baldige Erhöhung prophezeit. So erwärmte sich der Deutsche von jeher für den engeren Kreis, der ihn schützte und in dem er eine Heimat gefunden hatte [2]).

Anders aber, wo sich der Slave dem Deutschen feindlich entgegenstellt, wo jemand ihm sein Volk und seine Sprache höhnt. Das rauhe Wort des Erzbischofs von Gnesen, die Deutschen seien Hundsköpfe, wird diesem rücksichtslos zurückgegeben. Als höchstes Lob der Königin Gutha, der Gemahlin Wenzel II., gilt ihm, dass sie beiden Stämmen des Landes gerecht wurde. Dieses Nationalgefühl aber geht nicht so weit, dass er sich stets mit seinen deutschen Landsleuten in Böhmen eins fühlte. Vergleicht man diese Stellung mit der energischen Scheidung, die der czechische Chronist Dalimil zwischen dem fremden deutschen und dem czechischen Volk vollzieht, so sieht man darin das Uebergewicht, das die Czechen durch ihren Raceninstinct voraus hatten. Eben so sehr beweist aber auch der beiden Chronisten Werk, um wie viel der Deutsche dadurch an unbefangener Würdigung menschlicher Verhältnisse voraus ist. Dalimil sieht in dem böhmischen Adel den natürlichen Führer des czechischen Volkes; er wendet sich zwar oft von diesem Stande ab, wo er Sonderinteressen vertritt, kehrt aber immer zu dem Verirrten zurück. Peter von Zittau dagegen sieht in dem deutschen Bürgerthum nicht den natürlichen Halt, fühlt nicht immer, dass es ihm durch Abstammung und Sprache eng verbunden sein und bleiben soll.

Es muss für ausgemacht gelten, dass das Bild Heinrich des Kärnthners in Peters Chronik mit viel zu düstern Farben gemalt

---

[1]) Chronicon Aulae Regiae. Cap. 85.

[2]) Die betreffenden Stellen hat Heidemann in den Forschungen 1869 gesammelt.

ist [1]). Unser Chronist hat einen Schleier über die Conspirationen zu Sedlez gegen Heinrich [2]) geworfen, hinter dem die Schuld der Gegner des Letzteren nicht vollständig unsichtbar bleibt. Die Härte des schwachen Königs gegen die Cistercienser mag sich von da an datiren; Peter aber zählt die Tage der Tyrannei von der Thronbesteigung Heinrichs. Ganz entsprechend der oben dargelegten Charakteristik Peters überträgt dieser nun seinen ganzen Hass gegen König Heinrich auf die deutschen Städte, die fast ausnahmslos bis zu dessen Vertreibung an ihm hingen. Wo sein Blick nicht durch Voreingenommenheit getrübt ist, da gesteht er seine Achtung vor dem Städtewesen unumwunden ein [3]); diesmal aber gedenkt er der Erhebung der deutschen Bürger wie einer widernatürlichen, unberechtigten Anmassung, die sie treibt, es dem Adel durchaus gleichthun zu wollen.

Schon Peters entschiedene Parteinahme für den Adel in dem Kampfe der beiden Stände unter Heinrich von Kärnthen könnte, wenn uns nichts weiter bekannt wäre, bezeugen, dass das Bürgerthum im Ganzen zu Heinrich hielt, der Adel aber seinen Sturz bewirkte [4]). —

In dieser cholerischen Stimmung ist das Buch Peters geschrieben. Sie wird durch seinen Kummer über den Jammer des Landes, durch seine oft rührend geäusserte Anhänglichkeit an Elisabeth, durch seinen Zorn über die Verwüstung seines geliebten Klosters erhöht. Diese Gefühle, wie der Dank für den glücklichen Ausgang aller Wirren sind mit ausdrucksvollen Zügen und in einem Stile ausgedrückt, der alle jene Töne wiederzugeben vermag.

Obwohl Peter sein Werk schon 1314 oder 1315 begonnen haben mochte [5]), so fand es doch einen passenden Abschluss erst mit

---

[1]) Siehe die Abhandlung Heidemanns „Heinrich von Kärnthen als König von Böhmen" in den Forschungen zur deutschen Geschichte 1869, Heft 3. S. 471—511.

[2]) Ebenso unklar sind — wohl nicht ohne Absicht — die Begebenheiten vor der Krönung Rudolfs geschildert.

[3]) Non erat intentio istorum civium, quod Domino suo regi vellent in aliquo rebellare sed ipsum super communi statu regni fideliter et sagaciter informare.

[4]) Nur Wolfram und die von den Hähnen nehmen eine abgesonderte, oft zweideutige Stellung unter den Prager Bürgern ein.

[5]) Die regelmässige Angabe von Monats- und Tagesdaten beginnt S. 274 mit dem 6. Januar 1313.

1316, wo er zum Abte seines Klosters gewählt wurde. Da beendigte
er es und schickte es mit der Widmung und mit seinem Testamente
an den Abt von Waldsassen. —

Traurige Jahre folgten nun, während welcher er die Früchte
seines Thuns dahin schwinden sah. Während er nun seinem Vorsatze
gemäss sein Werk erweiterte, indem er die Ereignisse gleichzeitig
niederschrieb, mochte sich eine immer bitterere Stimmung bei ihm
einfinden. Siebzehn Jahre lang schrieb er unermüdet die wenig er-
hebenden Erlebnisse nieder, deren Zeuge er war. Dann aber glaubte
er wieder zu einem Abschlusse gekommen zu sein, bei dem es passend sei, seine Aufzeichnungen als zweites Buch zu jenem ersten
hinzuzufügen. Damals war der siebzehnjährige Sohn Johanns Karl
nach zehnjähriger Abwesenheit in sein Vaterland zurückgekehrt und
hatte die Zügel der Regierung in Stellvertretung seines Vaters mit
fester Hand ergriffen (1333). Da schrieb Peter die Einleitung dieses
zweiten Buches mit müdem Geiste nieder. Es ist nicht mehr die
Schätzung der eigenen Arbeit, die ihn aufrichtet. Sie selbst, meint
er, hätte keinen Werth, wenn der Leser nicht einiges in ihr fände,
was ihn zur Verachtung der Welt, zur Liebe Gottes führen könne.
Ihm, dem Autor selbst, werde das Buch Mittel zur Reue geben, als
ob dessen Inhalt Beginn der göttlichen Strafe wäre.

Es ist natürlich, dass die wenig eng aneinandergeschlossenen
Aufzeichnungen Peters kein so anziehendes Gesammtbild bieten
können, wie das erste Buch der Chronik. Was sie aber werthvoll
macht und den Schreiber lieber gewinnen lässt, das ist die immer
mehr hervortretende Ruhe in der Auffassung der Dinge. Der Greis
wird milder in der Beurtheilung, da die Sorgen des Lebens allmählich hinabzusinken beginnen. Es gibt wenige Punkte in dieser
Zeit, in denen man sich Peters moralischem Urtheile nicht anschliessen kann. Zu höchst gilt ihm das Wohl des Landes, darnach
das Glück seiner Freundin, der Königin Elisabeth. Verschwinden
doch von jetzt an die grundsätzlichen Gegensätze und es ist nur der
Ehrgeiz der Barone, der Leichtsinn des Königs, der Hass der beiden Königinnen, der Witwe Wenzel II. und König Rudolfs, und der
regierenden Fürstin, die das Land in Verwirrung setzen. Peters
Tadel trifft mit einer ehrenvollen Objectivität jeden Ehrgeizigen und
Friedensstörer: sein Lob wird auch seinem Feinde zu Theil, wenn er
Edles und Tüchtiges leistet. An Königin Elisabeth hängt er mit
voller Liebe; doch auch über sie ergeht seine Misbilligung, wo sie

den Bogen gegen ihre Feinde überspannt. Am nächsten steht er dem
klug waltenden Erzbischof von Mainz, dessen Abzug zwar von dem
böhmischen Adel erwirkt wurde, dann aber von allen Gutgesinnten
beklagt werden musste. Darum sympathisirt er jetzt mit den Bürgern, die in all dem Parteigezänk Frieden herbeiwünschten.

Wirklich wurde die Ruhe in Böhmen allmählich wieder hergestellt. König Johann entfremdete sich seinem Lande immer mehr
und benutzte es nur als Einnahmsquelle: allein in dem kraftvollen
Heinrich von Lipa war dafür der Mann gefunden, der das Land klug
verwaltete. So unparteiisch Peter seine trefflichen Eigenschaften lobt [1]),
so schmerzvoll musste es für ihn sein, dass mit ihm die der Königin
Elisabeth feindliche Hofpartei ans Ruder kam, dass der Zwiespalt
im königlichen Hause sich immer mehr erweiterte, bis schliesslich
Elisabeth, Böhmen verlassend, auf viele Jahre in Cham in Baiern
eine Zuflucht fand. Auch dorthin folgen ihr seine Segenswünsche,
seine innige Theilnahme, seine Briefe und seine Besuche [2]). Im Jahre
1325 kehrte sie nach Böhmen zurück, wo sie ihren bedrängten
Freund oft mit Rath und That unterstützte [3]). Denn der geldbe-
dürftige Johann hielt sich mit Vorliebe an die reichen Klöster, die
ihre unter Wenzel II. angehäuften Güter schnell schwinden sahen.
Wie nun Elisabeth 1330 stirbt, da gesteht Peter, dass er das Interesse an der Fortführung seiner Chronik verliere [4]). König Wenzel II.,
der Gründer des Klosters sei todt, Heinrich VII. gestorben, auch
Elisabeth sei hinabgefahren: allein König Johann lebe noch von den
Helden seiner Erzählung. Er wird immer müder, er erinnert sich der
trostlosen Zeit, da Libussa durch die Wahl eines Fremden zum
Gemahl Böhmen Frieden zu geben trachtete, da ein Ackersmann das
Land beherrschte; die Zeiten seien unter König Johann dem Fremd-
ling, unter dessen Statthalter Ulrich Pflug nunmehr wiederge-
kehrt [5]). Dies ist, wie gesagt, der Inhalt des zweiten Buches der
Chronik, das nicht in einem Zuge, sondern allmählich während der
siebzehn Jahre 1316—1333 entstand. Peter scheint, als er diesen
Blättern die oben charakterisirte Einleitung vorsetzte, keine grossen
Aenderungen im Texte vorgenommen zu haben. Er liess alle Herzens-

---

[1]) Chronicon Aulae Regiae pag. 377.
[2]) Chronicon Aulae Regiae pag. 388.
[3]) Chronicon Aulae Regiae pag. 397, 398.
[4]) Chronicon Aulae Regiae pag. 451.
[5]) Chronicon Aulae Regiae pag. 457.

ergüsse stehen; es kehren oft dieselben Klagen und Ausdrücke
wieder, da ihr Inhalt den Schriftsteller immer von Neuem beschäftigte [1]. Als er so das zweite Buch abgeschlossen hatte (1334), fügte
er sofort die Einleitung zum letzten Buche an, die dieselbe müde
Stimmung ausdrückt. Es drängt sich ihm Alles zum Hinweise auf
die Nothwendigkeit der Flucht aus der Welt zusammen; die weltlichen Ideale sind zerronnen, sein Leben scheint ihm vergebens, da
sein höchstes Ziel, die Erbtochter des Landes mit dem Sohne des
Kaisers zu vermählen, sich als wenig fruchtbringend erwiesen hat.
Er fürchtet nun, dass ein plötzlicher Tod ihm den Schluss des dritten
Buches, das er beginne, nicht gönnen werde; er weiss nicht, ob er
den nächsten Tag erleben wird, er befiehlt seine Seele Gott und will
alles so niederschreiben, wie dessen Vorsicht es regelt.

Wenige Jahre darauf, wahrscheinlich 1339 ist er dann gestorben [2].

Meinert hat sein Bedauern ausgesprochen, dass Peter seine
Chronik nicht wie Ottokar und Andere in deutschen Versen geschrieben hat, die er ja sonst kennt und schätzt. Nach den Proben
seiner poetischen Begabung, wie sie in der Epistel an seinen Freund,
in dem Lobe Elisabeths, in den freudigen Versen bei Gelegenheit
der Krönung König Johanns vorliegen, wäre dies ein werthvolles
Denkmal mittelalterlicher Dichtung geworden [3]. Der reiche Schatz
an culturhistorischen Notizen, den sein Buch enthält und der noch
zu heben ist, wäre uns dadurch noch lieber geworden. Das Kloster-
leben zumal, dann Sitten und Trachten, Rüstungen und Feste sind
in Fülle gezeichnet. Zwar hat sich Peter in den poetischen Stellen
genau an die Form seines Vorgängers — leoninische Hexameter —
gehalten; allein er hat dessen trockene Reimereien und Umschrei-
bungen des im prosaischen Texte Enthaltenen erst mit dichterischem
Geiste erfüllt. Seine mannigfachen Verbindungen und seine weiten
Reisen bis nach Frankreich haben ihm zudem genügenden Stoff zu-

---

[1] (Elisabeth) sedit Pragae quasi vidua (pag. 400). Sedet sola quasi vidua
(pag. 418). Die Sammlung von Reliquien durch Elisabeth ist schon pag. 409
erwähnt; trotzdem Seite 418: Nec pretermittendum puto sub silentio, quod
Elysabeth congregat diligenter reliquias.
[2] Vgl. Loserth S. 472. Spätere gelehrte Mönche von Königsaal erwähnt
Vischius Bibl. script. ord. Cisterc. pag. 117 und 239.
[3] Vgl. Loserth. S. 475, 483 ff.

geführt. Bald sind es Kaufleute und Prager Bürger [1]), dann Ordens-
angehörige, wie der Procurator der Cistercienser zu Rom oder der
Abt Heinrich [2]), der Kanzler Heinrich VII. war, auch der Leibarzt
dieses Monarchen, die ihm Nachrichten mittheilen. Von Letzterem
hat er die Kunde erhalten, dass Kaiser Heinrich VII. vergiftet worden sei. Briefe von Fürsten und von dem Papste gelangen an den
einflussreichen Abt, die er in sein Werk einschaltete; die kaiserliche [3])
und päpstliche Gesetzgebung ist ihm bekannt; er nimmt Theil an
den theologischen Streitfragen [4]) seiner Zeit, an dem Leben und den
Schriften vornehmer Schriftsteller [5]). Den päpstlichen Ansprüchen
gegenüber verhält er sich ziemlich zurückhaltend; er tadelt Clemens V., dass er die Templer verurtheilen liess. die nicht die eigene
Schuld, sondern die Habsucht der Gegner ins Verderben stürzte [6]).
Zwar ist er mit der Opposition der Minoriten gegen Papst
Johann XXII. nicht einverstanden: allein ebenso wenig stellt er sich
auf dessen Seite, als er den Kampf gegen König Ludwig den Baier
in so rücksichtsloser Weise anhebt [7]). Erst als dieser Monarch zum
Angriff übergeht und mit der Einsetzung eines Gegenpapstes die
Linie überschritt, die sich Peter zwischen der päpstlichen und kaiser-
lichen Macht gezogen denkt, schreibt er ihm die Schuld alles Unheils zu. —

So steht Peters einflussreicher politischer Stellung ein weiter
Blick in ferne politische Verwicklungen zur Seite. Je seltener Schriftsteller von solcher Bedeutung in der zweiten Hälfte des Mittelalters
werden, desto sorgsamere Beachtung verdient jeder Einzelne von
ihnen. Insbesondere die Deutschen in Böhmen haben in Peter ihren
vorzüglichsten literarischen Vertreter im Mittelalter zu sehen. Wenn
sein nationales Gefühl nicht zum schärfsten ausgebildet war, so
müssen wir uns damit trösten, dass es nicht die schlechtesten
Deutschen waren, die für Vieles wärmer fühlten. als für ihre Na-
tionalität.

---

[1]) S. 401.

[2]) S. 286.

[3]) Seite 311.

[4]) Seite 484.

[5]) Er erwähnt das Schicksal des Aegidius Romanus bei Gelegenheit von
dessen Tode.

[6]) Pag. 324.

[7]) Er bringt die Verdammungsbulle vom 9. Oct. 1322 ohne Commentar.

Karl IV. Aufenthalt in Frankreich und Italien. Die staatsrechtlichen Wirren zur Zeit Ludwig des Baiers.

In diesen engen Verhältnissen wäre der junge Wenzel, — denn dies war der Name, der dem Kaiser Karl IV. bei der Taufe beigelegt wurde — herangewachsen, wenn er in Böhmen geblieben wäre. Allein ganz anders sollten die Eindrücke sein, die er in früher Jugend zu empfangen bestimmt war.

Alle Bildungsquellen der Zeit sollten sich ihm eröffnen, auf dass er aus ihnen schöpfe und seine Erfahrungen auf dem Boden seiner Heimat verwerthe, zu dem er später mit Liebe zurückkehrte.

Karls Vater, Johann König von Böhmen, überliess sein Königreich den Baronen, zumal dem mächtigen Heinrich von Lipa zur Verwaltung und schweifte von Kämpfen zu Turnieren durch alle Länder Europas. Doch fürchtete Johann, die trotzigen Landherren könnten den Thronerben als Werkzeug gegen ihn benutzen; deshalb wurde der siebenjährige Knabe 1323 nach Paris gebracht und der Obhut König Karl IV. von Frankreich übergeben, dessen Gemahlin Maria eine Schwester Johanns war [1]).

Frankreich war damals, bis die Schlacht von Crecy sein Uebergewicht brach, das mächtigste Land Europas. Philipp der Schöne hatte sich das Papstthum dienstbar gemacht und damit seinen Nachfolgern einen mittelbaren, aber unerschütterlichen Einfluss auf den

---

[1]) Schon am 8. Mai 1323 fand die Verlobung Karls mit Blanca von Frankreich, seiner ersten Gemahlin statt. Chlumetzky, Cod. diplom. Morav. VI, 169.

Gang der Ereignisse, besonders aber auf die Geschicke Deutschlands gesichert. In Frankreich war zudem seit Ludwig dem Heiligen die moderne Staatsmacht im Werden und keine Monarchie verstand es besser alle Künste der Politik spielen zu lassen, von der grossartigen Abwägung der eigenen Kräfte und Mittel, von der Benützung des päpstlichen Stuhles als Werkzeug bis zu den feinsten Intriguen und bis zur finanziellen Aussaugung des Landes durch Steuern und Münzverschlechterung.

Den Mittelpunkt der abendländischen Bildung bildete zudem die Pariser Universität. Die Scholastik hatte allerdings ihren Höhepunkt überschritten. Im 13. Jahrhundert hatte sie eine grosse Aufgabe zu lösen gehabt. Als um 1200 die Werke des Aristoteles, von denen bis dahin nur die Schriften über die Kategorien und über Interpretation bekannt [1]) waren, dem Abendlande in lateinischen Uebersetzungen aus dem Arabischen zugänglich wurden, galt es, diese neue Welt von Begriffen und Gedanken sich geistig zu erobern und diese Lehren mit den Dogmen der Kirche in Einklang zu bringen. Man wird wohl nicht fehl gehen, wenn man die Umwälzung in allen Ansichten, die damals Platz griff, gleichsetzt den Folgen einer grossen neuen Entdeckung, etwa wie es die eines Copernicus und Keppler war. In einem Punkte musste die Umwälzung in den Geistern eine grössere und plötzlichere im 13. als im 17. Jahrhunderte gewesen sein. So hoch die beiden Astronomen über ihrer Zeit standen, so wurzelten sie doch in derselben und überragten sie nicht so sehr wie der grosse Philosoph des hochbegabten griechischen Volkes die Begriffe der Theologen des Mittelalters. So bedurfte es der Arbeit von Generationen, einer überwältigenden Fluth von Commentaren, bis das geistige Capital, das in Aristoteles liegt, verarbeitet war, bis alle Abgründe geebnet waren, welche die Dogmen der Kirche von den verstandesklaren Lehren des Philosophen trennten.

Als nun jenes Ziel der Einheit der Religion und der Philosophie erreicht war, hatte die Scholastik unter Thomas von Aquino und Albertus Magnus ihre erste glänzende Entwicklungsperiode erreicht.

Was blieb nun übrig? Sollte man die aristotelische Philosophie weiter ausbilden oder sollten die Dogmen der Kirche modificirt werden, damit eine neue selbstständige Entwicklung eintrete? Keines

---

[1]) Hauréau De la philosophie scolastique 1 pag. 80.

von Beiden war aber möglich, da beide Bildungskreise von den
herrschenden Autoritäten, der Kirche und der Schule, als unum-
stösslich hingestellt wurden.

Wenn nun die Generation nach Thomas von Aquino, wenn
erlesene Geister wie Duns Scotus und Aegidius Romanus die Schärfe
ihres Verstandes verwerthen wollten, was konnten sie Anderes thun,
als die alte klare Sache immer zu verdeutlichen, die Probleme zu
verwirren, um sie dann desto glänzender zu lösen? So war es besonders Duns Scotus, der der Scholastik ihr späteres, verrufenes Gepräge
gab. Gemäss seiner realistischen Richtung, wie man es damals
nannte, galt ihm jeder allgemeine Begriff für wirklich und wesentlich. Er bildete nun mit der grössten Willkürlichkeit irgend eine
Combination von Merkmalen und nannte dieses Ungethüm einen
Begriff, dem die Realität zukomme. So begann nun jene willkürliche Begriffsbildung, jene Operation mit imaginären Vorstellungs-
reihen, die die Welt mit einem Heere von Individuen bevölkerte,
die nur im Gehirne des philosophischen Erzeugers existirten und
deren Wesenheit so undenkbar war, als ihr Name dem classischen
Latein gegenüber barbarisch erscheinen muss. Wie Hegel in jedem
Schritt seines mächtigen V e r s t a n d e s, durch den er die Welt zu
begreifen trachtete, in dem Sein, Ansichsein, Fürsichsein u. s. w.
eine Stufe in der Entwicklung der D i n g e selbst zu sehen glaubte,
so identificirten sich auch bei diesen Idealisten des Mittelalters, wie
sie treffender heissen sollten, die Geschöpfe ihrer Einbildungskraft
mit Wesen der Aussenwelt.

Die Kirche verhinderte seit dem Ende des 13. Jahrhunderts
jede fernere Entwicklung; der Geist der Forschung, der damals noch
die Menschen belebte, musste sich demnach in einer Vorbildung
äussern, ebenso wie die Abwesenheit jedes inneren geistigen Im-
pulses sonst zur Verflachung führt.

Als nun Karl nach Paris kam, herrschte daselbst die Schule
des Duns Scotus. Damals war die Philosophie nicht mehr wie früher
ein Bedürfniss der denkenden frommen Gemüther, die sie mit der
Theologie zu vereinigen strebten, sondern ein Gebiet, auf dem sich
Scharfsinn und Sophisterei zeigen konnten. Gerade damals hatte
Franz von Mayronis die grosse sorbonnische Disputation eingeführt
(1315), bei der die disputirenden Magister einen Satz durch einen
ganzen Tag gegen alle Angreifer vertheidigen mussten, ohne während
des ganzen Actes Speise oder Trank zu sich nehmen zu dürfen. —

In keinem Scholastiker prägt sich das Prunken mit den philosophischen Begriffen schärfer aus, als bei Wilhelm von Ockam [1]. Noch mehr wie bei Duns Scotus tritt bei ihm die Erscheinung hervor, dass die Speculation etwas Aeusserliches wird, das nicht mehr den Menschen im tiefsten Innern ergreift, dass der Verstand mit einer Virtuosität sondergleichen Systeme spinnt und auflöst, ohne dass das Herz dabei betheiligt ist. Den Scholastikern von Anselm von Canterbury bis zum Anfang des 14. Jahrhunderts war die Philosophie zwar auch nur ein M i t t e l, um den Beweis der Wahrheit des Christenthums zu führen, aber ein mächtiges, unfehlbar zum Ziele führendes Mittel, das zu gebrauchen ihnen ein Bedürfniss des Kopfes war. Seitdem aber Duns Scotus die Lehre von der Unbeweisbarkeit des Kirchenglaubens aufgestellt hatte, seitdem als die einzige Quelle der Wahrheit der Dogmen der Wille Gottes galt, der an ihre Stelle auch eine andere Welt hätte setzen können, war die Beschäftigung mit der Philosophie eine müssige Spielerei. Wenn die Welt ganz aus der W i l l k ü r des höchsten Wesens hervorgegangen ist, so vermag kein menschlicher Scharfsinn in diese Zufälligkeiten ein System zu bringen. Dann ist der Glaube der einzige Weg zur Wahrheit und der Philosoph hat seine eigene Thätigkeit unnöthig gemacht. Weshalb schrieben also, so konnte man einwenden, diese Männer dickleibige Folianten philosophischen Inhalts?

Bei Ockam tritt zu diesem Widerspruch zwischen seiner Stellung als Philosoph und der engherzigen Selbstbeschränkung seiner Wissenschaft eine andere innere Unwahrheit.

Ockam befand sich nämlich in seiner Auffassung über die politische Stellung des Papstthums und über die Aufgabe seines Ordens, der Franciscaner, in einem unheilbaren Zwiespalte mit der Kirche. Er verlangte von seinen Ordensgenossen die vollständige Entsagung aller irdischen Güter, während der Papst diese ascetische Theorie als einen Protest gegen den weltlichen Besitz der Kirche auffasste und sie demgemäss verbot. Er lehrte, dass die Staatsgewalt in weltlichen Angelegenheiten von der Kirche unabhängig sei und dass diese sich jedes Eingriffs in das weltliche Gebiet enthalten müsse. In diesen Angelegenheiten machte er sein eigenes Urtheil zu seinem Führer und trotzte den Bullen und Flüchen des Oberhauptes der Kirche. In

---

[1] Vergl. Rettberg, Ockam und Luther, in den Theologischen Studien und Kritiken 1839. I. B. S. 74—80.

Bezug auf die Dogmen aber erklärte er seinen Verstand ohnmächtig
und gab sich völlig der Autoritat der Kirche hin. Er sah in dem
Inhalt der Religion eine Kette von Unbegreiflichem und Wunder-
barem; er enthielt sich also des Zweifels und bewahrte sich so vor
dem Vorwurfe der Ketzerei. Allein man begreift, dass er durch
solche Widersprüche einen Riss in sein System machte und dass er
sich dadurch die Fähigkeit entzog, Anhänger zu gewinnen und Propa-
ganda zu machen. Manchem modernen Beurtheiler scheint es selbst,
als ob er nur seine Zweifel hinter dieser äusseren Devotion verborgen hätte; Rettberg fühlt „den ironischen Zug des Zweiflers"
hinter dieser Maske heraus.

In philosophischer Beziehung steht das vierzehnte Jahrhundert
an Ursprünglichkeit und Frische in der Forschung, an Originalität
der Gesichtspunkte hinter dem vorigen zurück; um so einschnei-
dender ist der Fortschritt, der in der Auffassung des Staatslebens
gemacht worden ist [1]). Die Anregung dazu gab der Kampf
zwischen Philipp dem Schönen, König von Frankreich, und Papst
Bonifaz VIII. Da trat zum erstenmal den Anforderungen der Kirche
eine Staatsgewalt gegenüber, die sich auf ein lebendiges Nationalgefühl und auf ausgebildete Verwaltungsformen stützte. Schon damals
traten Schriftsteller wie Peter Dubois und Johann von Paris zu
Gunsten der weltlichen Gewalt auf. Diese Kämpfe regten fast alle
Schriftsteller an, die sich in den nächsten vierzig Jahren an dem
Streit um den Vorrang des Kaiserthums oder des Papstthums be-
theiligten. Sie alle haben die Frage zu beantworten getrachtet, welche
Stellung beide Gewalten zu einander einzunehmen hätten. Unter
Philipp dem Schönen stand die Sache einfach so, ob der Staat oder
die Kirche siegen sollte. Nach dem Tode Bonifaz VIII. übernahm aber
wieder das Kaiserthum seine alte Rolle als Widersacher der päpstlichen Ansprüche. Da traten denn die Fragen hervor, ob das Imperium wirklich die Weltherrschaft einschliesse, ob die Wahl der

---

[1]) Für den folgenden Abschnitt wurden benutzt: Riezler, Die literarischen Widersacher der Päpste zur Zeit Ludwig des Baiers 1874. Friedberg,
Die mittelalterlichen Lehren über das Verhältniss von Staat und Kirche, in Dove
und Friedberg. Zeitschrift für Kirchenrecht. 8. Band. 1869. Schreiber, Die
politischen und religiösen Doctrinen unter Ludwig dem Baiern. 1858. Grego-
rovius, Geschichte der Stadt Rom. VI. Band. Lechler, Johann von Wiclif
1873. Lorenz. Deutschlands Geschischtsquellen. §. 35; der defensor pacis des
Marsilius und die monarchia Dante's.

Churfürsten der Bestätigung durch den Papst bedürfe, ob der Krönungseid des Kaisers dem Papste gegenüber ein Treueid sei, ob der Kaiser Päpste absetzen dürfe, ob der Papst unfehlbar sei oder ein Concil in Glaubenssachen entscheiden müsse. Wenn sich auch die ganze Literatur der Zeit um diese Punkte dreht, so war doch dies Jahrhundert so reich an eigenartigen Individualitäten, dass jede von ihnen für ihre Sache — und alle hervorragenden Autoren schlossen sich dem Kaiserthum an — von einem eigenen Gesichtspunkte aus eintrat. Da ist vor Allem D a n t e A l i g h i e r i, der Dichter der göttlichen Comödie, der um 1310 in seinem Buche „Ueber die Monarchie" seine begeisterten Vorstellungen von der Grösse des römischen Volkes und seiner Geschichte mit seinen ghibellinischen Anschauungen vereinigte. In seinem Werke tritt vor Allem das Friedensbedürfniss des aus seiner Vaterstadt verbannten Florentiners hervor. Zwar lag der Gedanke von der Aufgabe des Staates, den Frieden zu bringen, in der ganzen germanischen Auffassung vom Staate; Engelbert von Admont und besonders Marsilius von Padua benutzen ihn ebenfalls als Ausgangspunkt ihres politischen Systems. Allein deutlich merkt man aus dem ersten Buche des Werkes Dante's, dass der Verfasser den unglückseligen zerrissenen Zustand Italiens im Auge hat, wenn er den römischen Kaiser als den Bringer des Friedens herbeisehnt. Nur eine Weltmonarchie vermöge die Reibungen der einzelnen Staaten zu verhindern, die streitenden Interessen zu versöhnen. So ist Dante vielleicht der Erste, der den ewigen Frieden als Ziel des politischen Strebens betrachtet. Freilich verhüllte ihm der zerrissene Zustand des römischen Reiches die Gefahren, die der Freiheit der Entwicklung der Menschen aus einer Universalmonarchie erwachsen könnten.

Gross und fruchtbar ist dieser Gedanke für die Zukunft, aus dessen Darlegung wie aus einem trefflichen Zeughaus noch jetzt geistige Waffen für die Herstellung eines ewigen Friedens geholt werden könnten, falls ein edler Schwärmer sich damit beschäftigen wollte. Gänzlich der Vergangenheit gehört dagegen das zweite Buch Dante's an, in dem er beweisen will, dass das römische Volk der berechtigte Träger der Weltherrschaft sei. Dante war eben einer der ersten Italiener, der nach langer Zeit die Erinnerung an die einstige Grösse Roms wieder erwecken wollte. Das Studium des Alterthums erfüllte seinen Geist mit der Vorstellung, dass ein Gottesgericht durch siegreiche Kriege dem römischen Volke für immerdar die Herrschaft geschenkt habe.

Das dritte Buch der Monarchie will nachweissen, dass das
römische Volk seine Herrschaft auf das Kaiserthum übertragen
habe. Dass das Imperium des Mittelalters eine Fortsetzung des
römischen Kaiserthums sei, gilt Dante als Thatsache. Diese Monarchie habe nun, wie Dante nachweisen will, eine dem Papstthum
durchaus ebenbürtige Stellung; mit vieler Gelehrsamkeit wird gezeigt, dass die Jurisdiction des Papstes sich durchaus nicht auf
den Kaiser erstrecke. Damit ist denn Dante auf die Streitfragen der
Zeit zurückgekommen.

In vollkommen logischer Weise baut sich demnach das politische System des Dichters auf, das ebenso ein Beweis seiner kühnen
Conception als seines Unvermögens ist, die Dinge in ihrer Wirklich-
keit zu begreifen und abzuschätzen. Friedenssehnsucht für die leidende
und streitende Menschheit, Ghibellinismus und begeisterte Anlehnung
an das classische Alterthum sind die Grundgedanken dieses edlen
Politikers. —

Das Werk Dante's ist zur Zeit Heinrich VII. um 1310 geschrieben;
schärfer wurde der Kampf aber noch unter Ludwig dem Baier. Als
Johann XXII. ihn am 23. März 1324 in den Bann that und Deutschland mit dem Interdict belegte, traten vor Allem Marsilius von
Padua und Johann von Jandun mit ihrem Werke Defensor pacis
für den Kaiser auf. Marsilius von Padua ist als politischer Schriftsteller bedeutender als Dante. Sein Werk ist weit mehr als eine
Gelegenheitsschrift, für einen politischen Streitfall ausgearbeitet. Sie
enthält ein wohldurchdachtes System, das im Kopfe des Autors lange
bereit lag, als er um 1324 im Zeitraume von zwei Monaten das
grosse Werk ausarbeitete. Er hat nicht allein die Frage von dem
Verhältniss der Kirche zum Staate, sondern das Staatsrecht in
seinem ganzen Umfange behandelt.

Es ist schade, dass wir nur sehr wenig über die allmähliche
Entwicklung seiner Ansichten wissen. Wir würden dann sicher erfahren,
was wir jetzt nur aus seinem Werke erschliessen können, dass seine
Grundsätze nur in einer freien Republik Oberitaliens erwachsen
konnten. Nur dort konnte sich ihm als Princip feststellen, dass der
Gesetzgeber oder die erste und eigentliche Effectivursache des Gesetzes das Volk ist, die Gemeinschaft aller Bürger oder deren Majorität [1]). Er sprach die letzte Rechtfertigung der demokratischen

---

[1]) Riezler, die literarischen Widersacher der Päpste. S. 203.

Verfassung rückhaltlos aus: Die Gesammtheit der Bürger kann am besten wissen und hat dass grösste Interesse, wo es sich um das Wohl des Staates handelt. Er findet auch den Haupteinwand gegen diese Regierungsform, dass die Massen unfähig seien zur Gesetzarbeit, und weist ihn zurück: durch Belehrung über die Sachlage könne der einfachste über jede Streitfrage sein Urtheil fällen. Er stellt auch die Correctur für gesetzgebende Volksversammlungen auf: weise Männer müssten das Vorschlagsrecht üben und die Ueberprüfung der Beschlüsse übernehmen. jeder Bürger müsse aber das Wort ergreifen dürfen, um seine Meinung zu äussern.

Diese demokratischen Grundlagen stellt Marsilius im ersten Buch seines Werkes Capitel 10 bis 13 auf; im 17. Capitel des zweiten Buches hat er der Gemeinde das Wahlrecht ihrer Priester zugeschrieben. In demselben modernen Sinne hat Marsilius die Fragen über das Verhältniss der Regierungsgewalt (des Fürsten) zur gesetzgebenden Gewalt (dem Volke), über die Verantwortlichkeit des Fürsten für seine Handlungen vorweggenommen (Buch I, Cap. 18).

Sein Aufenthalt in Frankreich — er lehrte an der Pariser Universität — hat ihm Klarheit über die Stellung der monarchischen Gewalt und ihrer Hilfsquellen gegeben (Cap. 15); in Frankreich hat er zudem die Gleichgiltigkeit gegen die Universalmonarchie gefasst, die man dort durchaus nicht mit dem Imperium vereinigt denken wollte (Cap. 17). Nur dem thatkräftigen Auftreten Philipps des Schönen konnte er die Grundsätze über das Verhalten des Staates zur Kirche entnehmen, die er im zweiten Buche darlegt. Den Uebergang zu demselben bildet die Dante'sche Idee von dem Weltfrieden, den der Kaiser auch vor dem Papste schützen müsse. Diesem Gedanken verdankt auch sein Werk den Titel „Vertheidiger des Friedens."

Man sieht also, dass in Marsilius eine reiche innere Entwicklung vorausgesetzt werden muss, wenn seine Persönlichkeit begriffen werden soll. Marsilius schrieb sein Buch zu Beginn des Streites zwischen Johann XXII. und Ludwig dem Baier (1324). Seine Ideen waren aber unter Philipp dem Schönen († 1314) gereift. Er wendet sich gegen den Anspruch, dass der Papst die Vollgewalt über alle Menschen besitze. Ihn zu zerstören, so sagt er, sei der Zweck des zweiten Buches, zu welchem Zwecke er alle theologischen und historischen Gründe häuft. Der Papst habe eigentlich nur die innere Würde und Weihe wie jeder Priester; nicht durch göttliche Einsetzung, nur

durch die historische Entwicklung sei Rom der Mittelpunkt der
Christenheit geworden. Zur Festsetzung in Glaubenssachen sei nicht
der Papst, sondern nur ein Concil berechtigt. Allein auch dieses
dürfe den vermeintlichen Abfall Andersgläubiger vom Glauben nicht
bestrafen; die Staatsgewalt solle nur solche Ketzer bestrafen, die
auch gegen weltliche Gesetze fehlten. Das 26. Capitel des zweiten
Buches enthält dann die Anwendung dieser Grundsätze auf die
deutschen Verhältnisse.

Die Opposition gegen das Papstthum wurde wesentlich durch
jene Franciscaner verstärkt, die der strengeren Richtung dieses
Ordens angehörten. Die Verweltlichung der Kirche bewirkte, dass
sich im Orden des heiligen Franciscus das Streben geltend machte,
durch Entsagung aller irdischer Güter wenigstens in dieser Congre-
gation die Kirche in ihrer ursprünglichen Reinheit darzustellen. Papst
Nicolaus (1277—80) bestätigte in der Bulle Exiit qui seminat, dass
weder der einzelne Franciscaner noch der ganze Orden Eigenthum
besitzen dürfe. Ebenso erklärte sich Clemens V. in der Bulle Exivi
de paradiso für die strengere Auffassung, den usus pauper gegenüber
dem usus moderatus. Allein Papst Johann XXII., der in achtzehn
Jahren einen Schatz von fünfundzwanzig Millionen Gulden sammelte,
wollten eine Ansicht nicht dulden, die einen ziemlich offenen Protest
gegen die Reichthümer und die weltliche Macht der Kirche erhob. In
der Bulle Ad conditorem canonum erklärte er, der Minoritenorden
besitze in seiner Gesammtheit Eigenthum und entäusserte sich des
Rechtes auf die Güter derselben, von denen die Franciscaner bisher
nur die Nutzniessung beansprucht hatten. So entstand ein Streit
darüber, dass die Spiritualen und der Papst das Eigenthums-
recht an den Ordensgütern wechselseitig ablehnten. Der Ordensgeneral Michael von Cesena und viele seiner Genossen wurden excommunicirt; die Verfolgten, unter denen Wilhelm von Ockam der
bedeutendste war, flohen nun zu Ludwig IV., der sie willig als Bundesgenossen aufnahm.

Wir haben schon oben Ockam als Philosophen zu characterisiren gesucht; auch als Schriftsteller auf dem heissen Boden der
Publicistik bewährt er sich als derselbe unberechenbare Charakter,
in dessen Tiefen wir vielleicht noch nicht eingedrungen sind. Auch
in seinen diesbezüglichen Werken, unter denen die von Riezler so
benannten acht Fragen (octo quaestiones) und der Dialog die wichtigsten sind, scheut er sich, seine eigene Meinung, offen und rück-

haltslos darzulegen. Darf man eine Vermuthung wagen, so war
sein Standpunkt wahrscheinlich radicaler, als er es jemals ausgesprochen hat. Seine Methode besteht nämlich darin, seine eigenen
und die Ansichten seiner Gegner mit einem riesigen Aufwand von
Gelehrsamkeit einander gegenüberzustellen, ohne jemals klar heraus-
zusagen, welches eigentlich seine Meinung sei. Man kann nur aus der
grösseren oder geringeren Wichtigkeit der Gründe schliessen, wann
Ockams eigene Ansichten ausgesprochen werden. Da er es aber nie
unterlässt, auch das kirchliche Dogma scharfsinnig und gelehrt zu vertheidigen, da er ferner oft die radicalsten Ansichten ausspricht, denen
gegenüber er selbst seine Bedenken äussert, so ist es oft unmöglich,
der Ueberzeugung des Autors auf die Spur zu kommen. Man kann
seine dogmatischen Ansichten deswegen ebenso schwer darlegen,
wie man die moralischen Grundsätze eines dramatischen Schriftstellers aus den Sentenzen der Personen seiner Stücke herausfinden
kann. Bürgt denn Jemand dafür, dass jene Bedenken nicht nur zum
Scheine ausgesprochen sind? Wilhelm von Ockam begann mit der
Opposition gegen die dogmatischen Aussprüche Johann XXII. und
betrat erst später auch das Gebiet der Politik. Seine staatsrechtlichen Ansichten sind demnach weit weniger umfassend und durch-
dacht, wie die des Marsilius von Padua. „In den Fragen der weltlichen Macht scheint er sich nicht heimisch zu fühlen" [1]: in
seinem Hauptwerk dem Dialogus, ist nur der zweite Tractat des
dritten Theiles der Untersuchung dieser Fragen gewidmet.
Der zweite Theil enthält überhaupt nur Ockams früher er-
schienenes Buch über die Dogmen Johann XXII. Um so kühner
sind seine Aeusserungen über das kirchliche Lehramt und über die
Ketzerei der Päpste.

Unter den Ansichten verschiedener Personen, die er im Dialogus ausspricht, sind einige, welche beweisen, wie scharf und rückhaltlos dieser Mönch gedacht hat, wenn er sich auch den Dogmen der
Kirche zu unterwerfen schien. Mag er im dritten Theile des Werkes
wieder mehr Gründe für die Superiorität Petri über die anderen
Apostel anführen [2], im ersten Theile erscheinen die Gründe unwiderleglich, die gegen die göttliche Einsetzung des Primates sprechen.
Nur durch menschliche Ordnung stehe ein Priester über dem An-

---

[1] Riezler, S. 269.
[2] Riezler, S. 268.

deren, das Papstthum ist demnach eine Institution, die ohne Schaden
für die Kirche aufgehoben werden kann. Wie viele Päpste seien
nicht in Ketzerei verfallen. Im ersten Buch des ersten Theiles werden
nicht allein sie, sondern auch die Concilien, die geirrt haben, aufgezählt. Denn auch ein Generalconcil sei fehlbar, wenn es auch über
dem Papste stehe. Man sieht, es gibt keine Autorität, die diesen
scharfen Verstand beugen könnte, es wären denn Gründe, denen er
sich fügen muss. In seinem durchaus modernen Subjectivismus stellt
er sich der ganzen Welt gegenüber. Es könne selbst kommen, dass
die katholische Wahrheit von der ganzen Menschheit verkannt werde;
da aber die von Christus mitgetheilte Lehre nicht untergehen könne,
so müsste sich dann der wahre Glaube unter die Kinder und Ein-
fältigen flüchten.

Es ist unklar, ob Ockam sich selbst getäuscht hat oder ob er
die Welt über seine wahre Meinung täuschen wollte, wenn er das
Dogma von der Ewigkeit der Kirche in einer Weise vertheidigte, die
er selbst sophistisch [1]) nennt und die es eher dem Spotte preisgeben
kann. Ueber dem fehlbaren Papste stehe als Richter der Kaiser,
wenn ein Concil nicht zu Stande kommen könne. Die Vollgewalt des
Papstes über das Weltliche, seine plenitudo potestatis greift er überhaupt mit den schärfsten Waffen an. Des Papstes Aussprüche verdienen
nicht einmal auf dem kirchlichen Gebiet unbedingten Glauben, bloss
die Bibel und die Lehren der ganzen Kirche bilden die christliche
Wahrheit. —

Wilhelm von Ockam verfocht die Sache Ludwig IV. mit dogmatischen Gründen; ein anderer berühmter Zeitgenosse, der Domherr
Lupold von Bebenburg, schrieb über die staatsrechtlichen Fragen
seiner Zeit vom politischen Gesichtspunkt. Ihm lag es ganz fern,
in irgend einem Punkte die Kirchenlehre anzutasten. Er schrieb, um
die Beschlüsse des Churfürstentages zu Rhense (1338) zu vertheidigen,
der erklärt hatte, dass der gewählte deutsche König zugleich römischer
Kaiser sei und der Bestätigung des Papstes nicht bedürfe.

Es sind demnach nur historische und politische Gründe, die
Leopold ins Treffen führt. Fünf Sätze sind es vor Allem, die er vertheidigt. Der gewählte König könne sofort die Verwaltung in Deutschland ohne Approbation des Papstes beginnen. Zu seiner Wahl bedürfe
es nicht der Einstimmigkeit, sondern nur der Majorität der Chur-

---

[1]) Riezler, S. 260.

fürsten. Der gewählte König kann aber auch sogleich die Herrscher-
rechte in Italien und in den anderen Deutschland unterworfenen
Provinzen ausüben, ohne dass die Kaiserkrönung nothwendig sei. Die
Bestätigung durch den Papst ist nicht wesentlich. Der Eid, den der
Kaiser bei seiner Krönung dem Papste leistet, ist kein Lehenseid,
sondern enthält nur das Versprechen, die Kirche zu schützen.

Man müsste diese Sätze von der Autonomie des deutschen Reiches
für selbstverständlich ansehen, wenn mit der deutschen Krone nicht
die Kaiserkrone verbunden gewesen wäre, die doch der Papst ver-
gab. Da man eine herzhafte Scheidung dieses Ineinandergreifens im
Mittelalter nicht vornehmen konnte, so mussten die kaiserlich ge-
sinnten Schriftsteller dem deutschen König statt einer rein nationalen
Bedeutung die Berechtigung der Weltherrschaft vindiciren. Wilhelm
von Ockam und Marsilius von Padua betonten diese herrschende
Stellung des Kaiserthums dem Papstthum gegenüber, Lupold verhält sich der Kirche gegenüber nur abwehrend — er erkennt das
Excommunicationsrecht des Papstes auch dem Kaiser gegenüber an
— dafür aber möchte er das Imperium als Herrschaft über alle
weltlichen Reiche ansehen. Also ein bleierner Coloss auf thönernen
Füssen. Auf Lupold passt demnach vollständig, was Lorenz von der
Halbheit der Lehren der kaiserlichen Partei angemerkt hat. Das
muss auch derjenige zugeben, der an Lupold von Bebenburg die
patriotische deutsche Gesinnung schätzt, der sich freut, dass die
Beschlüsse zu Rense einen so beredten Vertheidiger gefunden
haben.

Gerade zur Zeit der Anwesenheit Karls in Paris (1323—1330)
hatten diese Streitigkeiten den Höhepunkt erreicht. Angeeifert von
seinen Rathgebern Marsilius von Padua und Johann von Jandun,
die 1325 oder 1326 nach München gekommen waren, unternahm
Ludwig der Baier seinen Römerzug.

Er liess sich durch eine Volksversammlung auf dem Capitol
am 11. Januar die Kaiserkrone übertragen und am 18. April Papst
Johann XXII. feierlich absetzen, worauf das Volk am 12. Mai den
Minoritenmönch Petrus von Corbara zum Papste wählte. Marsilius
war damit getreu den Grundsätzen des defensor pacis vorgegangen,
der das Volk für die Quelle des Gesetzes erklärte. „Der Senat und
das Volk," so erklärt Albertus Mussatus, der Geschichtschreiber
dieser Begebenheit, „welche Johann bisher Papst genannt, verurtheilten
ihn als Schismatiker und Ketzer durch ein feierliches Edict, das

mit einer reichen Anzahl von Gründen ausgestattet war." Gerade
in diesem Augenblicke geschah es, dass die Häupter des Minoritenordens, gegen die der Papst als Ketzer vorzugehen entschlossen war,
aus Avignon entkamen, zu Pisa landeten und sich zu Ludwig nach
Rom begaben (Juni 1328). Es waren dies der General des Ordens
Michael von Cesena, dann die Brüder Bonagratia von Bergamo und
Wilhelm von Ockam.

So stand die ganze Opposition gegen den Papst gerüstet zusammen. Die Sachlage war nicht ungefährlich. Auch er musste Bundesgenossen werben und ins Feld führen. Zwar des Beistandes Frankreichs war er sicher, er bedurfte aber auch der Unterstützung einer
geistigen Macht. Es war nicht mehr genügend, dass der Papst verurtheilte; schon musste er Werth darauf legen, dass die Wissenschaft sich für ihn erkläre. Die Pariser Universität wurde eine viel-
umworbene Bundesgenossin im Kampfe zwischen dem Papste und den
ungehorsamen Minoriten. Diese waren nicht ohne Einfluss an der
Universität. Vor allem bestand zwischen der Verfassung der Universität und der von den Spiritualen für die Kirche angestrebten Einrichtung eine unverkennbare Aehnlichkeit. Keine der Facultäten
und Nationen, auch nicht die Universität als solche besass ein eigenes
Vermögen, eine Besitzung oder auch nur ein Schulgebäude. Die Versammlungen und Vorlesungen wurden in Klöstern gehalten; als die
französische Nation an der Universität 1339 ein Inventar ihres Vermögens aufnahm, fanden sich bloss zum Gottesdienst dienende Gefässe, Reliquien, das Siegel der Nation und die Privilegien der Universität. Dem Papste kam aber zu Gute, dass die Universität ihrer
Majorität nach zu dem realistischen Systeme in der Philosophie hielt,
das, wie oben erwähnt Duns Scotus bis in seine Consequenzen ausgebildet hatte; dagegen hatte Wilhelm von Ockam die nominalistische Doctrin gelehrt, die von der Universität 1327 verdammt
wurde [1]). So liessen die Spiritualen vergebens ihre Anklage gegen
Johann XXII. an die Kirchenthüren zu Paris anheften; umsonst for-
derten sie die Universität zur Prüfung ihrer Ansichten auf. Die
Universität erklärte sich 1330 gegen die Lehre der Spiritualen, und

---

[1]) Seine Lehre wurde nichts destoweniger, wenn auch unter steten Verfolgungen in Paris gepflegt. Vgl. Bulaeus Hist. univers. Paris. a. 1339, 1341,
1348. Karl war Sept. 1339 gerade in Paris, als die Universität bei Strafe der
Suspension und selbst der Ausstossung die nominalistische **Doctrin** verbot.

der Papst belohnte zum Danke für dieses Einverständnis die Universität mit einem Privilegium vom 2. November 1331. Darin wurde Allen denen, die ein kirchliches Amt innehatten, gestattet, fünf Jahre lang ihre Einkünfte, ohne ihr Amt versehen zu müssen, zu geniessen, falls sie sich zum Zwecke des Studiums an der Pariser Universität aufhielten [1]).

Das waren die Vorgänge, die sich um den jungen Karl abspielten, als er sich zu Paris aufhielt. Freilich konnten sie ihn, den kaum fünfzehnjährigen Prinzen, nicht anders berühren, als durch das Organ seiner Umgebung, des offiziellen Frankreichs, das mit allen Interessen an den Papst geknüpft war. Die Erziehung, die Karl von seinem Schwiegervater Karl, dem Oheim des Königs Karl IV., erhielt, war eine treffliche; zwar hatte dieser selbst keinen genügenden Unterricht genossen, allein er sorgte dafür, dass der böhmische Prinz die nöthige Bildung erhielt. Karl erzählt uns in seiner Selbstbiographie, dass er eine geistliche Erziehung genossen habe; er lernte die Horen der heiligen Marie lesen und verstehen und las sie mit grosser Vorliebe. Weniger Sorgfalt liess der Nachfolger Karl IV. von Frankreich, Philipp VI., dem jungen Karl angedeihen, so dass Karl kein freundliches Bild von ihm entwirft.

Desto selbstständiger und inniger hat sich Karl damals im Alter von zwölf Jahren an Peter Roger Abt von Fescan angeschlossen, der auf ihn durch eine Predigt am Aschermittwoch 1328 den tiefsten Eindruck machte. Karl fragte sich selbst, wie es denn möglich sei, dass ein Mann so tief zu wirken im Stande sei. Abt Peter führte Karl in die heilige Schrift ein, wie uns dieser erzählt; leider giebt er uns keine genauere Auskunft, in welche andere Studien ihn Peter Roger sonst noch einweihte. Ohne Zweifel hat dieser Mann, der bald Erzbischof und endlich Papst werden sollte — als Clemens VI. 1342 — Karl IV. mit jenen religiösen Anschauungen erfüllt, die ihn ins Leben begleiteten und ihn stets den Päpsten wohlgesinnt machten.

Wenn der junge Karl die kirchlichen und staatlichen Wirren vorerst nur durch das Glas kirchlicher Auffassung kennen lernte, so war er doch bei der Abreise von Paris, die 1330 erfolgte, so weit gebildet, dass er manchen selbstständigen Blick in diese Dinge thun

---

[1]) Bulaeus IV. S. 232.

konnte. Kurze Zeit hielt er sich jetzt in Luxemburg, der Stamm-
besitzung seines Hauses auf und wurde sodann von seinem Vater
nach Italien gerufen, wo er 1331 ankam und zwei Jahre hindurch
verblieb.

Der Zug Ludwig des Baiers nach Italien (1326—1330) war
erfolglos geblieben. Er hatte es zwar verstanden, wie kein deutscher
Fürst nach ihm, alle Waffen im Kampfe gegen das Papstthum zu
vereinigen; allein es gibt Aufgaben, an denen selbst das grösste
Genie zu scheitern verurtheilt wäre. Und Ludwig war nicht einmal
der Mann, um mit starkem Arm die Gedanken seiner minoritischen
Rathgeber durchzuführen oder im ungleichen Kampfe muthig unter-
zugehen.

Man muss ihm das Zeugnis geben, dass er im Verlaufe seiner
Regierung die klügsten Anläufe zu verschiedenen politischen Bahnen
machte, die ein deutscher König seiner Zeit einzuschlagen die Wahl
hatte. Mit Geschick wusste er seine Hausmacht zu vermehren; mehrmals setzte er Himmel und Erde in Bewegung, um die gesammte
religiöse Opposition zum Sturme auf das päptliche Lager zu vereinigen; oft wieder schwur er jedem religiösen Widerstand feierlich
ab und schien nur ein Ziel zu haben, nämlich das, die deutschen Churfürsten zu einer echt nationalen Haltung gegen das Papstthum zu
bestimmen. Dann wieder äusserte sich seine Entmuthigung in der rück-
haltlosesten Unterwerfung unter den Willen des Papstes, wenn dieser
ihn vom Banne befreien wollte. Nach seinem Abzuge aus Italien
wogten die Partheien wieder durcheinander, wie die Wellen des
Giessbachs, die den hineinfallenden Stein verschlungen haben.

Da geschah es zufällig, dass Karl's Vater, Johann von Böhmen,
an der Grenze Italiens die verwandtschaftlichen Bande mit Heinrich
von Kärnthen durch die Vermählung seines Sohnes Johann Heinrich
mit dessen Tochter Margaretha enger knüpfte. Johann, dessen Lust
an neuen Unternehmungen bekannt war, wurde von einigen Städten
Oberitaliens herbeigerufen, um den Frieden in ihren Mauern herzustellen. Sein ritterliches Wesen, seine Erklärung, er wolle nicht
Partei nehmen, sondern die Feinde mit einander versöhnen, gewann
ihm Anhänger und begeisterte Zustimmung. Hatte doch auch Dante
von einem Manne die Erlösung seines Vaterlandes gehofft, als er
an der Fähigkeit seines Volkes, sich selbst zu helfen, verzweifelt
hatte. Diese Hoffnungen förderten auch Johann's Pläne; fast ganz
Oberitalien fiel ihm zu. So sicher war er seines Erfolges, dass er

seinen Sohn Karl herbeirief und ihm die Führung der italienischen
Angelegenheiten überliess. Sechzehn Jahre war dieser alt, als Johann
ihm Italien anvertraute, um der Vermählung seiner Tochter Guta
mit dem französischen Kronprinzen Johann beizuwohnen. Trotz seiner
Jugend und seiner schwierigen Lage hat sich Karl mannhaft erprobt.
Er schlug die Gegner bei San Felice (1332) und versuchte, als sein
Vater mit frischen Truppen herbeizog, Oberitalien mit diesem zu
unterwerfen; allein die schnell gewonnenen Anhänger fielen wieder
ab und die beiden Fürsten mussten über die Alpen zurückkehren.
Diese Kämpfe gestatteten Karl zu wenig Musse, als dass er sich
mit anderen Dingen, als mit Staatsangelegenheiten hätte beschäftigen
können. Sein gewöhnlicher Aufenthalt war Parma; seine Umgebung
der kriegerische Adel der Stadt, der sich für ihn erklärt hatte.
Doch lernte er hier jene Classe gebildeter Bürger kennen, die in
Italien unabhängig von dem geistlichen Einflusse eine Bildung besassen, die sich an den Schriftstellern des Alterthums nährte und
dem Leben jenen höheren Anstrich gab, den das italienische Volk
schon zu jener Zeit vor den übrigen Völkern Europa's voraus hatte.
In weit beschränkterem Masse als in den bürgerlich-politischen
Kreisen Italien's hatte sich in Frankreich eine Schule weltlicher
Würdenträger, die Anfänge der Magistratur. herausgebildet, die im
Parlamente und im Rath der Könige der Politik ihr weltliches Ge-
präge gaben. In Deutschland herrschten dagegen an den Höfen der
Fürsten geistliche und adelige Rathgeber noch ausschliesslich vor.

Ueberall umgab den jungen Fürsten neues, zukunftverheissendes
Leben. Er weilte an Orten, an denen Dante's Exil gewesen; der Name
des grossen Florentiners drang an sein Ohr und der Doppelstreit
um die Armuth Christi und um den Vorrang des Kaiserthums oder
des Papstthums bewegte seine Umgebung. Nur kurze Zeit vor der
Ankunft Karls hatte Albertus Mussatus, der noch vor Petrarca 1310
zu Padua zum Dichter gekrönt wurde, den Zug Ludwigs nach Italien
bis zum Sommer 1329 geschildert [1]) und war 1330 in der Verbannung zu Venedig gestorben, angeregt und bewegt durch alle die
Fragen, die wir oben besprachen; zu Parma selbst lebte ein fleissiger
Chronist, der die Thätigkeit Karls fast Woche um Woche in eine
Chronik einschrieb, die uns die wichtigsten Nachrichten über Karls
Leben in Italien gibt.

---

[1]) Böhmer, Fontes I. S. 170—190.

Von grösster Wichtigkeit aber ist es, dass Karl selbst uns von
da ab über sein Leben unterrichtet hat. Aus einer späteren Zeit
seines Lebens, etwa aus dem Jahre 1351, wie noch bewiesen werden
muss, ist uns nämlich seine Selbstbiographie [1] überliefert, die von
dem Jahre 1330 bis 1346 reicht und uns über manchen Zug seiner
Entwicklung aufklärt. Die Erwartung, aus diesem Buche Erschöpfen-
des über sein Leben zu erfahren, muss noch grösser sein, da es zum
Zwecke der Belehrung dem Sohne Karls gewidmet ist, der in der Schilderung der Jünglingsjahre des Kaisers ein Vorbild des eigenen Lebens
erhalten soll. Es ist natürlich, dass wir an dieses Buch mit genauerer
Prüfung herantreten müssen, um die Zeit der Abfassung und den in
die Begebenheiten hineingelegten Sinn zu finden. Es wird sich herausstellen, dass der Verfasser vielleicht unbewusst in seine Jugend
Gefühle des Mannesalters hineintrug, dass er schon früher als d a s
gelten wollte, was er später geworden ist. Können wir nur mit Bestimmtheit feststellen, wie dem Kaiser selbst sein Leben erschien,
welches der ideale Plan war, den er in dem seinem Sohne gewid-
meten Buche seiner Entwicklung unterschob, so hätten wir wenigstens für seine Gesinnung als Mann den untrüglichsten Prüfstein
gewonnen.

Es ergibt sich nun die Frage, wie Karl bei Abfassung seiner
Memoiren vorgegangen ist. Hat er mit Zuhilfenahme etwa von Ge-
schichtswerken, die inzwischen über die frühere Zeit seines Lebens
verfasst worden waren, seine verblassten Erinnerungen aufgefrischt
oder hat er sich ganz auf sein Gedächtniss verlassen?

---

[1] Ausgaben bei Reiner Reineccius Chronicon Hierosolymitanum II. B.
S. 14—39; Freher Scriptores rerum Bohemicarum S. 86—107; Böhmer, Fontes
rerum Germanicarum I. Band, S. 228—270. Der böhmische Text ist eine wenig
spätere Uebersetzung und gedruckt 1555 zu Olmütz herausgegeben von Ambros
von Ottersdorf, 1791 herausgegeben von Fr. Tomsa, endlich im Vybor liter.
česk. I. pag. 499. Dudik, Forschungen in Schweden, S. 396, will nachweisen,
dass die b ö h m i s c h e Handschrift der Vita in Stockholm den von Karl IV. verfassten böhmischen Text enthält. Die Stelle dieser Handschrift ist aber nicht
überzeugend genug, um die bisherige Ueberlieferung über den Haufen zu werfen.
Ueber die Handschriften der vita vgl. das Ende des 9. Capitels. Zur Kritik
der Selbstbiographie Karls sind zu vergleichen: Neumann, de vita Karoli IV.
imperatoris ab ipso Carolo conscripta Gorlitii 1847; desselben Karl IV. als
Schriftsteller N. Lausitz. Mag. Band 26; Lorenz, Deutschlands Geschichtsquellen
S. 219. Losorth, Studien, zu böhmischen Geschichtsquellen. Oesterr. Archiv,
Bd. LIII. Weech K., Ludwig der Baier und K. Johann von Böhmen, Bonn 1860.

Keine von beiden Annahmen kann die Beschaffenheit seines Buches genügend erklären. Die genauen mit der Zeitfolge der Ereignisse fortschreitenden Angaben, in denen kaum ein späteres Begebniss vorzeitig angeführt ist [1]), lassen sich nur auf eine einzige Quelle zurückführen, nämlich auf ein T a g e b u c h, das die Thatsachen sofort nach ihrem Eintritte verzeichnet. Wir können allerdings keinen directen Beweis für diese Angabe aus einer gleichzeitigen Quelle anführen, allein man kann durch eine Analyse der Biographie nachweisen, dass unsere Annahme die einzige ist, aus der sich die Natur der Biographie Karls erklären lässt [2]). So wird sich unsere Hypothese bei näherer Untersuchung des „Lebens Karl IV." Schritt für Schritt als die richtige nachweisen lassen.

Von welcher Zeit an müssen nun diese Notizen, soweit wir sehen können, von Karl in grösserer Vollständigkeit gemacht worden sein? Es ist klar, dass die Widmung des Buches [3]) an seinen Sohn ganz ausserhalb solcher ursprünglichen Aufzeichnungen fällt, dass sie vielmehr als das letzte Stück seiner Arbeit anzusehen ist. Aber auch die ersten Nachrichten der Biographie, die von den Familienbeziehungen Karls und von seiner Erziehung zu Paris handeln, können nicht in den Kreis der Tagebuchnotizen gehören. Sie sind hiezu theils zu ungenau, theils fehlt ihnen die chronologische Reihenfolge. Zudem können doch die ersten Jugendjahre Karls hier gar nicht in Betracht gezogen werden.

Für die nun folgende Erzählung [4]) der Erfolge Johanns in Italien werden wir eine andere Quelle anführen können, so dass erst in dem Abschnitte, in dem von Karls Reise nach Italien erzählt wird, eine Benützung des Tagebuchs anzunehmen ist. Die Richtung der Reise, die Zeit der Ankunft in Italien (Ende März 1331) ist genau angegeben; doch scheinen die Ereignisse des Jahres 1331 noch spär-

---

[1]) Dies gilt freilich nicht für die Stellen, die, wie nachgewiesen werden wird, später eingeschoben wurden.

[2]) Böhmer hat diese Annahme anfangs zurückgewiesen, sie jedoch später als möglich zugegeben. Vgl. seinen Brief an Neumann in dessen „Karl IV. als Schriftsteller" Neues Lausitz. Mag. 20. Band Anhang. Lorenz, Deutschlands Geschichtsquellen S. 222 spricht sich ebenfalls für die Annahme eines Tagebuches aus.

[3]) Vita in Böhmer Fontes I. S. 228 ff.

[4]) Vita S. 236.

lich bedacht gewesen sein, da uns die Biographie wenig über dieselben zu sagen weiss [1]).

In fast vollständiger Weise [2]) aber scheint das Tagebuch von jener Zeit eingesetzt zu haben, als Karl nach der Abreise seines Vaters nach Frankreich die Leitung der italienischen Angelegenheiten übernimmt [3]). Trotzdem, dass sich vom Frühjahre 1331 die Ereignisse in fast überstürzender Eile drängen, sind sie doch in genauer chronologischer Reihenfolge mitgetheilt. Allerdings hat Karl höchst selten die Angabe des Tages oder des Monats bei einer erzählten Begebenheit, doch können wir aus den gleichzeitigen Quellen das Datum zu jeder derselben finden, und niemals verstossen die Angaben Karls in ihrer Aufeinanderfolge gegen den wirklichen Verlauf der Ereignisse.

Gehen wir in die Einzelheiten ein. Wirklich hat sich der König von Neapel mit den Florentinern, mit Azzo Visconto, dem Herrn von Mailand, mit Mastin della Scala, dem Herrn von Verona, und mit den Este, den Herren von Ferrara, also Guelfen mit Ghibellinen verbunden, um den Fremdling aus Italien zu vertreiben. Sie hatten die Städte, die Karl anhingen, unter einander vertheilt, und griffen ihn 1332 von allen Seiten an. Ganz wie Karl erzählt, fiel zuerst Brescia (15. Juli) in die Hände Mastins della Scala [4]), dann bemächtigte sich Azzo von Mailand Bergamos (27. Sept.) [5]), zuletzt fiel auch Pavia, das Karl durch die Einsetzung eines Beccaria zum Vicar zu sichern bemüht gewesen war, am 11. November von Karl ab [6]). Wie nun die Alliirten auch dem Este als Preis des vorjährigen Bündnisses Modena erkämpfen wollen, und wie Karl das Netz zerreissend, das sich über ihm zusammenzuziehen droht, die Schlacht bei San Felice, am 25. Nov. 1332, gewinnt, ist übereinstimmend, wenn auch nicht so genau in den Jahrbüchern von Parma erzählt. Das aufrichtige Geständniss Karls, dass er sich schon für besiegt

[1]) Die Vergiftungsgeschichte S. 237 trägt mit ihrer Beziehung auf spätere Ereignisse den Stempel späterer Aufzeichnung.

[2]) Böhmer, Fontes I. S. 237. Tempore illo quo remanseram etc.

[3]) Vgl. Poppelmann Johann von Böhmen in Italien im Oesterr. Archiv. 35. Band, wo sich auch Hinweise zu besserer Lesung der vita Karoli befinden: S. 295, 310, 327.

[4]) Cornazari bei Muratori SS. XII. S. 738.

[5]) Galvaneus Flamma Muratori XII. 1005.

[6]) Galv. Flamma Muratori XII. S. 1007.

gehalten habe, als die Feinde zu fliehen begonnen hätten, gibt seiner Darstellung den Stempel der Aufrichtigkeit.

Auch für die folgenden Ereignisse sind die Annalen von Parma[1] die beste Quelle. Parma war nämlich der regelmässige Aufenthalt Karls, wohin er von den einzelnen Kriegszügen immer wieder zurückkehrte.

So erzählt denn Karl, immer ohne genaue Angabe des Datums, das wir aus jener Quelle ergänzen müssen, den Aufenthalt in Modena nach der Schlacht bei San Felice, die Rückkehr nach Parma (1. Dezember), den Zug nach Lucca, den Winteraufenthalt in Parma von 1332 auf 1333, die Rückkehr Johannes (26. Februar), den Aufbruch zum Sommerfeldzug (10. April), den verfehlten Anschlag auf Pavia (14. März)[2], die Rückkehr nach Parma (28. März)[3], den Zug Karls gegen Cremona (27. April), den Aufbruch seines Vaters zu seiner Unterstützung (2. Juni), endlich den Fall des Castells zu Pavia (Juni 1333)[4].

Dass diese einzelnen Angaben in dieser richtigen Reihenfolge nur einem Tagebuche entnommen sein können, ist offenbar.

Wir müssen demnach annehmen, dass ein solches in sorgfältiger Weise vom Beginn des Jahres 1332 bis zum Abzuge Johanns und Karls aus Italien, der durch ihre steten Verluste nothwendig geworden war, geführt worden ist. Es ist uns auch im Wesentlichen in der Biographie, und zwar von Seite 237 bis 246 erhalten. Dass es kaum eine eingreifende Umänderung erfahren habe, als Karl dasselbe in sein Werk aufnahm, lässt sich aus der Verschiedenheit des Stils erweisen, die zwischen diesen ursprünglichen Bestandtheilen und den späteren Zusätzen hervortritt. Der Character von Tagebuchnotizen verräth sich unleugbar in jenen Stellen, in denen die Begebenheiten durch ein schmuckloses „und" aneinandergereiht werden.

---

[1] Annales Parmenses Perz. SS. XVIII.

[2] Galv. Flamma bei Muratori XII S. 1007.

[3] Dass die Niederlage der Truppen des päpstlichen Legaten am 14. April 1333 erst später (S. 243 der Vita) nachgeholt ist, erklärt sich daraus, dass Karl nicht bei dem Treffen anwesend war und demnach den Bericht erst nach Mittheilungen Anderer später eintrug.

[4] Cortusii in Muratori XII. Band. Hier befindet sich allein eine kleine Ungenauigkeit. Seite 242 sagt Karl, er sei nach Pfingsten (23. Mai) nach Cremona geschickt worden; er war schon am 27. April hingegangen. Dies nach Ann. Parmenses.

So ist gleich am Anfang der von uns herausgehobenen Stelle
erzählt [1]): „Und sie theilten unter sich im Geheimen die Städte, die
ich besetzt hielt ... Und so stürzten sich Alle, da sie verrätherische
Einverständnisse in den Städten unterhielten, bevor sie uns abgesagt
hatten, auf uns ... Und der von Verona drang in Brescia ein, ..
Und Alle jene führten vereinigt einen furchtbaren Krieg von allen
Seiten gegen uns."

Man vergleiche dann auch die Schilderung der Schlacht bei
San Felice, in der folgende Stellen vorkommen [2]): „Und gegen die
neunte Stunde ... Und es dauerte der Kampf .... Und von beiden
Seiten ... Und wir waren beinahe besiegt und das Pferd, auf dem
wir sassen, ward unter uns getödtet. Und ..."

Es ist klar, dass aus der Schilderung der italienischen Feldzüge
jene Stellen als dem Tagebuch nicht angehörig auszuscheiden sind,
bei denen das doppelte Merkmal der Einfachheit des Styls und der
genauen Einpassung in den zeitlichen Verlauf der Dinge nicht zu-
trifft. Dies gilt von der Erzählung der Verschwörung der Anhänger
Karls [3]) und des wunderbaren Traumes [4]), der Karl den Tod des Dauphin's
von Vienne voraussagte. In beiden Stücken sticht der lebendige Ton
der Schilderung, die Gegenüberstellung der sprechenden Personen in
Rede und Gegenrede entschieden von dem Haupttheil der Erzählung
ab, ganz abgesehen davon, dass solch' wunderbare Ereignisse erst
später eine so greifbare Form anzunehmen pflegen.

Mit dieser genauen Scheidung haben wir eine reine Quelle gewonnen, aus der wir Karls Art und Denkweise in jenen Jahren des
Aufenthalts in Italien kennen zu lernen im Stande sind. Das Bild,
das sich uns hier darbietet, ist ein für Karl entschieden günstiges.
Die Umsicht und der Muth des beim Abzuge aus Italien siebzehn-
jährigen Prinzen tritt aus der Biographie und aus den Berichten der
Zeitgenossen in gleicher Weise hervor [5]). Und dennoch verunziert kein

---

[1]) Vita S. 238.

[2]) Vita S. 239.

[3]) Vita S. 240.

[4]) Vita S. 244.

[5]) „Lo figliulo, che havea nome Carlo, bello, savio e pro" Jstorie pistolesi,
bei Muratori XI p. 461. Ebenso wendet Johannes Victoriensis auf ihn die Worte
Ovids an:

Ultor adest, primisque ... profitetur in annis Bellaque non puero tractat
agenda puer.

Selbstlob seine Aufzeichnungen, in denen doch manche That steht, auf die der Autor stolz sein konnte. Inmitten der stürmischen Ereignisse, die einen ganzen Mann erfordern, behält er doch Sammlung genug, um jedes Erlebniss zu prüfen und durch das geschriebene Wort festzuhalten. Wie ihn der Pariser Aufenthalt für das Leben gebildet hat, das bald so grosse Anforderungen an ihn stellte, so sehen wir schon jetzt eine Frucht jener geistigen Anregungen gezeitigt, die er dort empfangen. Es ist kein grosses Werk, das er mit der Führung eines Tagebuches unternahm, in dem in trockener Weise die Facten verzeichnet sind. Allein es ist doch ein tiefgreifender Unterschied zwischen ihm und den Fürsten seiner Zeit, die in ihrer Jugend zum wenigsten für literarische Thätigkeit Sinn hatten. Ist uns doch von keinem deutschen Fürsten des Mittelalters bekannt, dass er selbst die Feder ergriffen habe, um das Gedächtniss seiner Thaten zu verewigen. In Karls Tagebuch überwiegt übrigens die Fülle des Stoffes bei weitem die umschliessende Form der Darstellung. Seines inneren Lebens wird kaum mit einem Worte gedacht. Es ist nur der tapfere Krieger, der uns entgegentritt, bei dem die spätere ängstliche Beachtung überirdischer Zeichen, die Hingabe an das Aeussere der Religion und die Verehrung ihrer Priester noch eine geringe Rolle spielt [1]).

Die Stellen, in denen solche Gefühle hervortreten, haben sich entschieden als später eingeführt ergeben.

Zwar für nächtlichen Spuk war er gewiss ebenso wie seine Zeitgenossen empfänglich. Wenig später erzählt [2]) er, wie eine solche Erscheinung in Gestalt eines von selbst herabfallenden Kruges ihm und seinem gleich muthigen Zimmergenossen den Schlaf verscheucht. Allein auch hierbei verräth sich seine Eigenschaft, wahrheitsgetreu darzustellen; selten wird uns in jener Zeit eine Gespenstergeschichte so ohne Uebertreibung, ganz wie sie sich ereignet hat, mitgetheilt, so dass nur der Schrecken der Anwesenden dabei räthselhaft bleibt.

Mit solchen Eindrücken verliess Karl im August 1333 Italien. Während Johann seine Fahrten durch Europa fortsetzte, übernahm

---

[1]) Nach dem Sieg bei San Felice haben die Parmesen den Tag der h. Katharina zu feiern beschlossen (Annalen v. Parma Perz. SS. XVIII); eine Gelegenheit zur Darlegung frommen Sinnes, die sich Karl d a m a l s hat entgehen lassen. Wenigstens enthält die vita nichts derartiges.

[2]) Böhmer Fontes I S. 219.

Karl die Verwaltung Böhmens, dessen Zustand im ersten Capitel geschildert worden ist. Das, was er nun im Verlaufe von zwei Jahren [1])
für das Land gethan hat, erweckte das Erstaunen und die Dankbar-
keit seiner Unterthanen. Die Böhmen schlossen sich dem Abkömmling
ihres alten Fürstengeschlechtes vertrauend an und gewährten ihm
die Geldmittel, um die zerrütteten Verhältnisse Böhmens zu ordnen.
Vor Allem mussten die Grundlagen des Staatshaushaltes hergestellt
werden, die in dem Ertrage der königlichen Güter bestanden.

Fast alle Burgen der Krone waren dem Adel verpfändet; Karl
löste sie ein und stellte die Ruhe in dem durch Fehden beunruhigten
Lande wieder her. Nur durch kurze Zeit war ihm solch' umsichtiges
Walten gegönnt. Denn als Johann nach zwei Jahren nach Böhmen
zurückkehrte, wussten ihn die Feinde seines Sohnes gegen diesen
einzunehmen, so dass er ihm die Regierung des Landes abnahm und
ihm bloss den Titel eines Markgrafen von Mähren [2]), den er fortan
führte, überliess. Doch blieb auch in den nächsten Jahren Böhmen
der Mittelpunkt von Karls Wirksamkeit, von dem aus er die Züge
nach Schlesien, Litthauen und Tyrol unternahm. So wird es wohl
am besten sein, wenn wir die Jahre 1333—1339 im Zusammenhange
betrachten.

Es ist hier zu erwähnen, dass Karl bei seiner Rückkehr nach
Prag den alten Freund seiner Mutter, Peter von Zittau, zugleich
den bedeutendsten Schriftsteller Böhmens, zu Königsaal besuchte [3]).
Wie er mit ihm wohl manchen Gedanken über ihr gleiches Interesse
für die Zeitgeschichte ausgetauscht haben mochte, so blieben ihm in
seiner Regententhätigkeit auch die religiösen Fragen seiner Zeit
nicht fremd. Gerade in diese Zeit fiel der Streit [1]) zwischen den
Franziscanern und der Weltgeistlichkeit Prags, der sich zwar nicht
um die Hauptpunkte des Gegensatzes zwischen jenem Orden und der
Kirche drehte, aber doch auch manche prinzipielle Discussion hervorgerufen haben wird. Trotz mancher geistiger Anregung findet sich
aber gerade in jener Zeit der Verwaltung Böhmens eine Lücke in
dem Tagebuche Karls.

---

[1]) Chronicon Aulae Regiae in Dobner. Monumenta V. a. 1331. Franciscus
bei Pelzel Scriptores II. S. 180 und Benesch v. Weitmühl, Pelzel II. a. 1334.

[2]) Vita Karoli in Böhmer Fontes I. S. 248.

[3]) Chronicon Aulae Regiae bei Dobner Monumenta II. a. 1333.

[4]) Chronicon Aulae Regi a. 1334. Franciscus bei Pelzel II. a. 1334.

Er schildert diese Zeit in der Biographie [1]) wohl, aber nicht mit eigenen Zügen, sondern nach Peters Chronik, die ihm bei der Abfassung seiner Biographie vorlag. Ein genaues Eingehen auf dieses Verhältniss muss für später vorbehalten werden; hier soll nur der Grund angegeben werden, warum Karl gerade in dieser wichtigen Periode seines Lebens die Fortführung seiner Aufzeichnungen unterliess. Wahrscheinlich war es ihm leichter gewesen, die wechselnden Ereignisse des italienischen Abenteuers seines Vaters Schritt für Schritt zu verzeichnen, als den ruhigeren Verlauf der böhmischen Dinge in ihrem Zusammenhange darzustellen. Es ist eben einfacher, einen Feldzug gleichzeitig zu erzählen, dessen wichtige Momente sich bis auf den Tag und die Stunde markiren, als ein Verwaltungssystem und dessen Einführung zu schildern, in dessen Bau sich die nothwendigsten Steine oft unscheinbar aneinanderfügen. So kluge Massregeln er auch in Böhmen traf, so war er doch damals kaum im Stande, sich vollständig Rechenschaft über alle jene Schritte abzulegen, die er mit sicherem Tacte machte. Erst als er nach der Niederlegung der Verwaltung Böhmens wieder handelnd in die kriegerischen Ereignisse seiner Zeit eingriff, nahm er den Griffel wieder auf und schildert sorgfältig die Kämpfe und Verhandlungen mit den Nachbarfürsten. So wird man vergebens in jenem Abschnitte des Lebens Karl des Vierten [2]), der die Zeit vom August 1333 bis etwa April 1336 umfasst, jene Merkmale finden, die sein Tagebuch characterisiren. Die Verknüpfung der Thatsachen, unabhängig von ihrer Zeitfolge, deutet auf ihre spätere Zusammenfassung hin. Ganz anders verhält es sich mit den Jahren 1336, 1337, 1339 und 0134, bei denen eine aufmerksame Lektüre kaum einen andern Schluss zulassen wird, als dass sie einem Tagebuche entnommen sind. Leider stehen uns hier nicht so gute zeitgenössische Quellen zu Gebote, aus denen wir zu den Angaben Karls immer das fehlende Datum hinzuergänzen könnten; allein schon aus den fleissigen Randbemerkungen Böhmer's in der Ausgabe der Biographie wird man das stete Fortschreiten der Erzählung in der Zeit wahrnehmen [3]). Auch die Schmucklosigkeit des Styls im Vergleich zu den später hinzugefügten Stellen bestätigt eine solche Annahme.

---

[1]) Vita in Böhmer I. S. 247.
[2]) Vita Karoli bei Böhmer. Fontes I. Seite 246 bis 251.
[3]) Vgl. Seite 256, 258.

Doch ist immer festzuhalten, dass auch in jenen Jahren, die
wir in Karls Biographie nicht vollständig vertreten finden, das Tagebuch fortgeführt worden sein kann, doch nicht so genau, dass es
später die Grundlage des „Lebens Karl IV." bilden konnte.

Es muss nun genauer auf die einzelnen Daten der Biographie
eingegangen werden. Wenn wir den Faden wieder dort aufnehmen,
bis wohin wir ihn früher geführt haben, so fällt zuvörderst auf, dass
der Abzug Johanns und Karls aus Italien in der Lebensbeschreibung
zweimal erzählt wird. Dies geschieht zudem beide Male fast mit
denselben Worten [1]. Beide Stellen enthalten im weiteren Verlaufe
richtige historische Daten: Die erste das Verzeichniss der Anhänger
König Johanns, die zweite die Mittheilung von einem Vertrage, der
zum Zwecke sicheren Abzugs mit den Feinden geschlossen wurde.
So liegt beiden Erwähnungen wohl e i n e Tagebuchnotiz zu Grunde;
getrennt sind sie aber durch die Erzählung einer Begebenheit, die
offenbar in der wunderbaren Fassung, in der sie hier mitgetheilt ist,
erst später eingefügt sein kann.

Es ist dies ein Beispiel, wie Karl verfuhr, um die mangelhaften
Aufzeichnungen der Jahre des Aufenthaltes in Böhmen 1333 bis
1335 mit den guten und vollständigen Berichten aus der vorhergehenden und der nachfolgenden Zeit zu verknüpfen. Folgt doch [2]
gleich darauf eine Uebersicht der verwandtschaftlichen Beziehungen
der Häuser Böhmen und Kärnthen, die ebensowenig im Tagebuche
stand, wie der übersichtliche Bericht über die Verwaltung Böhmens
durch Karl. Dieser ist, wie schon erwähnt, aus der Chronik des
Peter von Zittau [3] entnommen. Doch hat Karl einige selbstständige
Daten hinzugefügt. So die Namen der von ihm ausgelösten Burgen,
so die Meldung von der Zuneigung der Bevölkerung zu ihm, der
durch seine Mutter mit dem alten Regentenstamme der Premisliden
zusammenhing.

---

[1] Vita in Böhmer I. S. 243. De-
mum videns pater noster, quod expense
sibi deficerent, et quod guerram ferre
non valeret, disposuit recedere de pa-
tria etc.

Vita in Böhmer I. S. 246. Post
hec pater noster videns, quod expense
sibi deficiebant, et guerram ulterius
ferre ... non posset, cogitavit de recessu
suo etc.

[2] S. 246 in Böhmer Fontes 1.

[3] Es mag einigen Zweifel erregen, ob Karl aus Peter von Zittau oder
aus dem Domherrn Franz geschöpft hat, da dieser jene Stelle des Königsaaler
Zeitbuches fast wörtlich abschrieb. Man vergleiche aber folgenden Satz:

Mit der Vermählung von Karls Schwester Anna mit Herzog Otto von Oesterreich (Februar 1335) beginnen die Ereignisse sich bestimmter aus dem ruhigen Verlaufe der Regentschaft Karls in Böhmen abzuheben. Es folgen denn auch sofort die Daten in chronologischer Reihenfolge: Der Tod Heinrichs von Kärnthen (2. April 1335), der Bund Ludwig IV. mit den österreichischen Herzogen (1. und 2. Mai 1335) etc., so dass nicht mehr das Gedächtniss allein nachgeholfen haben kann.

Auch die Spukgeschichte mit den von selbst herabfallenden Krügen (Seite 249) trägt durch die Treuherzigkeit des Vortrages, durch die Einfachheit des Wunders so sehr den Charakter einer gleichzeitigen Aufzeichnung, dass man sich nicht daran stossen muss, dass sie in den Winter [1]) versetzt doch mitten in Ereignisse des Sommers 1335 hineingeschachtelt ist.

Peter bei Dobner II S. 465. Quadruplex ipse scit linguagium, Gallicum, Lombardicum. Teutunicum et Latinum. in hiis linquis scit scribere legere intelligere et optime poterit expedire.	Vita Kar. bei Böhmer, I. 247. Ex divina autem gracia non solum Boemicum sed Gallicum, Lombardicum, Theutunicum et Latinum ita loqui, scribere et legere scivimus, ut etc.	Franz bei Petzel II S. 180. Quadruplex scit linquagium vel quintuplex videlicet Lombardicum, Francicum, Latinum, Boemicum et Theutonicum, in his linquis scit scribere legere et intelligere et se optime expedire.

Die Reihenfolge der Sprachen ist bei Peter und bei Karl gleich, Franz weicht von ihr ab. Freilich fehlt bei Peter die böhmische Sprache, die Kar allerdings 1333, als er nach Böhmen zurückkehrte, und als Peter schrieb, vergessen hatte. (Vita 246 und 247).

Ebenso zeigt auch folgende Stelle einen Zusammenhang zwischen Peter und Karl, während aus Franz keine Parallelstelle aufzuweisen ist:

Peter bei Dobner V. S. 447. Moratur ibidem civitate Tridentina usque hodie Johannes rex Bohemie et ad eum confluunt de partibus et civitatibus Lombardie; quod Mediolanum, Brixiani et Aretia se regi huic subdiderunt refert fama. . . . . Ibidem in Tridentino rex cognovit per nunccium et epistolam Reginam suam coniugem esse mortuam et sepultam.	Vita Kar. in Böhmer I S. 236. Deinde pervenit pater meus in civitatem Tridentinam. Et illo tempore mortua est mater mea in die beati Wenceslai martyris in Praga. Moram autem in Tridento patre meo trahente date fuerunt sibi in Lombardia civitates: Brixia etc.

[1]) Quia tempus hiemale erat S 249.

Derselbe unleugbare Hinweis auf das Tagebuch, doch auch auf eine Veränderung desselben findet sich in der Erzählung des schlesischen Feldzuges 1335 [1]. Dessen unglücklicher Ausgang mag im Tagebuche vollständig gestanden haben; hier aber begnügt sich Karl mit einem vornehmen Hinweis auf die „Chronik", mit der zweifelsohne das Werk Peters von Zittau [2] gemeint ist.

Ebenso sind die Ereignisse des Winters 1335 auf 1336 richtig, aber nicht vollständig geschildert, es fehlt z. B. der Besuch des polnischen und ungarischen Königs in Prag. Dagegen beginnt mit dem April [3] 1336 eine genaue von Monat zu Monat fortschreitende Erzählung der Vorkommnisse der Jahre 1336 und 1337, deren Correctheit sicher auf ein Tagebuch als Grundlage hinweist. Um nur ein Beispiel von der Zuverlässigkeit dieser Nachrichten zu geben, hebe ich die Darstellung der verwickelten Bezüge in Oberitalien 1337 [4] hervor. Sie sind durch einen anderen Augenzeugen, den Paduaner Cortusius [5], in mit Karl übereinstimmender Weise beglaubigt, Nur ist Letzterem zu Gute zu halten, dass er sich schmeichelt, den grossen Bund zu Stande gebracht zu haben, der die Macht des Hauses der Scala von Verona stürzte [6]. Ganz anders als mit den vorhergehenden Jahren ist es mit dem Jahre 1338 bestellt, das in seinen Angaben unvollständig und fehlerhaft ist. Vor Allem fällt die geringe Anzahl Daten in demselben auf: ihren Abgang soll offenbar die lange Predigt ersetzen [7], mit der Karl vollständig aus dem Gang

---

[1] Böhmer Fontes I. 250.

[2] In Dobner. Monumenta V. a. 1335. Ueberhaupt sieht die ganze Stelle der Vita sehr gezwungen aus: Cuius territorium devastavimus prout in cronica scriptum est. Quod in tantum fuit devastatum, quod ipse coactus est etc. (S. 250).

[3] Vita Karoli Seite 251.

[4] Vita Karoli S. 253.

[5] Muratori SS. XII. 880. vgl. auch Böhmers Regesten Karl IV., herausg. von Huber 1874 S. 6.

[6] Zur Uebersicht dieser Stelle der Vita mag dienen, dass der Krieg gegen Mastin della Scala auf drei Schauplätzen geführt wurde, im Süden, wo ihm Padua den 3. August 1337 entrissen wurde, im Norden, wo die Colalto ihm die trevisanischen Besitzungen abspänstig machten, und um Feltro und Belluno, die Karl angriff.

[7] Sie ist in der Ausgabe des Reineccius (Chronicon Hierosol. II. B. S. 14—39), des Freher (Scriptores rerum Bohem. S. 86 bis 107), ferner in Pelzel Scriptores II Seite 315 bis 325 abgedruckt.

der Erzählung herausfällt und die Böhmer daher in seiner Ausgabe ganz weggelassen hat.

Auch hat Böhmer schon auf die falschen Angaben hingewiesen, die in der Biographie über den Tod von Karls Schwester Anna und deren Gemahl, dem Herzog Otto von Oesterreich, gemacht sind. Hinzuzufügen ist noch, dass die Gründung des Allerheiligencollegiums, die Karl in dieses Jahr[1]) verlegt, erst vier Jahre später stattfand[2]).

Diese Umstände nöthigen uns zur Annahme, dass Karl um diese Zeit sein Tagebuch fast ganz vernachlässigt habe, obwohl er nicht gerade in Unternehmungen verwickelt war, die seine ganze Thätigkeit in Anspruch nehmen mussten.

Um so zuverlässiger sind dann die Ereignisse von 1339 und 1340[3]) geschildert — mit wenigen Ausnahmen, die später genauer in's Auge gefasst werden müssen. —

Von dem Jahre 1341[4]) bis zum Schlusse der Biographie 1346 nimmt diese einen durchaus veränderten Charakter an, der uns nöthigt, diesen Theil des Werkes einer späteren abgesonderten Betrachtung zu unterziehen. Es mag nur in Kürze erwähnt werden, dass Karl von hier an in der dritten Person von sich spricht und dass, nachdem die Untersuchung des ersten wichtigeren Theiles beendigt ist, die Frage nach dem Autor der zweiten Hälfte der Lebensbeschreibung einer weiteren Analyse vorbehalten ist.

Die Aufgabe des nächsten Capitels wird nun sein, wieder die sachlichen Ergebnisse darzulegen, die aus unserer Zergliederung der Biographie gewonnen werden können. Nach unseren Betrachtungen haben wir eine noch unverfälschtere Quelle, als es die Selbstbiographie ist, dadurch gewonnen, dass wir selbst die Zeit jeder Aufzeichnung bestimmt haben. Möge denn diese Quelle wieder für sich selbst sprechen.

---

[1]) Seite 258.

[2]) Benesch in Pelzel II. S. 280. Um die Vollständigkeit des Tagebuches zu belegen, bemerke ich. dass wir aus der vita zum Jahre 1339 dreizehn verschiedene Aufenthaltsorte Karls kennen, zum Jahre 1340 vierundzwanzig, für 1337 einundzwanzig; in dem Jahre 1338 aber, das uns so unvollständig geschildert wird, beläuft sich ihre Anzahl nur auf neun.

[3]) Seite 258—263.

[4]) S. 264—270.

Karl IV. Erhebung zum römischen König. Seine Selbstbiographie.

Es war uns im Verlaufe des vorigen Abschnittes möglich geworden, aus den Thatsachen, die uns über das frühere Lebensalter
Karls überliefert sind, und aus seinem gleichzeitigen Tagebuche
seine Entwicklung zu schildern. Es war vom höchsten Interesse
wahrzunehmen, wie die ruhige und überlegene Anlage seines Geistes
sich in den Kämpfen in Oberitalien und in der Regierung Böhmens
geltend macht, wie aber der Einfluss seiner Umgebung ihm eine
Richtung gibt, die seiner ursprünglichen Natur fremd ist. Diese
zwecklosen Kämpfe in Italien, das er später richtig als die Höhle
des Löwen erkannte, dieses naive Interesse für Kampf und Schlacht,
das jede religiöse Reflexion damals noch in den Hintergrund drängt,
lassen uns schwer die Züge des späteren Karl des Vierten erkennen.
Allein die Klugheit seines Vorgehens und die Beschäftigung mit
sich selbst und seinen Erlebnissen, die er sofort schriftlich der Erinnerung aufbewahrt, gemahnen uns bald an alle Züge, die wir später
schärfer hervortreten sehen werden.

Wohl hat er nach der Rückkehr Johanns aus Frankreich 1335
die Verwaltung Böhmens niederlegen müssen; allein doch übt er auf
die Haltung des luxemburgischen Hauses einen bestimmenden Einfluss aus. Von ihm geht offenbar, seitdem König Ludwig und die
Habsburger sich gegen König Johann und die Ansprüche von dessen
jüngerem Sohne Johann Heinrich verbünden, die Anregung zum
Ausgleich mit den Ostmächten Ungarn und Polen aus (1335) [1]).

Dann hält er standhaft fest an den Rechten seines Bruders,
den er väterlich beschirmt, während der Vater um den Preis einer

---

[1]) Wenigstens war Johann noch in Frankreich, als die Unterhandlungen
zu Trencsin begannen.

Versorgung für den nachgeborenen Sohn Wenzel zu einem Frieden
mit Ludwig geneigt wäre, der Johann Heinrichs Ansprüche preisgegeben hätte. Selbst der Vater fügt sich endlich in dieser Angelegenheit [1]) dem stärkeren Willen seines erstgeborenen Sohnes. Dabei ist an
keiner Stelle ein unpassender Tadel über König Johann ausgesprochen, den er zu dieser Zeit so reichlich verdient hätte. In
einer Beziehung übte Johann auf seinen Sohn einen Einfluss aus,
der dessen Wesen fast unkenntlich macht. Die überlegte Haltung in
allen politischen Fragen hindert Karl nicht, in rastlosen Zügen
Europa von der Ostsee bis an den atlantischen Ocean zu durchreisen
und sich in kleine Kämpfe gegen die Tyrannen Oberitaliens zu
verlieren. Einmal sogar ergreift ihn die Lust zu Abenteuern [2]) so
heftig, dass er — es ist die Zeit des Ausbruchs des grossen Krieges
zwischen Frankreich und England — die Verwaltung Böhmens, einst
das Ziel seiner Wünsche, die ihm sein Vater wieder übertragen, in
die Hände Peters von Rosenberg legt und nach Frankreich eilt. Als
hier Waffenstillstand geschlossen wird, fasst er den Plan gegen die
spanischen Sarazenen zu ziehen. Schon hatte er Truppen und Kriegs-
geräth vorausgeschickt, da hält ihn sein Vater, sonst der abenteuer-
lustigste unter den fahrenden Rittern seiner Zeit, von dem zwecklosen Zuge zurück. Es war, als ob der hitzige Vater und der be-
dächtige Sohn die Rollen getauscht hätten, als ob jener plötzlich der
Vorsichtige, dieser der Ruhelose geworden wäre. Damit schien das
heisse Blut der Luxemburger, das in Heinrich VII. und in König
Johann gewallt hatte, Herr über Karl geworden zu sein.

Allein gerade jetzt tritt in Karls Wesen ein Umschwung ein, so
dass man sagen kann, keine Zeit sei für seine Entwicklung so massgebend gewesen, als eben dieser Aufenthalt in Südfrankreich (1339).
Zurückgehalten von seinem Vater weilte er mit diesem eine Zeitlang
zu Montpellier, von dessen berühmten Aerzten der einäugige König
vergebens die Erhaltung seines Auges hoffte. Gerade damals war an
der alten Hochschule ein Streit zwischen dem Rector und dem Bischofe, der sich gewisse Rechte über die Hochschule beilegte, ausgebrochen [3]), der im Auftrag des Papstes durch den Erzbischof von
Embrun und durch sechs Abgeordnete der Universität beigelegt

---

[1]) Vita S. 258.
[2]) Vita S. 259 und 260.
[3]) Savigny, Geschichte des römischen Rechtes im Mittelalter. III. Band
S. 258.

werden sollte. Ein neues Statut sollte die Grenzen der verschiedenen
Gewalten gesetzlich regeln. Das ernstere Leben und Treiben an der
Universität, an der die drei „Nationen" der Burgunder, der Proven-
çalen und der Catalonier vertreten waren, und die von altersher das
Vorrecht hatte, dass Geistliche und Mönche an ihr auch Jurisprudenz
studieren durften, was an der Pariser Universität verboten war, mag
Karl in würdiger Weise zu dem nun folgenden Aufenthalt in Avignon
vorbereitet haben. (Winter 1339 auf 1340.)

Avignon, während der Zeit, in der die Päpste daselbst regierten,
häufig nicht gerade der Sitz des Ernstes und der Frömmigkeit, war
doch jetzt, unter der Herrschaft Papst Benedict XII. wenigstens
äusserlich strenger als sonst. Johann XXII., der Vorgänger dieses
Papstes war unter schweren Kämpfen gestorben. Trotz seiner sclavischen
Hingebung an die französische Politik hatte er erfahren, dass er
nicht ebenso unbedingt in religiösen Fragen auf König Philipp VI.
zählen könne.

Er hatte nämlich die Lehre aufgestellt, dass die Seelen der
Abgeschiedenen, auch wenn sie das Himmelreich erlangt hätten,
nicht eher der Seligkeit der Anschauung Christi theilhaftig würden,
bevor am jüngsten Tage das Gericht über Gerechte und Ungerechte
beendigt sei. Die Conventualen unter den Franziskanern, die er so
sehr begünstigt hatte, traten seiner Ansicht bei; sonst aber erhob
sich Widerstand gegen diese Lehre, der selbst nicht durch die Gefangensetzung einiger besonders heftiger Gegner niedergedrückt werden
konnte. Der Papst, der die Wichtigkeit der Entscheidung der Pariser
Universität kannte, schickte unter passendem Vorwande zwei seiner
gelehrten Anhänger nach Paris, welche die Stimmung daselbst zu seinen
Gunsten bearbeiten sollten. Ein Zwiespalt ging durch die theologische
Welt: auf der einen Seite stand der Wille des Papstes, auf der anderen
der klare Wortlaut der christlichen Lehre. Niemand anderer als König
Philipp von Frankreich that Schritte, um tieferen Zwiespalt zu verhindern; in dieser Angelegenheit, die doch rein theologischer Natur
war, versammelte er mehrere Bischöfe und Doctoren der Universität
zu Vincennes (1332) und schickte die Entscheidung der Geladenen,
unterschrieben von dreissig Magistern, an den Papst mit dem Bedeuten, er möge die Gemüther nicht verwirren. Die Versammlung
hatte die Ansicht des Papstes entschieden verurtheilt, doch liess sie
ihm den Rückzug frei, indem sie annahm, er habe jene Lehre nur
als eine von Vielen angenommene erwähnt, sie noch nicht für die seinige

erklärt. So sehr war seit Philipp des Schönen Zeiten das Papstthum
in der Hand der französischen Könige, dass Johann XXII. nicht zu
widerstehen wagte; die Universität hatte nicht gesäumt, die Lehren
des Papstes zu verwerfen, da sie des Beistandes des Königs sicher
war. Machte sich der König zum ausführenden Arm der Universität,
oder hatte diese einem Wink des Königs gehorcht, der den Papst
seine Macht fühlen lassen wollte? Jedenfalls war das Bündniss zwischen
der weltlichen Macht und der Wissenschaft, wie es der Papst schon
im Streit mit König Ludwig zu seinem Nachtheile gefühlt, ein
furchtbares; in einer feierlichen Bulle vom 3. Dezember 1334, zog
Johann XXII., der mit unversöhnlichem und unbeugsamem Hasse seine
Feinde zu bekämpfen gewohnt war, alles, was er je in jener Angelegenheit gegen die Lehren der Kirche gesprochen und geschrieben
hatte, zurück. Den Tag nach Erlass jener Bulle, die ihn aufs Tiefste
gedemüthigt hatte, starb Johann XXII. (1334). Sein Nachfolger
Benedict XII., in dessen Person dem politischen Papste ein frommer
gefolgt war, stand unter demselben Banne wie sein Vorgänger. Sein
Bestreben, Ludwig dem Baier und dem von religiösen Wirren zerrütteten Deutschland den ersehnten Frieden zu geben, scheiterte an
dem Widerspruche des französischen Königs, der dem Papste das
Schicksal Bonifacius VIII. androhte, falls er gegen Deutschland ver-
söhnlich vorgehe.

Unter dessen Regierung kam Karl, der damals den Titel eines
Markgrafen von Mähren führte, nach Avignon. Wir wissen, wie entschieden sich Karl der Versöhnung seines Vaters mit König Ludwig
widersetzt hatte. Indessen waren es kaum weitaussehende Pläne
gewesen, die ihn dazu bestimmt hatten; er hielt es nur im Interesse
seines Hauses liegend, gegen den stets unzuverlässigen König, der,
wie er annahm, seinen Bruder Johann Heinrich Kärnthens beraubt
hatte, mit Frankreich und mit dem Papste im Bunde zu bleiben.
Papst Benedict XII. war nun nicht dazu angethan, in Karls Brust
ehrgeizige Pläne zu wecken. Allein damals lebte zu Avignon als
Cardinal jener Peter Roger, dessen Zögling Karl zu Paris gewesen
war. Es war gerade nicht Frömmigkeit, noch Selbstständigkeit in
den grossen Fragen der Zeit, die den Abt von Fescan so hoch em-
porgehoben hatten. Seiner Anlage nach Politiker hatte er durch kluge
und schmiegsame Wendungen zwischen den Päpsten und den französischen Königen rasch seine Laufbahn gemacht. Er hatte sich das
Wohlwollen König Philipps von Frankreich zu erringen verstanden,

ohne den Kirchenmännern durch allzu grosse Nachgiebigkeit an die
weltliche Macht misfällig zu werden. Einmal hatte er sich dem Protest des französischen Clerus gegen die Uebergriffe des Staates angeschlossen (1329) [1]), ein anderes Mal unter dem Schutze des Königs
mit den Doctoren der Universität den Irrglauben Johann XXII.
bekämpft (1332). So ward er Bischof von Arras, Erzbischof von
Sens, am 14. Dezember 1330 von Rouen, endlich am 18. Dezember
1338 Cardinal [2]). Seine und Karls innerlich verwandte Naturen trafen
sich zu Avignon noch einmal; und wenn Karl ihm diesmal auch reifer
entgegentrat, so wusste der kluge Cardinal dennoch tief auf ihn zu
wirken. Er verfehlte nicht, den Keim, den er in die Brust des
Knaben gelegt hatte, in dem Jüngling zur Reife zu bringen. Den
Ehrgeiz vor Allem, den er selbst fühlte, verstand er in seinem Zögling zu entflammen. Zu Avignon war es, dass einst der Cardinal dem
Markgrafen sagte: „Du wirst einst römischer König," worauf der
Letztere ebenso rasch die Prophezeiung aussprach: „Und Du wirst
den päpstlichen Thron besteigen." Jedenfalls war Karl seinem Ziel
noch ferner als der Cardinal; diesem mochte aber schon klar geworden sein, dass Ludwig der Baier nur durch einen Gegenkönig besiegt werden könne, der dem päpstlichen Stuhle wohl unterwürfig,
aber Frankreich genüber eine Stütze gegen dessen staatliche Ueber-
macht sein müsse. Nach der eigenthümlich kurzen Art, in der Karl
sich in seiner Biographie über die wichtigsten Ereignisse ausspricht,
denen er kaum einen grösseren Platz einräumt, als den unbedeutendsten Erlebnissen, hat er sich nicht weiter über diesen wichtigen
Zeitabschnitt eingelassen. Später jedoch hat Karl den Aufenthalt in
Avignon mit einer Thatsache in Zusammenhang gebracht, die für
seine Anschauung im gereiften Mannesalter höchst bezeichnend ist.
Er erzählt uns nämlich an einer früheren Stelle der Biographie [3]),

---

[1]) Bulaeus, hist. univ. Paris. IV. p. 225.

[2]) Heinr. von Diessenhoven in (Böhmer) Fontes IV, S. 29.

[3]) Zum näheren Verständniss des ganzen Sachverhaltes muss hier auf das
9. Capitel verwiesen werden, das die genaue Darlegung enthält. Hier sei nur
folgendes in Kürze erwähnt: Das vierte Buch der Chronik des Benesch von
Weitmül (Pelzel und Dobrowsky, Scriptores rerum Bohemicarum II. B.) stimmt
mit der Vita Caroli fast wörtlich überein. Dennoch finden sich einige Verschiedenheiten, unter denen die oben im Texte erwähnte die wichtigste ist, aus denen wir
schliessen müssen, Benesch habe die erste Redaction der vita vor sich gehabt,
während unsere Vita Caroli eine spätere Umarbeitung zu Nutz und Frommen

dass er 1333, am Himmelfahrtstage, einen Traum gehabt, der ihm den Tod des Dauphins von Vienne an einer schrecklichen Krankheit verkündigte, die ihm eine Warnung sein sollte, sein eigenes ausschweifendes Leben zu bessern. Nach seinem T a g e b u c h e, das ein wenig umgearbeitet in der Chronik des Benesch von Weitmül vorliegt, hatte er den Traum seinem Vater mitgetheilt. In seiner L e b e n s b e s c h r e i b u n g aber veränderte er merkwürdigerweise diesen Schluss und erzählt seinem Sohne, dem er dieselbe widmet, er habe den Traum seinem Vater verschwiegen — wahrscheinlich um diesen nicht zu verletzen, da sich dieser in geschlechtlichen Dingen keine Rücksicht auferlegte. Eben in dieser zweiten Bearbeitung seiner Biographie, wenn wir unser „Leben Karls" so nennen wollen, erhält der Aufenthalt zu Avignon eine höhere Weihe dadurch, dass mitgetheilt wird, Karl habe den Traum Papst Benedikt XII. gebeichtet und dieser habe ihm aufs Neue Stillschweigen auferlegt [1]). Man sieht also, dass wenn dieser Vorgang auch dadurch zweifelhaft ist, dass in dem Tagebuch bei Benesch die Sache eine viel einfachere Wendung nimmt, Karl später den Eindruck hatte, als ob damals zu Avignon Dinge verhandelt worden wären, die nicht allein in politischer, sondern auch in religiöser Beziehung für ihn wichtig gewesen seien.

Es könnte scheinen, als ob ich dieser Verschiedenheit des Berichtes des Benesch, der einen Auszug einer früheren Abfassung der Lebensbeschreibung gibt, und der Biographie selbst zu viel Wichtigkeit beimessen würde. Ich kann aber darauf hinweisen, dass die Chronik des Benesch consequenterweise auch eine zweite Mittheilung der Biographie nicht enthält. Im Frühjahre 1340 begab sich Karl nach Niederbaiern und von da durch Salzburg und den Gerlospass nach Tirol. „Als ich den ganzen Tag," so erzählt er selbst [2]), durch das Gerlosthal reiste, erinnerte ich mich an das Wunder oder an das Gesicht [3]), das mir am Tage der heiligen Jungfrau, an ihrem Himmelfahrtsfest zu Tarenz in der Diöcese Parma erschienen war. Von der Zeit an nahm ich mir vor, zu Ehren der glorreichen Jungfrau täglich Horen in der

---

seines Sohnes Wenzel ist. Die erste Redaction der Lebensbeschreibung fiele 1346—1350, die zweite 1350—1351.

[1]) Vita Caroli in Böhmer. Fontes I. S. 260: „Es sei besser zu schweigen, als dem Vater das Geheimniss zu enthüllen."

[2]) Böhmer Fontes I. p. 261.

[3]) Damit meint Karl eben jenen Traum über den Dauphin.

Prager Kirche singen zu lassen, so dass von ihren Thaten täglich eine neue Legende gelesen werden solle."

So tief also war nach dieser Erzählung der Eindruck der Unterredungen mit dem Papst und mit dem Cardinal von Rouen, dass Karls Wesen sich in erhöhter Stimmung befand und dass er im Gerlospasse, beim Anblicke der schneebedeckten Berge das Gelübde ablegte, jenen Traum durch eine Stiftung zu verherrlichen. — Wie verändert ist demnach mit einem Male Karls ganzes Leben und Denken! Noch vor einem Jahre erfüllten nur Kriegszüge sein ganzes Gemüth; jetzt hält er Einkehr in sich selbst und liest aus einem Traume, den er zwar seinerzeit in sein Tagebuch eingeschrieben, dem er aber keine grössere Betrachtung geschenkt hat[1], eine tiefere Bedeutung heraus. Wie ernst diese Wandlung war, erhellt daraus, dass die Erfüllung seines Gelübdes die erste grössere Stiftung war, die die böhmische Kirche Karl verdankte. Es ist das sogenannte Mansionarium zu Prag, ein Collegium von vierundzwanzig Klerikern, auf dessen Gründung dann 1341 die des Allerheiligencollegiums folgte, die den Beginn einer ununterbrochenen Reihe anderer Stiftungen bildete.

Es muss zwar zugegeben werden, dass nur die erste dieser Thatsachen, der Traum in Tarenz, in dem Tagebuche Karls, das uns im Auszuge in dem vierten Buch der Chronik des Benesch vorliegt[2], enthalten war. Den pragmatischen Zusammenhang mit der frommen Stiftung zu Prag hat Karl in die Ereignisse erst mit Bewusstsein hineingebracht, als er seine Biographie — zehn Jahre später, wie nachgewiesen werden wird — zu Nutz und Frommen seines Sohnes Wenzel umarbeitete. Es lag ihm am Herzen, die groben Züge seines Tagebuches zu vergeistigen oder vielmehr zu vergeistlichen, und er mag manches aus den Ereignissen herausgelesen haben, was er zuerst selbst in sie hineingelegt hatte. Allein selbst dieses zugestanden, muss bei diesem Aufenthalt zu Avignon manches vorgefallen sein, was die Wandlung in Karl hervorbrachte, oder doch seine ernsten Anlagen, seine Frömmigkeit und Werkheiligkeit zum Durchbruch gelangen liess.

Jedenfalls war das Einverständniss des Markgrafen Karl und des Cardinals von Rouen über die grosse Frage, wer Kaiser und wer

---

[1] Er hatte den Traum seinem Vater unbefangen erzählt, wie die erste Fassung seines Tagebuches im Benesch beweist.

[2] Pelzel, Scriptores II. p. 328.

Papst werden solle, seit Anfang 1340 hergestellt. Diese Thatsache hat ja Karl schon damals in sein Tagebuch aufgenommen, wie aus der Chronik des Benesch hervorgeht. Cardinal Roger konnte damit um so zufriedener sein, als Karls Richtung eine ganz kirchliche geworden war.

Ihren vollen Werth erhielten diese Verabredungen erst. als nach dem Tode Benedict XII. († 25. April 1342) der Erzieher Karls wirklich unter dem Namen Clemens VI. Papst wurde. Dieser beschloss sofort, Ludwig auf Leben und Tod zu bekämpfen. Schon am 1. August 1343 erhielt der Grossoheim Karls, Balduin, Erzbischof von Trier, von der päpstlichen Kanzlei eine vertrauliche Mittheilung, dass man an eine Königswahl denke und dass er sich vorläufig einen tüchtigen Fürsten ausersehen möge [1]). Am 24. November desselben Jahres lud dann der Papst Karl ein, am nächsten Lichtmesstage nach Avignon zu kommen, um dort an wichtigen Besprechungen theilzunehmen.

Mit einer merkwürdigen Raschheit. hatten sich unterdessen in Karls Kopfe die Pläne für sein künftiges Regierungssystem geklärt. Von der Thronbesteigung Papst Clemens VI. datirt sich jene Reihe von Massregeln, die in Böhmen in den nächsten Jahren ins Werk gesetzt wurden und welche dieses Königreich für einige Zeit zum ersten Land Deutschlands erhoben. Schon längere Zeit muss mit der Curie unterhandelt worden sein, dass das Prager Bisthum in ein Erzbisthum verwandelt werde. Damals war die kirchliche Eintheilung von weit grösserer Wichtigkeit als jetzt: sie war die ursprüngliche, an die sich die politische vielfach anlehnte. Karls erste Sorge war demnach, Böhmen kirchlich unabhängig vom Mainzer Erzbisthum zu stellen, zu dem es bis jetzt gehört hatte. Zum Glück oder vielmehr durch seinen Scharfblick fand Karl in Ernst von Pardubitz, der nicht ohne einigen Widerstand durch den Einfluss Karls 1342 Bischof von Prag geworden war, einen bedeutenden und thätigen Genossen in seinem Werke. Gegen den Willen König Johanns wurde die Erhebung Prags zu einer Metropolitanstadt in Avignon betrieben, und am 25. August 1343 von Clemens VI. der Stiftungsbrief des Prager Erzbisthums ausgefertigt.

Damit vereinigte Karl den Plan zu dem grössten künstlerischen Werke, das ihm seine Entstehung verdankt. An dem Tage der feier-

---

[1]) Weech, Kaiser Ludwig der Bayer und König Johann von Böhmen. S 83.

lichen Weihe Ernst's zum ersten Erzbischofe, am 23. November 1343, wurde der Grundstein zu dem Dome von St. Veit auf dem Hradschin zu Prag gelegt, der einer der glänzendsten Denkmale der gothischen Baukunst in Deutschland geworden ist, obwohl kaum die Hälfte des ursprünglichen Planes zur Durchführung gelangte. Der Baumeister des Domes, Mathias von Arras, wurde von Avignon nach Prag berufen. Weitere Bauwerke, die Kirche am Karlshofe, die gewaltige steinerne Brücke über die Moldau wurden später in Angriff genommen. Damit aber auch im Land Künstler heranwüchsen, welche die Aufgabe lösen könnten, die Karl ihnen stellen wollte, vereinigten sich auf Anregung Karls die Maler, Bildhauer, Glasmaler, Schilderer und die ähnlichen Gewerbe zur ersten Künsterzunft, die in Böhmen entstanden ist (1348). Prag sollte aber dauernd erweitert werden und an seiner Westseite eine neue Stadt entstehen. Mit Cirkel und Richtmass wurden hier die Linien zu neuen Strassen gezogen, welche jetzt die Prager Neustadt bilden. Dann wurde zu Prag ein Kloster der Benedictiner gegründet, die den katholischen Gottesdienst nach slavischem Ritus begehen mussten (1347). Sie wurden zu diesem Zwecke aus Dalmatien berufen, und erhielten die Emauskirche zu Prag eingeräumt.

Wichtiger aber war, dass Karl IV. bei Clemens VI. durchsetzte, dass zu Prag eine Universität gegründet werden sollte, die mit allen Privilegien und Rechten der alten Hochschulen Paris, Oxford und Bologna ausgestattet sein sollte. Nicht umsonst hatte Karl in Paris und Montpellier, an den Stätten der Bildung, geweilt. Seine Vorliebe für die scholastisch-religiösen Untersuchungen, die wir später noch kennen lernen werden, bewog ihn, ihnen auch in seiner geliebten Hauptstadt einen bleibenden Wohnsitz zu verschaffen. Am 26. Januar 1347 erliess Papst Clemens VI. die Stiftungsbulle der ersten deutschen Universität, der am 7. April 1348 die Gründungsurkunde Karls folgte.

Es waren nicht friedliche Zeiten, in denen der Markgraf seine Pläne fasste und ausführte. Nie hat er während seines Lebens stürmischere Jahre zu verzeichnen gehabt, nie zogen sich früher oder später die Gewitterwolken so gefahrdrohend über ihn zusammen. Der Zwischenraum zwischen den Urkunden des Papstes und des Königs zur Gründung der Prager Universität ist deshalb ein so grosser, weil Karl damals mit Ludwig dem Baier um die deutsche Königskrone kämpfte, bis der Tod seinen Nebenbuhler am 11. Ok-

tober 1347 hinwegraffte. Sein eigener Vater König Johann von
Böhmen stand theils durch seine Verschwendungssucht, theils durch
sein Mistrauen gegen ihn an der Spitze der kleinmüthigen Gegner
seiner vielen Unternehmungen, von denen jede einzelne genügend
gewesen wäre, seinen Namen zu verherrlichen. 1342 musste Johann
seinem Sohne die Verwaltung Böhmens gegen 5000 Mark jährlich
übergeben und sein Land mit dem Versprechen verlassen, in den
nächsten zwei Jahren weder selbst dahin zu kommen, noch Geld
von dort zu verlangen [1]). Aber selbst in Avignon stellte er sich den
Plänen seines Sohnes entgegen, der erst seinen Widerstand gegen
die Erhebung Prags zum Erzbisthume besiegen musste.

Die Bundesgenossenschaft mit Papst Clemens VI., die ihn darin
unterstützte, sollte den Markgrafen Karl noch weiter fördern. Denn
nach der Berathung Johanns und Karls mit den Churfürsten von Mainz,
Trier, Köln und Sachsen zu Trier, versammelten sich diese am 11. Juli 1346
zu Rhense und wählten mit König Johann von Böhmen als fünftem
Churfürsten, Karl zum König von Deutschland. Vorher aber hatte dieser
im April 1346 zu Avignon die Vertragspunkte festgestellt, auf Grund
deren ihn der Papst zum König machen wollte [2]). Da hat nun Karl
eine Reihe der demüthigendsten Bedingungen auf sich genommen.
Zwei principielle Fragen des mittelalterlichen Staatsrechtes wurden
damals durch förmliche Abmachungen, wie es schien, für immer zu
Gunsten des Papstes gelöst. Es war dies einerseits die Anerkennung
des Grundsatzes, dass der gewählte König erst nach der Bestätigung
durch den Papst Herrscherrechte in Italien ausüben dürfe [3]) und
anderseits die Verzichtleistung Karls auf die Souveränität in jenen
Gebieten, die der Papst als Patrimonium S. Petri betrachtete. In
Bezug auf das Wahlrecht der Churfürsten, die sich 1338 zu Rhense
das Recht zugesprochen hatten, den deutschen König zu wählen, ohne
dass eine Bestätigung durch den Papst nothwendig sei, wurde nichts
präjudicirt. Karl IV. stellte sich demnach von vornherein auf den Standpunkt, den Albrecht I. und Adolf von Nassau gutwillig zugestanden
hatte, gegen den sich nur Heinrich VII. kraftvoll auflehnte, und den

---

[1]) Weech, S. 82. Loserth bezweifelt diese Nachricht wenigstens in dieser Form.

[2]) Die Urkunden finden sich allein in Theiner Codex dominii tempor. s.
sedis II. 155. Vgl. Worthmann, die Wahl Karl IV. zum römischen Kaiser.

[3]) Huber, Regesten Karl IV. Nro. 228 Punkt 6. Vgl. auch Höfler aus-
Avignon, Einleitung, (auch in den Abhandl. der böhm. Ges. VI. Serie
I. Band.)

auch Ludwig anerkannt hätte, wenn Benedikt XII. mit ihm Frieden
geschlossen hätte. Es ward also eigentlich in der Sache nichts Neues
zu Avignon ausgemacht; wohl aber häufte Karl in der Form viel
Demüthigung auf die deutsche Krone. Er musste consequenterweise
alle Verfügungen seines Vorgängers Heinrich VII., die ein Herrscherrecht im Patrimonium, in Sicilien, Sardinien, Corsica in Anspruch
nahmen, für ungiltig erklären; er musste, da Ludwig nie die Bestätigung des Papstes erhalten hatte, alle Acte dieses Monarchen
in Italien annulliren, so dass für dieses Land ein Interregnum von
33 Jahren angenommen werden musste, während welcher der Papst das
Vicariat ausgeübt haben wollte. Noch mehr als das, dieses Interregnum
sollte noch fortdauern, bis der Papst seine Wahl bestätigt hätte,
was erst eintreten sollte, wenn Karl aufs Neue diesen Vertrag be-
schworen hätte. Auch dann noch sollten die Statthalter des Königs
in der Lombardei oder in Tuscien einen Eid leisten, dass sie dem
Papste beistehen wollten. Man fragt sich, warum Karl dann nicht
auf jene precäre Macht in Italien und auf die Kaiserkrone überhaupt
Verzicht geleistet habe? Allein wir dürfen nicht vergessen, dass das
Imperium zu jener Zeit für eine Einrichtung galt, die ebensowenig
aufgegeben werden konnte als eine andere religiöse Institution, dass
sich Karl von dieser Vorstellung ebensowenig losreissen konnte, als
irgend einer seiner Zeitgenossen. Ihr zu Liebe nahm er die demüthi-
gendste Bedingung auf sich, nämlich erst an dem für die Kaiserkrönung
bestimmten Tage Rom zu betreten und die Stadt mit seinen Kriegern
noch vor Sonnenuntergang zu verlassen. So sollte der Kaiser sich
nicht einen erquickenden Schlummer in seiner Hauptstadt erlauben
dürfen. Zugleich übertrug Karl dem Papste auf ein Jahr die Vollmacht, allen Städten und Personen in Italien die Strafen ihrer Ver-
gehungen gegen das Reich nachzulassen [1]) und erkennt ihn als
Schiedsrichter zwischen sich und dem Könige von Frankreich an [2]).
Aehnliche Zugeständnisse machte er dem Papste in Beziehung auf
sein Verhältniss zu Polen und Ungarn [3]).

Der eine Punkt ist bei der Beurtheilung der Handlungsweise
Karl IV. massgebend: hat er in seinem ehrgeizigen Streben nach
Deutschlands Königskrone die Würde und Selbstständigkeit dieses

---

[1]) Huber, Regesten Karl IV. Nro. 229.
[2]) Huber, Nr. 230.
[3]) Höfler, Aus Avignon S. 7.

Reiches, wie sie auf dem Churfürstentage zu Rhense proclamirt
worden war, dem Papste preisgegeben? Die verlassenen Anhänger
des Kaiserthumes in Italien mochten noch so sehr seine Feigheit
beklagen, die öffentliche Meinung in Deutschland das Aufgeben der
italienischen Herrschaft als Demüthigung betrachten, Karl war in
den Augen der Nachkommen gerechtfertigt, wenn er das Unhaltbare
fahren liess und dagegen das Erreichbare mit Würde und Zähigkeit
festhielt. Wirklich findet sich in diesen Abmachungen kein offenes
Zugeständniss, dass der gewählte römische König als König von
Deutschland der Bestätigung durch den Papst bedürfe, obwohl nicht
zu zweifeln ist, dass in den Unterhandlungen zu Avignon auch dieses
Zugeständniss von ihm verlangt wurde.

Vielleicht hat er dem Papste mündlich auch in diesem Punkte
Zugeständnisse gemacht, allein er wollte nicht mit seinem Eid und
Siegel bekräftigen, was er doch nicht hätte halten wollen. Zwar in
der Noth des Augenblickes geht er hart bis an die Grenze selbst
dieser Demüthigung. Darum ernennt er, nachdem er am 11. Juli
1346 zum König gewählt worden ist, bevor er zur Krönung schreitet,
Bevollmächtigte an den Papst, die diesem den Eid der Treue
schwören und ihn um Erlaubnis zur Salbung und Krönung bitten
sollen [1]). Er wartet erst das Anerkennungsschreiben Clemens VI.
vom 6. October 1346 ab und erst nach dessen Ankunft [2]) lässt er
sich am 26. November zum römischen König krönen. Aber noch
mehr als das. Als ihm das Glück unveränderlich ungünstig bleibt,
als er mit seinem Bundesgenossen Philipp VI. von Frankreich bei
Crecy besiegt wird, als seine heimliche Reise nach Tyrol, das er dem
Sohne seines Gegners Ludwig entreissen will, und sein Kriegszug
nach Meran scheitert, da verlässt ihn alles Selbstvertrauen und er
erkennt in einem Schreiben vom 27. August 1347, das aus Prag
datirt ist, an, dass er den Titel eines römischen Königs als vom
Papste abhängig ansehe [3]).

In dieser höchsten Bedrängnis wendet sich das Glück, denn
vom Schlage getroffen, stirbt König Ludwig IV. auf einer Bärenjagd am
11. October 1347. Nun begann Karl allmählig seine Fürstenmacht
zur Anerkennung zu bringen. Im October huldigen ihm Regensburg,

---

[1]) Muratori Antiquitates VI S. 99.
[2]) Heinrich v. Diessenhoven.
[3]) Huber Nro. 333

Nürnberg und Mainz, im December der Oberrhein, im Januar 1348
der Mittelrhein und Schwaben, mit Ausnahme von Konstanz, Zürich,
Schaffhausen und St. Gallen. Wohl stellt ihm das wittelsbachische
Haus Günther von Schwarzburg als Gegenkönig entgegen; Karl IV.
benutzt wieder den falschen Waldemar zum Trumpfe gegen den
Sohn Ludwig des Baiers, bis sich seine Gegner vollständig mit ihm
versöhnen [1]). Noch muss er dem Papste manches Zugeständniss
machen; am 1. und 2. November 1348 überlässt er ihm die Lehens-
rechte des Reiches und die Souverainität in Avignon [2]). In den
nächsten Jahren wird dann der Verkehr minder innig und die beiden
Häupter der Christenheit scheinen bedacht gewesen zu sein, in aller
Ruhe die Grenzen ihrer Gewalten zu ziehen.

Im eigentlichen Contraste dazu dauern bis in die Regierungszeit Karls die literarischen Fehden der beiden Parteien fort. Denn
noch lebte zu München der kühne Wilhelm von Ockam und um ihn
schaarte sich das freilich zusammengeschmolzene Häuflein der gebannten
Franziscaner. Johann von Jandun und der geistvolle Marsilius von
Padua waren, ohne in ihren Ansichten zu wanken, gestorben, der
Ordensgeneral Michael von Cesena hatte auf dem Todtenbette (29. November 1342) bereut, Franz von Ascoli und Heinrich von Thalheim
hatten sich unterworfen, Bonagratia war gestorben [3]). Der streit-
muthige Wilhelm von Ockam fühlte sich veranlasst, als Karl zum
König gewählt wurde und Clemens VI. die Zurücknahme gewisser
ketzerischer Sätze von denen verlangte, die sich mit der Kirche versöhnen wollten, einen Tractat „Ueber die Wahl Karl IV." auszuarbeiten [4]). Papst Clemens hatte am 29. November 1347 jene Sätze
bezeichnet und bald darauf, als die Vorbereitungen zur Wahl des
Gegenkönigs Günther von Schwarzburg getroffen wurden, erschien die
Schrift Ockams.

Nur ein Bruchstück von ihr ist uns in einem Tractate Konrads
von Megenberg erhalten, der, wie wir gleich sehen werden, sie zu
widerlegen bemüht war, jedoch auch nur ein Bruchstück [5]) kannte.

---

[1]) Die Verträge mit Günther bei Huber Nro. 957 ff., mit Ludwig von
Brandenburg Nro. 1216 ff.

[2]) Huber, Nro. 774, 775.

[3]) Riezler, die literarischen Widersacher der Päpste, S. 122.

[4]) Riezler, S. 271. Höfler, Aus Avignon, S. 13.

[5]) Vgl. Höfler, Aus Avignon, S. 25. Auch Wadding Annales minorum VIII,
16 erwähnt es. Ich habe nach Vollendung dieser Zeilen eine zweite Handschrift

Der Tractat Ockams ist scharf und schneidig; er widerlegt die drei Sätze Clemens', die lauteten, dass dem Kaiser nicht die Macht zukomme. einen Papst ein- oder abzusetzen, dass Clemens VI. der wahre Papst sei und dass Karl als dem von der Kirche approbirten König Gehorsam zu leisten sei [1]). Ohne Schonung greift er die Personen Clemens VI. und Karl IV. an. Jener sei kein wahrer Papst, denn er halte öffentlich Maitressen, sei Schismatiker, besolde Räuber; dieser müsse nach streng kirchlichem Recht, so argumentirt er ironisch, als Häretiker betrachtet werden, denn er sei ja der Enkel jenes Heinrich VII., der sich gegen päpstliche Constitutionen aufgelehnt habe. Karl IV. habe den Eid der Treue, den er 1338 Ludwig dem Bayer geschworen habe, gebrochen. Wilhelm beruft sich dann auf das Reichsgesetz von 1338, gemäss welchem nur Ludwig als König betrachtet werden könnte. Mit juristischer Schärfe weist er darauf hin [2]), dass jene Bestimmung als Grundlage des öffentlichen Rechtes zu gelten habe. Die natürliche Consequenz davon sei, dass die Wähler Karl IV., besonders Erzbischof Balduin von Trier und Herzog Rudolf von Sachsen, als eidbrüchige Hochverräther zu gelten haben. Bitter wirft er Karl IV. vor, dass er sich als Werkzeug der Avignoner Pfaffen gebrauchen lasse. Er sei die übertünchte Statue und das Idol jener ketzerischen Kleriker [3]), ihr Miethling und Botenläufer; er verdiene, seiner Lehen beraubt zu werden, da er sich gegen seinen König empört habe.

Diess war das letzte Aufflammen der Opposition gegen das Papstthum. Günther von Schwarzburg konnte sich gegen Karl IV. nicht halten. Die Söhne Ludwigs dachten an Versöhnung mit der Kirche und mit dem Gegner ihres Hauses. Die Zeit verfiel nach den krampfhaften Zuckungen der letzten Jahre in eine Müdigkeit, die noch gesteigert wurde durch die Verheerungen des schwarzen Todes. Es nahte das Jubiläum von 1350, in welchem das Papstthum abermals einen Triumph erlebte, ein Beweis, dass es ebenso Herr der Gesinnungen als des Geldbeutels der Christenheit sei. Wilhelm von

---

dieses Tractates Konrads von Megenberg aufgefunden, von der ich zu gelegener Zeit näheren Bericht erstatten werde.

[1]) Diese Sätze hatte Clemens VI. in einem Schreiben vom 29. Nov. 1347 aufgestellt. Letzteres Datum scheint Höfler der Schrift Ockams entlehnt zu haben. Höfler S. 30. Vgl. Riezler S. 272. Anm.

[2]) Höfler, S. 14.

[3]) Höfler, p. 15.

Ockam dachte an Versöhnung. Schon im Februar 1348 [1]) wurden die Bedingungen seiner Unterwerfung aufgestellt. Wohl im nächsten Jahre schickte er das Ordenssiegel der Franciscaner, das ihm Michael von Cesena hinterlassen hatte, an den vom Papste anerkannten Ordensgeneral Wilhelm Farinerius. Clemens VI. stand von einem persönlichen Erscheinen des grossen Gegners in Avignon ab und gab dem General Erlaubnis, Wilhelm von Ockam und seine Anhänger vom Banne zu lösen, falls sie innerhalb eines Jahres drei von ihm aufgestellte Sätze angenommen hätten [2]). Wir haben keine Kunde mehr, ob sich Wilhelm von Ockam wirklich unterwarf und wann er gestorben ist. Das aber ist klar, dass diese Vorgänge den Regierungs- antritt Karl IV. scharf characterisiren. Vereint mit dem Papste wandte er sich, wenigstens zu Beginn seiner Regierung gegen die kühne Opposition der Franciscaner. Wohl mochte es ihm genehm sein, als er König geworden war, dass Ockam für das Herrscher- recht des deutschen Königs eine Lanze einlegte. Allein Karl misfiel der kirchenfeindliche Standpunkt dieses Mannes, der zudem seine Person angriff. Die Grundsätze Ockams oder eigentlich Bebenburgs sollte übrigens Karl IV. noch einmal zu Ehren bringen.

Den Kampf mit Ockam nahm bei Beginn der Regierung Karls ein Mann auf, der auch sonst Interesse einzuflössen geeignet ist. Konrad von Megenberg — nach Pfeiffer [3]) von dem heutigen Mainberg so benannt, was freilich nicht sehr wahrscheinlich ist, da Konrad sich de monte puellarum, Mägdeberg, nennt — ist 1309 geboren, studierte nach Trithemius zu Erfurt und Paris, lehrte dann acht (?) Jahre an der Universität zu Paris Theologie und Philosophie, errang die Doctorwürde, kehrte 1337 nach Deutschland

---

[1]) Raynald 1348 §. 15.

[2]) Wadding, Annales minorum VIII. pag. 12. Diese drei Sätze weichen von den oben erwähnten ab; Höfler irrt also, wenn er die Schrift de electione Caroli IV. als gegen dieselben gerichtet erklärt. Sie lauten: 1) der Kaiser hat kein Recht, den Papst ein- und abzusetzen. 2) Der Bereuende erklärt, sich den kirchlichen Befehlen und Strafen zu unterwerfen. 3) Er erklärt mit den Mei- nungen Ludwigs von Baiern und Michaels von Cesena nicht einverstanden zu sein.

[3]) Pfeiffer, das Buch der Natur des Konrad von Megenberg, Einleitung, Wien 1861. Nach Höfler, Konrad von Megenberg, in d. Tübinger theolog. Quartalschrift liegt s. Heimat in Oesterreich. Seine deutschen Schriften sind wirklich in der baierischen Mundart geschrieben.

zurück, wo er die Leitung der Schule zu St. Stefan in Wien übernahm. Hier befiel ihn eine Lähmung der Glieder, deren Heilung ihm,
wie er selbst erzählt [1]), in einem Traume durch die Einwirkung des
h. Erhard in Regensburg zugesagt wurde. Er liess sich auf der
Donau nach dieser Stadt bringen, und hier wurde ihm, als er
in Kreuzesform vor dem Altar des Heiligen lag, gänzliche Ge-
sundung zu Theil. In Regensburg erhielt er zudem die Stelle
eines Pfarrers durch die Güte des Domdecans Konrad von
Heimberg, dessen Anordnung freilich von Seite mehrerer Capitulare
lebhaften Widerstand fand. Bald nachher wurde er Domherr von
Regensburg, in welcher Stellung er bis zu seinem Tode, am 14. April
1374 verblieb, geehrt auch von seinen Mitbürgern, die ihn als
ihren Rathgeber verwendeten. Die literarische Thätigkeit Konrads ist
eine sehr ausgedehnte. Diemer [2]) zählt 19 grössere und kleinere
Schriften auf, die Höfler [3]) um zwei weitere vermehrt. Als Geschichtsschreiber hat ihn Lorenz [4]) gewürdigt, der ausserdem auf seine verloren gegangene Weltchronik hinweist. Bei weitem hervorragender
als durch seine dürren historischen Compilationen ist er als der
erste naturwissenschaftliche Schriftsteller, der sich für seine Werke
der deutschen Sprache bediente. Er übersetzte vorerst das Werk des
Johann Holywood, Sphaera mundi, ins Deutsche, eines der vielverwen-
detsten, naturwissenschaftlichen Bücher des Mittelalters, [5]). Dann
lieferte er eine werthvolle deutsche Umarbeitung des Buches von
Thomas von Chantimpré, liber de natura rerum, die er das Buch der
Natur nannte [6]). Mit Tact und Geschick bot er hier dem deutschen
Volke eine Naturgeschichte, die reich gewürzt ist mit treffenden
Bemerkungen des Uebersetzers über seine Zeit und ihre Sitten, und
die in Ueberarbeitungen bis in unser Jahrhundert hinein ihre Lebens-
kraft bewies [7]). Das Buch der Natur ist im Jahre 1349 geschrieben,

---

[1]) Pfeiffer S. XI.

[2]) Kleine Beiträge zur älteren deutschen Sprache (Sitzungsberichte der
Wiener Acad. Bd. 7. Seite 86).

[3]) Aus Avignon, S. 10.

[4]) Deutschl. Geschichtsquellen S. 71.

[5]) Darüber genauer bei Diemer Sitzungsberichte S. 81.

[6]) Herausgegeben von Pfeiffer. Der Abschnitt „von der Seele und ihren
Kräften" bei Höfler, theol. Quartalschrift Bd. 38 ist nach Pfeiffer S. XXIV
nicht von Konrad.

[7]) Pfeiffer S. XXVIII bezieht sich auf Görres Volksbücher S. 27.

wie aus zahlreichen Stellen desselben hervorgeht. Merkwürdig aber
ist, dass Pfeiffer nicht bemerkt hat, dass Konrad seine Arbeit in
Wien verfasst hat, so dass er die Uebersiedlung Konrads nach
Regensburg nicht schon ins Jahr 1341 versetzen darf. Denn in
dem interessanten Absatze des Buches der Natur „Von dem ertpidem
(Erdbeben) [1]," in dem er die Entstehung des schwarzen Todes erklären
will, schildert er ausführlich, dass Dünste unter der Erdschichte ein
grosses Erdbeben erregt hätten, das sich von Villach in Kärnten
bis über die Donau nach Mähren und Regensburg erstreckte; dass
durch dasselbe Dünste frei geworden seien, welche die Luft verpestet
hätten. Nun schildert er die Wirkung der Pest in Wien mit lebhaften
Farben [2]; 40.000 Menschen seien gestorben; die Juden, die man
verklagt hätte, sie hätten die Brunnen vergiftet, starben ebenfalls
zahlreich dahin: „Doch weiss ich wohl, dass ihrer zu Wien so viel
waren als in keiner Stadt, die ich kenne in deutschen Landen, und
dass sie da so zahlreich hinstarben, dass sie ihren Friedhof sehr erweitern und zwei Häuser zu ihm kaufen mussten." Solche Details
konnte er doch nur in Wien erfahren. Auch das Regest bei Lang [3]
beweist nicht vollkommen den Aufenthalt Konrads, in Regensburg
schon im Jahre 1341, da es von Burghausen datirt ist.

Einige Jahre darauf treffen wir ihn schon zu Regensburg, wo
er sich einem neuen Zweige der Literatur zuwendet, den er freilich
schon 1327 einmal berührt hat. Damals nämlich drückte er in
dem Gedichte Planctus ecclesiae in Germania seinen Schmerz über
die politischen Verhältnisse seiner Zeit aus [4]. Die beiden Vor-
reden des Gedichtes sind an die päpstlichen Legaten Arnold von
Verdela und Johann de Piscibus gerichtet. Er nennt den Papst
in den Anfangsversen die Blüthe des Alls, das Staunen der Welt,
Schliesser und Oeffner des Himmelreiches, helles Gestirn, Schatz

---

[1] Pfeiffer S. 107.

[2] Pfeiffer S. 110: gar vil volkes starb in dem næchsten jâr dâ nâch in
der stat ze Wienne in Oesterreich, alsô daz man von sunwenden unz auf unser
frawen tag als si geporn wart mêr wan vierzig tausend leich und sô vil hin
über . . . .

[3] Lang Regesta Boica 7, 331 vom 16. März 1342.

[4] Wir besitzen bloss die Vorrede und die Anfangsverse. Das Wenige
darüber wissen wir aus Oudinus Scriptores eccl. III. 992. Aus der Ueberschrift
dieser Handschrift Planctus ecclesiae in Germania, auctore Conrado de Megenberg anno 1337, etatis suae 28, kennen wir das Geburtsjahr des Autors.

der Wonne, er klagt über den unseligen Zwist zwischen Ludwig und dem Papste und greift in dem zweiten Theil des Gedichtes die Glieder des Minoritenordens an, die unter dem Scheine der Demuth Gift in die Kirche streuen [1]).

Das nächste Werk Konrads in dieser Richtung sind die Oeconomica, die dem Lupold von Bebenburg, Bischof von Bamberg, gewidmet sind. Das ist um so interessanter, als dieser Bischof einer der hervorragendsten Kämpfer für das deutsche Königthum gegen päpstliche Anmassung gewesen ist. Es spricht für den edlen, festen Sinn des Bischofs von Bamberg, dass ein politischer Gegner ihm eine solche Schrift überreichen und mildes Gehör erwarten konnte. Lupold wurde am 14. Januar 1353 Bischof [2]); demnach wurde ihm das Werk Konrads nach diesem Jahr überreicht. Dieser erwähnt zudem Karl IV. noch als König; er behandelt ihn als einen Fürsten, der sich erst bewähren [3]), dessen Regierungssystem sich erst erproben müsse, der meistens ungeschützt und unbewaffnet einhergehe, was dem Verfasser ebenso missfällt [4]), wie etwa Mathias von Neuenburg, der sich mit dem leisen Auftreten Karls nicht befreunden konnte. Dies Alles deutet wohl auf die Zeit von Karls Römerzug 1354 hin. Das Werk Oeconomica, von dem nur das Widmungsschreiben erhalten ist, behandelt im ersten Buche die Regierung des Hauswesens, im zweiten die Herrschaft der weltlichen Fürsten und des Kaisers, in dem dritten die Lenkung der Schulen, der kirchlichen Aemter und besonders die Macht des Papstes. Den Inhalt des Buches kennen wir aus der Inhaltsangabe in der Widmung ziemlich genau [5]). Wir ersehen im Ganzen schon aus der Zueignung an Lupold von Bebenburg, dass der frühere heftige Gegensatz der Parteien geschwunden ist. Wie hätte denn sonst Lupold, dieser tapfere Streiter für das Kaiserthum, die Bestätigung der Curie zu seiner Wahl erhalten können? Auch mag Karl IV., sobald er König geworden war, mit Ansichten sympathisirt haben, die seiner Krone eine höhere Macht zuerkannten. Er musste einsehen, wie werthvoll es für

---

[1]) Noch früher müsste das von Andr. Mayer (Thesaurus novus iuris eccles. III 91) erwähnte Werk Konrads Tractatus pro Romana ecclesia et pontifice Joanne XXII. († 1334) contra Wilhelmum Occam fallen.

[2]) Riezler S. 109.

[3]) Et forsan jam talis adest in foribus nostris.

[4]) Immunitum atque inermem.

[5]) Struvius Acta litt. Jenac 1706. 4 Fasc. S. 81—91.

ihn war, an solchen Männern wie Lupold geistige Stützen zu haben, falls
er ihrer gegen die Curie bedurfte. Der ganze Gegensatz, der unter
Ludwig IV. Deutschland spaltete, musste dadurch an Schärfe verlieren.

Konrad von Megenberg spricht nun in seinem Buche Oeconomica die Absicht aus, die Lehren des Johannes von Jandun und des
Marsilius von Padua bekämpfen zu wollen, die behauptet hatten, dass
der Kaiser das Recht hätte, Päpste abzusetzen. Er gesteht aber zu,
dass er selbst früher bisweilen im Gegentheil zu weit gegangen sei,
da ihn seine Gegner ebenfalls zu Uebertreibungen gedrängt hätten.
Man erkennt demnach unter der versöhnlichen Regierung Karl IV.,
man habe sich durch die Parteileidenschaft zu weit treiben lassen.
Einst habe er in harten, mit Witz gewürzten Worten seine deutschen Landsleute angegriffen. Er warnt die Gegner, sie mögen doch
die frühere Stellung des Kaiserthums nicht mit seiner jetzigen verwechseln. Er hat dabei nicht einen historischen Gesichtspunkt im
Auge; er will nur darauf hinweisen, dass die Kaiser der christlichen Zeit ganz andere Verpflichtungen hätten als die heidnischen
Imperatoren. Dagegen solle auch der Papst dem Kaiser kein Unrecht zufügen. Man solle dem Könige gehorchen, denn was hülfen
bei allgemeiner Zwietracht (die von jeder Partei gewählten) Fürsten,
denen man nicht gehorche. Hoffentlich werde nunmehr Karl IV. das
Reich wieder zu Ehren bringen und den Flug des römischen Adlers
wieder herstellen.

Ein anderes Werk Konrads ist der Tractat de translatione
imperii [1]). Diese Arbeit entstand fast gleichzeitig mit der Vorigen, vielleicht etwas früher, und ist mit einem Widmungsschreiben im Juli oder
August 1354 Kaiser Karl zu Nürnberg übergeben worden, ohne
dass der Autor Gelegenheit gehabt hätte, den Kaiser, der damals
gegen Zürich zu Felde ziehen wollte, zu sprechen [2]). In dem
Schreiben an Karl IV. [3]) kommen mehrere Sätze vor, die fast wört-

---

[1]) Riezler hat, was die Reihenfolge betrifft, die allerdings sehr verwirrte
Angabe Höflers misverstanden.

[2]) Zwar sagt Konrad bei Höfler S. 25 Anm.: ut quosdam S. Imperii R.
principes fidelitatis allegaret catenis; allein auf einen anderen Aufenthalt in
Nürnberg, der stets von längerer Dauer war, können diese Worte nicht leicht
bezogen werden. Freilich bezieht sich Konrad auch in der Einleitung auf den
damaligen Ungehorsam der Fürsten.

[3]) Höfler S. 25. Es steht im Codex Eichst. f. 459.

lich mit dem Briefe an Ludwig von Bebenberg übereinstimmen. Es
wird auch ausdrücklich gesagt, dass Konrad den Tractat dieses
Bischofs vor Augen habe, der von den Rechten des Kaisers handle [1]).
In dem Schreiben an Karl IV. legt er grosses Gewicht auf den Gehorsam gegen den König, schmäht die ungetreuen Fürsten und bittet
nur den Kaiser, die Zwietracht mit dem Papste ruhen zu lassen.
Dagegen entwickelt er in dem Werke selbst die consequenteste
päpstliche Theorie. Wohl umfasst nach ihm das Imperium die Herrschaft über den ganzen Erdkreis, und wenn einige Fürsten dies nicht
anerkennen, so sei es nur eine auf das thatsächliche Verhältniss ge-
stützte Annahme, von Rechtswegen seien sie dem Kaiser unterworfen.
Allein woher besitzt der Kaiser diese Macht? Sie ist von dem Papste
auf die Griechen, dann auf die Franken, endlich auf die Deutschen
übertragen worden. Dadurch wurde der Papst der oberste Herr aller
Deutschen, so dass, wenn der Kaiserthron nicht besetzt ist, seine
Würde gerade so auf den Papst übergeht, wie beim Erlöschen eines
Lehens dieses an den Kaiser fällt. So denkt sich dieser Deutsche
sein Land dem Papste unterthan! Die Folge davon sei, dass auch
bei einstimmiger Wahl der Churfürsten der Papst die Person des
Gewählten prüfen müsse, dass dem Papst die Bestätigung des gewählten
Königs zustehe, dass vor derselben nur der Titel „Erwählter" nicht
„König" geführt werden dürfe, dass selbst die Krönung zu Aachen und
zu Monza ohne die Approbation des Papstes werthlos sei. Der kaiserliche Krönungseid sei ein Lehenseid; dem Papste gebühre auch die
weltliche Jurisdiction, nur bringe er gleich Christus nicht alle Gewalten in Anwendung, die ihm zuständen. — Ob wohl Kaiser
Karl IV. über diese Theorie seines Unterthanen besonders erfreut
war? Jedenfalls liegt eine bewunderungswerthe Naivität darin, dass
Konrad diese Sätze dem Kaiser widmete, und letzterer empfing seinen
gerechten Lohn für sein kraftloses Verhalten dem Papste gegenüber,
dass man ihn für fähig hielt, solche schmachvolle Ansichten zu
billigen und zu bekennen. Wohl wird es nicht übergrosse Beschäftigung gewesen sein, weshalb Karl den treuherzigen Regensburger
Domherrn zu Nürnberg nicht empfangen mochte. Hätte er ihm
für seine wohlgemeinten Bestrebungen, dem Kaiserthume den
letzten Lappen vom Leibe zu reissen, danken sollen oder hätte
er ihm vor der Kaiserkrönung mittheilen sollen, er beabsichtige

---

[1]) Es ist diess die berühmte Schrift de juribus regni et imperii.

nach derselben einen Streich gegen den Papst zu führen und das Weisthum des Churvereines zu Rhense zur unverbrüchlichen Reichssatzung zu erheben [1])? Noch musste er schweigen und sich demüthigen, bis er mit der Erlangung der Kaiserkrone zu Rom dem Papste die letzte Waffe aus der Hand gewunden hatte.

Er schwieg also und Konrad ging hin und schrieb eine neue Schrift „Ueber die Wahl Karl IV.“ Schon Aventin macht aufmerksam, dass unser Autor ein Buch geschrieben habe, „zu König Carl, darinn er oftgenannten Wilh. v. Occam ein Erzketzer schalt, der den frommen Kaiser Ludwig (so sunst ein redlicher, weiser, geschickter Fürst gewesen sei) verführt habe wider den Papst [2]).“ In der That ist unsere Schrift Konrads gegen die Ockams gerichtet, die oben besprochen worden ist und die auch von der Wahl Karls handelt. So viel man aus der Inhaltsangabe bei Höfler [3]) sieht, ist diese Schrift ziemlich unbedeutend. Er vertheidigt die drei Sätze, die Clemens VI. aufgestellt hatte, räumt aber ein, dass das Verfahren gegen Kaiser Heinrich VII. nicht der Gerechtigkeit Gottes gemäss gewesen sei. Denn auch die streitende Kirche könne irren. Die Gesetze von 1338 seien ungiltig gewesen, da sie das Recht der päpstlichen Bestätigung der Königswahl angriffen [4]). Papst Clemens VI. könne wohl, wie man ihm vorwerfe, in jugendlicher Verirrung Kinder gezeugt haben, nimmer aber in seiner hohen Stellung. Konrad vergisst dabei an die merkwürdige Stelle in seinem Buche der Natur, wo er sagt [5]): „Unsere Prälaten und andere Pfaffen gleichen dem Kapaun; sie sind unfruchtbar in geistlichen Werken, denn sie bringen keine geistlichen Kinder zu Tage und wollte Gott, dass sie nicht auch leibliche machten“. —

---

[1]) Karl IV. that diess später in der goldenen Bulle.

[2]) Dass Aventin in den Annales Boiorum Ingolst. 1554 diese Schrift Tractatus pro Romana ecclesia et pontifice Johanne contra Wilhelmum Occam genannt habe, finde ich in der Ausgabe dieses Werkes Basel 1580, die mir zugänglich war, nirgends, auch nicht pag. 629, die doch hier allein gemeint werden kann. Vgl. diese Angabe Rietzlers mit S. 67. Anm. 1.

[3]) Aus Avignon S. 30. Eine Handschrift dieses Tractats liegt in Brünn; dessen Widmung an den Bischof von Regensburg findet sich im Anhang Nr. VI

[4]) Höfler S. 31 sagt: Konrad selbst habe gesehen, wie P. Clemens Cardinäle aussandte etc. Sollte sich das auf einen Aufenthalt Konrads in Avignon beziehen?

[5]) Pfeiffer S. XLII.

Mit solchen nicht eben ehrenvollen Erwartungen konnte ein vermeintlicher Gesinnungsgenosse Karl IV. an diesen herantreten. Allein wir wissen schon, dass Lupold von Bebenburg unter Karl IV. Bischof von Bamberg wurde; wir finden dann, dass Lupold sich häufig um die Person Karls befindet und wir können daraus den Schluss ziehen, dass Karl bald nach seinem Regierungsantritt weiter von den Grundsätzen Konrads von Megenberg entfernt war, als dieser glauben mochte.

Um dieses Bild Karl IV. zu ergänzen, muss hinzugefügt werden, dass auch die Abfassung seiner Selbstbiographie in die nächste Zeit nach Karls Thronbesteigung fällt. Wenn die nachfolgende Darstellung überzeugend ist, so muss es unser Staunen erregen, welch' nachhaltige und vielseitige Thätigkeit Karl zu gleicher Zeit entfaltet hat.

Es ist schon oben gesagt worden, dass uns in dem vierten Buch der Chronik des Benesch von Weitmül [1] und in dem „Leben Karl IV." zwei verschiedene Ausgaben desselben Buches vorliegen. Denn Benesch kann seinen Auszug der uns vorliegenden Lebensbeschreibung nicht entlehnt haben, da er ihr in einem wichtigen Punkte widerspricht und der Hofchronist des Kaisers sich diese Aenderung nicht erlaubt hätte [2].

Nun ist die Erzählung bei Benesch die ursprünglichere, weil sie ungeschminkter und natürlicher ist, weil weniger auf religiöse Motive und Eindrücke Rücksicht genommen wird.

Fragt man nun, in welche Zeit die erste Abfassung der Biographie fällt, so kommt man zu folgendem, nahezu gewissen Resultat. Das vierte Buch des Benesch reicht in dem Theile, der uns hier angeht, bis zur Wahl Karls zum deutschen König 1346. Sein Original kann daher nicht vor diesem Jahre niedergeschrieben worden sein. Die zweite Redaction der Lebensbeschreibung ist aber, wie

---

[1] Pelzel und Dobrowsky Scriptores rerum Bohemic. II. S. 290—337.

[2] Ich erinnere daran, dass oben S. 55 nachgewiesen wurde, dass Benesch S. 304 erzählt, Karl habe seinen Traum seinem Vater erzählt; die vita erklärt direkt das Gegentheil S. 245. Praedictis autem patri nostro et Thome non dixeramus integre sicut videramus, sed solum quod Delfynus mortuus esset. In der Vita bestärkt P. Benedikt XII. (S. 260) Karl in seinem Stillschweigen: quod melius esset tacere propter aliquas raciones.

gleich nachgewiesen werden soll, 1350 oder 1351 vorgenommen worden. Karl verfasste also seine Selbstbiographie zwischen 1346 und 1351.

Damit stimmt auch die noch frische Erbitterung gegen König Ludwig den Baier, der in dem Buche regelmässig mit dem hämischen Zusatze „der sich als Kaiser ausgibt" erwähnt wird. In dieser ursprünglichen Form ist uns die Lebensbeschreibung nicht mehr im Texte überliefert. Das vierte Buch des Benesch gibt uns aber im wesentlichen den Umfang und die Form desselben.

Es muss aber im Originale mehr gestanden sein, als in dem Auszuge des Benesch, so dass jenes dem Umfange nach in der Mitte gestanden hat zwischen der Arbeit des böhmischen Chronisten und der uns erhaltenen Lebensbeschreibung.

Zu Grunde lagen die oben genau herausgehobenen Tagebuchaufzeichnungen; in sie schob der Autor manchen Ueber- und Rückblick über das Erlebte [1]), auch wohl Ausführungen von Ereignissen, die früher keinen hervorragenden Platz in seinem Tagebuche gefunden hatten und die ihm jetzt grössere Beachtung zu verdienen schienen [2]). Es ist billig, dass er seinem Werke eine gerundetere Form zu geben trachtet; doch schade, dass in Folge der Absicht, die Wirkung zu erhöhen, Erzählungen wunderbaren Inhaltes aufgenommen werden [3]). In ihnen spiegelt sich die religiöse Richtung Karls bereits deutlich ab.

Für Ereignisse, bei denen er selbst nicht anwesend war, wie für die Züge seines Vaters, benützt er die treffliche Chronik des Peter von Königsaal, auf die er auch ausdrücklich hinweist [4]). Seine sonstige Belesenheit beweist er durch die Erwähnung der „römischen Chroniken [5])."

Nichts lässt in dem Buche die schwere und ruhmvolle Zeit errathen, in der es entstand: es gleicht nur einem besonnenen und klaren Abschluss mit der Vergangenheit. Es ist eben ein vollkommener

---

[1]) Benesch S. 306: Die Darlegung der Verwandtschaftsverhältnisse S. 291 bis 295; die Erzählung der Jugenderlebnisse, die natürlich noch nicht im Tagebuche verzeichnet waren etc.

[2]) Benesch S. 300: Eodem tempore inceperant bis Interim dum haec . . .

[3]) Der Traum zu Tarenz S. 303.

[4]) Vita S. 233: cronice Boemorum, wo Peter und der Domherr Franz gemeint sind, welch' letzterer 1342 geschrieben hat. Auch Vita 250 ist mit der cronica Peter gemeint.

[5]) Vita p. 235—236. Böhmer vermuthet, dass hiermit ein Fortsetzer des Martinus von Troppau gemeint sei.

Ausdruck von Karls Persönlichkeit: seine Ruhe, seine nüchterne Auffassung des Lebens, der Mangel an Begeisterung in ihm treten klar hervor.

Schon durch seine Entstehung in ernster Zeit zeigt das Buch, dass sein Verfasser geistigen Interessen zugewandt war. Allein es lehrt zugleich, wie Karls sonstige Thaten, dass er an der geistigen Bewegung seiner Zeit nur mit dem Kopfe, nicht mit dem Herzen theilnahm.

Es bleibt nur noch übrig die zweite Fassung der Lebensbeschreibung Karls zu besprechen. Es wurde schon oben hervorgehoben, dass Karl in derselben einige Aenderungen vornahm, die der Ausfluss seiner geänderten Sinnesart zu nennen sind. Dazu gehört insbesondere die gänzlich veränderte Darstellung des Eindrucks des Traumes von Tarenz. Der Zweck dieser Umarbeitung war, seine Lebensbeschreibung als Spiegel der Regententhätigkeit seinem Nachfolger zu hinterlassen. Wann ist nun die letzte Hand an die Selbstbiographie gelegt worden? Da ist nun zu beachten, dass Karl in der Widmung seines Buches an seinen Sohn immer nur als König, nie als Kaiser von sich spricht. Er sagt z. B. S. 230: „Wenn Ihr nach mir regieren werdet, geschmückt mit dem Diadem der Könige, so erinnert Euch, dass auch ich vor Euch herrschte und nun zu Staub verwandelt bin und in den Koth der „Würmer". Und wenn er später die Prophezeiung des Cardinals Peter Roger erzählt, so enthält diese wieder nur die Voraussagung, dass er römischer König werden würde (S. 261). Dies nöthigt uns anzunehmen, dass die Widmung und mit ihr das „Leben Karl IV.", wie es uns erhalten ist, vor Ostern 1355, wo die Kaiserkrönung Karls stattfand, geschrieben worden sei.

Da wird nun die Einwendung erhoben, dass die Widmung mit den Worten beginnt: „Wenn Ihr auf meinen beiden Thronen sitzen werdet, so werdet Ihr die beiden Richtungen der Welt kennen lernen und die bessere wählen [1]).

Ist da nicht, könnte man sagen, von zwei Thronen, also auch von zwei Söhnen die Rede? Kann demnach die Lebensbeschreibung vor der Geburt des zweiten Sohnes Karls Sigmund 1368 geschrieben sein? Allein

---

[1]) Karl IV. spricht seinen Sohn in der Mehrzahl an; es ist das im Mittelalter Regel. Ich weise dabei auf die Stelle in Petrarcas Briefen (Epist. rer. senil XV., 1) hin, wo sich dieser das Verdienst zuschreibt, das einfachere Du wieder eingeführt zu haben.

diese Stelle scheint gerade für mich zu sprechen. Denn einerseits
spricht Karl nur von zwei Thronen, dem deutschen und böhmischen,
erwähnt aber hier nicht seiner dritten wichtigsten Krone, der Kaiserkrone des römischen Reichs [1]). Zudem wie konnte er denn sagen,
dass sein Sohn Sigmund jemals auf einem seiner Throne sitzen
werde? Er hat niemals die Absicht gehabt, seine Reiche zu theilen,
Wenzel sollte allein in Deutschland und Böhmen herrschen, Sigmund
nur Brandenburg erben. Böhmer scheint in der Einleitung seiner Ausgabe [2]) geneigt zu sein, das Werk nach der Geburt Sigmunds zu
setzen; er gibt aber, was wohl ein gewichtiges Zeugniss ist, in seinem
Briefe an Neumann [3]) zu, dass eine Erklärung angenommen werden
könnte, nach der bloss ein Sohn gemeint sei.

Leider haben die Anfangsworte der Widmung, die oben citirt
sind, die Form eines Briefanfangs, bei dem was hier sehr ärgerlich
ist, die Adresse fehlt.

Welchem Sohne ist nun die Vita gewidmet, da sein Nachfolger
Wenzel erst 1361 geboren ist und das Buch schon 1355 geschrieben
sein soll? Allein man erinnere sich, dass Karl schon 1350 ein
Söhnchen Namens Wenzel erhalten hat, das aber schon, kaum zwei
Jahre alt, am 26. oder 28. Dezember 1351 gestorben [4]) ist. Und
diesem kaum zweijährigen Kinde sollte Karl die Biographie gewidmet haben? Indessen hat Karl in seiner Vaterfreude demselben
Söhnchen schon im ersten Lebensjahre von den Städten Leitmeriz,
Kolin, Kaaden, Aussig, Hohenmauth, Jaromir, Kaurzim, Czaslau, Laun
und gewiss noch von Andern als Nachfolger huldigen lassen [5]) Dazu
kommt aber noch ein anderer Umstand. Gesetzt, die Biographie wäre
dem zweiten Wenzel (geb. 1361—1419) gewidmet worden, so spricht
ein sehr gewichtiger Grund dafür, dass in dessen zweitem Lebensjahre die Vita Karoli IV. schon beendet war. Denn Reiner Reineccius

---

[1]) Ganz in demselben Sinne sagte Karl in der Urkunde von 21. Nov. 1347
Pelzel Nr. LXXXIII: binique regni mihi contulit diadema. Er war eben damals noch nicht Kaiser.

[2]) Fontes I. XXIII. Zu bemerken ist, dass nach dieser Auslegung die
vita zwischen 1368 und 1370 geschrieben sein müsste, dem Geburtsjahre des
zweiten Sohnes Sigmund und des dritten Johann.

[3]) Neues Lausitzisches Magazin B. 26.

[4]) Huber Regesten Karl IV. Nr. 1437 a.

[5]) Pelzel, Leben Karl IV. ann. 1350, Boczek codex dipl. Moraviae. 8. S. 23,
24, 25, 28.

fand am Schlusse der Handschrift der Vita, die er im Chronicon
Hierosolymitanum herausgab, die Worte: Explicit dicta serenissimi
principis Caroli imperatoris Romanorum nec non Bohemie regis
illustris etc. anno domini etc. LXIII. Diese Schwierigkeit bliebe sich
also in beiden Fällen gleich. Endlich wäre noch zu erwähnen, dass
Karl zum Andenken an den Traum zu Tarenz eine grosse Anzahl
von frommen Stiftungen errichtet hat. Unter anderem dotirte er auf
seinem Römerzuge zu Tarenz eine Kirche [1]); davon ist in der Vita
nicht die Rede, was um so befremdender ist, weil eine andere Stiftung aus derselben Veranlassung, die des Mansionariums zu Prag
S. 261 erwähnt ist.

Die Worte, die Karl nun an seinen Sohn richtet, sind herzlich
und schön. Sie tragen das Gepräge der geistlichen Richtung, die in
Karl gesiegt hatte und enthalten immer nur den Hinweis auf die
religiösen und moralischen Pflichten des Herrschers, ohne dessen
politische Stellung auch nur zu berühren [2]). Man sieht, dass Karl,
um uns so auszudrücken, sich an den abstracten Thronfolger wendet,
an ein noch in der Wiege liegendes Kind, dessen Gemüth eine un-
beschriebene Tafel ist, auf die der königliche Schriftsteller seine
Gedanken schreiben möchte. Nur der Gute, dies ist ungefähr der
Gedankengang der Einleitung, geniesse wahrhaftes Leben; er allein
vermag das Wort Gottes zu seiner Wohlfahrt in sich aufzunehmen,
wie auch nur der körperliche Speise verdauen kann, der sie mit
Begierde zu sich nimmt. In ihm allein kann, wie die Speise zu
Blut, so das Wort sich in Geist verwandeln. Auch seinen Sohn möge
es erfüllen und stärken, auf dass er im Genuss der irdischen Her-
schaft des Himmelreichs nicht vergesse. Diese Ermahnung ausführend
warnt er ihn davor, seine hohe Stellung zu überschätzen und sie zu

---

[1]) Höfler Johannes Porta de Avonniaco, herausgegeben in den Beiträgen
zur Geschichte Böhmens (veranstaltet vom Verein für Geschichte der Deutschen
in Böhmen) II. S. 55.

[2]) Loserth hat in seinen Studien zu böhmischen Geschichtsquellen, österr.
Archiv Bd. LXIII. S. 7—9 zu beweisen gesucht, dass die ganze Einleitung
nicht von Karl IV. herrühre. Benesch von Weitmül, († 1375), der die ganze
vita fast wörtlich abschrieb, habe die Einleitung nicht benützt, folglich — so
argumentirt Loserth — habe er sie nicht gekannt. Diese Beweisführung ist nicht
ausreichend genug, um ohne jeden weiteren Anhalt eine wichtige Geschichtsquelle ihres Characters berauben zu können. Vielleicht ist es mir gelungen,
manche Schwierigkeiten in dieser Frage im 9. Capitel dieser Arbeit zu lösen.

misbrauchen; werde Karl doch selbst, wenn sein Sohn regiere,
Staub sein, ein Beweis der Vergänglichkeit des Irdischen. Der
König möge sich nicht zu hoch über den Menschen dünken, denn
sie seien Alle Söhne Gottes, dessen Erstgeborner nur denen, die
Gottes Gebote halten, das Himmelreich erschliessen werde. Mit-
leid und Gerechtigkeit gründen die Macht der Könige; Habsucht,
Jähzorn, Neid und Völlerei seien Quellen der Qualen der Hölle,
seien Ursache der Strafe des Allmächtigen.

Charakteristik Karl IV. Seine Thätigkeit als Gesetzgeber.

So haben wir denn Karl IV. bis zur Höhe seiner Entwicklung begleitet. Wir sahen den jungen Mann, der eine kriegerische Laufbahn eingeschlagen hatte und sie mit Eifer zu verfolgen schien, zu einem kühlen Politiker heranreifen, dessen Geist aber zugleich allen Ideen der Zeit offen ist.

Aus der Zeit seines ersten Zuges nach Italien 1354--1355, also etwa aus seinem 38. Lebensjahr ist uns aus der Feder Villanis eine Schilderung seiner Person erhalten, durch die wir ungefähr folgendes Bild von ihm gewinnen: Er war von mittlerer Statur, aber klein nach deutschen Begriffen, etwas verwachsen, da er, wenn auch nicht übermässig, den Hals und den Kopf nach vorne hielt, hatte dunkle Hautfarbe, ein breites Gesicht und grosse Augen. Seine Backen waren dick, sein Bart schwarz und der vordere Theil des Kopfes kahl. Er war einfach gekleidet, immer zugeknöpft, ohne Schmuck und Verzierung. Er gab wenig aus, sammelte fleissig Geld und war für seine Krieger wenig rücksichtsvoll. Seine Gewohnheit war, wenn er Personen empfing, mit einem kleinen Messer Weidenstäbe in kleine Stücke zu schneiden. Er sah dem Besucher dabei nicht in's Gesicht, seine Augen irrten umher und seine Gedanken schienen in der Ferne zu schweifen. Allein er hörte genau zu, gab mit knappen Worten, ohne lange Ueberlegung und Berathschlagung, die entsprechende Antwort. Sein Rath bestand aus wenigen Baronen, zu denen der Patriarch von Aquileja, sein Bruder, hinzutrat. Allein das Ergebniss der Berathschlagung ging immer von ihm aus, da er mit treffenden und massvollen Gründen die Ansichten Anderer erschütterte [1]).

Ueberschlägt man alle seine Eigenschaften als Mensch, so er-

---

[1]) Matteo Villani in Muratori Scriptores t. XIV. S. 258.

kennt man in ihm den Typus eines Herrschers des 14. Jahrhunderts [1]).
Er war von einer grossen Hingabe an die Religion und an ihre
Diener erfüllt, allein wir vermissen durchwegs die Züge einer inner-
lichen Frömmigkeit, eines Ergriffenseins des ganzen Menschen von
den Ideen der Kirche, wie wir sie bei Ludwig dem Heiligen erkennen. Spätere Chronisten erzählen uns freilich von dem Bedürfniss,
das Karl oft gefühlt habe, sich aus der Welt zurückzuziehen und
sich und seinem Gotte zu leben. Dann habe er sich in die enge
Katharinenkapelle auf der Burg Karlstein zurückgezogen, in die ihm
nur durch eine schmale Oeffnung Brod und Wasser gereicht werden
konnte. Noch werden Schnitzwerke gezeigt, die dort von seiner Hand
verfertigt sein sollen. Man fühlt aus dieser Erzählung heraus, dass
es nicht gerade Religiosität gewesen sein muss, nicht das Gefühl
der Nichtigkeit und der Abhängigkeit von einem höheren Wesen,
die ihn zu dieser zeitweiligen Flucht aus seiner angestrengten Regententhätigkeit geführt hat. Es war vielmehr Ermüdung, die auch
sein stets thätiger Geist zuweilen fühlte. Denn zur Frömmigkeit
fehlte ihm vor Allem die leichtbeschwingte Phantasie, die sich das
Verhältniss zur Gottheit ausmalt. In ihm überwog durchaus der be-
rechnende Verstand, der sich vielmehr seiner Pflichten zum höchsten
Wesen entledigen und womöglich, um nichts schuldig zu bleiben,
reichlich entledigen will. Aus dieser Berechnung mag sich am
ehesten die Werkthätigkeit Karls für Gründung von Kirchen und
Klöstern und seine sonderbare Sucht, Reliquien zu sammeln,
erklären. Das Verzeichniss der von Karl nach Böhmen gebrachten
Reliquien füllt bei Balbin [2]) volle sechs Druckseiten aus. Diese aber-

---

[1]) Die beste und vielseitigste Characteristik Karl IV. und seiner Zeit
findet sich in Sabina Dějepis literat. česk. S. 274—339. Vgl. Lindner, Gesch.
d. dtsch. Reiches unter Wenzel I. 1875.

[2]) Vita Arnesti p. 186 ff. Ein authentisches Verzeichniss aller Reliquien,
die Karl auf seiner Reise nach Deutschland 1353 für Böhmen sammelte, steht
in der Urkunde Karl IV. Balbin Miscell. dec. I, lib. VI p. 59. Man findet an
dieser Stelle auch sonst viele Urkunden, die diesen Charakterzug Karls be-
leuchten. Einer der Vorläufer Hussens, Mathias von Janow, spricht in ver-
nünftiger Opposition gegen die Reliquiensucht Karls die Worte aus: Arguitur
cecitas et injusticia modernorum sacerdotum illorum, qui obsistunt in plebe
Christi quotidiane vel alias frequenti communioni corporis Jesu Christi et mag-
nificant quasdam fabulas veluti ymagines et alias res sine vita . . . . et alli-
ciunt ad colendas ymagines correptibiles vel ossa vel aliqua fabulosa . . (Nach
Höfler Prager Concilien in Abh. der böhm. Ges. d. Wiss. 1863 pag. XLV. Anm.)

gläubische Sammelwuth von Ueberresten der Märtyrer scheint durchaus nicht mit dem klaren Verstande Kaiser Karl IV. in Einklang gebracht werden zu können. Allein gerade in so ausgesprochen realistischen Köpfen wie der Karls findet sich oft eine getrennte Kammer, in der alles Querköpfige und Abenteuerliche Platz findet, was sonst aus dem ganzen gesunden Organismus verbannt ist. Dazu kommt noch, dass es kein besseres Mittel gab, um den Glanz der böhmischen Krone und des böhmischen Landes zu erhöhen, als die Ausstattung der Dörfer und Städte mit prächtigen Kirchen und berühmten Reliquien. In diesem Punkte hat Karl eine Freigebigkeit entwickelt, die mit seiner sonstigen Einfachheit und Sparsamkeit in vollem Widerspruch steht. Wir dürfen der Leichenrede auf Karl IV., die Erzbischof Johann Ocko gehalten hat, glauben, wenn sie sagt, dass die Kleider, das Bett, Speise und Trank Karls immer die einfachste, ja eine ärmliche Form aufgewiesen hätten [1]).

In öffentlichen Aufzügen besonders religiöser Art entfaltete Karl dagegen eine nie dagewesene Pracht. Die von ihm gegründeten Kirchen erglänzten von Gold und Silber. Denselben Prunk liebte er, wenn er die feierlichen Insignien seiner drei Kronen, der Kaiserkrone, der deutschen und der böhmischen der Verehrung seiner Unterthanen ausstellte. Er betrachtete es als Abschluss seiner Kämpfe um die deutsche Krone, als gemäss dem Vertrage mit Ludwig, dem Sohn des Königs, die Kleinodien des deutschen Reiches nach Prag gebracht wurden.

Karl besass keine einzige glänzende Eigenschaft, die die Mitwelt blendet und die Nachwelt günstiger stimmt. Er besass keine kriegerischen Tugenden und hat niemals irgend einen nennenswerthen Erfolg durch offenen Kampf erzielt. Er wich vielmehr selbst einem Krieg aus, der aller Erwartung nach günstig für ihn ausfallen musste, wenn er die Möglichkeit sah, durch Unterhandlungen, durch Bestechung, selbst durch pecuniäre Opfer auf friedlichem Wege zu seinem Ziele zu gelangen. Ein Beispiel seiner Politik bietet sein Verhältniss zu seinem Gegenkönig Günther von Schwarzburg. Doch war dies so wenig wahre Friedensliebe und Menschenfreundlichkeit,

---

[1]) Oratio funebris bei Freher, Scriptores rerum Bohemicarum pag. 109: in vestibus, in lectisterniis, in cibis et potibus semper formam pauperum, quantum in eo erat, exprimebat.

dass ihm seine Zeitgenossen dafür keine Anerkennung zollen wollten.
Er drehte und wendete die Dinge so lange, bis sich ihm der günstige Augenblick zum Eingreifen von selbst ergab. Jedes Mittel,
mochte es noch so kleinlich und noch so unedel sein, war ihm recht,
wenn es ihm nur zum Ziele verhalf. Die Treulosigkeiten seines Vorgängers Ludwig waren zahlreicher; dennoch ist das Urtheil der Geschichtsschreiber über letzteren günstiger, weil seine ewigen Schwankungen nur das Ergebniss seiner Schwäche waren und oft nur im
Zwange der Verhältnisse erfolgten. Bei Karl aber waren sie wohl
überlegt und vorbereitet [1]). So gebrauchte er zuerst den angeblichen
Waldemar, der sich Brandenburgs bemächtigt hatte, als Waffe gegen
die Wittelsbacher unter dem Vorgeben, er glaube an die Berechtigung
seiner Ansprüche. Bald aber wünschte er die Aussöhnung mit seinem
Gegner und gab seinen Schützling rücksichtslos preis. Die wittelsbachischen Brüder, Ludwig, Otto und Ludwig der Römer hat er
dann zu verhetzen verstanden und heimste endlich als Preis von fünf-
undzwanzigjährigen Bemühungen und Intriguen die Mark Brandenburg ein. Ein Regent von solcher Ueberlegung und Hinterhaltigkeit
war seinen Zeitgenossen ein ganz fremdartiges Wesen. Wir staunen
jetzt über die Planlosigkeit, mit der die Fürsten der ersten Hälfte
des 14. Jahrhunderts über einander herfielen, ihre Länder verwüsteten
und ebenso gedankenlos Frieden machten, um ihn bald wieder zu
brechen. Es ist oft unmöglich, einen leitenden Gedanken in den Kämpfen
der wittelsbachischen, luxemburger, habsburger und tiroler Fürsten
zu finden. Die Weise Karl IV. muthete nun die Mitwelt sonderbar
an. Das was er vor anderen Regenten voraushatte, war vor Allem, dass
er nie in offener Geldverlegenheit war. Er konnte die von seinem
Vater verpfändeten Güter einlösen, konnte Geld darleihen auf Besitzungen, auf Land und Leute, die ihm auf diese Weise oder durch
Kauf in Kürze zufielen. So erwarb er eine Menge von Besitzungen
zwischen Luxemburg, Böhmen und Brandenburg, die ein vielver-
sprechender Anhalt der Herrschaft seines Hauses waren, wenn er
gleichstrebende Nachfolger hatte [2]).

---

[1]) Woher hat Olenschlager, Goldene Bulle S. 392, den Wahlspruch
Karls: Optimum est aliena insania frui? Er charakterisirt ihn vortrefflich.

[2]) Pelzel verzeichnet im Leben Karl IV. Register (unter K a r l   k a u f t
und K a r l   v e r m e h r t) 78 Käufe und Erwerbungen während seiner Regierung.
Dieses Verzeichniss ist natürlich lange nicht vollständig. Besonders charakteristisch
ist seine Urkunde bei der Auffindung des Leichnams des h. Vitus Balbin Miscell.
I. 6, 69.

Am Bezeichnendsten an Karl war, dass er sich mit strenger
Folgerichtigkeit ein enges und klares Ziel setzte und alle seine anderen Herrscherpflichten nur nebenbei berücksichtigte. Er wollte seine
Kräfte nicht an Utopien zersplittern, deshalb verwandte er alle Sorgfalt auf Böhmen, das er zum ersten Lande Mittel- und Osteuropas
erheben wollte, was ihm vollkommen gelang. Das Mittelalter war
idealistisch gesinnt und nur wenige Menschen desselben dachten an
ein sorgsames Abwägen der Zwecke und Mittel. Darin ist Karl IV.
ein vollkommen moderner Herrscher, dass er diese schwere Kunst so
vollkommen verstand. Und welch' absonderliche Anforderungen wurden
nicht an Karl IV. gestellt. Cola Rienzi und Petrarca waren noch bescheiden zu nennen, wenn sie verlangten, Karl möge nach Italien
ziehen, diesem zerrütteten Lande den Frieden geben und die unfrucht-
bare Idee der Weltherrschaft des Kaiserthums wieder aufnehmen.
Fazio degli Uberti verlangte schon [1]), er möge nach dem Orient ziehen
und das heilige Land von den Heiden befreien, möge den Kaisern
des Alterthums und des Mittelalters nachstreben, statt in Böhmen
zu sitzen und Wein und Feigen zu pflanzen:

> Similmente dissi a quel sofisto, (Carl IV.)
> Che sta in Buemme a piantar vigne e fichi,
> E che non cura di caro aquisto:
> Che fai? perchè non segui i primi antichi
> Cesari de' Romani, e che non siegui,
> Dico, gli Otti, i Corradi, i Federichi?
> E che pur tieni questo imperio in tregui?
> E che non hai lo cuor d'esser Augusto,
> Che nol rifiuti? o che non ti dilegui? [2]).

Karl IV. sah ein, dass er in Italien nichts ausrichten könne,
deshalb hat er unbekümmert um die Erwartungen der italienischen
Patrioten ihr Vaterland nur besucht, um die Kaiserkrone zu

---

[1]) Burckhardt, Cultur der Renaissance S. 13 bringt diese Stelle aus
dessen Dittamondo lib. VI. cap 5 (ums Jahr 1360). Sabina Déjepis literat.
česk. S. 295 erwähnt Karls Weigerung, auf den Kreuzzugsplan Urban V. einzugehen.

[2]) Karls IV. Bemühungen um die Cultivirung Böhmens sind zerstreut in
Balbin Miscell. decas. I. lib. I erwähnt (vgl. das Register zu diesem Buche
und zwar Carolus IV.) Für Prag ist der 2. Band von Tomeks Déjepis Prahy
(Geschichte Prags) zu benutzen. Sehr gut ist für die Schöpfungen Karls Balbin
Misc. l. VII. S. 151—169.

erlangen, und hat es dann schnell verlassen. Getreu der Uebereinkunft mit dem Papste hat er nach seiner Kaiserkrönung nicht einmal in Rom übernachtet. Das ungünstige Urtheil Matteo Villanis [1]), Petrarcas, der Chronik von Siena [2]) kann uns demnach nicht überraschen. Allein auch in Deutschland hat er von Zeitgenossen und von Späteren die härtesten Urtheile erfahren. Maximilian I. sagte von ihm, er sei des Königreiches Böhmen Vater, aber des deutschen Reiches Erzstiefvater gewesen. Von den historischen Volksliedern der Deutschen bei Liliencron [3]) nennt keines seinen Namen. Eine Prophezeiung angeblich aus alter Zeit, die aber unter seiner Regierung entstanden sein muss, verkündet den Verfall des Reiches unter seiner Herrschaft [4]). Schon der Teichner tadelt Karls Verhalten [5]), der Suchenwirt erwähnt zwar öfters der Kaiserkrönung in Rom [6]), allein er hebt auch die Liebe Karls zum Pfennig hervor [7]). Bekannt sind ferner die ungünstigen Urtheile des Chronisten Mathias von Neuenburg. Man nannte Karl, weil er Papst Clemens VI. seine Erhebung verdankte, den Pfaffenkönig [8]); Wilhelm von Ockam meinte sogar, der Papst betrachte ihn als seinen Söldner und Laufburschen [9]).

Man muss diese Urtheile die Folge eines eigenthümlichen Charakterzuges nennen, der viele von Karls besseren Seiten verdeckte. So viel ihm nämlich daran lag, in Böhmen seiner Krone Glanz zu verleihen, so gleichgiltig war ihm sonst der Schein, mit dem er seine Handlungen umgab, und das Urtheil der Welt, das er sich dadurch zuzog. Indem er sein Vorgehen nur durch seinen Vortheil bestimmen liess und die Meinung der Zeitgenossen für nichts achtete, beraubte er sich für die Zukunft eines mächtigen Bundesgenossen, der öffentlichen Meinung. Oder sollte er gerade weitergeblickt und dieses vielköpfige Ungeheuer nach Verdienst missachtet

---

[1]) Lib. IV. cap. 74.

[2]) Muratori XV. pag. 145.

[3]) Band I. Nro. 17—25 sind aus der Zeit Karl IV.

[4]) Hagen Minnesänger 4, S. 637.

[5]) Denkschriften der Wiener Academie der Wissenschaften, 6. Band, S. 95. Anm. 9.

[6]) Suchenwirt, herausg. von Primisser VII, 160 ff.; XVIII. 471; XVI, 101. Der Unternehmung in Tyrol 1347 gedenkt er IX, 114; X, 40.

[7]) XXIX, 135. Der Pfennig sagt: Der chayser hat mich lieb und wert

[8]) Villani I. XII. c. 60.

[9]) Höfler, Aus Avignon S. 30; stipendiarium et cursorem.

haben? Schliesslich hat er auch ohne dessen Unterstützung Alles
erreicht, was er anstrebte. Die Bundesgenossenschaft des Papstes erwies sich mächtiger als die Stimmung des ganzen Deutschlands, trotz
dessen Theilnahme Ludwig der Baier ein elendes Regentendasein geführt hatte [1]). Karl IV. scheute demnach nicht die Gefahr, für unbedeutender erachtet zu werden, als er wirklich war.

So hat man denn den Erlass der goldenen Bulle und die wohl-
thätige Wirkung derselben nicht gehörig bei der Würdigung Karl IV.
in Erwägung gezogen. Karl musste sich viele Demüthigungen durch
den Papst gefallen lassen, er musste vor Allem die Kaiserkrone erlangt haben, wenn er dieses wichtige Reichsgesetz mit der nöthigen
Autorität durchführen wollte.

Der Erlass der goldenen Bulle entspricht ganz der ordnenden,
abschliessenden Thätigkeit des Kaisers; denn wie viel Controversen
des deutschen Staatsrechtes sind nicht durch sie endgiltig geschlichtet
worden. Zwei Hauptfragen beschäftigten damals die Staatsmänner
und waren Anlässe politischer Verwicklungen: es war dies die Frage
nach den Modalitäten der Königswahl und des Einmischungsrechtes
der Curie in dieselbe einerseits und nach dem Umfange der Herrscherrechte der deutschen Fürsten anderseits. Dazu kam noch die
erste Forderung, die an den Staat gestellt werden kann und welcher der
mittelalterliche Staat so unvollkommen entsprochen hat, dass nämlich
in seinem Inneren Friede herrsche. Dass diese Forderung berechtigt sei,
darüber konnte niemals ein Streit sein; ihre Erfüllung fand sie aber
erst, als sich von Neuem eine souveräne Macht bildete, die freilich
nicht mehr in den Händen des Kaisers, sondern der Fürsten liegen
sollte.

Von diesen Gesichtspunkten ausgehend hat nun Karl in seiner
goldenen Bulle nicht ein Gesetz, sondern ein förmliches Gesetzbuch
geschaffen. Er veranlasste darin zunächst eine Codificirung des Wahl-
rechtes der deutschen Churfürsten, das in seinen Hauptbestimmungen
nie mehr angetastet wurde. Es kam damit jene Rechtsentwicklung zum
Abschlusse, deren erstes deutliches Hervortreten der Wahlact Richards

---

[1]) Seine Missachtung des Spottes der öffentlichen Meinung über seine
Politik dem Papste gegenüber findet in der That die Anerkennung eines so hervorragenden Staatsmannes wie Colluccio Salutati's (Sabina p. 312.)

von Cornwallis am 13. Januar 1257 und die Bulle Urban IV. vom
31. August 1263 gewesen war. Mannigfache Schwierigkeiten mussten
erst überwunden werden, bis die Zahl und Reihenfolge der Churfürsten festgestellt werden konnte.

Was das Souveränitätsrecht der Fürsten betrifft, so hat
Karl IV. den vornehmsten unter ihnen, den Churfürsten, die volle
landesherrliche Gewalt eingeräumt. Eine grosse Anzahl der Gesetze der
goldenen Bulle beschäftigt sich mit den Privilegien der Wahlfürsten,
so dass man sie nicht unpassend „Churfürstenbulle" genannt hat [1])
Karl IV. hat mit ihr feierlich und auf immer darauf verzichtet, die
kaiserliche Gewalt in Deutschland zur Anerkennung zu bringen.
Er hat mit der goldenen Bulle förmlich einen Vertrag mit den
Churfürsten abgeschlossen, durch den er als böhmischer König
und sie als deutsche Fürsten die Rechte des deutschen Kaisers
unter sich theilten. Denn Böhmen genoss nunmehr unangefochten
das Recht des Antheils an der deutschen Königswahl, ohne die ge-
ringste Verpflichtung dem Reiche gegenüber zu haben.

Einen dritten Bestandtheil der goldenen Bulle bilden dann
die Capitel 13 bis 17, in denen Bestimmungen über Landfrieden und
Städtewesen sehr zu Ungunsten der aufstrebenden Städte getroffen
wurden, Gesetze, die indessen keine Wirksamkeit zu erringen im
Stande waren [2]). —

So wichtig die goldene Bulle zur Charakterisirung Karl IV. ist,
so interessirt uns in dieser Schrift doch vor Allem ihre literarische
Bedeutung und die Art ihrer Entstehung. Wir wissen nun, dass die
23 ersten Capitel derselben [3]) auf dem Reichstage zu Nürnberg, auf
dem der Kaiser am 23. November 1355 erschien, festgestellt und am
9. Jänner 1356 feierlich proclamirt wurden, dass dann zu Metz, wo
der Kaiser am 17. November 1356 ankam, das Gesetz weiter be-

---

[1]) Die goldene Bulle hiess im 16. Jahrhundert auch Carolina, Olenschlager
S. 389. Der Name goldene Bulle erscheint erst 1431, nach Biener commenta-
tiones II, S. 194, irriger Weise schon 1366. Ueber die Handschriften und Drucke
der goldenen Bulle siehe Huber Nr. 2397, Wattenbach im Oesterr. Archiv
14. Band, S. 3, und Kriegk, Die goldene Bulle der Stadt Frankfurt.

[2]) Karl hat selbst Ausnahmen gestattet, Vgl. Huber Regesta Caroli IV.
Nro. 2547. Das Gesetz über die Pfahlbürger (goldene Bulle cap. 16) ist nur eine
Wiederholung einer Constitution von 1354 in Schannat Corpus trad. Fuld. p. 433.

[3]) Die Eintheilung in Capitel ist indessen eine spätere.

rathen und die sieben letzten Capitel zugleich mit den vorhergehenden
am 25. Dezember publicirt worden sind.

Zweifelsohne ist die goldene Bulle ein Werk langer und ein-
dringender Berathung. Man kann sich ihre Entstehung nicht anders
vorstellen, als dass die Räthe des Kaisers in gemeinsamer Arbeit die
Feststellung der schwierigen Punkte übernommen haben.

Allein es ist kein Zweifel, dass Karls Absicht auf dem Reichstag zu Nürnberg viel weiter ging, als auf die Codificirung dessen,
was die goldene Bulle enthält. Aus dem Berichte der Strassburger
Gesandten [1] an ihre Vaterstadt erfahren wir, dass er ausserdem die
Regelung des Münzwesens, Verringerung der Zölle auf dem Rheine
und des Preises des Geleites auf dem Lande, die Handhabung des Land-
friedens betreiben wollte. Aus demselben Schriftstücke sehen wir, dass er
zuerst durch Befragen der zahlreich versammelten Stände festzustellen
trachtete, was denn in den strittigen Fragen Rechtens wäre [2]. Er
wollte in Abwesenheit der Churfürsten von Mainz, Cöln und Trier
gar nicht über diese Angelegenheit entscheiden, er wartete, bis diese
angekommen waren [3], und dann erst wurden die Ergebnisse der Berathung in einer Reihe von Urkunden festgesetzt. Denn es ist bemerkenswerth, dass man für das neue Gesetzbuch keine andere Form
fand. Deshalb besteht die goldene Bulle, soweit sie in Nürnberg festgestellt wurde, aus mehreren Urkunden oder Satzungen, deren man
fünf zu unterscheiden gewohnt ist. Jede ist von der andern getrennt
durch eine förmliche Arenga oder Einleitung, die aus einer Betrachtung allgemeineren Inhaltes besteht und zugleich den Zweck des nachfolgenden Gesetzes enthält. Die erste Satzung umfasst die ersten zwei
Capitel, die zweite die Capitel III—VII, die dritte die Capitel VIII—XI,
die vierte XII—XIX, die fünfte XX—XXIII. Selbst die Einleitung der
ersten Urkunde, die man als Vorwort des ganzen Gesetzes zu fassen
gewohnt ist, bezieht sich eigentlich nur auf die zwei ersten Capitel:
denn es wird nur davon gesprochen, das Gesetz diene, „um die Einheit zwischen den Churfürsten zu pflegen und die Königswahl einstimmig zu machen" [4]. Diess ist aber nur der Inhalt der ersten Urkunde, keineswegs ist damit der Inhalt der goldenen Bulle überhaupt

---

[1] Olenschlager Urkundenbuch zur Erläuterung der goldenen Bulle Nr. 2.

[2] Und wollte wissen slechtes, welre Leigen Kurfürsten werent.

[3] Am 30. November waren sie noch abwesend.

[4] Ad unitatem inter Electores fovendam et eleccionem unanimem indu-
cendam.

erschöpft. Die zweite Urkunde hat nicht allein ihre Arenga, ihre
Promulgatio (Verkündigungsformel), ihre Narratio (die Darlegung
des bisherigen Sachverhaltes und der neuen Bestimmung), ihre Corro-
boratio (Bekräftigungsformel), kurz alle Bestandtheile einer regel-
rechten Königsurkunde, sondern sogar die Anrufung der Dreieinigkeit
und das Eingangsprotokoll [1]). Wenn ich sage, dass man fünf solcher
Satzungen in den ersten 23 Capiteln unterschieden habe, so ist
damit die Zahl der Urkunden nicht erschöpft; denn die dritte
Satzung (cap. VII—XI) hat nicht allein zu Beginn des 7. Capitels,
sondern auch zu Beginn des 8. Capitels die Form eines Urkunden-
anfangs.

Es erscheint demnach als wahrscheinlich, dass die einzelnen
„Satzungen" getrennt berathen und abgefasst wurden, und dass sie
erst zu Metz mit Hinzufügung der letzten sieben Capitel zu einer
Einheit verbunden worden seien. Die pathetische Einleitung der
ersten Urkunde blieb dann das Proömium für das ganze Gesetz,
etwa wie die Anfangsverse der Iliade auch nur den Inhalt eines
Theiles dieser Epopöe angeben. Bei dieser Zusammenfassung liess
man die Protokolle (Eingangsformeln) der übrigen Urkunden weg,
liess aber ihre Arengen stehen und gab dem Ganzen dadurch mehr
die Form eines Gesetzbuches. Die in Metz hinzugefügten Bestimmungen
versah man dann nicht mehr mit dem sonst angewendeten Formel-
wesen. Die jetzige Eintheilung in 30 Capitel wurde überhaupt nicht
unter Karl IV. vorgenommen.

Was geschah aber mit dem Resultate jener Berathungen, die,
wie wir oben gesehen haben, in Nürnberg sonst noch gepflogen
wurden? Diese wurden in die gewöhnliche Urkundenform gebracht
und sind uns zum Theil noch in solcher erhalten. Ich meine damit
unter Anderem das Münzgesetz vom 20. Januar 1356, wozu das freilich auffallende Schuldengesetz vom folgenden Tage hinzutritt [2]).

Nach dem Vorhergehenden kann die Frage über den Verfasser
der goldenen Bulle, die Johann Jacob Moser [3]), der grosse Publicist,

---

[1]) In nomine sancte et individue trinitatis feliciter Amen. Carolus
Quartus, divina etc. Auch hier bezieht sich die Stelle des cap. III: ut . .
omnium litium et suspectuum, que et qui de prioritate seu dignitate . . . . suboriri
valeant in posterum, . . . amputentur nur auf das 3. Capitel, nicht auf die
2. Satzung (cap. III—VII) überhaupt.

[2]) Huber, Regesta 2422, 2423. — Vergl. die Erweiterungen der Rechte der
Churfürsten am 25. Januar 1356, Huber, 2427.

[3]) Staatsrecht, I. Theil, S. 92.

als unlösbar erklärte, keine grossen Schwierigkeiten mehr bereiten [a]).
Urkunden wurden in der königlichen Kanzlei verfasst und ich sehe
keinen Grund ein, warum Karl IV. in diesem wichtigen Falle anderen Personen einen Auftrag gegeben haben soll, zu dessen Ausführung er ein grosses und wohlgeschultes Personal in seiner Umgebung
hatte. Damit ist natürlich nicht gesagt, dass ich diesen grossen Act
der Gesetzgebung an der Person des Johann von Neumarkt, des
Bischofs Prezeslaw von Breslau, Rudolf Rühls von Friedeberg,
Nicolaus von Kremsier oder sonst eines Mannes haften lassen will,
den wir damals in Karl's IV. Kanzlei beschäftigt sehen. Wer und
wie viele von diesen Männern die einzelnen Urkunden verfassten,
aus denen die goldene Bulle besteht, ist ziemlich gleichgiltig; der
eigentliche Gesetzgeber ist jedenfalls Karl IV. In dessen Geist, der
zu ordnen, zu schematisiren liebte, konnte der Gedanke der Codification des Churfürstenrechtes allein entstanden sein. Er war entschlossen, den Streitigkeiten über die Königswahl für immer ein Ende zu
machen. Er hatte den richtigen Zeitpunkt gewählt, als er in dem
vollen Glanze der Kaiserwürde aus Italien heimkehrte und den
Völkern grösser und herrlicher erschien. Mit der Krönung durch den
Cardinalbischof Peter von Ostia hatte zudem der Papst das letzte
Geschenk, mit dem er etwa noch zurückhalten konnte, vergeben und
Karl IV. hatte nichts Irdisches mehr von ihm zu erbitten. Karl
war sich längst klar, dass er die Ansprüche der päpstlichen Curie
auf die Bestätigung des gewählten deutschen Königs zurückweisen
müsse, wenn er auch im Kampfe gegen Ludwig von Baiern in diesem Punkte dem Papste einige Zugeständnisse gemacht hatte.
Deshalb hatte er schon lange den edelsten und kräftigsten Vertreter
der Sache des Königthums, Lupold von Bebenburg, den Bundesgenossen seines Vorgängers und Feindes, an sich gezogen. Schon am
14. Januar 1353 wurde dieser zum Bischof von Bamberg gewählt
und Karl IV. wird wohl sein Fürsprecher gewesen sein, als er
nach Avignon ging, wahrscheinlich um sich wegen seines Werkes:
„Ueber die Rechte des Königthums und des Kaiserreiches" zu rechtfertigen. Dessen Gedanke nun, die deutsche Königswahl dem Ein-

---

[1]) Pagendarm: De Carolo IV. autore Aureae Bullae. Jenae 1734. —
Dachenröden: Wer für den Verfasser der goldenen Bulle zu halten ist. Erfurt
1785. — Die Literatur unserer Zeit über die goldene Bulle ist merkwürdig
dürftig.

flusse des Papstes vollständig zu entziehen,   wurde stillschweigend,
aber um so wirkungsvoller in die goldene Bulle aufgenommen. Da
Bischof Lupold auf dem Reichstage zu Nürnberg anwesend war [1]),
so hat man mit Recht den Einfluss des geschichts- und rechtskun-
digen Mannes auf das Zustandekommen des Reichsgesetzes betont;
speciell Böhmer [2]) macht aufmerksam, dass eine Stelle in Lupold's
Klaggedicht über den Zustand des deutschen Reiches auffallend mit
dem Beginne der goldenen Bulle übereinstimme.

Lupold dichtet:

> Nam quamplures nobiles Germaniae nunc patenter
>
> — — — — — — — — — — —
>
> Heu infideles facti sunt fures et raptores,

und die goldene Bulle beginnt:

> Omne regnum in se divisum desolabitur [3]). Nam principes
> eius facti sunt socii furum etc.

Da indessen, wenn ich nicht irre, beide Stellen sich auf einen
Bibelvers beziehen, so verliert diese Zusammenstellung einen grossen
Theil ihrer Beweiskraft.

Zweifelsohne hat bei der Abfassung der goldenen Bulle ein
Mann mitgewirkt, der des römischen Rechtes kundig war, denn in
das XXIV. Capitel sind wörtlich die Bestimmungen über Majestäts-
beleidigungen aufgenommen, die im Corpus juris enthalten sind;
ebenso finden sich im XIV. und XIX. Capitel deutliche Anklänge an
den justinianeischen Codex [4]).   Man hat deshalb vermuthet, der berühmte italienische Jurist Bartolus sei der Verfasser des Gesetzes.
Wohl ist es richtig, dass Bartolus als Gesandter der Stadt Perugia
mit Karl IV. zu Pisa im Mai 1355 verkehrte und von diesem durch
zwei Privilegien geehrt worden ist [5]): allein sonst findet sich keine
Spur, die diese Annahme bestätigte oder verwürfe. Zwar ist Bartolus
nicht vor der Veröffentlichung der goldenen Bulle gestorben, wie man

---

[1]) Huber, Regesta Caroli IV. 2297, 2321.

[2]) Fontes, I. S. 482.

[3]) Auch in der Maiestas Carolina, dem Gesetzbuche Karl's für Böhmen.
findet sich zu Beginne des Cap. XV. (Jireček, Codex juris Bohemici. II.
S. 120): Veritate testante, omne regnum in se divisum nemo ambigit desolari.

[4]) Vergl. Jacoby in der Zeitschrift für die gesammten Staatswissen-
schaften XIII S. 152.

[5]) Huber, Regesta Caroli IV.. 2129, 2130.

sonst behauptete — sein Todestag ist der 12. oder 20. Juli 1357 [1]) —
allein man weiss weder etwas von seiner angeblichen Reise nach
Deutschland, noch ist anzunehmen, dass er das deutsche Staatsrecht
mit jener Gründlichkeit kannte, die der Verfasser der goldenen Bulle
besessen haben muss.

Obwohl die goldene Bulle der Systematik nicht ganz entbehrt
und ihre Sprache eine klare, verständliche genannt werden muss, so
ist doch bei der Art ihrer Abfassung in Form mehrerer Urkunden eine
Wiederholung des schon Gesagten nicht zu vermeiden gewesen. Besonders sind die letzten vier Capitel der Nürnberger Gesetze eilfertiger
hinzugefügt: ihr Inhalt wiederholt sich zum Theil in den Metzer
Gesetzen [2]).

Als Einleitung findet sich ein poetischer Anruf an Gott in 14
Zeilen, in welchen gebeten wird, Gott möge gütig auf sein Volk
herabsehen, damit es unter Führung Karl's über angenehme Rasen-
plätze eingehe in himmlische Gefilde. Die Arenga des ersten Gesetzes,
welche als die der ganzen goldenen Bulle angesehen wird, stellt in
rhetorischer Form die Folgen der Zwietracht für die Entwicklung der
Reiche dar. Sie sei die Bundesgenossin des Hochmuths, des Satans,
der Schwelgerei, des Zornes und des Neides. Auch zwischen den
Churfürsten, die als die sieben Leuchter in der Einheit des sieben-
fachen Geistes das heilige römische Reich erhellen sollen, sei sie
eingerissen.

Natürlich fand das neue Reichsgesetz beim Papste entschiede-
nen Widerspruch. Denn es entzog der römischen Curie jene Rechte
auf die Einmischung in das deutsche Reich, die ihr in den letzten
zwei Menschenaltern zugefallen zu sein schienen, die selbst Ludwig IV.
Benedict dem XII. gegenüber anerkannt hatte. Wie Papst Innocenz
X. gegen den westphälischen Frieden, so erhob auch Innocenz VI.
gegen die goldene Bulle seinen Protest [3]).

[1]) Savigny: Geschichte des römischen Rechtes, VI. S. 510. — Auch
Savigny spricht sich gegen dessen Autorschaft aus. Bemerkenswerth ist übrigens,
dass ein anderer italienischer Jurist, Ubertus de Lampamiano, 1380 in Prag als
Gesandter des Herrschers von Mailand in öffentlicher Disputation die Sätze
vertheidigte, die Wahl der Churfürsten genüge zur Erlangung des Imperiums,
und der Kaiser übe ein Herrscherrecht über alle Völker aus. Maderus Gervasius Tilber. Otia imperialia, pag. 116.

[2]) Olenschlager, Goldene Bulle, S. 325.

[3]) Vergl. darüber Buxtorf: Ad XVII. priora capitula Aureae Bullae, eine

Jetzt zeigte sich erst, dass Karl IV. nicht aus Feigheit, sondern aus Klugheit seinen Widerstand gegen päpstliche Anmassungen auf spätere Zeit aufgespart hatte. Er verlangte hinwieder von Papst Innocenz VI., er solle gewisse apostolische Constitutionen Clemens VI. für ungiltig erklären. Es waren dies jene Decretalien, in denen Clemens VI. behauptet hatte, das Kaiserthum stehe in einem Abhängigkeitsverhältnisse zum Papstthum, und durch welche er das Urtheil Heinrich VII. gegen Robert von Neapel aufgehoben hatte. Jene Constitutionen, so klagte Karl IV., seien zum Nachtheile des Reiches erlassen worden [1]. Innocenz VI. aber schlug dem Kaiser dieses Ansinnen ab; denn jene Bestimmungen seien bereits in die Gesetzessammlungen aufgenommen und würden in den Schulen gelehrt. Indessen gab Innocenz durch ein Schreiben vom 11. Februar 1361 jenen Bullen die Deutung, dass sie nichts wider die Ehre Heinrich VII. Zielendes enthielten [2].

Es lag in der Zeit Karl IV., dass man die alten Satzungen von der Väter Zeit sammelte und ordnete [3]: auch seinem Erblande Böhmen, welches, wie er sich ausdrückt, „seinen Hals so lange Zeit bei seinem unsicheren Rechtszustande dem harten Joche vieler Unterdrücker beugen musste [4]“, wollte er die Wohlthat eines geschriebenen Gesetzes zuwenden. Bald nach 1345, wahrscheinlich aber erst um 1350 [5] wurde die Anlage dieses Gesetzbuches „mit dem Rath, Willen, Wissen und der Zustimmung der böhmischen Grossen“ anbefohlen. Schon hatten einige Barone ihre Zustimmung zu dem neuen Gesetze gegeben, als die Angelegenheit auf dem Landtage zu Prag, Sep-

---

Schrift, die mir leider nicht zugänglich war. Ferner: Oleuschlager, Erläuterungen zur goldenen Bulle. S. 403.

[1] Raynald, Annales ecclesiae, t. XVI., a 1359 Nr. 11.

[2] Pelzel, Kaiser Karl IV., II., Nr. 298.

[3] „Um das Jahr 1350 findet man fast wie in unseren Tagen ein allgemeines Streben nach erneuten Verfassungen.“ Ranke. Geschichte der roman. und germ. Völker. B. 1. Einleit. XXXV.

[4] Majestas Carolina Prooemium §. 9.

[5] Im Prooemium §. 5 sagt Karl, dass seit dem Tode Wenzel II. († 1305) vierzig Jahre verstrichen seien. Ebenso wird uns auch mitgetheilt, dass Karl bereits die von seinen Vorgängern verpfändeten Güter der Krone eingelöst habe; Mähren, seit 1348 ein Theilfürstenthum, wird dem neuen Gesetze nicht untergeordnet. Nach Palacky böhm. Gesch. II, 2, S. 298 wurde die Majestas schon 1348 dem Landtage vorgelegt. Diese Annahme ist, so viel ich aus den Quellen ersehe, nicht begründet.

tember 1355. noch einmal zur Berathung kam. Da sollte nun dem
Entwurf dasselbe Schicksal bereitet werden. wie den gleichen Vor-
schlägen König Ottokar II. und Wenzel II[1]). Beide hatten die Barone bestimmen wollen. ein Gesetzbuch als bindend für die Richter
des Landes anzunehmen: beiden war dies abgeschlagen worden. Die
Barone Wenzel II. hatten gefürchtet, dass „wenn die Geltung des
geschriebenen Gesetzes auf diese Weise sich einbürgere, ihnen die
Frucht, die sie aus den von ihnen eingeführten Missbräuchen bisher
zu ziehen pflegten. möglicherweise entgehen werde[2]).“

Es ist kein Zweifel. dass dieses Motiv auch gegenüber dem
Vorschlage Karls IV. ausschlaggebend war: die Grossen des Reiches
fürchteten. dass ihnen mit der Befugnis der Rechtsprechung nach
überlieferten Gesetzen ein grosser Theil ihres Gesetzgebungsrechtes
stillschweigend entzogen werde. Sie hätten sich deshalb wohl einem
jeden Gesetzbuch widersetzt: allein ganz besonders musste die Majestas
Carolina ihnen widerwärtig sein. Denn diese war durchaus nach einem
Gesichtspunkte angelegt. der sie fast vollkommen beherrscht. und
dies war die Sicherung der Machtbefugnisse der Krone und zwar
besonders nach ihrer finanziellen Seite. Das ist offen in der Einleitung
zu dem Gesetzbuche ausgesprochen. so offen. dass wir dadurch einen
tiefen Blick in die Ziele Karl IV. zu werfen befähigt werden. dass
aber die trotzigen Grossen von vornherein mit Mistrauen gegen das
Buch erfüllt werden mussten. Diese Einleitung ist eines der wichtigsten Actenstücke zur Geschichte des Kampfes der Königsgewalt
und des Unabhängigkeitssinnes der Barone im Mittelalter. Ohne jede
diplomatische Verhüllung spricht der sonst so vorsichtige Karl IV.
von seinem tiefsten Bestreben. Fürwahr er musste seine Offenherzigkeit
das einzige Mal, wo sie durch ihre sonstige Hülle durchbrach. schwer
büssen! Karl IV. hat dem Landtage am 6. October 1355 in einer Urkunde versprechen müssen. die Majestas nicht als Gesetzbuch einzuführen. Die Majestas selbst beginnt mit einer förmlichen Rechtsphilo-
sophie. Einfach und gerecht. um weniges geringer, als die Engel habe
die Gottheit den Menschen in die Welt gesetzt: durch den Missbrauch
seines freien Willens sei er mit dem Begehen der Erbsünde von seiner
Höhe herabgestürzt. Hass und Neid entstanden: die ursprüngliche
Gemeinschaft[3]) der Güter habe sich aufgelöst: ein allgemeiner

---

[1]) Peter von Zittau bei Dobner V. S. 102.

[2]) Peter von Zittau. Ibidem.

[3]) §. 2.

Krieg Aller, eine verbrecherische Hast nach Eigenthum habe
sich eingefunden. „Aus innerer zwingender Nothwendigkeit [1]) und
durch den Antrieb der göttlichen Vorsehung" seien die Fürsten eingesetzt worden, denen es obliege, Recht und Ordnung zu schaffen.
An König Karl sei nach Erbrecht diese Verpflichtung gekommen [2]),
und er habe das Königreich Böhmen im kläglichsten Zustande
übernommen. Nun folgt eine lebendige Schilderung des Landes nach
dem Tode König Johanns: die Krongüter waren verpfändet: Einnahmen
und Macht des Königs geschmälert: Gesetzlosigkeit an der Tages-
ordnung, Raub und Mord erfüllten nicht bloss die Strassen, sondern
drangen selbst in das schützende Haus, denn dem Könige fehlten
die Mittel Ordnung zu schaffen, die er sonst aus seinen Domänen
zog: die Castellane der verpfändeten Burgen, sonst Vollstrecker seines
Willens, versagten den Gehorsam: der König musste von seinem
spärlichen Einkommen von den raublustigen Baronen den Frieden
erkaufen.

„Die Sorge unserer königlichen Milde um dies Alles verdüsterte
den wachsamen Geist, brachte uns schlaflose Nächte, sie liess uns
freiwillig unausgesetzte Mühen erdulden, damit der tief gesunkene
Staat aufgerichtet und dem schmachtenden Volk, das durch die
Trübsale vergangenen Unglücks niedergedrückt war, Sicherheit und
Friede gebracht würde [3])." Nun wird die Regententhätigkeit Karls
geschildert, wie er mit Hilfe der Landessteuern die Güter eingelöst
und Friede im Lande hergestellt habe. Er sei nun entschlossen, auch
für die Zukunft derartige Zustände unmöglich zu machen: das vorliegende Gesetz solle sie für immer verhindern.

Wie wollte nun Karl IV. seinen Zweck erreichen? Die grössere
Hälfte der 109 Capitel der Majestas gibt uns darüber Aufschluss [4]).
Nachdem Karl in den fünf ersten Abschnitten Bestimmungen zum

---

[1]) §. 3.
[2]) §. 4.
[3]) §. 7.
[4]) Die Ausgabe bei Geschinius Hanover 1671 und Palacky Archiv česky
III. S. 68 ff. enthält 127 Artikel. Ich citire nach Jireček Codex juris Bohemici. II. B. Die Majestas Carolina bespricht F. M. Pelzel. Karl IV. Band 1.
S. 310—323. Palacky böhm. Gesch. II. 2, S. 298 und 337—347, am besten
Franz Pelzel. Die Majestas Carolina in Mittheilungen des histor. Vereins der
Deutschen in Prag 1878 S. 69—78. Pelzel berichtigt die tendenziöse, dem
böhmischen Adel günstige Darstellung Palacky's.

Schutze der Religion getroffen hat. werden vom 6. bis zum 13. Capitel eindringliche Bestimmungen erlassen. dass gewisse Güter der Krone (6) unter keiner Bedingung. andere (8) nur unter gewissen Veraussetzungen (13) veräussert werden dürfen. Die Wichtigkeit der Krongüter wird auseinandergesetzt (7). dem König wird ein Eid darüber vorgeschrieben (9. 10, 11), die Einschärfung dieser Bestimmung auf jedem Landtage wird befohlen (12). Ebenso darf kein König einen Theil seines Landes an fremde Personen übertragen (15, 16.) Durch eine grosse Anzahl von Bestimmungen wird Sorge getragen. dass sich die Güter der Krone immer mehren. Erbloses Gut fällt an den Fiscus (58, 63). frühere Bitten um dessen Vergabung sind verboten (14). Kein Landgut darf an Personen übertragen werden, die nicht dem Könige steuerpflichtig sind (32); jede Veräusserung von Landgütern bedarf der königlichen Zustimmung (59), heimliche Veräusserungen haben die Confiscation zur Folge (60). Aus dem Erbrecht werden (61. 66—76, 98) nur jene Capitel abgehandelt, in denen der Anheimfall an den Fiscus eine grössere oder geringere Rolle spielt. so das Erbrecht der Priester (71. 72). der Mönche (73), der königlichen Diener (69, 70). der von ihren Eltern getrennten Kinder (67). Zahlreiche Abschnitte behandeln die Confiscation des Vermögens von Verbrechern (35, 64. 65. 78, 84, 87, 92. 93, 94). Der Umfang der königlichen Wälder, ihr Schutz wird bestimmt (49—57); Urbarmachungen in ihrem Umfang kommen dem Fiscus zu Gute (62). Die Ansprüche der königlichen Kammer auf die Juden werden normirt (96. 97); ihre Einnahme bei jeder Abtwahl festgesetzt (89). Die Forderungen an den König und an dessen Kammer werden in einem genauen Verfahren geprüft (42. 43). Damit durch Ausstattungen und Heiraten im königlichen Hause keine Entfremdungen von Gütern eintrete. werden darüber Vorschriften gegeben (37).

Ist es ein Wunder, wenn der trotzige böhmische Adel Anstand nahm: zu bekräftigen, dass die Hauptsorge des böhmischen Landesgesetzbuches sein sollte, die königliche Macht zu vergrössern, ihre finanzielle Grundlage zu sichern? Die Majestas schärft zudem das Bestätigungsrecht des Königs bei geistlichen Wahlen ein (99). und bestimmt, dass kein Amt vergeben werden dürfe auf Lebenszeit oder auch nur auf eine vorher bestimmte Zeit; der König solle jeden Beamten jeder Zeit abzusetzen das Recht haben (17. 18). Die höheren Aemter dürften nicht vereinigt werden (17). die Träger derselben müssen sich in Prag aufhalten (24. 25. 26). Noch schärfer richten sich andere

Bestimmungen gegen den Adel. Bündnisse desselben wurden verboten (33, 34), seine Gewalt über die Gutsbauern beschränkt (79), seine Unterthanen sollten sich mit gewissen Beschränkungen, die das Recht des Gutsherrn wahrten, auf den königlichen Gütern ansiedeln dürfen (74). Dies waren ebenso gerechte, als dem Adel unbequeme Bestimmungen, die wenig aufgewogen wurden durch die Bestätigung seiner privilegirten Gerichtsbarkeit (100, 101). Man sieht demnach, dass der Kern der Bestimmungen der Majestas Carolina die Codification der königlichen Rechte in Böhmen ist. Dem gegenüber erhob der Adel seine Einsprache, so dass Karl, wie erwähnt, sein Gesetzbuch am 6. October 1355 feierlich zurückziehen musste.

Trotzdem aber hat sich die Majestas durch den Usus als Gesetzbuch in Böhmen eingebürgert [1]. Abgesehen von der böhmischen Uebersetzung derselben, die gleichzeitig ist [2], sind im 15. Jahrhundert zwei Umarbeitungen entstanden, denen erste von Palacky [3] abgedruckt ist und mit der Majestas im Wesentlichen übereinstimmt; die zweite Bearbeitung stellt das zwischen 1409 und 1430 geltende Recht dar und ist in zahlreichen Handschriften erhalten. Endlich findet sich ein böhmischer Auszug aus dem 15. Jahrhundert den Jireček veröffentlicht hat [4].

Die Majestas Carolina enthält neben jenen staatsrechtlichen Bestimmungen auch Anordnungen, die in's Strafrecht gehören (102 bis 107), die sich mit dem Eherecht beschäftigen (84, 85, 86) und andere.

Anschliessend an dieselbe liess Karl IV. auch die gesammte Processordnung codificiren und veröffentlichte sie unter dem Namen Ordo judicii terrae. Wahrscheinlich traf sie dasselbe Schicksal wie das erste Gesetzbuch. Sie wurde vom Landtage abgelehnt, errang sich aber dennoch Anerkennung. Die lateinische Fassung, in der sie Karl publiciren liess, mit seinen nicht zur Geltung gelangten Neuerungen — der Aufhebung der Gottesurtheile

---

[1] Die Nachweise bei Pelzel in Mittheilungen des historischen Vereines, 1868, S. 70 ff.

[2] Sie ist von Palacky gedruckt: Archiv český III. B., S. 68, in der rechten Spalte. Die latein. Drucke geben alle den ursprünglichen Text Karl IV. mit einigen Abweichungen unter einander.

[3] Ibidem unter dem Strich.

[4] Codex juris Bohemici. II., parallel mit dem lateinischen Text, Vergl. S. 103.

etc. — ist uns erhalten [1]). Zahlreicher sind die böhmischen Handschriften, welche die Umarbeitung überliefern, die das wirklich geltende
Recht enthält. Pelzel glaubt, sie sei von demselben Verfasser, der
auch die Recension des dritten böhmischen Textes der Carolina
(1409—1430) herstellte [2]).

Nur zwei Jahre war Karl IV. Herr der Mark Brandenburg und
auch hier zeigt sich seine ordnende Hand, indem er das Landbuch
dieser neuen Erwerbung, eine rechtlich-statistische Arbeit, zusammen-
stellen liess [3]).

---

[1]) Pelzel, Mittheilungen, 1868 S. 70; die lateinischen Drucke bei Ku-
charsky, Antiquissima monumenta juris Slovenici, Warsoviae 1838, Palacky im
Archiv český, 2. B., und Jireček, Codex juris Bohemici, 2. B., S. 198 ff., geben
den ursprünglichen Text mit einigen Verschiedenheiten unter einander

[2]) Der Nachweis in Mittheilungen S. 72. Jireček, Codex juris Böhem., II.,
S. 198 verkennt das richtige Verhältniss. Die böhmische Fassung gedruckt
im Archiv český, 2. B., und Codex juris Bohem., 2 B.

[3]) Fidicin: Das Landbuch der Mark Brandenburg von Karl IV. Berlin 1856.

Karl IV. Umgebung und Kanzlei.

Eine so umfassende Thätigkeit wie die Karls IV. konnte natürlich nur mit Unterstützung bewährter Gehilfen entfaltet werden. In seinen Arbeiten als Gesetzgeber Böhmens fand er die beste Stütze in dem Landrichter Andreas von Duba [1]; der hervorragendste Mann in seiner Umgebung war aber Ernst von Pardubitz, der erste Erzbischof von Prag. Er stammte aus dem ritterlichen Geschlechte der Scara und wurde zu Glatz in der Schule der Johanniter erzogen. In seiner Jugend äusserte sich eine Abhängigkeit seines Gefühlslebens von den Einwirkungen seiner Phantasie, die sein männlicher Geist später immer zu unterdrücken verstand. Es schien ihm einst, als er vor dem Bilde der heiligen Maria im inbrünstigen Gebete auf den Knieen lag, als ob die Mutter Gottes ihm verächtlich den Rücken kehre; erst auf sein inniges Flehen wandte sie ihm wieder ihr Antlitz zu. Erschreckt verschwieg der Jüngling diese für ihn so beschämende Vision, in Folge deren er sich für den grössten Sünder halten musste; er schwieg aus Scham, obwohl dieses Mirakel Vielen zur Erbauung hätte dienen können. Erst viel später schrieb er diese Vision nieder [2] und bat jeden Leser, sie zu verbreiten und für ihn zu beten; ein vierzigtägiger Ablass solle ihn dafür belohnen. Er selbst aber stiftete im Jahre 1352 die Stelle eines Priesters, der in der Kirche zu Glatz zu Ehren der h. Jungfrau täglich eine Messe lesen sollte. Von Glatz

---

[1] Seinen Tractat zur Maiestas Carolina erwähnt Höfler. Abhandl. d. böhm. Ges. 1863, S. XXIII.

[2] Dieser Brief Scriptum per me Ernestum s. ecclesie Pragensis archiepiscopum indignum, manibus meis sanguine peccatorum repletis ist in Balbin's Vita Arnesti S. 26 und in Palacky, Formelbücher. I. Nr. 203, enthalten.

wurde Ernst in die Klosterschule zu Břevnow, dann nach Prag und
endlich nach Bologna und Padua geschickt, um seine Studien zu be-
enden. Vierzehn Jahre verweilte er in Italien, wo er den Grad eines
Licentiaten des canonischen Rechtes errang. Er trat darauf in das
Domcapitel zu Prag, dessen Decan er 1338 wurde. 1342 wurde er,
nicht ohne Widerspruch einiger Domherren, zum Bischof von Prag
erwählt. Er holte sich von Avignon die päpstliche Weihe, kehrte
dann nach Prag zurück und begleitete Karl IV. auf seinem Zuge
gegen Polen. Vielleicht war es die verwickelte Stellung, in der sich
die Krone Böhmen zu Schlesien, speciell zum Bisthum Breslau befand, die in Karl IV. den Entschluss reifen liess, die Prager Kirche
zum Erzbisthum zu erheben. Hatte doch Bischof Nanker von Breslau die Schmähung ausgesprochen von dem Königlein, das sich zu
seiner Krönung einen Erzbischof — den von Mainz — borgen müsse [1].
Karl setzte es dann durch, dass am 30. April 1343 vom Papste
Clemens VI. nach Anhörung einer Commission von drei Kirchen-
fürsten, entschieden wurde, das Prager Bisthum solle in eine Metropolitankirche verwandelt und ihm die Bischofssitze von Meissen,
Regensburg, Olmütz, Leitomischl untergeordnet werden.

Ernst stand Karl IV. immer als Rathgeber zur Seite, auch wo
es sich um politische Angelegenheiten handelte. Besondere Verdienste
aber erwarb er sich um die Reform der böhmischen Geistlichkeit und
die Verwaltung seines Erzbisthums. Unter ihm verschwinden die
Nachrichten von den Ketzersecten in Böhmen, die aus der ersten
Hälfte des Jahrhundertes sehr zahlreich sind. Dies hatte seinen
Grund wohl einerseits in seinem bischöflichen Eifer, andererseits in der
von ihm angebahnten Reform und in seiner Duldsamkeit gegen kühne
Prediger, die sich demnach offen äussern durften, statt in Sectirerei
zu verfallen. Seinem gesunden Sinne widerstrebte jede übertriebene
Schwärmerei, deshalb trat er den Geisslern 1348 strenge entgegen
und verbot ihr Beginnen [2]. Milde genug für die Anschauung jener
Zeiten verurtheilte er den Prager Stadtrath wegen Hinrichtung eines
Priesters bloss zur Vertheilung von 7000 Strich Korn an die Armen [3].

Seine Synode vom Jahre 1349 war geradezu epochemachend
für die Geschichte der böhmischen Kirche. Auf ihr wurden die

---

[1] Grünhagen, König Johann und Bischof Nanker von Breslau, in d.
Sitzungsberichten der Wiener Acad., Bd. 47. S. 99.

[2] Benesch, pag. 347.

[3] Benesch, pag. 372.

Statuta Ernesti erlassen, welche jeder Erzbischof beschwören und von denen jede Kirche in Böhmen, je nach ihrem Range je eine oder zwei Abschriften haben sollte. Unter anderen Bestimmungen gegen die Sittenlosigkeit der Geistlichkeit ist diejenige merkwürdig, dass Correctoren des Clerus ernannt werden sollten, um denselben vom Besuch von Schenken und vom Würfelspiel abzuhalten und ihn zur Tragung der geistlichen Tracht und der Tonsur zu vermögen.

Die Bestimmungen Ernst's über die kirchliche Zucht sind in einen Band gesammelt worden und in dieser Form in zahlreichen Abschriften vorhanden. Dudik [1]) kennt fünf Codices in Nikolsburg, vier in Olmütz, einen [2]) in Wien und einen in Graz. Die erste Edition ist von 1476, die zweite durch Pontanus von Breitenberg besorgte von 1606. In den Statuten umfasst der erste Abschnitt die statuta provincialia vom 10. November 1349, der zweite die summula des Magisters Thomas aus Irland [3]), welche ein Compendium der Kenntnisse enthält, mit denen ein Seelsorger ausgerüstet sein musste. Der dritte Abschnitt rührt von Ernst selbst her und enthält eine Unterweisung über schwierige Fälle der Seelsorge, besonders über das Sacrament der Ehe und der Beichte [4]). Endlich sind noch die Statuten vom 18. November 1350 und das Mandat von 1361 in dieses kirchliche Gesetzbuch aufgenommen.

Andere sehr wichtige Einrichtungen Ernsts sind die Einführung der libri erectionum und der libri confirmationum. Die ersteren sind eine Art geistlicher Landtafel und enthalten alle kirchlichen Stiftungen von 1358 an [5]); die letzteren nahmen alle Einsetzungen von Priestern in kirchliche Beneficien in sich auf.

[1]) Statuten der Prager Metropolitankirche im Archiv für österreichische Geschichtskunde Bd. 37 S. 411—455. Zahlreiche Handschriften in Prag verzeichnet Schulte Abh. d. böhm. Gesch 1869 Nr. 56, 87, 204, 248 und Dudik in seiner Ausgabe der Statuta Arnesti.

[2]) Hofbibliothek Nr. 537.

[3]) Der volle Titel ist Tractatus de tribus punctis essentialibus christianae religionis authore Thoma de Hibernia.

[4]) Vgl. auch die Casus, qui spectant ad episcopum pro absolucione collecti per dom. Arn. primum archiep. Prag. bei Schulte, Abh. der böhm. Ges. 1869 Nr. 156. Andere Werke Ernsts nennt Balbin Boh. docta II. S. 133.

[5]) Abgedruckt in Balbin Miscellanea decas I. lib. V. pars II. Der erste, Theil dieses Buches enthält das Verzeichnis der geistlichen Zehnten, die von den böhmischen Kirchen 1384 dem Papste gezahlt wurden. Die libri erectionum werden jetzt von Dr. Cl Borowy edirt 1. Abth. 1875.

Auch als Schriftsteller war Ernst thätig, wie oben erwähnt
wurde [1]). Seine Grundsätze hat er als Glosse zum Buche de apibus [2])
aufgezeichnet. Dagegen muss ihm das Mariale, das, wenn auch oft
bestritten, so doch bis auf die letzte Zeit als sein Werk galt, abge-
sprochen werden. Es existirt in einer schönen Handschrift der Wiener
Hofbibliothek [3]) und ist 1651 zu Prag gedruckt worden. Es ist bekannt, wie im 14. Jahrhundert die Verehrung Mariens stieg. Nur von
der italienischen Dichtung ist zu merken, dass Dante der letzte der
Mariendichter war. Nach ihm widmete sich die italienische Dichtung
der Verherrlichung weltlicher Schönheit. Die Hymnen des Lorenzo
magnifico, die Sonette der Vittoria Colonna, des Michelangelo haben
den visionären Character der früheren Marienpoesien nicht [4]). Sonst
aber begannen gerade damals die Streitigkeiten über die unbefleckte
Empfängnis Mariens, die wir noch bei der Besprechung des wissenschaftlichen Zankes zwischen Johann von Jenstein und Adalbert
Ranconis erwähnen müssen. Den höchsten Gipfel erreichte das Lob
Mariens in dem Mariale des Bernardin von Busti im 15. Jahrhundert,
„in dem ihre Gestalt beschrieben, ihre zahllosen Benennungen erklärt,
ihre Tugenden gepriesen, die Geschichte ihres Lebens und ihres Todes
erzählt und darunter theologische Streitfragen und Spitzfindigkeiten
gemischt wurden" [5]). Doch verdanken wir diesem Cultus Mariens auch
jene Meisterschöpfungen italienischer Maler, die in ihr das Ideal einer
Mutter darstellten. In ähnlicher Weise wie das Mariale des Bernardin
ist auch das dem Prager Erzbischofe zugeschriebene zusammengesetzt.
Seine Einleitung enthält die Darlegung des Zweckes des Buches. Es soll
der evangelische Gruss, in dem doch kein Buchstabe bedeutungslos sein
könne, in seiner ganzen Tiefe auseinandergesetzt werden. In ihm

---

[1]) Seine Rede vor Clemens ist erhalten im Wiener Codex 1543, Blatt 157
(jetziges Blatt 141). Denis I. Nro. 757 Vgl. Benesch in Pelzel II. S. 340.

[2]) Balbin Misc. dec. I. lib. IV. S. 89 druckte sie aus einem Prager Codex
(jetzige Signatur XII, B. 2) ab. Der liber de apibus selbst ist ein Werk des
Thomas von Chantimpré. Dagegen ist die Bezeichnung des Prager Codex VII.
C. 10 (einer Arbeit aus dem Jahre 1556) als Chorale Arnesti, und des Codex I
C. 36. als Vocabularius latino — theutonicus Arnesti ohne jeden Anhalt. Das
orationale Ernsts liegt im böhm. Mus.

[3]) Nro. 1389. Balbin macht in d. Vita Arnesti auf eine laus Mariae des
Mainhard von Neuhaus, erwählten Bischofs von Trient aufmerksam S. 208

[4]) Dies nach Burckhardt, Cultur der Renaissance in Italien, S. 390.

[5]) Gervinus, Gesch. der deutschen Dichtung, 4. Aufl. S. 130.

7*

finden sich 83 Buchstaben, 37 Silben, 15 Worte, 5 Sätze (distinc-
tiones), 9 Ausdrücke (dictiones). Das gäbe zusammen die Zahl 149,
mit dem Amen am Schlusse 150 — gleich der Anzahl der Psalmen
Davids. Wie in diesen Christus, so solle in dem Mariale die Mutter
Gottes gelobt werden Es seien auch jene Zahlen genau die Zahlen-
elemente der vernünftigen und unvernünftigen Welt. Maria bestehe
eben aus allen Elementen. In den 150 Capiteln des Buches sind nun
die 83 Arten der natürlichen Dinge, die 37 Gattungen der künstlichen, die 15 moralischen Begriffe, die 5 Abtheilungen der himmlischen Welt, die 9 Reihen der Engel in ihrer Beziehung zu Maria
behandelt. Greifen wir nun aus den natürlichen Dingen die belebten
heraus, so wird dargelegt, dass Maria wirklich Vogel, Turteltaube,
Taube, Hirsch, Kuh, Schaf, Vliess, der Hals des Körpers Christi, das
Herz des Bräutigams sei. — Die Gründe gegen die Autorschaft Ernst
nun, welche Balbin[1]) zu widerlegen sich Mühe gibt, welche er aber
gewissenhaft anführt, sind genügend, um das Buch einem Mönch aus
Frankreich oder Belgien zuzuschreiben. Es ist uns ja auch bekannt,
dass das Buch aus einer belgischen Bibliothek nach Prag gebracht
worden sei. Böhmen aber ist in demselben niemals erwähnt. —

Von dem Wirken Ernsts erzählen seine Lebensbeschreibungen
bei Benesch[2]), ferner die aus dem Kloster der regulirten Chorherrn
in Glatz[3]), und die seines Schülers und Freundes Wilhelm von Hasenburg[4]) das ehrenvollste. Er liess eine grosse Zahl von Büchern, besonders
von religiösen, schreiben und binden[5]) und schickte viele Cleriker nach
Bologna, Padua und an andere Universitäten, wo er sie mit Büchern,
Kleidern und Geld versorgte. Er stellte viele Rechtsgebräuche wie die
Probe des glühenden Eisens und des kalten Wassers ab, deren sich
die Böhmen bis zu seiner Zeit bedienten. So gewinnen wir in ihm
das Bild eines bedeutenden, seine Zeit vielfach überragenden Mannes.

Weniger merkwürdig ist der zweite Erzbischof von Prag. Johann
Ocko von Wlaschim, der 1364—1380 seine Stelle bekleidete und von
dem die Leichenrede erhalten ist, in der er Karl IV. feierte[6]). In der

---

[1]) Vita Arnesti, pag. 401 ff.

[2]) In der Chronik S. 373—382.

[3]) Auch im Mariale Arnesti, Prag 1651 abgedruckt.

[4]) Bei Balbin, Miscell. Decas I, liber IV.

[5]) Ibidem, pag 86.

[6]) Bei Freher Scriptores, bei Reiner Reineccius in Vecer. de vita Heu-
rici VII., Helmstadt 1585 und in Balbin Miscell. dec. I. lib. IV. p 68 abge-

Einleitung wird der tiefe Schmerz um Karl IV. fast gleichgesetzt dem um den Tod Christi; nur der eine Trost bleibe übrig, dass die Seelen der Todten in Gottes Händen seien. Treue, Einfachheit im Leben, Demuth im Ertragen der Leiden, Gerechtigkeit, Barmherzigkeit, Reinheit des Herzens — so wird in der breitesten Weise ausgeführt — seien die Tugenden des Kaisers gewesen. Vergleiche man ihn mit Salomon, so müsse er reicher an Wissen genannt werden, denn er kannte ja dessen Bücher und demnach auch Alles, was dieser wusste, und noch vieles Andere dazu; er war mächtiger, denn er war ja Kaiser; weiser, denn er blieb bis ans Ende gottesfürchtig. Seine Heiligkeit wird vom Erzbischof so gepriesen, dass „nichts übrig bleibt . . . als dass man ihn auf dieser Welt canonisire". Auf Karl und seinen Sohn Wenzel wird das letzte Gespräch Elias' und Elisa's angewendet, in dem Elias Letzterem den Prophetenmantel überliess.

Leider sind in dieser Rede dem rhetorischen und panegyrischen Zwecke die Rücksichten auf den Inhalt ganz untergeordnet, deshalb hat die Schilderung von Karls Character wenig individuelle Züge und es zerfliesst seine Persönlichkeit in den Lobeserhebungen des Predigers [1]). — Zahlreicher sind die Werke von Johanns Nachfolger, Johann von Jenstein, dessen Schriften in einem Bande gesammelt in der vaticanischen Bibliothek [2]) liegen. Gleich auf dem ersten Blatt beginnt eine Streitschrift [3]) gegen Adalbert Ranconis von Ericino. Es folgen noch mehrere Tractate, die sich auf denselben Streit beziehen, in dem es sich 1) um die Nothwendigkeit des Fegfeuers zum Seligwerden, 2) um das vom Erzbischof angeführte Fest Maria Heimsuchung, 3) um den von den Obrigkeiten in Anspruch genommenen Heimfall der Güter der Unterthanen handelt. Ausserdem findet sich

---

druckt. Auch aus seiner Zeit haben wir Beschlüsse böhmischer Synoden u. z. aus den Jahren 1365, 1366, 1371, 1374, 1377 (Frind, Kirchengeschichte Böhmens II, S. 103 ff.), vgl. Höfler, Prager Concilien in den Abh. d. böhm. Ges. 1863.

[1]) Noch inhaltsleerer ist die Grabrede des Scholasticus Adalbert Ranconis auf Karl IV., die sich in einer Abschrift Pitters im Archiv von Raygern in Mähren fasc. i. 5, in dem Prager Universitätscodex XIV. C. 16, folio 225—231 und in der Bibliothek zu Tetschen T. 104 findet.

[2]) Palacky, Italienische Reise in den Abhandlungen der böhm. Ges. 5. Folge, I. Band, S. 57. Es ist Codex 1122.

[3]) Der Titel lautet: Ad honorem sanctae et individuae trinitatis et beatae Mariae virginis libellus Johannis archiep. Prag. indigni contra Apologum mag. Adalberti.

in dem Codex eine grosse Anzahl von Tractaten über geistliche Angelegenheiten [1]). —

Der Finanzminister Karls war Dietrich von Kugelweit bei Kru-
mau, der in das Cistercienserstift Lenin in Brandenburg trat, dann
Bischof von Sarepta, Schleswig, Minden, 1360 Probst von Wyssehrad
und Kanzler des Königreiches Böhmen, 1361 Erzbischof von Magdeburg wurde und 1367 starb. Seine Thätigkeit als Leiter der finanziellen Angelegenheiten tritt besonders in den Urkunden bei Huber
Nr. 3160, 3504 c, etc. und Glafey, p. 485 hervor [2]).

Die stete Umgebung Karls bildeten aber vor Allem jene Männer,
die seiner Kanzlei angehörten und ihn in Folge dessen auf seinen
Reisen begleiteten. Die grosse Anzahl von Urkunden Karls ermög-
licht es uns, so ziemlich alle Personen kennen zu lernen, die der
Reihe nach seine Kanzler waren und die in untergeordneten Stellungen
diese unterstützten und ersetzten. Die Aufgabe dieser Männer war
zwar in ihrer Grundlage eine mehr untergeordnete. Sie hatten nämlich die Urkunden, Actenstücke und Briefe des Kaisers zu verfassen,
deren Gedankengang und Inhalt ihnen von dem Monarchen selbst oder
seinen Räthen angegeben wurde. Karl IV. hat seine Urkunden, so viel
mir bekannt ist, niemals wie Rudolf IV. von Oesterreich selbst unterschrieben [3]); da die Anzahl der Actenstücke, die Karl IV. an einem
Tage aus seiner Kanzlei ausgehen liess, oft sehr gross war, so hatte
er wahrscheinlich nur von den wichtigsten derselben Kenntniss.

---

[1]) Ein Theil der Werke des Erzb. Johann von Jenstein findet sich verzeichnet bei Balbin Bohemia docta I. S. 82 und II. pag. 139. Die Schilderung
dieses Streites liegt bereits ausser dem Rahmen dieser Arbeit. Das Material
dazu findet man in Hagemann, Der erste dogmatische Streit an der Prager
Universität, eine Abhandlung, die mir leider nur dem Namen nach bekannt geworden ist.

[2]) Hier erwähne ich auch, dass der Neffe Karls, Markgraf Jodok von
Mähren nicht ohne Sinn für die Wissenschaft war. Deutsche Recepte Prager
Aerzte für ihn finden sich in dem Wiener Codex 2809; seine Beziehungen zu
Johann von Gelnhausen sind unten besprochen; seine Verbindung mit dem
Kanzler Johann erhellt aus der Cancellaria bei Neumann Nr. 209.

[3]) Eine einzige Ausnahme finde ich in Balbin Miscell. dec I. lib. VI
S. 62: Haec ad maius testimonium ego Carolus Quartus . . manu mea subscripsi.
Ein eigenhändiger Brief Karl IV. wird später erwähnt werden; er steht ibi-
dem pag. 66.

Glücklicherweise ist uns aus dem Jahre 1360 die Abschrift von 402 Urkunden erhalten, die Karl IV. ausfertigen liess, und Glafey hat sie durch den Druck bekannt gemacht [1]). Da lernen wir fast regelmässig kennen, auf wessen Antrieb und Verantwortung und von welchem Kanzleibeamten die Urkunde ausgefertigt ist. Durch die Formel Per dominum Imperatorem Johannes Eistetensis am Schlusse von 26 Urkunden bei Glafey erfahren wir demnach, dass der Kaiser die Sache angeordnet, Johann von Eichstädt sie in Urkundenform gebracht habe. In 18 Fällen führte Rudolf von Friedeberg des Kaisers Befehl aus; einmal ist ausdrücklich gesagt, das Actenstück sei auf Anordnung des Kaisers, die durch den Ausspruch seiner eigenen Stimme erfolgt sei [2]), ausgefertigt. Vierzehnmal setzte der Kanzler Johann von Neumarkt selbst den Befehl des Kaisers ins Werk, zwanzigmal Nicolaus von Kremsier, elfmal Heinrich von Wesel, zehnmal Heinrich von Oesterreich, siebenmal Konrad von Gysenheim. In zahlreichen anderen Fällen gaben aber hervorragende Beamte vom Hofe, wohl ohne unmittelbare Intervention des Kaisers derartige Befehle. So der Kanzler selbst in nicht weniger als 74 Fällen. Zu seiner Verfügung standen dabei alle oben genannte Beamten, ausserdem aber besonders von 1361 an, der später als Prediger berühmte Milicz von Kremsier [3]), ferner Konrad von Magdeburg. Von allen diesen Kanzleibeamten stand 1360 und 1361 nur Nicolaus von Kremsier, der Protonotar des Kaisers so hoch, dass er selbst in zwei Fällen Nr. 135 und 147 Heinrich von Oesterreich mit der Abfassung einer Urkunde betrauen konnte. Ausserordentlich selten, wie natürlich in einer wohlgeordneten Verwaltungsbehörde, trug nur eine Person die Verantwortlichkeit, so dass der Auftraggeber fehlt und nur der ausfertigende Beamte unterschrieben ist. Viermal ist blos Cancellarius unterschrieben [4]), einmal Johann von Eichstädt [5]), einmal Heinrich von Oesterreich [6]),

---

[1]) In den Anecdota. — Nr. 404—516 ist aus dem Jahre 1361. Doch ist nicht von allen Urkunden die Kanzleinotiz mitgetheilt. Es wäre zu untersuchen, wie sich zu dieser Sammlung die 357 Urkundenauszüge von 1360 verhalten, die sich nach Höfler (Johannes Porta Einl. pag. III. ed. in den Beiträgen zur Geschichte Böhmens II. Band) in Dresden befinden. Einige Notizen über Karls Kanzlei finden sich auch in Balbin Miscellanea decas I. lib. III. p. 7.

[2]) Ad relationem D. Imper. vive vocis oraculo factam. So heisst es in Glafey Anecdota Nr. 52

[3]) Nr. 346, 376, 386, 392, 401. 427, 440, 446.

[4]) Nr. 74, 119. 121. 127.

[5]) Nr. 291. — [6]) Nr. 344.

also blos sechsmal in mehr als 400 Urkunden [1]). Unter den oben-
genannten Beamten treten Milicz von Kremsier, Konrad von Magdeburg, endlich Peter von Jauer in den ersten 300 Urkunden des Jahres
1360 nicht hervor: es versahen demnach ausser dem Kanzler Johann,
dem Bischof von Leitomischl, noch Nicolaus von Kremsier, Rudolf
von Friedeberg, Heinrich von Oesterreich, Heinrich von Wesel, Johann
von Eichstädt und Konrad von Gysenheim gleichzeitig den Kanzlei-
dienst [2]). Diese sechs Männer standen aber auch den hohen Würden-
trägern am Hofe Karls zur Verfügung, die, wie oben bemerkt, Kaiser-
urkunden ausfertigen liessen, von denen der Monarch nur oberflächliche Kenntnisse hatte. In solcher Vollmacht tritt der Hofmeister (magister
curiae) Bohusco von Wilharticz in fast eben so viel Fällen auf, wie
Karl IV. selbst und sein Kanzler (70 Mal). Er gab einem jeden Beamten der Kanzlei, einmal selbst dem Kanzler (Nr. 230) den Auftrag zur Ausfertigung von Urkunden. Heinrich von Wesel und Rudolf
von Friedberg treten indessen nur vereinzelt als ihm untergeordnet
auf. Eine viel geringere Wirksamkeit als der Hofmeister entfaltete
dann Dietrich, Bischof von Minden (kaum 10 Mal); noch vereinzelter
treten der Herzog von Teschen, der Notar der Kammer Paul, der
Notar von Karlstein Friedrich, Peter von Janowitz und Andere
auf. Doch ist im Jahre 1361 die Wirksamkeit dieser und anderer
Auftraggeber grösser als 1360.

Es ist bekannt, dass die Anstellung in der Kanzlei des Kaisers
durch das ganze Mittelalter hindurch die erste Stufe zu hohen Würden
gewesen ist. Von dem Kanzler Johann von Neumarkt ist noch ausführlicher zu handeln; auch seine Unterbeamten haben allmälig hohe
Würden errungen. Rudolf von Friedeberg ist in Friedeberg in der
Wetterau geboren; sein Vater hiess Johann Rühl. Rudolf begleitete
Karl IV. auf seinem Römerzug 1355 [3]); er war auf dem Reichstage

---

[1]) Zur weiteren Controlle diente dann noch die Recognition eines zweiten
Beamten, die auf der Rückseite der Urkunde, oft auch unter derselben angemerkt wurde. Glafey bringt sie leider nicht.

[2]) Ich rechne unter sie absichtlich den Henricus Thesauri nicht, der
offenbar nur Beamter der Kammer oder des Schatzes war. (Nr. 16, 20 vgl.
auch Nr. 28, 29.) Dagegen steht im 9. Bande des codex dipl. Moraviae unter
dem 5. Dezember 1360 Johannes Budwitz als derjenige, der sein recognovit
auf die Rückseite der Urkunde setzte.

[3]) Huber, Regesten Karl IV. Nr. 1119. Bei ihm fehlt die Notiz Per dum.
Luthomislensem episcopum cancellarium Rudolphus de Frideberg aus Gudenus
Cod. Dipl. Mogunt. III. p. 385 vgl. daselbst pag. 480 ff.

zu Nürnberg 1355 anwesend, auf dem der grösste Theil der goldenen Bulle verfasst wurde; er erhielt eine Probstei zu Wetzlar (vor 1360) und andere Gnadengaben Karl IV. [1]), wurde 1366 Bischof von Verdun [2]) und starb 1367, nachdem er am 29. Juni 1367 sein Testament zu Prag gemacht hatte. Er wird von mehreren Geschichtsforschern für den Verfasser der goldenen Bulle gehalten.

Leider hat Huber in seinen Regesten Kaiser Karl IV. nur selten die Kanzleinotizen bemerkt, die die Urkunden darbieten, obwohl seine Arbeit zugleich diese Aufgabe hätte lösen können, die nunmehr eine eigene Forschung nothwendig machen wird. Man kann deshalb vorderhand nur von dem Jahre 1360 bemerken, dass damals die Einrichtung der Kanzlei Karl IV. zum Theil anders beschaffen war, als die seines Schwiegersohnes Rudolf IV. Kürschner [3]) hat nämlich nachgewiesen, dass in den österreichischen Urkunden im Grossen und Ganzen jedesmal derjenige Beamte unter der Urkunde genannt ist, in dessen Ressort der Inhalt derselben fällt. Wir haben dagegen oben gesehen, dass im Jahre 1360 gewöhnlich nur Karl IV., sein Kanzler oder sein Hofmeister genannt sind. Dies deutet auf eine Ausbildung und vergleichsweise Abgrenzung der Verwaltungszweige in Oesterreich hin, die zweifelsohne ein Fortschritt gegen die Einrichtungen der Reichskanzlei genannt werden muss.

Am Hofe Karl IV. war der Posten eines Kanzlers doppelt besetzt. Der jedesmalige Probst von Wyssehrad war nämlich Kanzler des Königreiches Böhmen und neben ihm fungirte ein Vicekanzler für Deutschland, Italien und Burgund. Erzkanzler dieser drei Reiche waren ja bekanntlich die Erzbischöfe von Mainz, Köln [4]) und Trier [5]). Untergeordneter Natur war das Amt des mährischen Kanzlers, welches seit 1342 der jedesmalige Probst von Olmütz bekleidete. Dieser befand sich selten am Hoflager Karls. Endlich ist zu bemerken, dass fast alle auch auf Böhmen bezügliche Schriftstücke von dem deutschen

---

[1]) Huber, Regesten 3088 und 3393.

[2]) Schannat series episc. Verd.

[3]) Die Kanzlei Rudolf IV. im österr. Archiv Bd. 49.

[4]) Auf dem Zuge nach Italien erscheinen die deutschen Reichsbeamten thätig, nur dass sie im Namen des Kölner Erzbischofs fungiren.

[5]) Vgl. z. B. Huber Nr. 1080, wo der deutsche Reichsvicekanzler Nikolaus auch für Gallien (Burgund) statt des Erzb. von Trier fungirt. Karl bestätigte übrigens dem Abte von Fulda (Huber 2533) die Würde seiner Vorgänger als Kanzler der Kaiserinnen.

Vicekanzler und von dessen Unterbeamten ausgefertigt wurden. Dessen
Amt ist demnach das wichtigste. Als Karl IV. noch Markgraf von
Mähren war (von 1334 bis 1346), bekleidete an seinem Hofe zuerst
Nicolaus das Amt des Kanzlers. Dieser wurde 1336, am 11. Dezember
zum Bischof von Trient gewählt, in Anwesenheit und auf Antrieb
Karls [1]). Dann erscheint der Probst Heinrich von Melnik [2]) in dem-
selben Amte 1341, 24. August; nach ihm Heinrich Probst von Prag [3]).
Am 2. April 1342 ernannte Karl den Bartholomäus, Probst von Ol-
mütz, und zugleich alle seine Nachfolger in dieser Würde zu Kanzlern
von Mähren [4]). Zu derselben Zeit war Berthold von Lipa und nach
ihm Heinrich von Lipa Probst von Wissehrad und Kanzler von
Böhmen.

Wichtiger ist die Reihe der deutschen Reichs - Vicekanzler seit
der Thronbesteigung Karl IV. Der erste derselben war Nicolaus, zugleich Decan von Olmütz, der schon vor der Wahl Karl IV. zum
König als dessen Kanzler erscheint (27. April 1346) [5]). Fast gleich-
geordnet tritt neben ihm Welislaw, Domherr von Prag und Wyssehrad, auf, der freilich nur den Titel eines Protonotars führt, aber
nicht im Namen Nicolaus', sondern unmittelbar des Erzbischofs von
Mainz Urkunden ausfertigt [6]). Vom September bis November 1347
wirkt er ausschliesslich an der Spitze der Kanzlei. Vom 18. November 1347 an [7]) wird Nicolaus wieder Herr in seinem Wirkungskreise:
die anderen Beamten treten immer nur als seine Stellvertreter auf [8]).
Nicolaus wurde auch Domprobst in Prag und strebte sogar die
erzbischöfliche Würde von Köln an. So meldet der Chronist Mathias
von Neuenburg [9]): Karl IV. unterstützte ihn darin und gelobte am

---

[1]) Huber, Regesten Karl IV. Nr. 36 a.

[2]) Boczek, Codex dipl. Moraviae Nr. 342 und 343.

[3]) Huber, Nr. 118.

[4]) Pelzel, Karl IV. I. Nr. 159.

[5]) Huber, 319. Peter von Luna, Domherr und Notar Karl's 1343 (Boczek,
Cod. dipl. Moraviae, VII., S. 509), erscheint 1348 irrig als Kanzler (ibidem.
S. 549). Er war nur ein untergeordneter Beamter. vergl. Pelzel, l., Nr. 190,
und Huber 2833. Nach Balbin Miscell. l. VII, p. II., S. 187, war er Propst
des Breslauer Capitels.

[6]) Huber, 346, 354 etc. bis 423, wo er zum letzten Mal erscheint.

[7]) Huber, 1342.

[8]) So Gerhard von Medlik (Boczek VII. S. 552, 553, 554); Johann von
Neumarkt, Heinrich Thetauer (ibidem, S. 555); Dithmar (ibidem, S. 585) etc.

[9]) Mathias ed. Studer, cap. 126.

28. August 1349 dem Grafen Gerhard von Jülich, alle Verabredungen
zu halten, die Nicolaus jenem gegeben hatte, falls er Erzbischof von
Köln würde [1]). Zwischen dieser Zeit und dem 18. August 1350
scheint Nicolaus gestorben zu sein, da Karl IV. ein Haus desselben
verschenkt [2]). Kurze Zeit darauf, am 29. August desselben Jahres,
begegnet uns wirklich Johann, Bischof von Olmütz, als Kanzler [3]).
Es ist dies wohl Johann VI., genannt Wolek, der im Jahre 1351 gestorben ist.

Am 2. Februar 1352 ist dann ein Heinrich Kanzler [4]); Villani [5])
nennt wirklich Mitte 1352 einen Arrigo di Esbrita Vicekanzler, den
Huber [6]) mit Heinrich, dem Probst von Zderaz, in Prag, zu identifi-
ciren geneigt ist. Am 19. September 1352 [7]) ist Johann, der er-
wählte Bischof von Naumburg, des Kaisers oberster Schreiber und
auf ihn folgt dann Johann von Neumarkt.

Von nun an bleibt Johann von Neumarkt ununterbrochen bis
zum Tode Karl IV. († 1378) und wohl bis auf sein eigenes Ableben
(† 1380) deutscher Vicekanzler [8]). Nur tritt neben ihm merkwürdiger
Weise Bischof Preczlaw von Breslau zu gleicher Zeit als deutscher
Vicekanzler auf [9]). Er wird nicht allein im Text von Urkunden so
genannt, sondern sein Name erscheint auch bisweilen in dieser Eigenschaft in der Unterfertigung von Actenstücken Karl's. Indessen
scheint dies doch nur ein Ehrentitel ohne sonderliche Bedeutung gewesen zu sein. Daneben blieb auch wohl immer die Würde eines
Protonotars besetzt, die 1348 Otto von Donyn, später Nicolaus von
Kremsier bekleidete [10]).

---

[1]) Huber, 1139. Am 25. Juli 1349 finde ich Nicolaus zum letzten Male
unter einer Urkunde unterfertigt.

[2]) Huber, 1330.

[3]) Huber, 1331.

[4]) Huber, 1449.

[5]) L. II., cap. 76. Arrigo d' Esbrita dell ordine di certi frieri.

[6]) Nr. 1492.

[7]) Huber, 1509. Es ist dies Johann von Miltitz, der nach Mooyer Verzeichniss der deutschen Bischöfe am 27. December 1352 starb.

[8]) Den Beweis liefert Feifalik im 9. Bande der Schriften der mährisch-
schlesischen Gesellschaft, S. 199, Anm. 20.

[9]) Huber, 2262, 2268, 2690, 3184 etc.

[10]) Grünhagen, Oesterr. Archiv, B. 34, S. 362, bezieht sich auf Stenzel's
Bischofsurkunden, 303 und 305, wo Otto von Donyn 1346 und 1348 in dieser
Eigenschaft vorkommt. Nicolaus, der ein grosser Bücherfreund war, wird

Johann, der fast durch die ganze Regierungszeit Karl IV. das
Kanzleramt bekleidete, stammte aus Neumarkt in Schlesien, wo er
wenigstens später Pfarrer geworden ist. Der Kaiser musste erst den
Bischof von Breslau bitten, ihn von den Pflichten seines Amtes zu
entheben, damit er ihm dienen könne [1]). Am 27. März 1348 erscheint Johann, Pfarrer von Neumarkt, zuerst in der Kanzlei Karl's
beschäftigt, am 14. Juni 1351 ist er schon Domherr in Breslau und
Olmütz, Notar, Geheimschreiber und Hofgesinde Karl IV. [2]), 1353
wurde er Bischof von Leitomischl [3]), 1364 von Olmütz, als welcher er
1380 starb. Am 1. Mai 1365 ernannte Karl ihn und seine Nachfolger in dem Bisthum zu Olmütz zu Grafen der päpstlichen Capelle; kurz vor seinem Tode traf ihn noch die Wahl zum Bischofe
von Breslau, die er nicht mehr annehmen konnte [4]).

Die Dienste, die Johann von Neumarkt seinem Kaiser geleistet
hat, sind gross und sind reichlich belohnt worden; allein man kann
seine staatsmännische Thätigkeit nicht im entferntesten mit der
des Erzbischofs Ernst messen. Unter der grossen Anzahl von Briefen,
die wir von ihm haben, sind die wenigsten von politischer Wichtigkeit. Kaum dass sich einmal eine Einflussnahme auf Karl äussert,
wie zum Beispiele, wenn er ihm abräth, von den Florentinern zu
viel Geld zu erpressen, da sie ihre Privilegien bestätigt haben
wollten. Geldgier sei, so meint er, eines Kaisers unwürdig.

Protonotar genannt am 24. October 1362 in Balbin, Bohemia docta, III
Seite 103.

[1]) Zweifelsohne ist auf unseren Johann dieses Schriftstück bei Mencken,
Scriptores rerum Germanic., p. 2033 zu beziehen, wo Karl für den H. Pfarrer
von Neumarkt, seinen Notar und Geheimschreiber, ferner für dessen Vicar
und für N., Plebanum B., seinen Notar und Hofgesinde, seine Fürbitte ein-
legt. Letzterer ist wohl Nicolaus, Pfarrer von Protzan, vergl. Oesterr. Archiv,
B. 37, S. 236 ff.

[2]) Pelzel. I., Nr. 47.

[3]) Der Prager Codex der Cancellaria, XIV. G. 4. enthält in Nr. 48 und
auf Folio 77 b zwei Bitten um Beförderung des Kanzlers an Karl IV. und an
einen Erzbischof (wohl an Ernst). (Ueber seine Thätigkeit als Bischof siehe
Gelinek. Historye města Litomyssle.) Der eine von jenen Briefen steht im Codex
dipl. Moraviae. IX. Nr. 373.

[4]) Oesterr. Archiv, B. 37, S. 242. Dass Johann Abt des Prämonstra-
tenserstiftes Bruck in Böhmen gewesen sei, beruht wohl auf einer Verwechs-
lung. (Annales Praemonstr., II., S. 89.) Johanns von Neumarkt. Zuname war
Luth. nach Dobner Monum. III. Nr. XXIV.

Er selbst hat seine Verdienste immer nur in den Proben seines
Stiles gesucht, der Karl IV. zur Verfügung stand. Die Einleitungen
seiner Briefe beschäftigen sich niemals mit Fragen staatsrechtlicher
oder religiöser Natur, sondern geben nur Zeugniss von seinem Streben, ein grosser Stilist zu sein. Er scheint auch viel lebenslustiger,
selbst ungebundener gewesen zu sein, als sich mit seinem Amte zu
vertragen scheint.

Dies äussert sich in dem Briefe an den Bischof von Freisingen[1]),
seinen lieben Bruder (Johann war also damals selbst Bischof), dem
er versichert, er denke immer mit Vergnügen an den Freund. Sei
dies nicht wahr, so möge ihm niemals mehr die Freude werden, das
Antlitz seiner geliebten Braut zu sehen; er selbst möge in dem Spiele
mit den Frauen, das sie in der Freude ihres Herzens zu feiern
pflegen, vergessen werden, wenn er seines Freundes vergesse.
In ähnlicher Weise schreibt er an einen Scholasticus Heinrich
in Prag, den er nach Nürnberg einladet, mit dem er übrigens die
Verehrung für Petrarca theilt[2]). Karl IV. war übrigens auch kein
Feind von Frohsinn und Lustbarkeiten. Seine ioculatores, Gaukler,
werden öfters genannt[3]); einen seiner Hofnarren ernannte er in einer
humoristischen Urkunde zum Narrengrafen[4]). Den witzigen Dolcibene
ernannte er zum „König der italienischen Spassmacher"; dieser sagte
zu Ferrara zu ihm: „Ihr werdet die Welt besiegen, da Ihr mein und
des Papstes Freund seid; Ihr kämpft mit dem Schwert, der Papst
mit dem Bullensiegel, ich mit der Zunge"[5]).

Unter den Schriften Johann's von Neumarkt nehmen den
ersten Rang diejenigen ein, die er für Kanzleizwecke abgefasst hat.
Obenan steht die Cancellaria Kaiser Karl's, eine Sammlung von
Briefen, die Johann theils in seinem, theils im Namen des Kaisers,
seines Sohnes oder Anderer abgefasst hat und die er später sammelte,
um mit ihnen eine Reihe von Mustern für ähnliche Zwecke zu liefern. Diese Zusammenstellung stammt erst aus seinen späteren Jahren, wie der Inhalt der Briefe beweist; die Arbeit hat aber noch

---

[1]) Neumann, Cancellaria Caroli IV., Nr. 10, im N. Lausitzer Mag. 1846.
Auf seine literarische Verbindung mit dem Bischofe von Freisingen weist der
Brief 56 in der oben citirten Handschrift hin.

[2]) Ibidem, Nr. 5.

[3]) Wencker, Collect. 125.

[4]) Neumann, Cancellaria, Nr. 19.

[5]) Burckhardt, Cultur der Renaiss., S. 122 ff.

während seiner Lebzeiten mannigfache Umarbeitungen erfahren. Er
entschuldigt sich wenigstens in einem Briefe an einen Ungenannten,
wenn er ihn durch die Cancellaria beleidigt habe, die unter den jungen Clerikern wegen ihres oft humoristischen Tones sehr verbreitet
sei. Dieser Brief ist aber später wieder in die Sammlung aufgenommen worden [1]). So sind uns zahlreiche Handschriften des Buches
mit zum Theil verschiedenen Briefen erhalten. Ausser den von Neumann [2]) aufgezählten Manuscripten sind mir noch die Prager Codices XIV, G. 4 und XIII, D. 6 (Universitätsbibliothek) bekannt geworden. Eine weitere Sammlung von Formeln hat Johann dann für
das Bisthum Olmütz angelegt, die unter anderem in dem Prager
Codex IV, A. 5 erhalten ist. Der tractatus de advocatis, judicibus,
syndico et actore, die formulae et varii processus iuris, welche von
Feifalik[3]) erwähnt werden, sind mir nicht aufgestossen. Dann befindet
sich sein liber pontificalis in der Capitelbibliothek zu Olmütz, sein
liber viaticus in der Bibliothek des böhmischen Museums zu Prag.
Von ihm scheint auch die Sammlung der Reden Papst Clemens VI.
herzurühren; auch ein Leben des heiligen Wenzel in lateinischer
Sprache wird ihm ziemlich übereinstimmend zugeschrieben [4]).

Johann hat den grössten Werth auf seine stilistischen Leistungen gelegt und seine Zeitgenossen, selbst Petrarca und Cola Rienzi,
haben ihm die Meisterschaft in diesen Stücken zugestanden. Es ist
auch nicht zu läugnen, dass Johann einen selbstständigen, von ihm
bis zur Manier ausgebildeten Stil geschrieben habe. Seine Eigen-

— — —

[1]) Prager Cancellaria, XIII. D. 6, Nr. 27 (Anhang Nr. I).

[2]) Neues Lausitzer Magazin, 1846. Neumann hat mehrere Briefe aus
der Cancellaria abgedruckt, aber in einer geradezu unlesbaren Edition. Auch
der Pariser Codex 4687 ist hier zu nennen, der Briefe Karl IV enthält. (So
nach Archiv für deutsche Gesch., I., S. 298.) — Vergl. Rockinger, Ueber
Formelbücher, S. 175, und Stübel, Eine Leipziger Handschrift d. Summa can-
cellariae in Forschungen 14., S. 56.

[3]) Ueber das Leben des h. Hieronymus von Johann VIII., Bischof von
Olmütz, in Schriften der histor.-statist. Comm. der mähr.-schles. Ges. IX.,
Seite 200.

[4]) Feifalik, S. 200; und d'Elvert, Historische Literaturgesch. Mährens, be-
zweifeln dies. — Ein geistliches lat. Lied findet sich auch in einer Wiener Handschrift der Cancellaria, Brief 53, das Johann nebst einer Auslegung anderer Lieder
an Erzbischof Ernst schickte, dasselbe in d. Prager Handschrift der Cancellaria,
G. XIV 4 Nr. 46.

thümlichkeit besteht in einer Häufung von bildlichen Ausdrücken, in einem Haschen nach glänzenden Wendungen, einer endlosen Perioden-gliederung. Sein Ideal war offenbar, dass der Sinn so versteckt wie möglich hinter der Fülle der Rhetorik hervorscheine. Er hat die grosse Kunst verstanden, mit einem einzigen Gedanken für ein lang-athmiges Schriftstück auszukommen. Deshalb tritt der natürliche Mensch in seinen Briefen selten hervor. Karl IV. mochte offenbar einen solchen Kanzler sehr gut zur Verbergung seiner Absichten brauchen. Der Stil Johann's von Neumarkt zeigt vielleicht die weiteste Abirrung der mittelalterlichen Latinität von dem Geiste der Classiker an. Die Bedeutung des Mannes besteht für seine Zeit eben darin, dass er diese Entfernung von dem einfachen, scheinbar kunst-losen Tone, in dem Cicero in seinen familiären Briefen sich selbst ganz zu geben scheint, wie mit absichtsvoller Virtuosität darzustellen weiss. Es ist schier nicht zu übersetzen, wenn er Petrarca seine Huldigung darbringt. So schreibt er unter Anderem: „Wie die herrliche Rüstung des meisterhaften Stiles und die Honigsüssigkeit der erhabenen Worte sichtbar aus dem unbefleckten Sitze des reinsten Gemüthes hervor-giengen, erschütterten sie meinen früher gesunden Geist und seine blöde Rauhheit durch den Anblick des ihnen dienstbaren Blitzes, so dass nicht allein die Thore des Mundes in der Rede verstummten, sondern auch die Hand selbst im Schreiben wankte, als sie von der körperlichen Kraft verlassen den Griffel zitternd ergriff. Du wirst es, o Meister und Herr, Vater und Freund, nicht zum Verwundern fin-den, wenn die Niedrigkeit meines Geistes die Hoheit jener (Petrarca's) Rede nicht begreift, zu deren Verständniss kaum die Tiefe Virgil's, der getragene Geist Lucan's, die behagliche Breite Ovid's herau-reichte [1]“. Es war natürlich, dass auf diese Verzerrung des zwar klang-vollen, aber gedankenklaren Stiles Ciceros eine Reaction folgen musste, die Petrarca darstellt. Es ist bekannt, dass besonders Petrarcas Nachfolger im 15. Jahrhundert, ein Poggio, Filelfo und Andere ihren Ruhm darin suchten, so kunstlos und ungezwungen wie möglich zu schreiben, ihren Briefstyl zum getreuen Abdruck der gebildeten Um-

---

[1]) Dieser Brief ist im Anhang Nr. II abgedruckt. Als Beleg, wie sich auch die Cancellaria Wenceslai regis (Wiener Staatsarchiv, Cod. papir. 183) ganz an die Leistungen Johann's anlehnt, habe ich im Anhang Nr. III ein Schreiben aufgenommen, das ganze Wendungen aus dem eben citirten Briefe entlehnt.

gangssprache zu machen. Petrarca war nichts destoweniger so höflich,
dem Kanzler seine Verehrung bei jeder Gelegenheit auszudrücken.
Ungezwungener noch ist die Huldigung, die ihm Cola di Rienzo darbringt. So voll dieser auch von classischen Reminiscenzen ist, so gehört sein bilderreicher Styl ganz dem 14. Jahrhundert an. Besonders
in den Briefen an den Kanzler bemüht er sich dann, dessen Stil so
genau nachzuahmen, dass man in der Correspondenz dieser Männer
schwer eine Scheidung der Briefe eines Jeden vornehmen könnte [1]).
Petrarca hat sich natürlich vor einer solchen Anlehnung stets fern-
gehalten; das Gefühl seiner Ueberlegenheit über Johann hat er
mit berechtigtem Stolze am Schlusse ihrer Correspondenz ausgesprochen.

Bei dem hohen Ansehen, das Johann genoss, ist es kein
Wunder, dass nach seinem Vorbilde neue Muster und Briefsammlungen
veranstaltet wurden. Unter Andern war in der Kanzlei Karl IV. auch
Johann von Gelnhausen am Main, Sohn Konrad Reichmuts, beschäftigt. Er nennt sich selbst den obersten Registrator Kaiser Karl IV.
und wir finden seine Recognition auf Urkunden aus der letzteren
Zeit dieses Monarchen [2]). Damals, so sagt er, habe er mit gütiger
Erlaubniss des Kaisers aus alten Regesten wie aus einem Obstgarten
die schmackhafteren Früchte, die dauernderen und wertvolleren Formen
mit allem Fleiss gesammelt und in einen Band zusammengebracht
zum wahrsten Denkmal für den Kaiser und für seine Notare. Ohne
diese Sammlung könne kein Notar bestehen, wie eine Frau nicht
ohne Spiegel. Längere Zeit bewahrte er diese Formelsammlung auf,
auch als er aus den königlichen Diensten trat und Schreiber der
Stadt Brünn wurde. Endlich entschloss er sich, seine Arbeit dem
Herzog Albrecht III. von Oesterreich zu widmen; er weihe nunmehr
Oesterreich dasjenige, was einst Böhmen ergötzte [3]). Später widmete er
die Sammlung, die er vielleicht umarbeitete, dem Markgrafen Jodok
von Mähren [4]). Johann von Gelnhausen darf zwar nicht mit Johann, dem

---

[1]) Papencordt, Cola di Rienzi, Urk. Nr. 15 und 16.

[2]) 1. Juni 1369 in Pelzel Karl IV. II, 288. Vor ihm war Johannes Saxo
dictus Müle in diesem Amte thätig. Huber 25. April 1361 Nr 3684. Ueber
letzteren vgl. Monum. univ. Prag II, S. 12.

[3]) Diese Vorrede steht vor der Handschrift, die Joh. Wilh. Hoffmann,
Sammlung ungedruckter Stücke, II. B. herausgegeben hat.

[4]) Nach Archiv für deutsche Geschichte V. B. S. 450 liegt die Handschrift im Vatican Nr. 3995.

Schreiber der Stadt Brünn, verwechselt werden, der 1353 die Sprüche des Brünner Stadtrathes sammelte [1]); dagegen ist er der Uebersetzer des Bergrechtes, welches König Wenzel II. 1300 erlassen hat. Seine deutsche Uebertragung findet sich in einem Codex des 14. Jahrhunderts im Kuttenberger Archiv [2]). — Ebenso wie der collectarius des Johann von Gelnhausen hat der Kanzler auch wohl den formularius notariae beeinflusst, den Johann Přímda (Pfraumberg in Böhmen), Notar in Tauss, im Jahr 1377 verfasste [3]). Dieser formularius befindet sich in dem Codex der Prager Metropolitanbibliothek J. 40.

Johann von Neumarkt, der Kanzler Karl IV., hat indessen nicht allein als Notar eine grosse Bedeutung, er war auch sonst ein vielseitig angeregter Mann. Ueber seinen Verkehr mit Petrarca und Cola Rienzi wird später gehandelt werden, jetzt ist noch einiges über seine Theilnahme für Werke der Kunst und für die deutsche Literatur zu erwähnen. Einmal empfiehlt er dem Kaiser einen Maler, der ein Gemälde entworfen hat, auf dem die Gewalten des Kaisers und des Papstes dargestellt seien, wie sie aus einem Urquell entsprungen [4]) Zahlreicher sind die Beweise für seine Thätigkeit als deutscher Dichter. Dass ihm die deutsche Heldensage geläufig war und in seinen Correspondenzen Persönlichkeiten aus derselben als bekannt vorausgesetzt wurden, ist eine bereits hervorgehobene Thatsache. Er vergleicht sowohl einem Herzoge gegenüber (wohl Rudolf von Sachsen) [5]) als in einem Brief an den Erzbischof von Prag [6]) Margarethe Maul-

---

[1]) Dieser liber sententiarum ist herausg. von Rössler, Deutsche Rechtsdenkmäler aus Böhmen und Mähren II. Bd Das Bild dieses Johanns ist uns erhalten, vgl. Einleitung zu diesem Bande p. LI.

[2]) Jiricek, Codex juris Bohem. I. S. 265.

[3]) Palacky, Formelbücher, Abh. d. böhm. Ges. 5. Folge. 5. Band, S. 5. Rockinger Formelbücher S. 177. Schulte in Abh. der böhm. Ges. 1869 Nr. 212 Die Jahreszahl 1384 bei Palacky ist irrig.

[4]) Prager Codex G. XIV. 4, Folio 78. Im Wiener Codex 3732 Nr. 49 schickt er dem Herrn Leublin eine Börse mit drei Figuren nämlich eines weinenden Mannes und zweier Mädchen, die sein Herz zerfleischen.

[5]) Dieser Brief ist in deutscher Sprache geschrieben und findet sich im Wiener Codex 3372 Nr. 50. Auch König Wenzel bezieht sich in einer Urkunde (Archiv für österreich. Gesch. 29, 155) auf Dietrich von Bern.

[6]) Gedruckt in Pfeiffers Germania 9, 152 und im N. Lausitzisch. Magazin 1846 S. 153. Nam Helena, triste fatum Troje miserabilis. et Chrimhildis nomine marchionissa videlicet de Tyrolis montibus . . . . nuper advenit.

tasch, die treulose Gattin des Markgrafen Johann Heinrich von
Mähren, mit Kriemhilde. Der Kanzler war auch bemüht, einem böhmischen Bischof, der offenbar in der deutschen Sprache schlecht be-
schlagen war, obwohl ihn Johann sorgsam von diesem Vorwurfe
reinigen will, ein Gedicht Meister Johann Frauenlobs bekannt zu
machen. Er verfertigte deshalb eine lateinische Uebersetzung desselben,
das von der Verbannung der Gerechtigkeit handelte, und übersandte
dasselbe dem Bischofe mit einem erklärenden Schreiben [1]. Sein
grösstes selbstständiges deutsches Werk ist eine Uebersetzung des
Lebens des heiligen Hieronymus. Den Beweis für seine Autorschaft
führt Feifalik in der oben citirten Abhandlung [2]. Die Uebersetzung
bringt die drei unechten Briefe der h. Eusebius, Augustinus und Cyrillus über das Leben jenes Kirchenvaters in gefälliger deutscher
Form, die sich nicht wörtlich an das Original anschliesst, sondern
sich Zusätze und Erweiterungen zu demselben erlaubt. Johann hat
auch zu Ehren desselben Heiligen ein lateinisches Gedicht von geringerem Umfange abgefasst, das sich in einem Codex der Olmützer
Studienbibliothek [3] findet.

Johann ist nicht der einzige deutsche Schriftsteller, der am
Hofe Karls IV. lebte. Allein es kann bei näherer Kenntnis des
Charakters des Kaisers nicht Wunder nehmen, dass er für die
Poesie wenig Neigung gefühlt hat. Sein Streben ging mehr auf
Sammlung des bestehenden Stoffes, als auf Productivität und
selbstständiges Schaffen. Seine Vorfahren auf dem böhmischen
Throne hatten sich der deutschen Poesie günstiger gezeigt, freilich
zu einer Zeit, da sie noch lebenskräftiger blühte. König Wenzel I.
zeichnete sich sogar als Minnesänger aus. König Johann, der
ein grosser Freund der Turnierkunst war, hat wohl auch die
deutschen Sänger nicht vernachlässigt. Karls Aufmerksamkeit richtete
sich vorzugsweise auf geistliche Werke und so ist er auch Urheber
einer Uebersetzung eines Buches des h. Augustinus in's Deutsche gewesen. Er trug nämlich dem Kanzler Johann von Neumarkt zur
Zeit, da dieser Bischof von Leitomischel war, auf, daz 'puech der
liebchossung jenes grossen Kirchenvaters in's Deutsche zu übertragen.
Obwohl Karl sich selbst in die lateinischen Werke vertiefen konnte, „so
ist doch seine angeborne Tugend und die besondere Liebe, die er als

---

[1] Wiener Handschrift 3732 f. 121. Gedruckt im Anhang Nr. IV.
[2] S. 198 ff.
[3] Signatur III, III, 15.

christlicher Fürst zu seinen Nebenmenschen fühlt, so gross, dass er
verlangt und mir Johann, Bischof von Leitomischl, seinem obersten
Schreiber, geboten hat und den Wunsch bei seiner kaiserlichen Gnade
aussprach, dass ich das obgenannte Buch der Liebkosung von Wort
zu Wort in's Deutsche übersetzen solle [1] . . . ."

Auch der Meistersänger Heinrich von Mügeln aus Sachsen, der
von Wagenseil zwischen Heinrich Frauenlob und Nicolaus Klingsohr
als der zweite unter den zwölf Gründern des Meistergesangs genannt
wird, war Karl IV. befreundet [2]. Dieser Dichter kam schon vor
1346 nach Prag, denn er besingt noch König Johann in dessen Alter,
er sagt von ihm: Sein Flug ist über aller Ehren Berg gerichtet gegen
die Sonnen; Ihm gibt der Natur Werk, dass er sein Alter jünget in
dem Bronnen [3]. Er wurde dann von Karl zu seinem Rath ernannt.
Dafür legte er eine ganze Sammlung von Gedichten für König Johann
und Karl an, deren Abschrift uns nach Schröer in einer Göttinger
Handschrift erhalten ist [4]. Der Character aller dieser Gedichte ist
ein lehrhafter; die ganze Gelehrsamkeit der Zeit ist in ihnen aufge-
häuft und man begreift, wie gerade ein solcher Dichter Karl IV. be-
hagen musste, der es mit jedem Magister an Wissen aufnehmen
konnte. Natürlich ist der poetische Gehalt dieser meist naturwissenschaftlichen Gedichte ein sehr geringer. Die Einleitung der Sammlung
bilden zwei Gruppen von Gedichten „von der hêrschaft des himels"
und „von der hêrschaft der erde," in deren letzterem zu Lob und
Preis des böhmischen Königshauses gesungen wird. Darauf folgen
Gedichte über Gesteine, über die freien Künste, über Kometen, ferner
Lieder zu Ehren der heiligen Jungfrau, der Bibel, der Dreifaltigkeit,
endlich Fabeln u. s. w. Den Schluss der ganzen Sammlung bildet
das Gedicht „der meide cranz", zu dessen Beginn gesagt wird: „Dieses
Buch hat euch Meister Heinrich von Mogelin gedichtet, zu Ehren

---

[1] Aus dem Münchener Codex germ. 3900 in Höfler Aus Avignon. Der
interessante Brief im Codex 183 des Wiener Staatsarchivs über den Tod Johanns steht im Anhange unter Nr. V.

[2] Schröer. Die Dichtungen Heinrichs von Mügeln Sitzungsber. der Wien.
Acad. Bd. 55 S. 457. Wilh. Müller, Fabeln und Minnelieder H. v. M. Göttingen
1848. Ueber seine Lieder in der Wiltener Handschrift s. Zingerle Sitz.
Ber. 37. S. 332.

[3] Diese Zeilen sind vor 1358 geschrieben (Schröer S. 453), können sich
also nicht auf Karl beziehen, der damals im besten Mannesalter stand.

[4] Schröer. S 452.

des hochgelobten Fürsten Kaiser Karl IV., der ein wahres Heil des
Reiches war, der Erde und des Meeres ein würdiges Register, ein
Fürst des Friedens. des Rechts und der Gerechtigkeit ein fester Halt".
Dieses Gedicht behandelt einen Gegenstand, zu dem Heinrich in drei
verschiedenen Abschnitten seines Lebens zurückkehrte. Der Inhalt
des Gedichtes ist eine Encyclopädie der freien Künste; eine solche liegt
nun von der Feder Heinrichs in drei verschiedenen Bearbeitungen vor.
Die erste steht in einer Heidelberger Handschrift [1]), die zweite ist eben
der Meide Kranz. die dritte findet sich nach ihren Strophenanfängen
bei Schröer [2]). Der Meide Kranz steht nur in jener Sammlung von
Gedichten, die eben als für Karl bestimmt besprochen wurde. Im
Eingange des Gedichtes wird Karls Freigebigkeit gegen den Dichter
gepriesen.

> Ich lobe Kaiser Karln hô
> Durch schulde in ollen landen, wo
> Gesehen wird myn krankes ticht,
> Sint mich sin gabe had gericht.
> Wie das myn kunst unwirdig was.
> Doch milder er nach gnaden was.

Da das Gedicht noch nicht gedruckt ist und sich in keiner
Wiener Handschrift findet. so kann ich seinen Inhalt nur mit den
Worten Gervinus [3]) geben: „Die verschiedenen Künste (unter den
Bildern von Jungfrauen eingeführt, woher auch der Titel kommt).
treten vor den Kaiser, um ihr Urtheil zu empfangen; Philosophie.
Grammatik. Logik. Rhetorik. Musik, Arithmetik. Geometrie, Astronomie,
Physik, Alchymie. Metaphysik und Theologie treten nacheinander auf und
jede kündigt sich an und gibt eine Probe ihres Wissens und Geschäftes.
Der Kaiser fragt seinen Rath, wem er den Preis geben sollte, dieser aber
lehnt die Entscheidung ab. Der Kaiser befragt den Dichter, aber
auch er überlässt es der Einsicht des Regenten. der dann für die
letzte entscheidet. Er schickt sie aber vorerst in das Land der Natur,
um von ihr die Bestätigung seines Urtheils zu hören. Das Geleit
gibt der Ritter Sitte. Sie werden bei der Natur eingeführt; die
Schaar der Tugenden wird berufen und ihr Verhältniss zur Natur besprochen. Die Theologie hat dann einen ähnlichen Streit der Tugenden

---

[1]) Schröer, S. 495.
[2]) S. 474.
[3]) Literaturgesch. II. S. 131. 4. Ausg.

zu entscheiden, wie Karl unter den Künsten; und sie entscheidet so. dass sie behauptet, die Tugenden seien nicht von Natur. sondern ein Ausfluss von Gott, sonst wäre Jedermann tugendhaft; ehe je die Natur existirt, sei Gott gewesen, und habe Tugend gehabt, und habe ohne Tugend die Natur nicht schaffen können. Und dies ist auch des Dichters Endspruch, dass Gott die Natur und Alles gewirkt hat in Weisheit und in der Tugend Kraft, und darum soll sich die Natur nicht vergleichen, da sie durch Tugend geschaffen, die Tugend, u der Gott die Dinge schuf. die selbst Gott war, so wie Gott die Tugend."

Man erkennt in jedem Zuge dieser Schilderung die innere Verwandtschaft zwischen Karl IV. und diesem Dichter. Es ist demnach unerklärt, was Heinrich bewog, Prag zu verlassen. Er begab sich vielleicht zuerst nach Ungarn; um 1360 finden wir ihn am Hofe Rudolf IV. und dann bei Hartnid von Pettau [1]). —

Karl IV. zog demnach die deutsche Poesie geradeso in den Kreis seiner Beachtung wie alle anderen Zweige der menschlichen Bildung: sie musste zur Verherrlichung der Religion und zur Schaustellung der Gelehrsamkeit dienen. Auch sein Sohn Wenzel hat in gleichem Geiste den Befehl zur Vornahme der grossen deutschen Bibelübersetzung gegeben, die in einer wiener, prachtvoll mit Miniaturen verzierten, Handschrift liegt. Der Auftrag des Königs und seiner Gemalin war, wie es scheint, von Herrn Martin Rotleb ausgeführt worden. Die Uebersetzung geht nur bis zum Schluss der Prophezeiungen Ezechiels [2]).

Als Karl IV. zur Regierung kam, war die deutsche Sprache ausschliesslich Umgangssprache am Hofe und in den Städten [3]).

---

[1]) Ueber diese Verhältnisse vgl. Lorenz Geschichtsquellen S. 272. Deutsche Dichter aus Böhmen waren auch der Bruder von Pomuk, der ein Loblied auf Maria verfasste (Wiener Hdschr. 2709) und Mülich von Prag. Sollte sich der Brief des Kanzlers an H. von V. (Prager Cancellaria XIII. D. 6), dem abgerathen wird, nach Ungarn zu ziehen, auf unseren Dichter beziehen?

[2]) Ueber diesen merkwürdigen Codex vgl. Lambecius Comm. de bibl. Vindob. II. S. 749, in der Ausgabe Kollars II. S. 527. Graesse, Literaturgesch. II. B. II. Abth. 1, S. 478. Wattenbach, Oesterreich. Arch. 42, S. 511.

[3]) In omnibus civitatibus fere regni et coram rege communior est usus lingue theutonice quam bohemice. Petrus Zittav. ann. 1330. Bei der Krönung Johann's ertönte das altgewohnte Kyrieeleison nicht mehr in tschechischer Sprache

Karl IV. musste, nach Böhmen zurückgekehrt, die böhmische Sprache wieder erlernen, seine französische Gemalin Blanca begnügte sich damit, des Deutschen mächtig zu werden. So war die deutsche Sprache nach den heftigen Kämpfen zwischen dem czechischen Adel und den deutschen Städten Siegerin geblieben. Unter Karl IV. verschwinden die Reste des Zwiespaltes; er nährt jede Regung des Volksgeistes und weiss die feindlichen Elemente zu vereinigen, auf dass sie vereinigt die Blüthe des Landes herbeiführen. An seinem Hofe blieb wohl die Umgangssprache deutsch: Sabina meint in seiner böhmischen Literaturgeschichte [1]) sogar, dass das deutsche Element unter ihm noch Fortschritte gemacht habe. Keine Urkunde, die aus seiner Kanzlei hervorging, ist in der czechischen Sprache geschrieben, wogegen deutsche Urkunden seit 1300 in Böhmen, seit 1310 in Mähren zahlreich erscheinen. 1393 finden wir die czechische Sprache zuerst in einer Urkunde. Karl IV. stammte aus einer deutschen Familie, war König des deutschen Volkes und erkannte sehr wohl, dass alle Bildung, jede Verbesserung der wirthschaftlichen Lage seines Landes nur aus dem Westen kommen könne. Es hat deshalb die czechischen Schriftsteller tief geschmerzt, wenn sie zugestehen mussten, Karl IV. habe sich um ihre Literatur nicht bekümmert. Die Durchsicht der einschlägigen Literaturwerke von Jungmann, Schembera, Sabina, Hanusch hat mir nicht eine Spur an die Hand gegeben, dass Karl IV. sich jemals für ein Buch in böhmischer Sprache interessirt habe [2]). Sabina meint, Karl IV. hätte Empfänglichkeit für die Entwicklung der czechischen Literatur besessen, wenn nur eine bedeutende Persönlichkeit zu seiner Zeit gelebt hätte, die auf ihn zu wirken im Stande gewesen wäre. Dagegen hat Karl IV. unbewusst den grössten Einfluss auf die böhmische Literatur geübt. Bis zur Gründung der Prager Universität haben die böhmischen Autoren beinahe nur weltliche Stoffe behandelt, die aus den Sagenkreisen entlehnt waren, die aus Deutschland oder über Deutschland nach Böhmen kamen [3]). Seitdem aber die geistliche Bildung der Zeit eine Stätte in Böhmen gefunden hatte, verschwand

---

[1]) S. 315.

[2]) Stule, die böhmische Literatur unter Karl IV, im Programm des Prager acad. Gymn. 1856 bestätigt durch seine Darlegung das oben bemerkte.

[3]) Nur die deutsche Heldensage und die Thiersage findet sich in der böhmischen Literatur nicht vertreten. So Feifalik, Sitzungsber. 25, 331. Vgl. Hanusch Quellenkunde der böhmischen Literatur S. 9. Feifalik findet indessen selbst in einem älteren „Rath" Anklänge an das Thierepos, Sitzungsber. 32. B.

die epische Poesie aus der böhmischen Literatur und wir finden durch
ein halbes Jahrhundert nur Uebersetzungen und Bearbeitungen theologischer Stoffe [1]). Selbst die kirchenfeindliche aber doch theologische
Bewegung unter Johannes Huss ist nur dadurch möglich geworden,
dass das Verständnis geistlicher Fragen seit der Gründung der
Prager Universität grösser geworden war. Der Hauptvertreter dieser
Richtung in der böhmischen Literatur ist Thomas von Stitny, der
um 1325 geboren wurde [2]). Er war ein Verehrer der politischen und
kirchlichen Wirksamkeit Erzbischofs Ernsts und schloss sich enge an
Konrad Waldhauser und Milic von Kremsier an. Er erlebte dann noch
die hussitischen Abendmahlstreitigkeiten, ohne sich für eine Partei zu
entscheiden. Als er um 1374 mit seiner ersten czechischen Schrift
auftrat, hatte seine Thätigkeit noch Widersacher zu bekämpfen. „Auch
der heilige Paulus," so vertheidigte er sich, „schrieb seine Bücher in
der Sprache derjenigen, an die er sie schrieb: an die Juden jüdisch,
an die Griechen griechisch .... Will man darum keine Brücken
bauen, weil Unverständige von ihnen herabfallen können?" Es traf
in diesem Falle wieder zu, dass der hochgebildete Regent eines
Landes für alle geistigen Bestrebungen Sinn hat, nur nicht für die
erwachende Literatur seines Volkes. Karl IV. gleicht darin Friedrich
dem Grossen: die Parallele ist um so vollständiger, als wir hören
werden, dass der Kaiser dieselbe Gleichgiltigkeit gegen die deutsche Philosophie seiner Zeit, gegen die Mystik bewies. Es ist deshalb nicht zu
verwundern, dass das Urtheil Thomas von Stitny über Karl nicht
immer anerkennend ist; so beklagt er zum Beispiel, dass der Kaiser
sein Volk mit Steuern bedrückt habe, bloss um dann durch Kauf die
Grenzen seines Landes zu erweitern.

In einem merkwürdigen Widerspruch mit dieser Gleichgiltigkeit
Karls gegen die slavische Literatur steht die hohe Schätzung, die er
wenigstens öffentlich der Sprache seines Volkes angedeihen liess. Er
glaubte es der Ehre des Landes Böhmen schuldig zu sein, wenn er nach
Aussen mitunter als König eines slavischen Landes auftrat. Daher

---

[1]) Auch eine neue Reimweise, die von der deutschen abwich, brach sich
seit dieser Zeit Bahn. Jungmann, Gesch. der böhm. Lit. 2. Aufl. S 20. Die
Volksliederliteratur hörte nach K. Johann ganz auf.

[2]) Das Verzeichniss s. Werke bei Hanusch, Dodavky a dopluky Nr. 185
a—d. Vgl. Wenzig, Thomas von Stitne. Erben, Thomy ze Stitného knižky
šestery Prag 1852. Ueber seine aesthetischen Ansichten handelt Dastich (böhmisch) in den Abhandl. der böhm. Ges. 1863.

rührt es, dass er in die goldene Bulle [1]) die unausführbare Bestimmung
aufnehmen liess, dass die Söhne der Churfürsten ausser in der
deutschen, lateinischen, italienischen auch in der slavischen Sprache
unterrichtet werden sollten; dass er im Artikel 19 der Majestas Carolina festsetzte, niemand könne im Königreich Böhmen ein Amt
verwalten, der nicht der böhmischen Sprache kundig wäre — eine
Bestimmung, die freilich wesentlich durch die Clausel abgeschwächt
wurde, dass derjenige eine Ausnahme machen solle, der ausnehmende
Vorzüge in Sitte, Tugend oder Wissenschaft besässe. Auch auswär-
tigen Königen gegenüber, die im slavischen Osten herrschten, benahm
er sich so, als ob er ihr Stammesverwandter wäre. Als er hörte, dass
König Stefan von Serbien in den Schoss der katholischen Kirche
zurückkehren wolle, drückte er diesem von Pisa aus am 19. Februar 1355 seine Freude über diesen Entschluss aus, da die gemeinsame Sprache sie einander näher bringe. Sie würden zudem durch
einen süssen Trost verbunden; denn auch im Lande Karls finde die
Feier der Messe und die Lobsprüche der heiligen Officien in der
slavischen Sprache statt [2]). Dass seine Regierung den Nationalitäten-
hader beschwichtigte, lehrt uns Benesch von Weitmül, der in den
ersten drei Büchern seiner Chronik die Deutschen immer feindselig
erwähnt, während sein viertes Buch, das unter Karl IV. geschrieben
wurde, keine einzige derartige Aeusserung enthält.

In seinem eigenen Lande machte Karl IV. einen einzigen Versuch, die slavische Sprache zur Geltung zu bringen. Der Gottesdienst
in Böhmen sollte nämlich mit der Besonderheit gefeiert werden, dass
während desselben Worte in slavischer Sprache ertönten. Als Karl
1346 in Avignon anwesend war, trug er dem Papste die Bitte vor [3]),
in seinem Reiche ein Kloster mit slavischer Liturgie gründen zu
dürfen. Er wies zur Begründung seines Ansuchens darauf hin, dass ja seit
langer Zeit die Messe und die canonischen Horen in „Slavonien" in
der Volkssprache gelesen würden und dass daselbst viele Klöster des
Benedictinerordens eben jetzt in den fortwährenden Kämpfen in jenen

---

[1]) Cap. 30.

[2]) Joh. Wilh. Hoffmann, Sammlung ungedruckter Urkunden, II., Nr. 175.
Huber Nr. 1994.

[3]) Pelzel, Kaiser Karl IV. Urk. B. Nr. LXXXII. Abschriften der Urkunden des Slavenklosters finden sich an mehreren Orten, in der Bibliothek
zu Raygern cod. g. 10.

Ländern aufgelöst worden seien. Nun lebten in Böhmen manche
Ketzer und Schismatiker, die dem Worte Gottes in lateinischer Sprache
sich verschlössen und die vielleicht durch jene frommen Ordensbrüder
zum rechten Glauben zurückgeführt werden könnten. In der That
hatte Innocenz IV. 1248 nach langem Widerstreben der päpstlichen
Curie seine Genehmigung ertheilt, dass in den Diöcesen um den
Golf von Fiume, also besonders in den Bisthümern Zara, Spalatro.
Ragusa die slavische Sprache nach dem von Cyrill und Method
herstammenden Ritus als Kirchensprache gebraucht werden dürfe.
Nur zögernd war diese Bewilligung gewährt worden. weil die Päpste
die Einheit der lateinischen Kirche gefährdet glaubten, wenn sie
einer Nation eine eigenthümliche Stellung in dieser Beziehung gewährten. Mit einigem Misstrauen nahm demnach Clemens VI. diese
Bitte Karls auf. Er schrieb am 9. Mai 1346 an Erzbischof Ernst von
Prag, dass er selbst keine genaue Kenntniss des Sachverhaltes
habe, dass er aber Ernst vollständig traue und ihm gestatte, solche
Mönche an einem Orte (unum locum) im Königreiche Böhmen an-
zusiedeln, die in ihrem Ritus. soweit er jedoch vom heiligen Stuhl
gebilligt sei (alias tamen per sedem approbatum eandem), den Gottesdienst abhalten dürften. Damit solle jedoch dem Rechte der Pfarr-
kirche, in deren Gebiete sie angesiedelt würden, kein Abbruch geschehen. Von Nürnberg aus fertigte sodann Karl IV. am 21. November 1347 den Stiftsbrief dieses Klosters aus [1]). Seine hohe
Stellung lege ihm, so sagt er, um so höhere Pflichten auf, so dass
er besonders das Wohl seines Königreiches Böhmen. das er vor allen
übrigen Besitzungen hochschätze, im Auge habe. Er beruft sich auf
die Vollmacht des Papstes für Ernst und erklärt, dass er zu Ehren
des heiligen Hieronymus, der, wie er annahm, die heilige Schrift aus
dem Hebräischen ins Lateinische und Slavische übertragen hätte,
woher die slavische Sprache Böhmens den Anfang genommen habe,
das Kloster an jener Stelle gründe, an der die Kirche der h. Cosmas
und Damian bis dahin gestanden sei. Der Zweck dieser Stiftung sei,
dass der Gottesdienst in slavischer Sprache abgehalten
werde zu Ehren des heiligen Hieronymus, der dadurch gleichsam unter
seinem Volke und in seinem Vaterlande berühmt gemacht werde [2]).

---

[1]) Pelzel, Urkundenbuch Nr. LXXXIII.

[2]) Fratres, qui . . . . in lingua Slavonica dumtaxat futuris et perpetuis
temporibus in memoriam et reverentiam beatissimi Jeronymi, ut ipse in dicto

Da indessen Geistliches ohne Weltliches nicht bestehen könne, so statte Karl das neue Kloster mit 49 Mark jährlichen Einkommens [1], mit einem Hofe und der Pfarrei zu Cosmas und Damian aus. In einem Briefe vom 22. November 1347 theilt Karl IV. dem Erzbischof Ernst mit, dass er den Stiftsbrief, den er einschaltet, erlassen habe und empfiehlt ihm das neue Werk in dringender Weise. Auf Bitte Karl IV. gab dann Clemens VI. dem Abte des Klosters die Erlaubniss die Mitra, den Ring und andere bischöfliche Abzeichen zu tragen [2]. Am 18. Januar 1349 fügt Karl zu jener Einnahme, die im Ganzen 56 Mark betrug, noch die 12 Mark der Steuer der Stadt Kaurim hinzu [3]. Diese Schenkungen begründete er damit, dass obwohl seine königliche Fürsorge sich auf alle Getreue erstrecke, er doch mit besonderer Huld an dem Wohl und dem Fortkommen derjenigen arbeite, die mit ihm durch die süsse und innige Gewöhnung der Muttersprache verbunden seien. Er drückt den Mönchen des Klosters in der Urkunde vom 1. November 1352 seinen Dank aus, dass durch ihre Wirksamkeit der Glanz der böhmischen Sprache mit der Ehre grösseren Ruhmes geziert werde. Es scheint, dass der grosse Neubau des Klosters erst später begonnen wurde, denn Benesch erzählt die Einweihung desselben zum 28. März 1372. Unter allen Schenkungen Karls an dieses Kloster ist die merkwürdigste die, dass er dem Schreiber Johann 10 Mark jährlich anwies, zur Anerkennung dafür, dass er slavische Bücher, besonders Legenden und Gesänge zu schreiben beschäftigt sei [4]. Unter diesen slavischen Büchern sind vielleicht Schriften in czechischer Sprache, jedenfalls aber hauptsächlich in glagolitischer Schrift zu verstehen. Diese slavischen Mönche waren nämlich aus der nördlichen Einbuchtung

---

regno velut inter gentem suam et patriam reddatur perpetuo gloriosus .... divinum officium . . . valeant celebrare.

[1] Sechzehn Mark waren auf die Fleischbänke der Kleinseite in Prag angewiesen. Pelzel, Nr. XC. am 18. Januar 1349. Einen Ersatz für diese Einnahme gab er am 20. Januar 1349 Nr. XCI. Eine fernere Schenkung ist verzeichnet in Nr. XCVIII.

[2] Pelzel, Nr. LXXXV. 3. Februar 1349.

[3] Pelzel LXXXVI. 18. Januar 1349. Dazu Nr. LXXXVII., in dem der Rath von Kaurim die Verpflichtung anerkennt.

[4] Pelzel II. Nr. 343. Ein slavisches Kloster gründete Karl auch zu Ingelheim in Deutschland. Hanusch Quellenkunde zur böhm. Lit. S. 27. Die Gründungsurkunde Huber, Regesten Karl IV. Nr. 1752, vgl. Münster Cosmographie 1. 3 citirt bei Balbin Miscell. 1. VII., sectio II. pag. 156.

des adriatischen Meeres herbeigerufen worden, in der die älteste
slavische Schrift in kirchlichen Büchern angewendet wurde. Es ist
nunmehr entschieden, dass der h. Cyrill nicht die heutige cyrillische
(russische Schrift), sondern die sogenannte Glagoliza erfunden habe [1].
Er verbreitete die Kenntniss dieser Schriftzeichen unter den panonischen
Slovenen, die bis auf geringe Reste von den Magyaren versprengt
und absorbirt worden sind. Von ihnen kam die slavische Liturgie
nebst der glagolitischen Schrift zu den Kroaten, die nach langen
Kämpfen mit der Kirche 1248 die Erlaubniss erhielten, ihre eigenthümliche slavische Kirchensprache nebst der alterthümlichen
glagolitischen Schrift beizubehalten.

Diese Liturgie nun wurde im Slavenkloster zu Prag gepflegt, bis
die slavische Messe 1436 der utraquistischen wich. Nun ist zwar die
slavische Kirchensprache und die ihr eigenthümliche Schrift in Emaus
gebraucht worden, aber uns sind nur geringe Reste glagolitischer Denkmäler in Böhmen erhalten [2]. Auch hat nach Dobrowsky [3] die böhmische Literatur keinen Einfluss durch das glagolitische Schriftthum
erfahren; die böhmische Bibelübersetzung zeigt keine Uebereinstimmung
mit der glagolitischen. Bloss die Benennung der böhmischen Buchstaben durch Huss ward zum Theil durch das ältere slavische Alphabet
bestimmt. Das interessanteste literarische Denkmal aus den Kreisen
des Slavenklosters ist jener Codex [4], dessen erste 36 Seiten ein Evan-
gelientext in cyrillischer Schrift darbieten, der nach Kopitar unter
den Ruthenen Nordungarns im 14. Jahrhundert geschaffen wurde.
Karl IV. jedoch glaubte diesen Codex von der Hand des h. Procop
geschrieben und schickte ihn den slavischen Mönchen. Als Anhang
fügten dann die slavischen Benedictiner, vielleicht jener Schreiber
Johann, von Seite 36 bis 94 einen glagolitischen Text hinzu. Dieser

[1] Dieser Ansicht Kopitars, von Hanusch zur Glagoliza Frage und Miklosich Artikel Glagolitisch in der Encycl. von Ersch und Gruber tiefer begründet, hat sich schliesslich auch Safarik, Ursprung und Heimat des Glagolitis-
mus 1858 angeschlossen.

[2] Das Verzeichniss dieser Abcdarien und Fragmente von Uebersetzungen
findet man bei Safarik Gesch. der slav. Literatur S. 162. Hanusch, zur Glago-
lizafrage in der slav. Bibl. S. 203. Vgl. Dudik, Forschungen in Schweden
S. 216. Miklosich, Art. Glagolitisch in Ersch und Gruber S. 421.

[3] Böhmische Literatur S. 52 ff.

[4] Ueber ihn Kopitar, Hesychius glossographus S. 48 und 60 ff. und desselben Prolegomena historica in Misklcsich' slav. Bibl. S. 80. Dobrowsky im
Archiv für deutsche Geschichtskunde V. 666.

Codex gelangte nach unbekannten Schicksalen 1554 durch den Cardinal
von Lothringen nach Rheims, wo er unter dem Namen texte du sacre
als Krönungsevangelium der französischen Könige verwendet wurde.

Es ist kein Zufall, dass eine Bibel des Herrschers aus dem luxemburgischen Geschlechte eine so merkwürdige Bedeutung erlangt hat.
Die Dynastie Karl IV. hat überhaupt eine universelle Stellung gewonnen, die zur Ueberleitung geistiger Strömungen zwischen verschiedenen Ländern geeignet war. Durch die Vermählung Annas, der
Tochter Karl IV., mit Richard II. von England gewann die Lehre
Wicleffs einen Weg in das Innere Deutschlands. Anna selbst brachte
nach Wicleffs Mittheilung nach England ein Evangelium mit, das in
deutscher, böhmischer und lateinischer Sprache den Schrifttext enthielt [1]).

---

[1]) Krummel, Gesch. der böhm. Reform. I. 37: Nobilis regina Anglie, soror
Caesaris, habet evangelium in lingua triplici exaratum, scilicet in lingua bohe-
mica, teutonica et latina. Die erste vollständige böhmische Recension der
Bibel ist erst aus der Zeit K. Wenzels, Jiriček im Casopis česk. Mus. 1864.
Ein Mathias von Behaim übersetzte bereits 1343 das Evangelium ins Deutsche,
über ihn R. Bechstein, des Math. von Behaim Evangeliumbuch, Leipzig 1867.

VI. Capitel.

Die Gründung der Prager Universität.

Die steigende Macht der Päpste im 11. und 12. Jahrhundert ist nur dadurch erklärlich, dass sie sich an die Spitze der kirchlichen Reform stellten und die Volksmassen zu begeistern vermochten. Die Pataria in Italien, die die Obergewalt des römischen Stuhles über das Erzbisthum Mailand und Oberitalien zur Anerkennung brachte, die Scharen, welche Abt Wilhelm von Hirschau unter Heinrich IV. gegen die verheirateten Geistlichen führte, die Massen, welche die Päpste in den Kreuzzügen in Bewegung setzten, sind ein sprechender Beweis für die Beliebtheit der Ideen Gregor VII. Dagegen haben Berengar von Tours, Abälard nirgends im Volke Anklang gefunden, selten hat sich das Volk für die angegriffenen deutschen Könige mit Begeisterung erhoben.

Das änderte sich vollkommen seit den Tagen der Albigenser, seitdem Walther vor der Vogelweide seine Sprüche für Philipp I. und Friedrich II. dichtete, seit der Trieb zur Ketzerei gerade in den untersten Volksschichten immer stärker Wurzel fasste.

Nie aber waren vorher Fürsten, Gelehrte und das Volk in gleicher Weise von einer kirchenfeindlichen Bewegung ergriffen, als in Deutschland unter Ludwig dem Baier. Damals sandten die gelehrten Mitglieder des Franziskanerordens ihre Schriften gegen das Papstthum in die Welt und in Deutschland blühte eine echte Volksliteratur, die in tiefen und kräftigen Worten die Herzen erregte. Ihre Bedeutung bestand darin, dass sie der populäre Ausfluss der Lehren der Mystik über die Gottheit und ihr Verhältniss zum Menschen war. Seit dieser Zeit drang das Streben, an den höchsten Fragen der Religion selbstdenkend Antheil zu nehmen, in immer weitere Kreise. Die Laien fühlten das Bedürfniss, nicht blos geführt zu werden, sondern sich

selbstständig den Weg zu suchen. Die Unmasse von Schriften, welche
seit dem Ende des 14. Jahrhunderts, zuerst über die Nothwendigkeit
der Berufung eines Concils, über die Reform der Kirche, ein halbes
Jahrhundert später über alle Gebiete der Alterthumskunde und immer
mehr von Laien geschrieben wurden, geben den Beweis der immer
mehr sich verbreitenden Theilnahme der Menschen für die wissenschaftliche Behandlung religiöser und anderer Fragen. Die Päpste waren
damals klug genug, sich dem Strome der Zeit nicht entgegenzustellen,
wie es die Kirche jetzt thut, sondern ihm ein Bett anzuweisen, in
dem er ihr Gebiet nicht verwüste, sondern im Gegentheil bewässere
und befruchte. Nun hatte die Pariser Universität in den letzten
Kämpfen treu zu ihnen gestanden; sie hatte ihre berühmtesten Lehrer
Wilhelm von Occam und Marsilius von Padua ausgeschieden, blos um
ihre kirchliche Stellung makellos zu erhalten. Was war natürlicher,
als dass Clemens VI. glaubte, die Universitäten seien die beste Form,
in der die strebsamen Geister der Zeit Nahrung finden könnten, ohne
dass der Glaube an die päpstliche Autorität gemindert würde. Deshalb hielt es der Papst für vollkommen gefahrlos, ja für die Sache
der Kirche zweckmässig, wenn neue hohe Schulen errichtet wurden.
Allein die Geschichte hat gelehrt, wie sehr die Päpste sich in
dieser Beziehung einer Täuschung hingegeben haben. Für Deutschland wenigstens kann man sagen, dass es seitdem kein grosses Er-
eignis gegeben habe, das nicht vorbereitet und wissenschaftlich unterstützt worden ist durch die Lehrer an den Universitäten. Die Päpste
hatten gehofft, den deutschen Geist auf das neutrale Feld der Wissenschaft zu bannen, wie die italienische Cultur der Renaissance sich
in dem Kreise der Kunst erschöpfte. Wer hätte auch ahnen können,
dass der Humanismus nur eine Vorbereitung für die Reformation
sei, dass in stillen Gelehrten, wie Agricola, Reuchlin und Erasmus
der Geist des Concils zu Constanz und Basel fortglühe, während sie
nur die Pfade zu betreten schienen, die ihnen Carlo Aretino, Leonardo Bruni und die humanistischen Günstlinge Nicolaus' V. geebnet
hatten. Konnte man glauben, dass die Bestrebungen Wessels, Gochs
und Johann's von Wesel, die glücklich unterdrückt schienen, in den
nächsten Generationen in Luther und Zwingli eine glänzende Auferstehung feiern würden? Ein eigenthümliches Schicksal war es,
dass die Bundesgenossin, die Clemens den VI. gegen die literarischen
Vorkämpfer Ludwig IV. unterstützt hatte, dass die Pariser Universität sich fünfzig Jahre später an die Spitze der Reformpartei stellte,

dass die Hochschule zu Prag das erste Beispiel einer offenen Empörung gegen die Satzungen der Kirche gab, obwohl gerade sie von dem kirchenfreundlichsten Monarchen gegründet worden war.

Der Augenblick, den Karl IV. zur Gründung der Prager Universität benützte, war glücklich gewählt. Die Hochschule von Bologna hatte kurz vorher schweren Schaden gelitten. Die Bürger hatten 1333 den Cardinallegaten Bertrand besiegt und vertrieben; „deshalb", so erzählt der Geschichtsschreiber Johannes von Victring, „wurden schwere Processe gegen die Bolognesen eingeleitet und das Studium löste sich auf. Die Studenten wandten sich nach Hause oder anderswohin; die Lehrer verstummten, da der Papst und seine Cardinäle über jedes Mass gegen sie wütheten" [1]. Auch die Pariser Universität hatte zu dieser Zeit Einiges von ihrem Glanze verloren, denn die grossen Kämpfe zwischen Frankreich und England konnten nicht spurlos an ihr vorübergehen. Der Papst musste selbst eingreifen; er schickte zwei Cardinäle, Aegidius von Montaigu und Johannes von Blandiac, um die Missstände abzustellen. Dadurch sind wir in der Lage, die Zustände an der Pariser Universität vor dem Jahre 1366, in dem jene Legaten ihr Reformwerk beendigten, kennen zu lernen. Da erfahren wir [2], dass die Meinung Aller dahin geht, dass die Zeit der Blüthe des Studiums zu Paris dahin ist, dass es grosser Anstrengungen bedürfen wird, um es auf seine frühere Stufe zu heben.

Unter diesen Umständen betrieb Karl IV. beim Papste die Errichtung einer neuen Universität. Am 26. Januar 1347, also noch bei Lebzeiten Kaiser Ludwig des Baiers, unter dem Eindrucke der Furcht, es könnten neue, kühnere Schriften von dem Herde der Opposition, von München, ausgehen, erliess Papst Clemens VI. jene Bulle, in der die Errichtung einer Universität zu Prag bewilligt wurde [3]. Diese Bulle ist bei weitem präciser und inhaltsreicher als die nachfolgende Urkunde des Kaisers selbst, in der er die Universität errichtet. In den Motiven zwar sind beide Schriftstücke gleich. Der Papst sowohl wie der Kaiser richten ihre ganze Aufmerksamkeit darauf, dass

---

[1] Böhmer, Fontes, S. 418. Ebenso Heinrich von Diessenhofen, Fontes, II., S. 19.

[2] Bulaeus, IV., S. 390.

[3] Monumenta historica univers. Prag., II. B., S. 219. Die älteren Schriften über die Prager Universität, von Rosacius, Martini, Weis. Hammerschmidt siehe in Voigt, Versuch einer Geschichte d. Univ. zu Prag, Prag 1776, auch in den Abhandlungen einer Privatgesellschaft in Böhmen, II. Theil. Vgl. Guhrauer: Die Anfänge der Prag. Univ. in d. deutsch. Vierteljahrsschr. 1848.

die Studien gehoben werden. Als nähere Beweggründe seiner Gunst
bezeichnet dann der Papst die Darlegung des böhmischen Königs,
dass in Böhmen und dessen Nachbarländern sich keine Universität
befinde, dass Prag durch Wohlhabenheit, gesunde Lage, durch seine
trefflichen niederen Schulen zum Sitze einer solchen Anstalt vorzüglich geeignet sei. So möge denn die Stadt, ohnehin reich an irdischen
Gütern, „ein strömender Quell sein, aus dessen Fülle Alle schöpfen
mögen, die sich tauchen wollen in die Werke der Wissenschaft.“
Zweifach ist nun die Gewährung des Papstes: es solle ein General-
studium mit allen Facultäten errichtet werden, das alle Privilegien
geniessen solle, in deren Besitz die übrigen Universitäten seien und
ferner solle der Erzbischof von Prag im Vereine mit den Magistern
der Universität Grade ertheilen dürfen, die für alle christlichen Länder giltig seien.

Wie billig bewegen sich die Gewährungen Karl IV. in der Urkunde vom 7. April 1348 zumeist auf weltlichem Gebiete [1]). Nur der
Papst konnte die Gemeingiltigkeit der Acte der Universität bestimmen, der König verspricht wieder den Lehrern reichliches Einkommen
und königliche Gnaden, ihnen sowohl, wie ihren Schülern den Schutz
auf allen ihren Wegen und alle Vorrechte, welche die Glieder der Universität zu Paris und Bologna geniessen. Die Darlegung seiner Gründe
hiezu ist aber weit herzlicher als die des Papstes. Er versichert, dass
ihm das Wohl keines seiner Länder so sehr am Herzen liege, wie
das seines Königreiches Böhmen; er wünscht, dass Böhmen nicht
allein an weltlichen Genüssen reich sei, sondern gerade zu seiner Zeit
durch zahlreiche kluge Männer geschmückt werde, „damit seine getreuen Unterthanen, welche unaufhörlich nach dem Genusse der
Wissenschaft dürsten, nicht gezwungen seien, um Unterstützung bei
Fremden zu bitten, sondern den Tisch der Gesundheit in seinem
Reiche gedeckt fänden.“ Nachdem Karl in dieser Weise seine Gründungsurkunde als böhmischer König ausgestellt hatte, bestätigte er
als deutscher König seine Stiftung von Eisenach aus am 14. Januar
1349 [2]).

---

[1]) Monum. hist. univ. Prag., I., 223. Die übrigen Drucke bei Huber,
Nr. 655.

[2]) Die Urkunde liegt im Archiv des Prager Domcapitels (nach Tomek,
Dĕje university Pražského) (Pelzel.) Abbildungen böhm. u. mähr. Gelehrter,
3., V., Huber. Nr. 834. — Vergl. über die Gründung Benesch in Pelzel, II.,
Seite 349.

Mit diesen Schriftstücken war der Act der Gründung geschehen, allein es handelte sich nun um schnelle und kräftige Durchführung. Sofort wurden die nötbigsten Einrichtungen getroffen. Der Erzbischof Ernst von Prag stand der Universität als Kanzler vor, an ihn wurde von der Universität appellirt; der Rector wurde jährlich gewählt und feierlich im Prager Dome eingesetzt. Schon 1347 wird Bruder Nicolaus aus dem Augustinerorden von dem Procurator Karl's nach Prag berufen, mit der Befugniss, Magister zu promoviren [1]). 1348 wurden Vorlesungen eröffnet, 1349 Promotionen gehalten.

Wie weit die Einrichtung der Universität schon nach dem Verlaufe von fünf Jahren vorgeschritten war, davon gibt uns ein Schriftsteller Zeugniss, der im Jahre 1353 schrieb [2]). Damals war noch keine Scheidung in Facultäten eingetreten, noch vereinigte kein Gebäude die Lehrer in seinen Mauern, sondern wie dies noch lange Zeit in Paris üblich war, lehrten die Magister in den Klöstern ihres Ordens und im Hause des Erzbischofs. Karl hatte viele Magister und Doctoren von fremden Universitäten berufen, für die er in regelmässiger Weise sorgte. Fünf Magister der Theologie kamen, deren einer an der Prager Kirche las und predigte. Den Letzteren besoldete demnach auch der Erzbischof. Das canonische Recht las ein Doctor der Decrete aus Bologna und Magister Stephan, letzterer an der Prager Kirche. Magister Balthasar von Tauss trug Medicin vor, andere Magister die schönen Künste [3]).

Zweifelsohne strömten die böhmischen Magister und Scholaren von den Universitäten, an denen sie sich aufhielten, nach Prag zurück [4]); viele lockten in der That die Gesundheitsverhältnisse, die in Böhmen so günstig waren, dass der schwarze Tod, der im Jahre der Gründung der Universität Europa heimsuchte, in jenem Lande fast kein Opfer heischte. Der König wusste die Geistlichkeit des Landes

---

[1]) Eodem anno primus Magister in Bohemia sacrae Theologiae, Frater Nicolaus ordinis Augustinensis. et studium generale cum gratia providendo Magistros licentiando cum bulla ad regnum per procuratorem domini Caroli Imp. apportatur et solenniter pronuntiatur. Benesch in Dobner Monumenta IV.

[2]) Domherr Franz bei Dobner Monumenta, VI., p. 316 ff.

[3]) Die Bemühungen Karl's um Berufung von Lehrern und Schülern erhellen aus Hoffmann, Sammlung ungedruckter Nachrichten, II. B., S. 16, 18, 52, 53, 222, 224. — Vergl. auch das Chronicon universitatis Pragensis in Höfler, Fontes rer. Austr., II.

[4]) Franz bei Dobner Monumenta. VI., 314.

zugleich für seine Stiftung zu erwärmen, die in der That eine Mehrung ihres Einflusses bedeutete. Da stand ihm Erzbischof Ernst, der von gleichem Interesse für Böhmens Wohlfahrt beseelt war, hilfreich zur Seite. Er sowohl, wie die Klöster und Domcapitel kauften Renten, d. i. jährliche Einkommen, die auf Landgütern hafteten, und schenkten sie der Universität. Dies geschah 1352 sogar in der Form einer Contribution, die auf die Geistlichkeit des Landes aufgelegt ward [1]). Urban V. forderte die Dominicaner, Augustiner und Carmeliter in Böhmen auf, in ihren Klöstern nur Doctoren der Theologie als Lehrer anzustellen [2]). Zu beachten ist, dass in diesen Jahren eine Scheidung zwischen den Gütern der Universität und des Erzbisthums noch nicht durchgeführt war.

Natürlich war die Pariser Universität das Vorbild der neuen Gründung, wie dies auch Benesch [3]) versichert. Allein in zwei Dingen unterschieden sich doch beide Anstalten sofort. Die Pariser Universität, ihre Facultäten und Nationen besassen kein Vermögen: sie deckte ihre Ausgaben durch Inscriptionsgebühren und Umlagen auf Studenten und Lehrer; nicht einmal die Gebäude in denen gelehrt wurde, konnte sie ihr Eigen nennen. Diese gehörten den Klöstern, Capiteln, dem Bischofe, den Pfarrkirchen der Stadt [4]). Diese klösterliche Einfachheit vertrug sich mit dem Character der schon berühmten Anstalt; die Tochterschule musste manches durch Glanz und Besitz ausgleichen. Die Schenkungen der geistlichen Corporationen an die Prager Universität sind schon erwähnt; dazu kommen die Uebertragungen von Eigenthum durch Karl IV. selbst vom 1. März 1358 [5]) und manche andere Schenkungen, die uns nicht überliefert sein mögen. Karl gründete den 30. Juli 1365 das Karlscollegium [6])

---

[1]) Tomek, Děje university Pražského. S. 14. Eine Stiftung des Prager Domcapitels in Abbildungen böhm. u. mähr. Gelehrter. III. B., pag. VII. — Vergl. ferner Pelzel, Leben Karl IV., II., S. 685.

[2]) Bulaeus, IV, pag. 396. Auch wurden die Ordenscapitel aufgefordert, einzelne Glieder der Klöster zum Studium nach Prag zu schicken. Hoffmann, Sammlung ungedruckter Nachrichten, II. 222.

[3]) Pelzel und Dobrowsky, Scriptores. II., 349.

[4]) Crévier, histoire de l'université de Paris II. pag. 404, 424.

[5]) Monum. univ. Prag. I. S. 225. Tomek Děje S. 14.

[6]) Monum. univ. Prag. I. S 231. Benesch in Pelzel Scriptores II. 279. Die Statuta collegii Caroli quarti in Voigt Acta litterarum Boh. II. 71 und 222.

für zwölf Magister der Philosophie, von denen zwei Theologie vortragen, die Uebrigen sich ihrem Studium hingeben sollten, stattete es reichlich mit Gütern aus, beschenkte es zudem mit dem Hause des Juden Lazarus in der Altstadt, erklärte es den 23. Juli 1367 für steuerfrei [1]) und gab den Mitgliedern desselben das Recht, bei Erledigung einer Stelle im Allerheiligencollegium in dieses einzutreten [2]).

Der zweite noch entscheidendere Unterschied zwischen der Pariser und Prager Universität war der, dass sich in Paris alle Einrichtungen allmählig entwickelt hatten und so die Spuren eines unvollkommenen Ausgleichsprocesses verschiedener Ansprüche trugen, während in Prag alles das Gepräge eines klaren und organisirenden Geistes aufweist, der auf freiem Boden nach einfachen Grundsätzen schaffen kann. Die bisherigen Universitäten waren nämlich nicht dadurch entstanden, dass die Staatsgewalt eine Schule einrichtete, sondern dadurch dass sich Schüler um bewährte Lehrer schaarten, die wieder Nachfolger fanden, bis sich der Kreis derjenigen, die sich der Wissenschaft widmeten, zu einer Gemeinschaft abschloss. Diese erhielt dann von dem Corporationsrechte, das sie sich allmählich errang, den Namen einer Gesammtheit — universitas. So bestanden die Universitäten zu Paris und Bologna lange vorher, bevor die Könige und Päpste durch feierliche Bestätigung der bisherigen Einrichtungen ihr Interesse an diesen Instituten bezeigten. Es entstand ja im Mittelalter vieles Grosse ohne die Mitwirkung des Staates; seine Sphäre erstreckte sich zu Beginn der Neuzeit über viele Gebiete nicht, die er jetzt sein Eigen nennt, und die er sich erst vom Adel, von der Geistlichkeit und von den Städten zurückerobern musste. In seinem Innern bildeten sich im Mittelalter viele kleinere Gemeinschaften, die durch geistige und materielle Interessen zusammengehalten wurden und die sich rasch eine staatsähnliche Organisation gaben. Die Privilegien der Päpste und der Könige waren dann nur das Zeugniss einer Anerkennung, die kaum verweigert werden konnte. Einen solchen Freibrief erhielt die Universität zu Bologna von Friedrich I. (1158), nachdem schon lange vorher die alte Rechtsschule zu einer vielberühmten Anstalt geworden war. Länger war der Begriff der Pariser Universität schwankend [3]). Sie ging von der Bischofsschule aus,

---

[1]) Monum. univ. Prag. I. S. 248.

[2]) Monum. I. S. 236.

[3]) Ausser den Werken von Buläus, Crevier. Savigny wurde Vallet de Viriville, Histoire de l'instruction publique en Europe, Paris 1849, von mir benutzt;

9 *

an der Wilhelm von Champeaux gelehrt hatte. Bald nimmt sie
neue Glieder auf, bald scheidet sie andere aus. So riss sich Abälard aus diesem Verbande los und lehrte an anderen Orten. Da
der Bischof die Gerichtsbarkeit der Universität sein Eigen nannte,
so blieb auch der Kanzler der bischöflichen Kirche zu Nôtre-dame
Kanzler der Universität und nach Aussen hin ihr einziger, berech-
tigter Vertreter. Er liess demnach ihr Siegel mit päpstlicher Einwilligung zerbrechen, als sie sich 1225 mit Anschaffung eines
solchen als eigene Corporation förmlich proclamirte. Dann dehnt
sich die Universität, als die Stadt Paris grösser wurde, auch mit
ihren Lehrgebäuden und ihren Studierenden in das Gebiet des
Pfarrers zu St. Genièvre aus, der dafür wieder, dem Kanzler zu Nôtre-
dame zum Trotz, das Kanzleramt für sich in Anspruch nimmt. Dafür
begünstigte der Bischof gesonderte bischöfliche Schulen, die erst 1334
mit der Universität vereinigt wurden. Das sind ähnliche Verhältnisse
wie jene, in denen auch die Schule zu St. Stephan in Wien (das jetzige
akademischen Gymnasium), das „Partikularstudium" zu Prag zu ihren
Kathedralkirchen standen. Alle erwuchsen sie im Schatten der Kirche.

So beginnt sich allmählig die Pariser Universität zusammen-
zufinden. 1200 begegnen wir sie zuerst in einer Urkunde König
Philipp Augusts als wohlorganisirte Einheit mit einem capitalis als
Haupt. Erst im Jahre 1244 erhielt sie vom Papste Innocenz IV.,
der ihres Beistandes gegen Friedrich II. bedurfte, das Recht der
Führung eines eigenen Siegels. 1237 wird ein Rector gewählt, über
dessen Ernennung die Nationen übereinkamen. Es waren dies Ver-
einigungen der vier Landsmannschaften der Nordfranzosen, die sich
Normannen, der Rheinländer, die sich Pikarden, der Südfranzosen,
die sich Provençalen nannten, und der Engländer und Deutschen,
die zuerst die sogenannte englische Nation bildeten, aber seit den
grossen Kriegen zwischen Frankreich und England und den Tagen
der Jungfrau von Orleans meistens die deutsche Nation hiessen. Die
Grenzen der Nationen waren locale, so dass Niemandem freistand,
nach seiner Muttersprache und seiner freien Wahl in eine beliebige
Nation zu treten; sie waren vorzugsweise eine Verbindung zu hu-
manen oder religiösen Zwecken, zu deren Vertretung ihr Haupt,
der Procurator, verpflichtet war. Diese vier Nationen gehörten blos

---

Thurot's, De l'organisation de l'enseiguement dans la faculté de Paris au moyen
âge, Paris 1850, konnte ich mir nicht verschaffen.

der Hauptfacultät, der philosophischen, oder wie sie damals genannt wurde, der artistischen an. Diese bildete ursprünglich allein die Universität und vereinigte in ihrer Mitte die Lehrer aller Wissenschaften. Aus den Magistern der artistischen Facultät wählten demnach immer die vier Nationen durch indirecte Wahl den Rector der ganzen Universität. Erst 1257 trennten sich die Doctoren der Theologie von dem Verbande der artistischen Facultät, obwohl sowohl sie wie ihre Schüler dabei auch Glieder der Nationen und damit der philosophischen Facultät blieben. Sie hatten nämlich vergebens gegen den Eintritt der Dominikaner und Franziskaner in die Universität protestirt und schlossen sich deshalb zu einer selbstständigen Gemeinschaft ab. 1270 ist dann unter den gleichen Verhältnissen zuerst eine medicinische, 1271 eine juristische Facultät nachzuweisen. So war erst gegen Ende des 13. Jahrhunderts die Organisation der Universität mit den vier Facultäten abgeschlossen. Davon umfassten die drei ersten nur die Lehrer der betreffenden Wissenschaften, die vierte philosophische sämmtliche Lehrer und Schüler der Universität. Das Haupt der letzteren Facultät war der Rector (nicht wie bei den übrigen ein Decan), der aber an der Spitze aller Glieder der Universität stand. Diese verwickelte Eintheilung schiene ganz grundlos, wenn sie sich nicht aus der Geschichte der Universität erklären würde.

In eben solcher Weise bestand in dem Statutenwesen der Pariser Universität die grösste Verwirrung. Es wurden eben gewisse Formen gewohnheitsmässig befolgt; sie prägten sich der Erinnerung derjenigen, die an der Spitze der Hochschule standen, fest ein und ein Bedürfnis nach geschriebenen Gesetzen machte sich nur dann geltend, wenn über einen wichtigen Punkt keine Einigung erzielt werden konnte. So hatte die Universität durch das ganze Mittelalter hindurch keine Sammlung ihrer Statuten; einzelne gab 1215 ein päpstlicher Legat, mehrere zusammenhängende schuf sich 1344 die artistische Facultät, die sonst nach Bedarf Gesetze gab und nach kurzer Zeit wieder vergass. Im 16. Jahrhundert erst wurde ein Beschluss gefasst die Statuten zu sammeln, doch ohne dass man ihn ausführen konnte, weil sie zerstreut und zum Theil gar nicht aufzufinden waren. Ebenso fand sich 1327, dass die Privilegien der Universität nicht in ihrer Gesammtheit übersehen werden konnten [1]),

---

[1]) Buläus, hist. univ. Paris. ad annum 1327, 1357.

1357, dass der Pfarrer von S. Genèvre das Archiv nicht sorgsam behütet hatte, sodass man es ihm abnehmen und im navarrischen Collegium deponiren musste. Nur die Beschlüsse einzelner Nationen waren schon im 14. Jahrhundert gesammelt, wie die der Engländer von 1333 an [1]).

In Prag aber wurde bald nach dem Entstehen der Universität eine einheitliche und umfassende Zusammenstellung von Statuten unternommen. Am 10. April 1360 erliess der Kanzler der Universität, Erzbischof Ernst von Prag, einen Brief [2]), in dem unter Mitwirkung von Magistern, Doctoren und Studenten in klarer und bündiger Weise die Grundzüge der Verfassung der Universität niedergelegt waren und festgesetzt wurde, dass ein Ausschuss von dem Erzbischofe und von der Universität ernannt werden solle, der ausführlichere Sazzungen auszuarbeiten habe. Nun besitzen wir ein etwa 1385 geschriebenes Statutenbuch, das 24 Gesetze enthielt, von denen uns aber nur 16 erhalten sind [3]); die jene Bestimmungen Ernsts vollständiger und ausführlicher enthalten. Diese Statuten sind wohl grösstentheils auf jene erste Codification [4]) zurückzuführen, wie sie denn nebst der Urkunde Ernsts durch klare logische Form vortheilhaft von den späteren Statuten abstechen. Was den Inhalt dieser Bestimmungen betrifft, so sind sie vielfach der Verfassung der Pariser Universität analog. Das Bezeichnende der Einrichtungen der letzteren war, dass die Universität, trotz der vier Facultäten und der vier Nationen eine Einheit bildete, in der die Artisten überwogen und in der die Lehrer allein die Leitung hatten. In Bologna dagegen, sowie an den anderen italienischen Universitäten und endlich auch zu Montpellier bestanden meist zwei oder sogar drei Universitäten unter je einem Rector nebeneinander, der zudem von den Scholaren und meist aus ihnen selbst gewählt war. So hatte Bologna neben der Juristenuniversität noch eine universitas artistarum seit 1316, Padua die drei Gemeinschaften

---

[1]) Vallet de Viriville, histoire de l'instruction publique en Europe, Paris 1849, pag. 357. Hartwig. Heinrich von Langenstein S. 35 erwähnt eine Sammlung von Statuten der theol. Facultät 1370.

[2]) Monum. univ. Prag. II. 229.

[3]) Monum. univ. Prag. Tomus III. p. VI.

[4]) Man bemerkt aber einige Abweichungen, die zwischen 1360—1385 verfügt worden sind. Deshalb widersprechen sich z. B. Statut 11 und Statut 8. Nach dem ersten wird der Vicerector von der Universität, im letzteren von dem Rector ernannt. Die erste Bestimmung ist die ursprüngliche, denn sie stimmt mit der Arnests von 1360 überein. Mon. II, 230.

der Citramontanen, Ultramontanen und Artisten, Montpellier eine medicinische und eine juristische Universität, welch' letztere auch die Theologen und Artisten umfasste. Die italienischen Universitäten hatten die Eintheilung ihrer Glieder in diesseitige und jenseitige eingeführt, welche wieder in Nationen zerfielen.

Stellt man nun allen diesen Einrichtungen der älteren Universitäten die neue Form einer Hochschule gegenüber, die Karl IV. und Erzbischof Ernst, der erste Kanzler der Universität, zum bleibenden Muster aller späteren Universitäten geschaffen hat, so treten vor Allem zwei Umstände als wichtig hervor. Vorerst stellte sich als natürlicher Grundsatz ein, dass die neue Gründung zu Prag in Allem, worin sich ihre berühmte Pariser Schwester von den anderen Hochschulen unterschied, eben der Pariser Universität folgte; dann aber ging man über diesen Gesichtspunkt dadurch hinaus, dass man die Universität nach einfacheren Grundsätzen einrichtete. Die Einführung aller jener verwickelten Institutionen, die in Paris die naturgemässe Folge einer zweihundertjährigen Entwicklung waren, würde in Prag nur ein Beleben von Formen gewesen sein, die hier künstlich eingepflanzt keinen fruchtbaren Boden gefunden hätten. Nach dem Muster der Pariser Universität sollte demnach zu Prag nur e i n e Universität bestehen mit vier Facultäten und vier Nationen [1]); an die Spitze der ganzen Anstalt sollte ein Rector treten, der kein Laie und auch kein Mönch, sondern ein Weltgeistlicher sein musste. Allein, wenn zu Paris die Sonderung der Facultäten sich so entwickelt hatte, dass die Artisten den Grundstock bildeten, dass sie demnach sämmtliche Scholaren in vier Nationen getheilt in ihrer Mitte zählten und die drei oberen Facultäten nur aus den Lehrern bestanden, so wurde zu Prag eine einfachere und klarere Eintheilung verfügt. Jede der vier Facultäten bestand hier aus Lehrern und Schülern; die Nationen waren nicht wie in Paris in die philosophische Facultät zusammengedrängt, sondern sie bildeten neben den Facultäten selbstständige Corporationen. Von den Facultäten sollte wieder keine überwiegen, weder die philosophische wie zu Paris, noch die juristische wie zu Bologna. Auf die an jedem Orte wichtigste Facultät war zu Paris und Bologna die Wahl des Rectors beschränkt, zu Prag aber alternirten diese Studienabtheilungen jährlich in der Wahl des obersten Leiters der Universität.

---

[1]) Wichtige Bedenken dagegen, dass sofort eine medizinische und theologische Facultät ins Leben trat, erhebt Guhrauer in dem Aufsatz: Die Anfänge der Prager Univ. in d. deutsch. Vierteljahrschrift 1848.

Die Wahl dieses Rectors, der zu Prag das eine Jahr ein Artist, das andere ein Jurist sein musste, fand in einfacher Weise statt. Es wählten nämlich die Procuratoren der vier Nationen auf indirectem Wege den Rector, der ein Lehrer oder ein Schüler sein konnte. In Bezug auf diejenigen, die den Rector wählten, war keiner Facultät ein Vorrecht eingeräumt; jene Procuratoren konnten jeder beliebigen Facultät angehören. Darin liegt eine vollständige Gleichstellung der einzelnen Studienabtheilungen untereinander, die wir als den Ausdruck gleicher Achtung vor jeder Wissenschaft betrachten können. Diese Anschauung wurde bei der zweiten deutschen, der Wiener Universität nicht festgehalten, denn nach den ersten Statuten derselben mussten die vier Procuratoren Artisten sein und diese konnten zum Rector wieder nur einen artistischen Magister wählen [1]); doch wurde diese Bestimmung 1384 wieder geändert, denn von da an musste nicht einmal der Rector Artist sein [2]). Allmählig drang das Beispiel der Prager Universität an allen deutschen Universitäten durch [3]).

Gemäss dem universellen Geiste, von dem die Universitäten jener Tage getragen wurden, besass die böhmische Nation nur dasselbe Stimmrecht wie jede der andern drei Nationen, von denen die bairische Süd- und Westdeutschland, die Schweiz und die Niederlande, die polnische ausser Polen auch Nordostdeutschland, und die sächsische die Länder etwa von der Weser bis zur Oder umfasste.

Nur in einer Beziehung schwankte man in Prag, ob man sich Paris oder Bologna anschliessen solle. Sollte Prag eine universitas magistrorum oder eine universitas studentium werden, sollten die Lehrer die Anstalt leiten oder sollten die Schüler regieren und den Rector und die Decane wählen? Wurden ja die Professoren zu Bologna blos als die wissenschaftlichen Beamten angesehen, die von den Schülern besoldet wurden und deswegen kein Stimm- und kein Wahlrecht hatten. Die Thatsache, dass Karl IV. die Lehrer berief und besoldete, sprach für die erste Einrichtung; der Wunsch, den Ansprüchen der Lehrer gerecht zu werden, für die zweite. Das Minimum der Rechte, dass die Studenten selbst zu Paris hatten, nämlich die Wahlberechtigung in den Nationsverbänden, blieb ihnen auch

---

[1]) Aschbach, Gesch. der Wiener Universität S. 14.

[2]) Aschbach S. 38.

[3]) Vgl. Zarncke Quellen zur Gesch. d. Univ. Leipzig in d. Abh. d. phil. hist. Cl. d. sächs. Ges. 1857 S. 514.

zu Prag [1]). Einige Zeit lang, nach der Eröffnung der Universität hatten sogar die allgemeinen Studentenversammlungen einen massgebenden Einfluss. Bei der Entwerfung der Grundzüge der Verfassung hatten die Scholaren mitgewirkt; allein bald betrachtete man diese grossen Versammlungen als störend und das Edict des Erzbischofs Ernst verbietet ihre oftmalige Zusammenberufung; nur zweimal des Jahres sollten die akademischen Bürger versammelt werden. Dass sie aber dann mitunter grössere Rechte für sich in Anspruch nahmen, beweist die Nothwendigkeit eines ferneren Verbotes: der Rector als Vorsitzender der Versammlung hatte nämlich die Pflicht, die Appellation eines in Geldstrafe verfallenen Studenten nicht zur Berathung zuzulassen. —

Man sieht aus allen diesen Einrichtungen. dass Karl IV. und Erzbischof Ernst ebensosehr einen Anschluss an die Universitätsordnungen der älteren Hochschulen als eine selbstständige Fortbildung derselben wünschten. Es ist bekannt, dass der universale Charakter der Universität nicht lange bewahrt worden ist und dass das Edict des Königs Wenzel 1409 eine vollständige Umkehrung des alten Verhältnisses bewirkte. Er bestimmte nämlich, dass von nun an die böhmische Nation drei Stimmen, die andern drei Nationen nur eine Stimme bei den Wahlen und bei den Versammlungen haben sollten. Die Darstellung des Umschwunges dieser Verhältnisse liegt ausserhalb des Rahmens unserer Aufgabe. Allein die Frage über das Verhältniss der vier Nationen v o r 1409 muss hier erledigt werden.

Das Princip der Scheidung zwischen den Nationen war wie zu Paris nicht der Sprache, sondern dem Geburtslande der Studierenden entnommen. Zu Paris waren oft Streitigkeiten ausgebrochen, indem eine Nation einen Studenten oder einen Magister reclamirte, der sich in eine andere Nation hatte inscribiren lassen [2]). Einmal aber stösst uns in Prag ein Fall auf, der, wenn wir recht verstehen, jenes Princip bedenklich erschütterte. Im Jahre 1391 erklärte nämlich ein Schiedsgericht, dass Personen, die mit Conrad Beneschau einem Geburtsorte entstammten, sich nicht zur böhmischen Nation rechnen dürften [3]).

---

[1]) Die Nationen wählten auch die vier ersten Wahlmänner zur Wahl des Rectors Monum. univ. Prag III. § 1 und 2.

[2]) Bulaeus IV. S. 335, 340. Dasselbe Princip herrschte zu Bologna. Statuta Bonon lib. 3 pag. 50.

[3]) Monum. hist. univ. II. S. 293: „nullus de districtu nativitatis ipsius magistri habeat jus essendi in natione Boemica."

Wenn jener Baccalar Conrad aus Beneschau in Böhmen geboren war,
so würde dies so viel bedeuten, als dass die in deutschen Städten
Böhmens gebornen Universitätshörer nicht der böhmischen Nation
angehören. Es würde dies von den grössten praktischen Folgen gewesen sein, da seit den Entscheidungen von 1384 und 1390 die
Böhmen die Stellen in den Collegien fast ausschliesslich besetzt hielten.
Die Deutschböhmen würden dadurch in ihren Rechten ungerechter
Weise verkürzt worden sein. Diese Stellung hatten sich die Böhmen
errungen, obwohl sie sich in der Minderheit den andern Nationen
gegenüber befanden. 1367 waren schon 33 Studenten theils zu Bac-
calaren theils zu Magistern promovirt, als die ersten Böhmen einen
akademischen Grad erlangten [1]). Tomek hat constatirt, dass vor 1409
die böhmischen Studenten bloss ein Fünftel aller Universitätshörer
ausmachten [2]).

Auch in einer andern Richtung macht sich der particularistische
Geist unter den Facultäten geltend. Erzbischof Arnest wollte durch
sein Edict die Rivalität [3]) zwischen den Artisten und den Juristen
in der Weise ausgleichen, dass er feststellte, dass der Rector und
der Vicerector der Universität nicht aus einer Facultät genommen
werden dürfe. Würde die Wahl zum Rector einen Artisten treffen,
so solle der Vicerector aus den Juristen gewählt werden und umgekehrt. Diese Bestimmung scheint indessen den Juristen gegen die
Ueberzahl der gegnerischen Facultät nicht den gewünschten Schutz
gewährt zu haben. Sie zogen es vor, eine eigene Corporation zu
bilden, der sie den Namen „Juristenuniversität" beilegten (1372) [4]).
Graf Johann von Pernstein ward ihr erster Rector. Kaiser
Karl IV., der lieber Ordnung als gezwungene Einheit sah, bestätigte die Trennung und beschenkte die neue Universität mit dem
Hause, das er vom Kämmerer Pesslin gekauft hatte [5]). — Diese

---

[1]) Monumenta I. S. 135.

[2]) Tomek, Gesch. der Prager Universität S. 47.

[3]) Monum. III. S. 230.

[4]) Vgl. Mon. II. S. 25, 252 ff.

[5]) Das Verhältniss der beiden Universitäten scheint wenigstens anfangs kein freundliches gewesen zu sein, da sich von 1375 ein Statut der philosophischen Facultät findet, wonach kein Graduirter aus ihrer Mitte bei Strafe
des Verlustes seiner Würde sich in die juristische Universität einschreiben
lassen dürfe, es wäre denn, dass er Doctor des canonischen Rechts wäre.

Treunung scheint auf das Gedeihen der Prager Universität ohne störenden Einfluss geblieben zu sein. Diese war auch in einem Augenblicke gegründet worden, in dem ihr die Concurrenz der Universität zu Bologna und selbst der zu Paris nicht gefährlich war. Von diesen Verhältnissen ist schon oben gesprochen worden. Es ist aber bekannt, dass auch die neugegründete Wiener Universität anfangs nicht sehr erfolgreich auf den Schauplatz trat [1]). Nach dem Tode ihres Gründers Rudolf IV. zerstreuten sich Lehrer und Schüler, bis Albrecht III. die Hochschule neubegründete. Deshalb ist in dem Statut der Prager Universität, das am 20. April 1367 verfasst wurde. niemals von Graduirten die Rede, die zu Wien ihr Examen abgelegt hatten [2]). So konnte sich die Prager Universität ungehindert zu dem Range der Pariser Schule erheben. Dies zeigt sich in der bedeutenden Schülerzahl, die in den letzten Jahren Karl IV. gegen 11.000 betrug [3]).

Die Studenten bewahrten auch dankbar das Andenken des Gründers der Universität, dessen Bild ihnen später in immer helleren Farben erschien. Es sind uns unter den vielen ernsten und tollen Gesängen [4]), in denen die Scholaren Lebens Lust und Leid niederlegten, scherzhafte Bettelbriefe erhalten, mit denen sich die armen Teufel unter ihnen an Fürsten und Bischöfe wenden, und bei deren Abfassung sie vielleicht die kurze Hoffnung auf Gewährung hegten. Ein solcher Brief ist an den todten Karl IV. gerichtet, der mit den höchsten Lobsprüchen überhäuft wird, dessen Milde, Frömmigkeit und

---

[1]) Sie trat anfangs ohne eine theologische Facultät in's Leben, die ihr erst 1384 vom Papste gewährt wurde.

[2]) Monumenta univ. Prag I, 1, 13. Auch Bologna ist hier nicht erwähnt. Doch wird 1367 ein Colomañnus de Wyenna, baccalarius Viennensis erwähnt. Mon. un. Prag. I. 1, 34. Später wechselten die Lehrer öfters zwischen den beiden Universitäten. Mag. Johann von Falkenberg ist 1384 an der jurist. Facultät zu Prag (Mon. II. S. 133), 1385 Examinator an der artist. Fac. zu Wien (Abschbach S. 114); Georg Sternberg zu Prag 1382 (Mon. I. S. 131), zu Wien 1388 (Abschbach S. 135).

[3]) Tomek, Gesch. der Prager Univers. S. 37.

[4]) Feifalik, Studien zur Gesch. der altböhmischen Literatur, Sitzungsberichte Bd. 36. S. 122. Zu erwähnen ist auch das Gedicht Podkonie a žak (Stallmeister und Schüler) vgl. Feifalik Sitzungsber. 32 B. S. 710.

Gerechtigkelt erhoben wird, damit am Schlusse die Bitte um eine Gabe erhört werde [1]).

Wir sind über den Gang der Studien an der Prager Universität nur für die artistische Facultät besser unterrichtet, deren Statuten wir besitzen. Wahrscheinlich wurde schon 1366 [2]) eine Sammlung derselben angelegt; die dann immer fortgesetzt wurde, bis unter dem Decanat des Mag. Mathias von Liegnitz eine neue Zusammenstellung unternommen werde. Diese Codification ist uns erhalten. Tomek hat von ihr eine Darlegung gegeben, die wohl ziemlich vollständig ist, in der indess die Vergleichung mit den Facultätseinrichtungen anderer Universitäten fehlt. Ich hebe deshalb einiges heraus, das mir wichtig erscheint. Vorerst muss hervorgehoben werden, dass die Pariser Universität engherziger war und nur jenem das Baccalaureat verlieh, der an ihr zwei Jahre lang studiert hatte. Allein sie verlangte nicht so viele Kenntnisse wie die Prager Hochschule.

---

[1]) Viro clementissimo Christo delectissimo iustitia fulcito coronarum flosculis virtutumque rosulis mire redimito

* * *

Carolo dei graci gracia Romana pallacia tenere potenter.

Strenue fortiter imperator noster modernique regis pater (requiescat dulciter) erat fractor mali.

* * *

Hic auxit eciam sanctam ecclesiam, quam paciens liberam pervenit ad patriam imperii veri.

* * *

Exponens copiam auri et argenti simulque lapidum, dictam daviticum volens adimpleri etc.

Caterva studencium in scolis iacencium martyris Stephani, studa sequendo opus diligendo pii adonnay.

* * *

Capuciis depositis manibus compositis vestre maiestati Honoris reverenciam et precum constantiam prestat pietati.

[2]) Monum. univ. Prag I, 1. S. 7. Decanus habeat communem librum facultatis. In der That ist dieses Buch seit 1367 ohne Unterbrechung geführt worden. Dass die Niederschrift erst 1366 begonnen haben kann, beweist ein Statut vom Advent 1366 (Mon. I. 1. S. 17), das den novis statutis beigefügt werden soll. Auch wurde die Verordnung Seite 8, dass alle Graduirten in ein Buch verzeichnet werden sollten, ausgeführt, doch ist uns ein solches altes Buch nicht erhalten. Wir haben blos eine spätere Copie des liber decanorum. Als Bruchstück der ersten Gesetzgebung in der Sammlung von 1390 sind anzusehen: Monum. I, 1 S. 5 von In nomine dei bis Seite 6: concedanter. Dann Seite 6: Electus in decanum — revelare. Seite 7 Decanus habeat bis Seite 8 possit eam decanus extorquere. Endlich das antiquum utum I, 1. S. 54. §. 22.

Nach unseren Nachrichten war die Prüfung zum Baccalaureat in Prag strenger als die zum Magisterium in Paris. Der Baccalar zu Paris [1] musste bloss in Grammatik, Logik und Psychologie fest sein, während Euclid die physischen Bücher des Aristoteles nur vom Licentianden, dessen ethische Werke nur vom Candidaten zur Magisterwürde verlangt wurden. Der Baccalar in Prag musste nicht allein die Vorlesungen über Euclid und über die obgenannten Disciplinen, sondern noch jene über die Politik des Aristoteles gehört haben und wohl auch über sie Prüfung ablegen [2]. Die Anforderungen an der Wiener Universität hielten sich in der Mitte jener der beiden ersten Hochschulen [3].

Die mittelalterlichen Universitäten hatten nicht allein den Zweck, die Studierenden durch Vorlesungen zu bilden; in den Exercitien und Disputationen sollte auch die Selbstthätigkeit des Schülers geübt werden. Letztere bildeten den Uebergang vom Lernen zum Lehren, indem der Baccalaureand, der zu Prag mindestens sechsmal in einer öffentlichen Disputation über Sophismen und dreimal in einer gewöhnlichen Disputation respondirt haben musste, nach Erlangung der Würde eines Baccalaureus selbst als Lehrer auftreten konnte. Letzteres war sogar seine Pflicht; er musste nach Ablegung seiner Prüfungen zwei Jahre lang als akademischer Lehrer in Prag verweilen. Die Prager Universität liess den Candidaten zu einem Universitätsgrade schwören, er habe die vorgeschriebenen Studien an irgend einer Hochschule gehört; die Pariser Magister dagegen verlangten, dass der Candidat mindestens zwei Jahre seiner Studienzeit in Paris zugebracht habe. Der junge Baccalaureus hatte vielfach mit der Selbstsucht der erbgesessenen Magister zu kämpfen, welche die Vorlesungen über die wichtigsten Materien ausschliesslich für sich in Anspruch nahmen. Durch ein Statut vom 7. September 1367 [4] hatte die Universität bestimmt, dass die Vorlesungen über die geometrischen, arithmetischen, astronomischen und musikalischen Werke des Aristoteles unter die Professoren vertheilt werden sollten. Wahr-

---

[1] Bulaeus IV, S. 390 anno 1366.

[2] Die entsprechenden Vorschriften finden sich in Monum. univ. Prag. und zwar in den statuta facultatis artium, II. Rubrik, §. 12 (etwa aus dem Jahre 1366); dann II. Rubrik §. 19; endlich Seite 108 aus dem Jahre 1394. Die an zweiter Stelle citirte Vorschrift ist die strengste.

[3] Vgl. die Statuta facultatis artium der Wiener Universität Titel VII.

[4] Monumenta hist. univ. I, 1. Seite 68.

scheinlich war in diesen wichtigsten und einträglichsten Vorlesungen
dadurch ein Privilegium für die Magister geschaffen worden. Allein
1370 mussten die Herren ein wenig nachgeben, indem die Concurrenz
eines zweiten Magisters in dem Vortrage desselben Werkes zugegeben
werden musste. Allein mit welch' vorsichtigen Verclausulirungen
hatten die würdigen „Verbreiter" der Wissenschaft ihr Recht aufgegeben! Der privilegirte Vertreter eines Faches musste am 17. October seine Vorlesungen beginnen. Der zweite Lehrer durfte seine Absicht, über dasselbe Werk zu lesen, erst zu Weihnachten kundgeben
und konnte dann am 13. Jänner beginnen. Da man aber darauf hielt,
dass dem Scholar das ganze Pensum zugewogen werde, für welches er
den pastus, das Collegiengeld erlegt hatte, so musste auch dieser
Docent seine Aufgabe bei Strafe am 15. October erledigt haben. In
gleicher Weise hatte zu Paris bis 1366 das Verbot bestanden, dass
ein Baccalaureus nicht über dasselbe Buch zu derselben Stunde lesen
dürfe, zu der ein Magister es vornahm [1]). Allein diese beschrän-
kenden Bestimmungen müssen in den nächsten Decennien zu Prag
durchbrochen worden sein. Die Magister hatten bei ihrer Geschäfts-
überhäufung nicht die Zeit, die Disputationen, Vorlesungen und Erklärungen der vielen Materien zu überwachen [2]); es wurden demnach viele private, unbefugte Vorlesungen gehalten, welche den
ärmeren Studenten mit geringeren Opfern zugänglich waren. Diesen
Verhältnissen wurde in einem Statut der philosophischen Facultät
vom Jahre 1400 bis zu einem gewissen Grade Rechnung getragen.
Es sollte nämlich jedem Baccalar und jedem Magister gestattet sein,
vorzutragen, worüber und wann er wolle. Nur zur Zeit der ordent-
lichen Disputationen solle kein Collegium gelesen werden dürfen.
Allein zur Anerkennung der vollständigen Lehrfreiheit mangelte
die Gewährung zweier wichtiger Zugeständnisse. Sollte nämlich
ein Lehrer mehr als vier Hörer haben, so musste er sich den
Bestimmungen von 1367 und 1370 unterwerfen. Auch sollte kein
Baccalaureus durch solche Vorlesungen seiner Pflicht, zwei Jahre
nach Absolvirung seiner Studien in Prag dociren zu müssen, enthoben
sein; kein Hörer sollte damit seine Pflichtcollegien absolvirt haben.
Gewisse Bestimmungen, die 1366 zu Paris getroffen wurden,

---

[1]) Buläus IV., S. 390.

[2]) Propter nimium laborem magistrorum minus debite pluralitatem materiarum disputandarum, legendarum vel declarandarum conspicientium.

geben uns einen Einblick in die Einrichtung der Vorlesungen. Bei
der Erklärung der Bibel oder der Sentenzen des Petrus Lombardus
musste jeder Hörer den Text in's Collegium mitbringen. Der Vor-
trag musste dem Texte folgen, durfte nichts Fremdartiges einmischen
und musste den Bedürfnissen der Zuhörer entsprechen. Der Lehrer
durfte aber nicht aus seinem Heft dictiren, wenn es ihm auch unbe-
nommen blieb, seinem Gedächtniss durch Aufzeichnungen zu Hilfe
zu kommen. Man sieht, es sind dies Bestimmungen, die ihre vollständige Berechtigung hatten.

Karl IV. hatte mit Errichtung der Universität einem Bedürf-
nisse Deutschlands vorgesehen. Jede der grossen Culturnationen
Europas besass ihre Hauptuniversität und ausserdem mehrere
kleinere Hochschulen. Die Deutschen bildeten, da sie ihre Studien
nicht zu Hause machen konnten, einen beträchtlichen Theil der
Studenten an den fremden Universitäten [1]). Vereinigt mit den
Engländern bildeten sie zu Paris eine der vier Nationen. Seit
den Kriegen zwischen den Franzosen und den Engländern trug diese
Landsmannschaft immer nur den Namen der deutschen Nation; man
theilte sie von da an in die Abtheilungen der Oberdeutschen, Nieder-
deutschen und Schotten ein [2]). Karl VII. bestätigte bei seiner Rückkehr nach Paris ihre Freiheiten, und behob so ihre Befürchtung,
dass die Franzosen aus Hass gegen die Engländer ihre Nation unterdrücken würden. Zu Bologna bildeten die Deutschen einen beträchtlichen Theil der Ultramontanen, die neben den Citramontanen
daselbst studierten. Die Böhmen speciell waren eine der 18 Nationen
der Ultramontanen. Der Rector der Universität musste jedes fünfte Jahr
ein Deutscher sein; kein deutscher Student war gehalten, einen gericht-
lichen Eid vor einem andern Richter als vor dem Procurator seiner Nation
abzulegen. Zu Padua waren die Deutschen bloss der Gerichtsbarkeit ihres
consiliarius unterworfen. Bis gegen das Ende des 14. Jahrhundertes waren
die bedeutendsten deutschen Theologen Professoren an der Pariser Universität. Erst nach der Gründung der deutschen Hochschulen kehrten Albert von Böhmen, Albert von Sachsen, Heinrich von Langenstein in ihr
Vaterland zurück. Was die beiden Letzten der Wiener Universität

---

[1]) Nach der Gründung der Prager Universität fürchtete man wohl zu
Paris das Fernbleiben der deutschen Studenten; man gründete deshalb 1349
ein deutsches Collegium. Vallet de V. p. 166.

[2]) Vallet de Viriville S. 123, Anm. 1.

geworden sind, legt unter Anderem Abschbach in der Geschichte der Wiener Universität dar. Albert von Böhmen, auch de alto castro (Wissehrad) genannt, war 1349 Procurator der englisch-deutschen Nation in Paris, 1355 Rector der Hochschule daselbst [1]). Er war der erste Böhme, der in Paris Doctor der Theologie wurde; hoch-angesehen wirkte er dann in Prag und lebte noch nach 1370, zu welcher Zeit Thomas von Stitne ihm ein böhmisches Werk widmete [2]). Es sind die „sechs Bücher von allgemeinen christlichen Angelegen-heiten."

Der Mangel an hohen Schulen in Deutschland war nicht der einzige, die neue Gründung fördernde Umstand; auch der allgemeine Drang nach Wissen, der damals im Abendlande herrschte, war hiebei von nicht zu unterschätzender Wichtigkeit. Die theologische Wissen-schaft hatte seit Ende des 13. Jahrhunderts an philosophischer Tiefe verloren; dafür breitete sich die Kenntniss ihrer Grundsätze von nun an beträchtlich aus. Für die Opposition Wilhelms von Occam und Marsilius von Padua war die Zeit noch nicht reif gewesen. Das Zeitalter Karls war eine Periode der Sammlung und des Studiums; am Anfang des 15. Jahrhunderts war deshalb die Anzahl der Männer, die eine wissenschaftliche Bildung besassen, Dank den neugegründeten Universitäten eine sehr beträchtliche. Das Council von Constanz und noch mehr das zu Basel gibt daher das erste Beispiel, dass den Ge-lehrten als Zunft, sofern sie in den Universitäten organisirt waren, ein Einfluss auf die öffentlichen Angelegenheiten gewährt wurde. Man weiss, wie zum grossen Theil dadurch das Council zu Basel in seine idealistische Richtung gedrängt wurde, wie es darin zum Theil dem Frankfurter Parlament gleicht. Doch der Drang nach Bildung verbreitete sich bald in die niederen Stände, führte zur Erfindung der Buchdruckerkunst und ermöglichte die Reformation. Auch darin ist Karl IV. ein Repräsentant seiner Zeit, dass er an diesem Streben nach Wissen theilnahm und es verbreiten half. Nicht allein den Gliedern seiner Universität, sondern allen Lehrern und Schülern, die in seinen Reichen reisten, gewährte er seinen Schutz und gestand

---

[1]) Voigt, Versuch einer Gesch. der Prager Univ. S. 11. Buläus IV. p. 948. Ueber die ersten Professoren der Prager Univ. verweise ich hier auf Tomek, und zwar auf die czechische Ausgabe seines Werkes. Eine ausführlichere Be-handlung dieses Gegenstandes behalte ich mir für einen anderen Ort vor.

[2]) Wenzig, Blicke in das böhmische Volk und in seine Literatur S. 26.

ihnen Freiheit von allen Zöllen und Abgaben zu [1]). Aus vielen seiner Urkunden erhellt sein Interesse an dem Gedeihen der Universitäten. Kein Regent hat so viele Urkunden ausgestellt, welche die Privilegien bestehender Universitäten bestätigen sollten. Er machte 1356 die Schule zu Arezzo zu einer Hochschule [2]); zu gleichem Range erhob er die Schulen zu Florenz [3]) und Siena [4]) und ertheilte ihnen alle betreffenden Rechte. Er gestattete seinem Bruder Nicolaus, Patriarchen von Aquileja, ein studium generale anzulegen [5]). Schon 1344 hatte Papst Clemens eine gleiche Bitte den Pisanern gewährt, 1391 erhielt Ferrara dasselbe Recht von Bonifaz IX. — Universitäten, welche noch keine theologischen Facultäten besassen, errichteten zu jener Zeit mehrfach diese Studienabtheilungen. Montpellier besitzt eine solche etwa seit 1350; die Magister der Theologie zu Bologna trennten sich von der vorzugsweise juristischen Schule und bildeten mit Zustimmung des Papstes Innocenz VI. im Jahre 1362 eine eigene Universität. Dagegen hat wahrscheinlich Karl IV. verhindert, dass die Nebenbuhlerin seiner Schöpfung, die Universität zu Wien, eine theologische Facultät erhielt. Im Mai 1365 hielt er sich in Avignon auf und bestimmte den Papst zu dieser Beschränkung. In der Bulle Urban IV. vom 18. Juni 1365 ist der Wiener Universität dieser schwere Nachtheil zugefügt. Es bestand ein Wettstreit zwischen Kaiser Karl IV. und seinem Schwiegersohn Rudolf IV. von Oesterreich, der sich auch auf das literarische Gebiet erstreckte. So hatte gegen 1360 der Dichter Heinrich von Mügeln Prag verlassen und sich nach Wien begeben; dagegen versuchte der österreichische Herzog vergebens, den Prediger Konrad von Waldhausen wieder in seine Heimat zu ziehen.

Zählt man zu diesen neuen Stätten der Wissenschaft die Universitäten, welche bald darauf in Deutschland wie aus dem Boden herauswuchsen, so begreift man, welch' veränderten Platz die Wissen-

---

[1]) Pelzel, Karl IV., II. Nr. 348 (Urk. Buch) ohne Datum.

[2]) Nach Savigny steht die Urkunde bei Guazzesi Opere II. p. 309.

[3]) Ughelli, Italia sacra III. p. 198. Ein Privileg Karl IV. für Pavia von 1361 bei Gatti, Gymn. Ticin. hist. p. 129

[4]) Ughelli, Italia sacra III p. 638 vom 16. August 1357 vgl. auch Maderus Gervasius Tilb. Otia imperialia p. 111.

[5]) Graevius, Tom. V. Pars IV. p. 26.

schaft schon auf dem Concil zu Constanz in der Schätzung der Menschen einnahm. Dem 14. Jahrhundert gehört noch die Gründung der Universität zu Heidelberg 1386, Köln 1388, Erfurt 1392 an. Zweifelsohne hätte sich diese ganze Richtung auch ohne Karl IV. Bahn gebrochen, aber ihm gebührt der Ruhm, der erste deutsche Fürst gewesen zu sein, der die Wissenschaft als solche pflegte und der dadurch eine neue Zeit vorbereiten half.

Kirchliches Leben in Böhmen. Legenden-
literatur, Reformbestrebungen.

Schon in einem früheren Capitel wurde Karls Verhalten gegen
die Kirche und die Art seiner Frömmigkeit geschildert Seine Zeitgenossen wendeten die überschwenglichsten Ausdrücke an, um seine
Religiosität, sein theologisches Wissen hervorzuheben. Erzbischof
Johann Ocko sagt von ihm in der Leichenrede [1]): „Er hatte den
Glauben aufs Sicherste inne und hielt treu an ihm: oft widerlegte
er, ein alter Vertheidiger des Glaubens und der Kirche, die Ketzer."
Nach demselben Zeugen unterzog er sich gleich einem Priester allen
religiösen Uebungen, hielt unter anderem die canonischen Stunden
ein, „denn er war ein geweihter Akoluth [2])." Dass er es an Gelehrsamkeit mit jedem Magister aufnahm, wissen wir bereits: auch
„wusste er bei verschiedenen Gelegenheiten den Psalter aufs Vor-
trefflichste auszulegen, ebenso wie auch die Evangelien und Reden,
und anderes, wie es ein Magister versteht [3])." Wenn wir der letzten
Versicherung glauben wollen, so hat Karl IV. weit mehr theologische
Schriften hinterlassen, als uns erhalten sind. Wir besitzen vorerst
eine Predigt von ihm, die in seine Lebensbeschreibung aufgenommen
ist und demnach als echt gelten muss [4]). Darnach verdankt diese

---

[1]) Freher. Scriptores rer. Bohem. p. 109.
[2]) Freher, pag. 111.
[3]) Freher, pag. 110.
[4]) Bei Benesch in Pelzel und Dobrowsky II. S. 315. Weshalb Hanusch
Dodavky a doplnky Prag 1869, Nr. 77 und 120 den Zweifel ausspricht, ob
Karl IV. diese Homilie geschrieben habe, ist mir unklar. Šembera Dějiny liter.
česk III. S. 136 entscheidet sich für die Autorschaft Karl IV.

Predigt ihre Entstehung einem ganz wunderbaren Ereignisse. Zu Tussyn hätte er auf einer Reise im Traume die Exposition einer Predigt begonnen und zwar über den Vers: Simile est regnum celorum thesauro abscondito in agro etc. [1]. Erwacht hätte er sich das Concept des ersten Theiles seiner Rede gemerkt, das er nun mittheile. In diesem Stücke äussert sich nun ganz der symbolisirende Geist des Zeitalters, der in den Bildern des Evangeliums, die einen Gedanken anschaulich machen sollen, wieder nur ein Symbol eines tieferen Sinnes finden will. Jene Worte der Schrift sind einfach und verständlich: Das Himmelreich gleicht einem Schatze, der in einem Acker verborgen ist: der Verständige geht, verkauft Alles, um den Acker und mit ihm den Schatz zu erwerben. Doch dem Prediger wird der Acker wieder zur Seele des Menschen, der Schatz zum heiligen Geist und zur Gnade Christi, die der Fromme in sich findet und zu deren Tempel er seine Seele macht. Dass er hingeht und Alles, was sein ist, verkauft, das bedeutet die Reue und die Busse über seine Sünden, deren er sich auf dem Markte seines Gewissens durch die Beichte entledigt. Das zweite Gleichniss besagt, dass das Himmelreich gleich sei einer werthvollen Perle, für die der Kaufmann alles hingibt. Auch hier ist dem königlichen Prediger die Perle nicht geradezu das Himmelreich, sondern im „mystischen Verstande" das selige Leben ohne Sünde, für welches das sündhafte, begehrliche Treiben hingegeben werden soll. Nach dem Evangelium ist das Himmelreich gleich einem Netze, in das die verschiedenen Arten von Fischen eingefangen werden; die guten werden von den schlechten Fischen geschieden und nur die guten werden verwahrt. Im tieferen Sinne, so sagt Karl, sei unter dem Netz das Wort Gottes zu verstehen, das in die Welt geworfen werde. Allen Menschen wird es verkündigt, die göttliche Liebe sei bereit, sie alle in ihre Netze aufzunehmen, und sie zu beseligen. Wenn die Menschen beim jüngsten Gericht an diesen Netzen vor das Tribunal gezogen werden, dann wird geschieden zwischen denen, die das Wort Gottes aufgenommen, und denen, die es verachtet haben. So wechselt Bild und Vorstellung in der Predigt des Kaisers in der abenteuerlichsten Weise; bald ist das Netz symbolisch das Wort Gottes, bald ist es die Macht und die Liebe Gottes, welche die Guten und die Bösen zum jüngsten Gerichte heranzieht, gleich wie die Stricke an den Netzen zur Handhabe dienen. Dabei verliert

---

[1] Matthäus 13, 44.

sich der Gedanke des Predigers in einer Anhäufung von Citaten, die das schon klar gewordene in ihrem Wuste zu ersticken drohen und oft ganz zufällig aneinandergereiht werden. Oft regt blos ein Wort im Vorhergehenden eine Ideenverknüpfung an, ohne dass ein sachlicher Zusammenhang zwischen dem Citate und dem belegten Satze herrscht.

Erzbischof Johann sagt in der Leichenrede auf Karl IV.: „Ebenso verfasste er mehreres und unterhielt sich mit Disputiren mit Magistern und anderen Männern der Wissenschaft" [1]). Benesch von Weitmül theilt mit, Karl habe auch zu verschiedenen Zeiten an verschiedene Personen Briefe so tiefen Inhalts und in so gründlicher Sprache geschrieben, dass sogar Magister der Theologie seinen Geist bewunderten [2]). In der Bibel war er so fest, dass, wenn ihm, wie es häufig geschah, im Bette aus ihr vorgelesen wurde, er selbst den Lesenden aus dem Gedächtnisse verbesserte. Auch viele Magister der freien Künste verwunderten sich über seine Kenntnisse, indem sie meinten: „Wie konnte er doch so tief in die Wissenschaft eindringen, da er doch eine so geringe Schulung erhalten hat und bald in seiner Jugend den Geschäften hingegeben sich mehr als tüchtiger Krieger in der Welt als in den Schulen bewegt hat." Karl hat also noch mehreres geschrieben, was uns wohl nicht Alles erhalten ist. Seine eigene Handschrift kennen wir aus seiner eigenhändigen Notiz auf dem angeblichen Autograph des Evangeliums des h. Marcus [3]). Bei feierlichen Gelegenheiten las er selbst das Evangelium der Woche, wie z. B. zu Metz nach der Proclamirung der heiligen Bulle das Evangelium: Exiit edictum a Caesare Augusto [4]). Am bezeichnendsten für Karl ist die Schrift Moralitates Caroli IV., von der sich eine Abschrift Pitters zu Raygern in Mähren und mehrere Bruchstücke in der Wiener Hofbibliothek [5]) befinden. Die ganze allegorisirende Manier, die oben geschildert wurde, finden wir auch hier. Tubalchain — nach der Bibel der Erfinder der Musik — wird mit dem Menschen verglichen: wie jener dem Erz durch Hämmern Töne entlockte, so

[1]) S. 109.

[2]) Pelzel II. S. 325.

[3]) Pelzel, Karl IV., I., S. 418 und die Kupfertafel am Schlusse des Bandes. Diese Bemerkung Karls ist in neuerer Zeit auch photographirt worden.

[4]) Ibidem, pag. 542. Dieses Evangelium pflegte er jährlich selbst zu lesen Benesch. S. 421.

[5]) Raygerer, Archiv. Fasc. H. i. 15; Codex Vindob. 619 Fol. 53—60. Doch ist die Abschrift Pitters (aus einem Prager Codex) nicht vollständig.

erlange der Mensch durch Kasteiung des Körpers Vollendung. Die
Verspottung Noes durch seine Söhne ist die Verspottung Christi; wie
Noe im Rausche seiner nicht mächtig war, so vergass Christus in seiner
Liebe zu den Menschen an sich selbst.

Die Theilnahme Karl IV. an der religiösen Literatur zeigt
sich noch deutlicher darin, dass er eine Legende des heiligen Wenzel
verfasste. Damit jedoch beurtheilt werden könne, welche Stellung die
Arbeit des Kaisers unter den vielen Legenden einnehme, die den
böhmischen Märtyrerkreis verherrlichen, müssen wir einen Blick auf
diese ganze Literatur werfen, sofern Karl auf derselben fusst und
ihren Inhalt fortbildet [1]).

Es sind im Wesentlichen zwei Quellen zu unterscheiden, aus
denen alle Schriftsteller ihre Kenntnis von Ludmila, ihrer Schwieger-
tochter Drahomira und deren Söhnen Wenzel und Boleslaw schöpfen.
Die eine ist das Leben Wenzels vom Priester Gumpold, zwischen
973 und 983 bearbeitet. Sie ist zwar kaum fünfzig Jahre nach dem
Tode des heiligen Wenzel verfasst, enthält aber neben wenig Thatsäch-
lichem aus seinem Leben eine Menge Wunder, die er vollbracht hat. Der
Verfasser überströmt von Bewunderung seines Heiligen und verdeckt
seinen Mangel an örtlicher Anschauung und an Kenntnis des Ge-
schehenen unter einer Fülle von Lobpreisungen. Weit wichtiger als
diese Quelle ist die zweite Gruppe von Nachrichten über jene Zeit,
als deren Wurzel wir die lebendige Volksüberlieferung in Böhmen
selbst bezeichnen können. Die Aufzeichnung des Gumpold ist etwas
starres, für immer festgesetztes, aus der die Legenden, die Dobrowsky
mit B. C und Auszug aus C [2]) bezeichnet, mit geringen Veränderungen
entnommen sind. Die Tradition dagegen ist immer lebendig, fort-
schreitend; sie wird durch keinen Schriftsteller erschöpft, denn sie
setzt nach ihm immer wieder neue Triebe an. Ihre Mittheilungen
werden freilich um so sagenhafter, unwahrer, je später und reichlicher sie fliessen. Diejenige Aufzeichnung ihres Inhalts ist die
erwünschteste, welche in die früheste Zeit zurückreicht. Eine solche
uralte Niederschrift besitzen wir in der Legende, die in altrussischer
Sprache verfasst ist und 1827 in Russland aufgefunden wurde [3]).

---

[1]) Die Grundlage zur Würdigung dieser ganzen Literatur legte Dobrowsky
Kritische Versuche in den Abh. der böhm. Ges. d. Wiss. I, II, III 1803, 1807, 1819.

[2]) In des Longinus vita Stanislai, Cracoviae 1811.

[3]) In Abhandlungen der schlesischen Gesellschaft I. S. 215 u. z. in
Wattenbachs „Slavische Liturgie in Böhmen" steht sie in deutscher Uebersetzung.

Sie ist das älteste und glaubwürdigste Denkmal dieser Begebenheiten
und trägt durch ihre Einfachheit den Stempel der Wahrheit an
sich. Die altslavische und die Legende des Gumpold unterscheiden
sich der Tendenz nach in einem sehr wichtigen Punkte. Wohl steht
Wenzel bei beiden im Mittelpunkte der Darstellung: allein während
Gumpold seinen Helden durch die schwärzeste Zeichnung seiner Umgebung, besonders seines Bruders. hervorhebt, bestrebt sich die
altslavische Legende, man möchte sagen im dynastischen Interesse. den Brudermörder als den Verführten darzustellen. Drahomira wird von Gumpold als Mörderin ihrer Schwiegermutter
Ludmila bezeichnet. in der Legende dagegen will sie die Mörder
bestrafen. Nach der letzteren Quelle „befestigte sie das Reich
und regierte ihr Volk, bis sie ihren Sohn erzogen hatte". Böse
Menschen reizen ihn gegen seine Mutter auf. er verbannt sie,
doch eingedenk der Worte der Bibel. führt er sie wieder an seinen
Hof zurück. „Er ehrte seine Mutter. sie aber erfreute sich an dem
Glauben ihres Sohnes und an der Barmherzigkeit, die er den Armen
erwies." Der Teufel ist es. der Boleslaw verführt, Wenzel zu ermorden. „Da aber die Mutter vernommen hatte die Ermordung ihres
Sohnes, eilte sie herbei und suchte ihn. und da sie ihn erblickt hatte, fiel
sie an sein Herz und weinend sammelte sie die Gebeine ihres Sohnes."
Boleslaw rettet dann seine Mutter vor den Nachstellungen seiner
Mitschuldigen, indem er sagt: „Sie wird uns nirgendhin entkommen,
wenn wir sie durch Andere verfolgen." Es ist ein viel milderes, und
gewiss zu günstig gefärbtes Bild, das wir durch diese Quelle von
der Familientragödie im Hause Bořiwojs empfangen. Im Allgemeinen
hat die Volksüberlieferung die Züge festgehalten, die das Verbrechen
Boleslaws als milder und Drahomira als unschuldig erscheinen lassen.
Dies hat seinen Grund theils in den Thatsachen, theils in der scho-
nenden Beurtheilung, die das Volk dem Stammvater seines Herrscher-
hauses, Boleslaw dem Grausamen, angedeihen liess. Die Kirche dagegen brauchte die scharfen Gegensätze zwischen Gut und Böse und
musste daher Boleslaw Wenzel gegenüber im schwärzesten Lichte erscheinen lassen. Die Lebensbeschreibung des Gumpold blieb vor
Allem die Grundlage der zahllosen späteren Variationen, die das
Schicksal Wenzels in der Legendenliteratur erfuhr. Dies zeigt die
oberflächliche Vergleichung und bedarf keines genaueren Nachweises.
Allein dabei hat jeder spätere Bearbeiter der Sage zu Gumpolds Erzählung neue Züge hinzugefügt. Waren dies nun willkürliche Zusätze,

fromme Erfindungen eines gläubigen Gemüthes? Es ist vielmehr anzunehmen, dass jeder Schriftsteller von Neuem aus dem verjüngenden
Born der Ueberlieferung geschöpft habe und so seinen Lesern stets
den frischen Trank der Volkssage vorsetzen konnte. Deshalb klingen
diese Zusätze fast immer an die altslavische Legende an; es ist, als
ob man abgerissene Absätze, künstliche Variationen derselben einfachen Melodie hören würde, die nur einmal, eben in jener Legende,
voll ausklingt. Aus dieser Anlehnung an die Volkssage darf
man aber nur mit grosser Vorsicht Schlüsse auf die Herkunft
einer neuen Legende ziehen. Sie kann unmittelbar dem Volksmunde
abgelauscht sein, sie kann auch einer Vorlage entnommen sein,
die ihrerseits schon die mündliche Ueberlieferung benutzt hat. So
hatte der älteste böhmische Chronist Cosmas, der um 1125 schrieb,
eine Legende vor sich, die weder mit der des Gumpold, noch mit
der altslavischen dem Inhalte nach stimmt. Er hält es zwar für
überflüssig, die allbekannte Erzählung zu wiederholen, denn „wie
Boleslaw, der unwürdige Bruder des h. Mannes, diesen verrätherisch
zum Gastmahle eingeladen, den er gerade zu ermorden im Sinne
hatte, um die Herrschaft des Reiches zu gewinnen, oder wie er vor
den Menschen, aber nicht vor Gott das Verbrechen des Brudermordes
heuchlerisch verleugnete, das glaube ich, sei genügend in der ruhm-
vollen Leidensgeschichte des heiligen Mannes erzählt [1])“. Er muss
aber eine auf böhmischem Boden erwachsene Legende vor sich gehabt
haben, denn er erzählt bestimmt, dass der böse Bruder das Andenken
des Gemordeten noch übers Grab hinaus neidisch verfolgt und die
Wunder am Grabe des h. Wenzel dem Heiligen zugeschrieben habe,
dem er die Kirche zu Bunzlau geweiht hatte: dass er die Leiche in
die Veitskirche zu Prag gebracht habe, um die Mirakel auf Rechnung des h. Vitus setzen zu können. Dem widerspricht Gumpold,
der erzählt, Boleslaw hätte von der Uebertragung der Leiche nichts
gewusst.

Es ist möglich, dass wir die Legende, die Cosmas benutzte, in
der Erzählung besitzen, die Dobrowsky mit dem Buchstaben D getauft hat [2]), die freilich nur bis zur Vollbringung des Mordes
reicht: jedenfalls gehört sie zu der Gruppe von frommen Dichtungen,
deren eine Cosmas vorlag. Die Legende D selbst ist uns freilich erst in

---

[1]) Pertz, Scriptores IX, S. 46.
[2]) Vorstellungen aus dem Leben des h. Wenzel Prag 1811.

einer Handschrift erhalten, die im 13. Jahrhundert geschrieben wurde [1]).
Manche Züge in ihr sind gewiss alterthümlich, so die ganze Mord-
scene, die Boleslaw fast genau mit den Worten der altslavischen
Legende einleitet: Und so will ich heute dein Diener sein. Gleich
hier zeigt sich, wie wenig man aus einer solchen Thatsache den
Schluss übereilen darf, die Legende D habe die altslavische gekannt.
Dagegen liegt nämlich ein directer Beweis vor. Die slavische Erzählung
nennt unter den mit Wenzel Gemordeten einen Mstina. Unsere Legende
(D) sagt aber bedauernd: Wir Unwürdigen kennen nicht Zahl n o c h
N a m e n d e r G e m o r d e t e n, da ihrer zu viele waren: doch können
wir fest vertrauen, dass sie von Gott gekannt und gewählt wurden.

In der nächsten Zeit blieb die Legende D die herrschende: die
Sage aber versuchte den Mythenkreis zu erweitern, indem sie ihre
Einbildungskraft auf Ludmila und Drahomira richtete. Geschäftig wob
sie die Erzählungen von dem Gegensatz der beiden Frauen, so dass
die Kluft zwischen den beiden Brüdern in pragmatischer Weise
durch die Kämpfe der früheren Generation erklärt wurde. Gumpold
lässt die Schuld Drahomiras an der Ermordung Wenzels [2]) zweifelhaft; Laurentius, der zu Beginn des 11. Jahrhunderts schrieb, nennt
Drahomira die Gotteswürdige; die slavische Legende überhäuft sie
mit Lobsprüchen; erst Cosmas (12. Jahrhundert) meint, sie sei aus
einem Geschlecht entstammt gewesen, das härter als Eisen gewesen
sei. Mit dieser zögernden Verurtheilung Drahomiras hängt die erst
spät gezollte Verehrung Ludmilas zusammen. Noch 1100 rief Bischof Hermann von Prag der Aebtissin Windelmuth zu: Schweige,
Herrin, von ihrer Heiligkeit und lasse die alte Grossmutter in Frieden
ruhen [3]). Eine Predigt aus dem Kloster jener frommen Aebtissin,
aus St. Georg zu Prag, ist wohl das älteste schriftliche Denkmal
ihrer Verehrung [4]). Darin wird erst d e r W u n s c h ausgesprochen,

---

[1]) Die Handschrift wurde zu Klagenfurt gefunden. Abhandlungen der
böhm. Gesellsch. Bd. 19. S. 23.

[2]) Die entsprechenden Capitel bei Gumpold 9, 10, 11, 23 hält Büdinger
für eingeschoben. (Kritik altböhm. Gesch in der österr. Gymnasialzeit-
schrift 1857.)

[3]) Cosmas ad annum 1100.

[4]) Diese Predigt ist mit theilweiser Auslassung der homiletischen Stellen
bei Dobrowsky. Kritische Untersuchungen II, 17 ff. abgedruckt. Dieser Sermon
wurde später mit einer neuen Legende zusammengeschrieben und findet sich in
einer Handschrift des angehenden 15. Jahrhunderts auf der Prager Bibliothek,

es möge ein Kirchenfest ihr zu Ehren eingeführt werden [1]). Erst im
Jahre 1142 nahm die Verehrung der Heiligen einen grösseren Aufschwung, da sie ihre Macht durch ein Wunder bethätigte [2]). Diese
Begebenheit ist in jener Predigt noch nicht erwähnt, so dass sie
wohl vor 1142 verfasst wurde. Noch aus dem 12. Jahrhundert haben
wir dann zwei Legenden; die bei Menken [3]) halte ich als die einfachere für die ältere, auf der die von Wattenbach aufgefundene [4])
fusst. Letztere ist 1181—1200 geschrieben, enthält bereits das Wunder
von 1142 und nennt als den Todestag der Heiligen den 15. September.

Eigenthümlich ist nun, dass uns aus dem 13. Jahrhundert
keine neuen Umbildungen der frommen Sagen von Ludmila und
Wenzel erhalten sind. Sollte die Annahme begründet sein, dass das
Jahrhundert der deutschen Colonisation in Böhmen an ernstere Dinge
zu denken hatte als an die Wunder seiner Schutzpatrone? Genug,
der czechische Ritter Dalimil [5]) aus dem Anfange des 14. Jahrhunderts zeigt uns in seiner Reimchronik zuerst wieder das Bild des h.
Wenzel in neuer Beleuchtung. Vergebens hatte sich die Kirche bemüht, den böhmischen Herzog zu einem Büsser, zu einem frommen
Pfaffen zu machen, im Munde des Volkes lebte er als Fürst und
Ritter fort, der in schwierigen Augenblicken sich an die Spitze
seiner kämpfenden Böhmen stellte. Seine Lanze wurde in späteren
Kämpfen dem Heere vorangetragen; und da glaubte der in Erz ge-
kleidete Caplan, der sie in der siegreichen Schlacht bei Kulm 1126
trug, den Heiligen zu Ross auf seiner Lanze schweben zu sehen [6]).
Eine gleiche Erscheinung hatte das Heer Ottokars vor der Schlacht
bei Kressenbrunn 1260. So ist Wenzel in der czechischen Chronik
des Dalimil nicht allein der fromme Herzog, sondern auch der

Dobrowsky I. S. 16. Die Bollandisten erwähnen indessen einer besonderen
Handschrift des Sermons Acta Sanctorum März, V. Band. S. 341. Die späteren
Zusätze des Prager Codex bewogen einige Forscher, dem Sermon ein jüngeres
Alter zuzusprechen.

[1]) Kritische Versuche II. S. 47.
[2]) Continuator Cosmae in Pertz Scriptores IX. a. 1142.
[3]) Scriptores rerum Germanicarum III. Band S. 1808. Auch in einem
zu Nürnberg gedruckten Prager Brevier von 1502.
[4]) Wattenbach. Beiträge zur Geschichte der christlichen Kirche in
Böhmen und Mähren. Seite 52—54.
[5]) In der deutschen Uebersetzung von 1389. herausgegeben von Hanka
in der Bibl. des liter. Vereins in Stuttg. B. 48.
[6]) Continuator Cosmae ann. 1126.

muthige Krieger, der dem schlesischen Herzog Wratislaw, als dieser
in sein Land einfällt, den Zweikampf anbietet. Er wird zum Kaiser
gerufen, um mit ihm eine Romfahrt anzutreten. Als er nun die Zeit
der Ankunft am Hofe nicht genau einhält, wird er mit Strafen bedroht. Doch der Kaiser erblickt mit einem Male ein Kreuz auf des
Herzogs Stirne und beschenkt ihn mit dem Arme des heiligen Veit.
Dalimil wurzelt mit dieser Anschauung ganz im Boden des Volkes.
Man kann keine der früheren Legenden als seine Quelle betrachten.
Wie sagenhaft muthet nicht der Zug seiner Erzählung an, dass es
nicht etwa ein treuer Diener, sondern das Ross des Heiligen gewesen sei, das ihn aufgefordert habe, seinen Rücken zu besteigen
und der Stätte des Mordes zu entfliehen! Und da begegnen uns zu
unserem Erstaunen wieder Namen, die seit der altslavischen Legende
verschollen zu sein scheinen. Wie, erwachen nicht jene bösen Gesellen,
Styrscha und Gnievisa, aus ihrem Grabe, die schon nach der
alten Legende den frommen Herzog getödtet haben, als Boleslaw
muthlos vom Kampfe abstand? Und weiter, auch in dieser Erzählung
bereut der Brudermörder seine That, bestattet den Leichnam des
Getödteten und macht den eigenen Sohn Strahus (Strachquas) zum
Mönch, auf dass er durch sein frommes Leben den Vater mit dem
Himmel versöhne. Es ist kein Zweifel, dass Dalimil, wenn er auch
Gumpolds Arbeit gekannt hat, ganz unabhängig von ihr vorgegangen
ist. Auch ist seine Erzählung weit reicher, ausgebildeter als die der
slavischen Legende. Ob er unmittelbar aus dem Volke geschöpft hat
oder ob er eine Erzählung kannte, die wir als die Enkelin der slavischen
Legende bezeichnen können, bleibt ungewiss; wichtiger scheint uns das Ergebniss, dass parallel mit der kirchlichen Literatur eine Volksüberlieferung bestand und fortwuchs, deren Mittheilung wir Dalimil verdanken.

Das religiöse Bedürfniss, das im 13. Jahrhundert geschlummert
hatte, erwachte wieder in dem Zeitalter Karl IV. Da war es nun
einem frommen Legendenleser unbehaglich, in den verschiedenen Erzählungen des Gumpold, Cosmas, der Legende D, des Dalimil und
Anderer verschiedene Berichte vom h. Wenzel zu lesen. Er fühlte
wohl nicht den Widerspruch, der sich oft hierin äusserte, aber er
hegte den Wunsch, Alles vollständig und geordnet niedergeschrieben zu sehen. Es galt die Unebenheiten zu glätten, die Widersprüche zu lösen, die zerstreuten Sagen und Wunder zu sammeln.
Die letzte Zusammenfassung alles dessen, was dem Mittelalter heilig
und werth gewesen war, lag im Geschmack Karl IV. und seiner

Epoche: nichts war daher natürlicher, als dass Karl IV. selbst an
diese Aufgabe, dort wo sie den Schutzpatron seines geliebten Böhmens
betraf, Hand anlegte [1]). Diesem Motive verdanken wir wohl das Leben
des heiligen Wenzel, das Karl IV. verfasst hat. Sehen wir zu, wie
der Kaiser seine Aufgabe löste. Die Legende des 12. Jahrhunderts
(D) oder irgend eine Schrift, die aus jener geschöpft war, war ihm
als die letzte und demnach vollständigste Bearbeitung seines Stoffes,
die wichtigste Quelle. Ihr entlehnte er demnach die Anfangsworte
Crescente religione Christiana (D: crescente fide Christiana), die wir
wohl als den Titel bezeichnen können. Doch für die Erziehung und
Regierung des h. Wenzel mochte er sie nicht benützen, da sie an
einem Mangel an Thatsachen litt, der davon herrührte, dass sie nach
Gumpold gearbeitet war, der fern von Böhmen — in Italien — seine
Nachrichten gesammelt hatte. Deshalb vertraute er sich für diese
Zeit der Führung Dalimils oder der uns verlorenen Quelle desselben
an. Ihm folgt er im ersten bis zum fünften Paragraph, ohne, ausser
über die Taufe Swatopluks, etwas besonders hinzuzufügen. Trotzdem
verändert sich der h. Wenzel vollständig in der Auffassung des
königlichen Schriftstellers. Er streift die Frische ab, in der sein
Bild bei dem czechischen Reimchronisten erscheint. In ihren Idealen
schildern sich die Menschen: bei Dalimil ist der h. Wenzel ein
tapferer und frommer Ritter, bei Karl IV. ein gelehrter Prediger
voll mönchischer Askese. „Es strahlen von ihm Funken der Gelehrsamkeit (cap. 2),“ „durch seine Predigten wird das Land erleuchtet,“
„dem Predigen, Vigilienlesen, Almosenspenden und anderen frommen
Werken bleibt er stets zugewandt.“ Vom 6. Capitel beginnt die
eigentliche Compilationsthätigkeit Karls. Verständig, fast schema-
tisch, werden Ludmila und Drahomira, Wenzel und Boleslaw einander gegenübergestellt. Das 6. Capitel, welches die Weigerung Bischofs Tuto, die Veitskirche zu weihen, und die Sage von der Wan-
derung Wenzels durch Schnee und Eis erzählt, lehnt sich im Ganzen
an die Legende D an; das siebente ist entschiedener nach Dalimil gearbeitet. Die bisherigen Legenden schieden sich in solche, welche den
h. Wenzel und welche Ludmila verherrlichten; Karl IV. fasste sie zusammen und erzählt im 8. Capitel die Uebertragung der h. Ludmila. Daran knüpft sich — ausführlicher als in D — der Wunsch
des Herzogs, Benedictiner zu werden und die Krone seinem Bruder

---

[1]) Die Legende aus der Feder Karls ist gedruckt in den Acta Sanctorum
beim 29. September und im Pulkawa bei Dobner III. p. 94.

zu überlassen. Unglücklich compilirt ist im 8. und 9. Capitel der
Märtyrertod, in dessen Erzählung förmlich die Scheu hervortritt,
nach irgend einer Seite an eine der vielen Traditionen anzustossen.
Dadurch geht die schöne Anschaulichkeit Dalimils verloren und es
löst sich alles in allgemeine Ausdrücke auf. Dabei erscheint — bezeichnend genug — Drahomira zum ersten Male in der uns erhaltenen Legendenliteratur mitschuldig an dem Tode des eigenen Sohnes
(cap. 10); der kirchlichen Sagenbildung handelte es sich nicht um
menschliche Züge, sondern um die grellen Contraste entsetzlicher
Bosheit und himmlischen Märtyrerthums. Gleich verschwommen wird
die Translation der Gebeine Wenzels geschildert. Natürlich greift
Karl zu der dem Herzog Boleslaw feindseligen Tradition des Cosmas,
nach dessen Zeugniss die Uebertragung zur Verbergung des Ruhmes
des getödteten Bruders stattfindet. Die Strafen der Mörder, die
Wunder bei der Translation sind nach Dalimil geschildert; doch
wenn dieser Chronist aus dem Flusse, über den die frommen Träger
des Leichnams ohne Schiffe gelangen, schon zwei Ströme macht, so
weiss Karl bereits ihre Namen Rokitnitz und Moldau. Dazwischen
begegnet dem königlichen Compilator eine Flüchtigkeit. Die vier Elemente sollen auf dieser Reise Wenzel gedient haben: allein Karl
vergisst dem gehorsam zurückweichenden Wasser, dem Wohlgeruch,
der sich um die Bahre verbreitet, dem Erdbeben als viertes Element
das huldigende Feuer hinzuzufügen. Im 12. und 13. Capitel wird
der Enkel Boleslaws im Ganzen nach Dalimil gedacht. Im 13. Capitel wendet sich Karl indessen noch zu einer anderen Quelle, die
er bis dahin noch nicht benutzt hat. Man findet da wiederholt
Aeusserungen wie: „Der Erwähnung werth halten wir noch die
wahren Wunder des obgenannten h. Märtyrers . . . . Aus alten
Schriften und aus wahrhaften Berichten erfahren wir, dass. . .“ „Wir
fanden auch in alten Legenden beschrieben . . . .“ Und nun folgen
beinahe wörtlich die Wunder, die Gumpold vom Capitel 24 bis 30
erzählt. Karl fasst sie verständig im Capitel 13 bis 15 zusammen,
so dass nichts wichtiges ausgelassen ist, wohl aber die vier Befrei-
ungswunder Gumpolds (cap. 24, 25, 27, 29) in eines zusammengedrängt sind. Das letzte Capitel der Wenzelslegende Karls enthält ein
Wunder, das Cosmas zum Jahre 1091 erzählt, und das auch früher [1]
schon der Arbeit Gumpolds angefügt zu werden pflegte.

---

[1] Dobrowsky, Kritische Untersuchungen I. S. 87 in den Abhandlungen
der böhm. Ges. 1803.

So fehlt keine der schriftlichen Quellen, die Karl überhaupt
benutzen konnte [1]. Selbst zu Gumpolds „alter Legende" wurde zu-
rückgegriffen; natürlich nicht mehr, wie wir es thun würden, um
diesen verhältnismässig alten und deshalb werthvollen Bericht zu
Grunde zu legen, sondern um aus ihm die späteren Legenden zu ergänzen. Nur eine Quelle hat Karl nicht berücksichtigt; es war die
Ueberlieferung, in die Dalimil mit Erfolg gegriffen hatte und die,
wie sich später zeigen wird, noch nicht versiegt war. Die Zergliederung dieser Arbeit Karl IV. führt offenbar zur Annahme, dass es
kein frühes Lebensalter gewesen sein kann, in welchem der Verfasser
seine Schrift zu Tage förderte. Man darf wohl kaum unter die Zeit
der Thronbesteigung (1346) König Karls hinabgreifen, um die untere
Zeitgrenze der Abfassungszeit zu bestimmen. Anderseits kennt der
Chronist Pulkawa, der 1374 schrieb, bereits die historia nova de
S. Wenceslao per Dominum Carolum Imperatorem composita und
nimmt sie vollinhaltlich in sein Werk auf [2]. Auch Mariguola erwähnt
1363 bereits das Leben Wenzels, „das der Kaiser Karl kurz darlegte,
und das, wenn irgendwo, h i e r e i n g e s c h o b e n werden müsste" [3].
Die Translation des heiligen Veit fand 1354 statt; sie ist in der
Legende nicht erwähnt, obwohl dies passend wäre an der Stelle, wo
erzählt wird, Wenzel habe den Arm jenes Heiligen erhalten. Wir
wissen ferner, dass Johann von Neumarkt, bevor er 1353 Bischof wurde,
sich einen liber viaticus habe schreiben lassen, in den die Wenzelslegende Karls schon aufgenommen wurde. Bedenkt man endlich,
dass Karl der Missionsthätigkeit der Slavenapostel, Cyrill und Method,
deren Verehrung seit der Gründung des Slavenklosters neu aufzu-
leben begann, keine Erwähnung thut, so dürfte die Abfassungszeit
der Legende Karl IV. um 1347 zu setzen sein. Die Arbeit Karl IV.
ist nun eine ungemein anregende gewesen, so dass unter seiner Regierung die Legendenliteratur in Böhmen einen grossen Aufschwung
nahm. Ganz abgesehen von seiner persönlichen literarischen Thätigkeit war seine ganze Richtung, die auf Sammlung und Erhaltung
kirchlicher Alterthümer ging, der Pflege der Heiligenbiographie

---

[1] Die Erzählung von König Erich von Dänemark, dem der heil. Wenzel
zur Zeit seines Martyriums erschien (cap. 9), war gewiss in eine Legende aufgenommen, die uns nicht erhalten ist, aus der dann Karl IV. schöpfte.

[2] Dobner. Monumenta III., pag. 94—96.

[3] Dobner, Monumenta II., pag. 153.

günstig. Dass mit einem Male Legenden der Slavenapostel Cyrill
und Methodius nach 1347 auftauchten, wird gleich erörtert werden,
Die Häufung des Stoffes forderte gleichsam zu einer grösseren Com-
pilation heraus, die auch von mehreren Seiten versucht wurde. Ein Beispiel hievon liefert die Legende F [1]. Sie besteht aus dem alten Sermon
über die h. Ludmila und aus der Translation dieser Heiligen (beide
aus dem 12. Jahrhundert), denen die Legende des h. Cyrill vorausgeschickt ist. Das Alles ist mit einigen Nachrichten aus Cosmas
und Dalimil zu einer Bekehrungsgeschichte Böhmens zusammenge-
arbeitet, die von dem Erscheinen Cyrills in Mähren bis zu der Regierung Wenzels reicht. Weit merkwürdiger ist aber das zweite
Legendenwerk, das uns unter dem Namen des Christann erhalten
ist [2]. Dieser Christann gibt sich in der Widmung seines Werkes
für den Oheim des h. Adalbert aus; er würde demnach in der zweiten
Hälfte des 10. Jahrhundertes gelebt haben. Allein es ist ausgemacht,
dass dies eine falsche Angabe ist. Demnach hat Dobner [3] auf
Christann, den Kanzler Premysl Ottokar II. und des Erzbischofs
Adalbert von Salzburg, Dobrowsky auf Christannus, den Abt des
Klosters Brewnow (1279—1287), als den Verfasser gerathen. Es ist
wirklich nicht möglich, dass der vorgebliche Autor von sich Sanctus
nomine Christannus spricht, allein ebenso wenig ist abzusehen, warum der Fälscher gerade Christannus geheissen haben muss, wie jene
beiden Gelehrten wollen. Ihre Bestimmung leidet vor Allem an
dem Fehler, dass sie die Zeit der Abfassung dieser Legende zu weit
vorrücken. Schon dass die Legende die Thätigkeit Cyrills und Methods ausführlicher darzulegen vermag, spricht nach unseren gleich
folgenden Ausführungen mit zwingender Nothwendigkeit dafür, dass
sie erst nach der Gründung des Slavenklosters 1347 entstanden ist.
Es ist durchaus nicht anzunehmen, dass Christann vor Kaiser Karl
seine Legende geschrieben habe; denn es wäre bei dem abschliessenden
Character der Arbeit Karls nicht denkbar gewesen, dass er die weit-

---

[1] Gedruckt bei Dobrowsky in den Abhandlungen der böhm. Ges. 1803.

[2] Dobrowsky zählt von dieser Legende fünf Manuscripte auf, drei in
Prag, eines in Heiligenkreuz, eines im Kloster Bodecke. Auszüge in Krems-
münster und Klagenfurt. Herausg. von P. Athanas, Prag 1767, 4° und von
Balbin in seiner Epitome. In den Acta Sanctorum ist ein Theil unter Cyrill
(März II. Band), die erste Hälfte unter Ludmila (September II. Band), die
zweite unter Wenzel (September II. Band) gedruckt.

[3] Annales, 4. Th. S. 329.

läufigste Arbeit über seinen Gegenstand nicht benutzt hätte. Vielleicht scheute sich der unbekannte Autor, unter seinem eigenen
Namen mit dem kaiserlichen Schriftsteller in Wetteifer zu treten,
und wählte desshalb das Pseudonym. Doch konnte sich dieses neue
Werk vollkommen mit der Legende Karls messen, da es alle Bruchstücke und Theile der ältesten Kirchengeschichte Böhmens in ein
wohlgeordnetes abgerundetes Ganze zusammenfasst. Unsere Annahme
der Abfassungszeit der Legende des Christann widerspricht nicht
allein der Vermuthung Dobners und Dobrowskys, sondern auch der
Büdingers. Dieser Forscher will beweisen [1]), Christann habe den Dalimil
nicht benutzt: eher sei das umgekehrte der Fall. Allein die Capitel
30 und 31 konnte Christann sonst aus keiner uns bekannten Quelle
entnommen haben; dass aber Dalimil etwa diese Wunder aus Christann
entlehnt habe, ist deshalb unwahrscheinlich, weil es sonderbar wäre,
dass Dalimil gerade das, was er ausser im Christann in keiner Legende
finden konnte, so ausführlich beschrieben hätte. Dazu kommt noch,
dass Dobrowsky (Kritische Versuche III.) eine Lesart Christanns scharfsinnig durch einen Schreibfehler Dalimils erklärt hat. Christann behauptet
nämlich, abweichend von allen Legenden, dass das Ohr Wenzels zwischen
den Baum, unter dem der Heilige getödet worden war, und zwischen die
Wand der Kirche gefallen sei. In allen anderen Legenden steht
sonst zwischen Wand und Schwelle. Aus dwerzmi (Schwelle des
Dalimil) kann eben leicht drzwmi — drzewan (Baum) bei Christann
geworden sein. Nicht uninteressant aber ist die Frage, ob Christann
die slavische Legende gekannt habe. Büdinger hat wirklich gezeigt,
dass sich in Christann mitten unter der Darlegung der gewöhnlichen
Anschauung stellenweise die Tradition von der Unschuld Drahomiras
am Tode ihres Sohnes Bahn breche. Besonders drückt sich dies
in der Bemerkung aus, die Christann macht, nachdem er freudig
die Versöhnung der Mutter und des Sohnes mitgetheilt und die
Mutter beklagt hat, dass sie die Ermordung des Sohnes erleben
musste: „Aber wie das Alles geschah, wollen wir wegen seiner Aus-
serordentlichkeit übergehen und zu unserem Unternehmen zurückkehren [2])“. Was denn Ausserordentliches hat er nun übergangen?
Es kann das nur auf seine eigene Verwunderung darüber gehen, dass

---

[1]) Kritik altböhm. Gesch. in d. österr. Gymnasialzeitsch. 1857.

[2]) Sed haec cuncta qualiter gesta sunt, ob sui enormitatem praetereuntes
coepta prosequamur.

eine so günstige Auffassung von Drahomiras Charakter, die er übrigens sorgsam registrirt, neben der landläufigen Erzählung existire. Allein ist deshalb die directe Kenntniss der slavischen Legende anzunehmen? Dem widerspricht in bestimmter Weise eine Stelle im Christann. Dort wo Christann von den mit Wenzel Hingemordeten spricht, fährt er fort: „Obwohl wir deren Zahl und Namen bei ihrer Menge nicht wissen, so hoffen wir doch, dass Gott sie kenne und auserwählt habe." Diese Stelle hat Christann wörtlich aus der Legende D abgeschrieben. Nun erzählt aber die slavische Legende, dass ein gewisser Mstina in Bunzlau getödtet worden sei. Weder D noch Christann können also die slavische Legende gekannt haben. Man darf nur annehmen, dass die Tradition in Böhmen mit grosser Zähigkeit eine der Herzogsfamilie günstigere Fassung festgehalten habe, die sich mitunter zwischen der kirchlichen Darlegung einstellte. Man muss aber mit dem Vorwurfe der absichtlichen Geschichtsfälschung gegen mittelalterliche Chronisten recht vorsichtig sein. Dalimil und Christann erscheinen nicht, wie der hyperkritische Dobrowsky meint, als Betrüger oder doch als muthwillige Erfinder; beide schöpften vielmehr aus der Tradition, zu der sie wahrscheinlich nichts hinzugefügt, sondern deren jedesmaligen Stand sie abgerundeter gegeben haben. Auf diesen Grundlagen nun hat sich die weitere Literatur entwickelt, die Dobrowsky ausführlich bespricht, aus der uns aber nur die Wenzelslegende Johann's von Neumarkt interessirt. Sie ist in zwei Handschriften der Prager Universitätsbibliothek [1]), dann in einer Abschrift der Sammlung Cerronis erhalten. In ihr sind allerdings eine grosse Menge von Wundern neu erzählt, sie weicht aber sonst von der herkömmlichen Darstellung wenig ab.

Es bleibt uns noch übrig, einen wichtigen Zweig dieser Literatur in's Auge zu fassen. Bis zum 14. Jahrhundert blieb das Andenken an Cyrill und Method in Böhmen so gut wie erloschen. Wohl war eine dunkle Kunde herübergekommen, dass Boriwoj von dem heil. Method getauft worden sei; die Wenzelslegende des Gumpold nennt indessen den Namen des Slavenapostels nicht, ebenso wie die gesammte folgende Legendenliteratur nichts von ihm weiss [2]). Cosmas

---

[1]) VIII A 3 und X B 7. Die Angabe in d'Elverts histor. Literaturgesch. Mährens, die „angebliche" Legende Johanns von Neumarkt datire von 1262, scheint irrig zu sein, da sie ganz auf Karl und Christann beruht.

[2]) Der Nachweis bei Dobrowsky, kritische Versuche Nr. I. Boriwoj's Taufe in den Abh. der böhm. Ges. d. Wiss. 1803 Seite 31.

geht leider mit den Worten: „Wie aber Herzog Boriwoj das Sacrament der Taufe empfangen habe, wollen wir lieber übergehen, da man das schon von Andern beschrieben finden kann [1])" über das wichtige Ereigniss hinweg; indessen spricht er doch von „Boriwoj, dem ersten Herzog, der von dem ehrwürdigen Bischof Methodius in Mähren getauft wurde [2])." Woher kannte nun Cosmas, da die Wenzelslegenden nichts von Methodius wissen, dessen Namen? Es ist dies ein Punkt, den wir für den ferneren Verlauf der Untersuchung im Auge behalten müssen. Glücklicherweise gibt uns Cosmas selbst Aufschluss darüber, indem er auf das Privilegium der mährischen Kirche und auf den epilogus Moraviae atque Bohemiae verweist. Diese Quelle scheint jedoch in Böhmen in den nächsten Jahrhunderten nicht weiter benutzt worden zu sein; kein Chronist weiss über diese Dinge mehr als Cosmas; selbst der Domherr Franz findet in seiner Chronik [3]), die er 1341 schrieb, den Namen des h. Cyrill nicht erwähnenswerth, obwohl er an dieser Stelle den Peter von Zittau ausschreibt, der gleich Cosmas den Apostel nennt.

Wohl aber war in Mähren das Andenken an die Slavenapostel nicht erloschen. So finden wir in der Chronik von Hradisch aus dem 12. Jahrhundert folgende Nachricht: „Zu dieser Zeit erfanden Cyrillus und Methodius bulgarische Schriftzeichen und predigten den Mährern das Wort Gottes [4])". Demnach wusste man hier sogar, dass Cyrillus die slavische Schrift erfunden habe, obwohl auch für diese Annalen Cosmas die Quelle gewesen ist. Leider ist uns der Gesammtumfang der mährischen Tradition über Methodius und Swatopluk, wie sie im 13. Jahrhundert bestand, nicht ganz bekannt; annähernd erfahren wir dies aus dem 14. Capitel des 1. Buches des Cosmas [5]) und aus Dalimil [6]), die sich so ergänzen, dass Dalimil den ersten Theil, Cosmas den zweiten Theil der Sage erzählt, Dalimil auf Seite Swa-

- - - - -

[1]) Pertz, Scriptores IX. S. 45.

[2]) Ibidem, pag. 39.

[3]) Pelzel, Scriptores II. S. 3. Vgl. ebenso die böhm. Fürstenreihe in Pertz SS. IX. S. 209, die nur Cosmas folgt.

[4]) Dobner, Monumenta III. S. 17: Hac ipsa tempestate Cyrillus et Methodius inventis Bulgarorum litteris verbum dei predicaverunt Moravicis.

[5]) Pertz, Scriptores IX. S. 44.

[6]) Schriften des literar. Vereins zu Stuttgart. B. 48. S. 63--66. Dalimil scheint eine mährische Chronik gekannt zu haben S. 64: Hy muz ich ein wenig geiu in dy Mehreschin cronikin.

topluks, Cosmas auf Seite des Kaisers steht. Demnach habe der mährische König des Kaisers Schwester zur Frau gehabt; ein Krieg entspann sich, Swatopluk wird besiegt, seine Frau lebt am Hofe des Kaisers. Swatopluk wird Einsiedler, nach sieben Jahren beweist er im Zweikampfe an des Kaisers Hof sein Recht auf seine Gemahlin. Er kehrt mit ihr nach Mähren zurück, wird aber von den Ungarn überwunden. Nach der Anschauung des Volkes verschwand er und wurde Einsiedler auf dem Berge Zober [1]). Vor seinem Tode entdeckt er drei Einsiedlern sein Geheimniss [2]). Man sieht, dass auch die mährische Tradition von seinem Verhältnisse zum h. Methodius nichts zu sagen weiss: fast zusammenhangslos werden die beiden Namen aneinandergereiht. So geschieht es in den Hradischer Annalen, die zudem Swatopluk mit dem gleichnamigen Sohne Kaiser Arnulfs verwechseln [3]).

Während nun in der ersten Hälfte des Mittelalters von der Thätigkeit der Heiligen, um die es sich hier handelt, sehr wenig bekannt ist, finden sich plötzlich nach 1350 ausführliche Nachrichten über ihre Wirksamkeit. Würden wir allein auf diese angewiesen sein, dann könnten wir nicht entscheiden, ob sie bloss fromme Erfindungen und Fälschungen einer späteren Zeit oder Mittheilungen seien, die auf alten sicheren, später aufgefundenen Quellen beruhen. Wenn uns nicht zur Controlle die pannonische Legende und andere echte Quellen zu Gebote stünden, die manches aus der nun auftauchenden Legendenliteratur bestätigen, so würde zweifelsohne eine vorgeschrittene historische Kritik die Legenden J und K, wie sie Dobrowsky taufte, die aus dem 14. Jahrhundert stammen, als völlig unbrauchbar verwerfen. So vorsichtig muss der Historiker nicht allein gegen zweifelhafte Quellen, sondern auch gegen seinen eigenen kritischen Eifer sein.

Es erhebt sich nun die Frage, auf welchen Quellen die Legenden des 14. und 15. Jahrhunderts fussen, da sie nicht als blosse Erdichtungen betrachtet werden können und da ihnen auch nicht die pannonische Legende zu Grunde liegt.

---

[1]) Delituit et nusquam comparuit.

[2]) Ich bekenne allerdings, dass es misslich ist, die Form der Sage aus zwei verschiedenen Jahrhunderten aneinanderzuschweissen. Pulkawa (Dobner, Monumenta III. S. 87) schliesst sich Cosmas an. Von den Worten Cuius regnum wird eine Cyrilluslegende benützt.

[3]) Dobner, Monumenta III. S. 17.

Die eine dieser Quellen bietet sich mit grosser Leichtigkeit dar. Es ist das die Translatio des h. Clemens, der an der Nordküste des schwarzen Meeres gestorben und dessen Leichnam von dem heiligen Cyrillus aufgefunden worden war, welcher unter den Chazaren des Christenthums predigte. Demnach ist in der Geschichte der Ueberführung des Leichnams des h. Clemens auch von den Missionsreisen des Apostels Cyrillus die Rede. Biographien des h. Clemens haben Leo von Ostia und Gaudericus, Bischof von Velitrae geschrieben. Die erstere ist uns nicht erhalten[1]); die zweite ist zum Theil in den Acta Sanctorum abgedruckt[2]). Gaudericus war ein Zeitgenosse Cyrills[3]) und überreichte die drei Bücher des Lebens des h. Clemens, seine Jugend, sein Pontificat und seine Translatio enthaltend, dem Papste Johann VIII. Die Legende schliesst, da sie eigentlich nur die Geschichte Clemens' behandelt, mit der Uebertragung seines Leichnams nach Rom, bevor die Wirksamkeit des h. Methodius zu schildern wäre; der Tod und die Bestattung des heiligen Cyrill sind die letzten in ihr erwähnten Ereignisse. Obwohl diese Legende (H) demnach nicht dem Wissensdurst und dem frommen Eifer der Verehrer der beiden Slavenapostel genügte, wurde sie doch hervorgeholt und benutzt. Wir finden sie verwendet vor Allem in der mährischen Legende[4]), so genannt, weil die Bedeutung Mährens in dieser Erzählung hervorgehoben wird. Leider sagt uns Dobrowsky nicht, aus welcher Zeit die „älteren" Handschriften[5]) dieser Legende sind. Wir könnten dann mit einiger Sicherheit bestimmen, wann die Translatio des h. Clemens nach Böhmen gebracht worden sei.

Allein in dieser mährischen Legende, von Dobrowsky auch Legende J genannt, folgen auf die ersten sechs Lectionen, dis aus der

---

[1]) Baronius Annales a. 867 beruft sich zum Beweise der Autorschaft Leos auf Petrus de Natalibus, der um 1370 lebte, also zur Zeit des Auftauchens des Interesses für den h. Cyrillus, und auf Esquilinus. Das Material über diese Frage in Acta Sanctorum März II. S. 14.

[2]) März II. S. 19—21 aus Du Chesne's Codex im 2. Bande seiner Sammlung.

[3]) In der Widmung heisst es: Quae nos ut meminimus, quae vidimus et legimus ipsius Christi Martyris fieri orationibus, colligentes transscripsimus.

[4]) Abgedruckt 1) in Acta Sanctorum März II. aus einem Blaubeuernschen Codex von 1480 und 2) von Dobrowsky aus mehreren älteren Handschriften in „die mährische Legende von d. h. Cyrill und Methud" in Abhandl. der böhm. Ges. 1826 S. 9 ff.

[5]) Abh. d. böhm. Ges. d. Wiss. 1823, S. 18.

Translatio des h. Clemens geschöpft sind, noch andere, die eben auf die zweite unbekannte Quelle des Lebens des Slavenapostels zurückzuführen sind. Verwendet findet sich diese zweite Quelle auch in der Legende der h. Ludmilla (nach Dobrowsky F) und in dem Legendencyclus des falschen Christann (G). Der gemeinsame Inhalt in diesen Quellen, der demnach den Inhalt der für uns verlorenen Quelle repräsentirt, ist folgender: Cyrill wird von dem Herrscher Mährens, Swatopluk [1]) berufen, bekehrt auf dem Wege die Bulgaren [2]), predigt dann in Mähren und übersetzt das alte und neue Testament und mehreres Andere in die slavische Sprache mittelst der von ihm erfundenen Schrift. Er liest die Messe und die kanonischen Horen in slavischer Sprache. Papst Nicolaus erstaunt über diese Neuerung, ruft die Brüder zur Rechtfertigung nach Rom. Mittelst der zwei Bibelsprüche: „Verwehret nicht in verschiedenen Sprachen zu reden" und „jeder Geist lobe den Herrn" bringen sie den Papst Hadrian dahin, dass er die Einführung der slavischen Kirchensprache billigt. Cyrill entsagt in Rom dem Bisthume, wird Mönch und stirbt daselbst. Method wird Bischof von Mähren; der fromme Swatopluk wird aber von seinem Neffen geblendet und letzterer verschmäht die Lehre Methods. Zur Strafe verhängt der Apostel den Bann über das undankbare Land [3]).

Woher kommen nun diese neuen Nachrichten über die Missionsthätigkeit der Slavenapostel?

Wir können wohl mit Bestimmtheit sagen, dass die römische Kirche keine Legende über diese Männer ausser denen des Bischofs

---

[1]) In der Legende II des Gaudericus heisst er richtig Rastilaus.

[2]) Ist historisch. fehlt wieder in H. In F. sollte nicht Ungaria stehen vgl. Dobrowsky in Abh. der böhm. Ges. der Wiss. 1823 S. 41 Anm. Wenn Dobrowsky S. 40 die „alte Legende" von der böhm. Herzogin Ludmila citirt, so ist im Auge zu behalten, dass diese Legende F aus zwei verschiedenen Bestandtheilen besteht (vgl. Dobrowsky Abh. d. böhm. Ges. 1823 S. 16). Das Stück, das Dobr. citirt, ist nicht sehr alt.

[3]) Bloss in der Legende J findet sich noch eine Erzählung von der versuchten Entführung des Leichnams des h. Cyrill durch seinen Bruder aus Rom und von der Reue Swatopluks, der sich wieder mit Method versöhnt. Letztere Erzählung ist von dem frommen mährischen Verfasser hinzugefügt, um die Schmach des Bannes von seinem Lande zu nehmen. Die Herkunft der ersten Erzählung ist ungewiss. Am Schlusse steht die bekannte Erzählung von Boriwoj's Taufe. Pulkawa (Dobner III. S. 88) erzählt die Ursache des Bannfluches genauer, vielleicht nach der alten Legende.

von Velletri und Leos von Ostia aufbewahrt hat. Denn sonst müsste
uns eine Spur einer solchen aufbehalten sein. In der Legende des
Gandericus nun steht von der oben skizzirten Erzählung nichts[1]); die
Nachrichten sodann, die wir durch Jacob von Genua von der Legende des Leo Ostiensis haben, stimmen vollkommen mit der Translation des h. Clemens überein[2]). Es bleibt uns demnach nichts übrig
als anzunehmen, dass die slavischen Mönche, die Karl IV.
1348 im Emauskloster ansiedelte, jene Nachrichten mit
sich gebracht haben.

Diese neue Erzählung stimmt durchaus nicht mit dem, was die
mährische Tradition von Swatopluk mittheilte. Sie kann demnach
auch nicht aus einer einheimischen mährischen Quelle geschöpft sein.
Man müsste eher erwarten, dass die russischen oder griechischen
Annalen in etwas unserer oben reconstruirten Legende verwandt
sind, da wir annehmen müssen, diese Legende sei durch die slavischen Mönche aus Dalmatien gebracht worden. Freilich stimmt diese
Annahme nicht, wenn man wenigstens die griechische Biographie
des bulgarischen Erzbischofs Clemens[3]), eines Schülers des Methodius in's Auge fasst, die von einem Begleiter Clemens abgefasst ist.
Dasselbe muss man von den russischen Nachrichten sagen, die Dobrowsky[4]) zusammengestellt hat. Indessen kann dies nicht als Gegenbeweis gelten, so dass man noch immer die Hoffnung aussprechen
darf, man werde diese Legende noch entweder lateinisch oder selbst
slavisch in irgend einer Bibliothek auffinden. Das aber kann als festgestellt bezeichnet werden, dass die slavischen Mönche Karl des IV.
mit der glagolitischen Schrift auch die Biographie ihres Schöpfers, des
h. Cyrillus, mitgebracht haben. Diese Legende müsste aber sehr von
der pannonischen Legende abweichen, welche bekanntlich die Hauptquelle für das Leben der Slavenapostel ist. Denn schon der Bericht

---

[1]) Diese Legende H muss erst später als die später zu besprechende unbekannte Quelle nach Böhmen gebracht worden sein; denn sie findet sich nur in J
mit der anderen Quelle vermischt, während diese in F, G, J rein erhalten ist.

[2]) Acta Sanctorum März II. S. 14.

[3]) Sie wurde 1802 ohne Angabe des Druckortes publicirt, vgl. Dobrowsky,
Abh. der böhm. Ges. 1823 S. 10. Nach Dobrowsky zeigt sie eine auffallende
Aehnlichkeit mit der Legende H des Gandericus.

[4]) Ibidem, S. 31. Nestor (herausg. v. Schlözer III. S. 174) stimmt ganz
mit der pannon. Legende (lat. bei Dümmler, Archiv für Kunde östr. Gesch.
B. 13 S. 156) überein.

über die Discussion über die slavische Kirchensprache weicht in der pannonischen Legende von unserer Zusammenstellung ab [1]); die Nach - richten der pannonischen Legende über die Verleumdung Methods durch deutsche Priester beim Papst (c. 10. 12), über die Bibelüber- setzung (c. 15), den Tod und die Designation des Nachfolgers (c. 17) sind in unserer Legendengrundlage gar nicht erwähnt.

Zur Bestimmung der Zeit, wann diese Legende nach Böhmen kam und wann die einzelnen Legenden verfasst wurden, mögen noch folgende Daten dienen. Marignola [2]), der 1362 schrieb, benutzt schon alle Angaben von F oder G, auch die unrichtige, dass Cyrillus ein Zeitgenosse des h. Augustinus gewesen sei. Pulkawa, der seine Chronik 1374 verfasste, stellt die Nachrichten des Cosmas neben die der von uns reconstruirten Legende, die zu seiner Zeit noch mehr im böhmischen Sinne umgemodelt ist. Darnach ruhte der Leib des h. Cyrillus drei Jahre in der Wyschrader Kirche; nicht der h. Cy- rillus sondern eine Stimme vom Himmel ruft dem Papste die Bibel- verse zu Gunsten der slavischen Liturgie zu; endlich wird ausdrück- lich erwähnt, dass in den Diöcesen von Ragusa, Spalatro, Zara die Messe in slavischer Sprache gelesen wurde. Demnach war 1362 und 1374 die Legende, die von den slavischen Mönchen nach Böhmen gebracht wurde, den Chronisten schon bekannt.

Wir haben uns länger bei diesem Abschnitte aufgehalten, als es der Wichtigkeit des Gegenstandes zu entsprechen schien. Allein es war gerade angezeigt darzulegen, wie die Bestrebungen Karl IV. auf kirchlichem Boden haften, wie er unter anderem bestrebt war, die alten Traditionen aus der Kirchengeschichte seines Landes in helles Licht zu setzen. Recht im Gegensatze dazu werden wir jetzt die Reformbestrebungen in Böhmen schildern. Es soll durch diese Nebeneinanderstellung klar werden, wie sich damals die entgegen- gesetztesten Richtungen brüderlich zusammenfanden und wie Karl, wenn auch auf Seiten der kirchlichen Tradition stehend, jeder gei- stigen Bewegung eine Stätte in seinem Lande gönnte.

---

[1]) Der Brief des Papstes zu Gunsten der slavischen Liturgie in der pannon. Leg. (bei Dümmler Archiv für östr. Gesch. Bd. 14, S. 160) citirt Psalm 116, 1 und Apostel 2, 11, während wir aus der alten Legende, die wir voraussetzen, 1. Cor. 14, 39 und Psalm 150, 6 erwähnen mussten, die wenigstens in F und G citirt werden.

[2]) Dobner. Monumenta II. S 150.

Wir haben schon oben dargelegt, wie Karl IV. seit seinem Römerzuge auch der Kirche gegenüber entschiedener auftrat, wenn es die
Sache erheischte. Diese veränderte Gesinnung gab sich besonders
auf dem Reichstage zu Mainz kund (März 1359). Damals nahm
Karl dem Domherrn Kuno von Falkenstein den Rock ab, legte ihn
an und fragte: „Was dünket Euch dabei, sehe ich in diesem Kleide
nicht einem Ritter ähnlicher als einem Domherrn?" Der päpstliche
Legat verlangte den Zehnten der geistlichen Güter. Als der pfälzische
Kanzler, Konrad von Alzei sich dem widersetzte und meinte, es
würde genug deutsches Geld nach Avignon geschleppt, stimmte ihm
Karl bei und fragte den Legaten: Herr Bischof, warum fordert der
Papst so viel Geld von der Geistlichkeit und denkt doch nicht daran,
sie zu bessern? Damals schickte der Kaiser einen Brief an den Erzbischof von Mainz, in dem er dessen Untergebene zu geistlichem
Wandel mahnte. Als der Kaiser dann gegen die schlechten Sitten
des deutschen Clerus durch Einziehung und Sequestration von Kir-
chengütern strafend einschritt, so schrieb ihm Innocenz, er habe
wohl in der besten Absicht, aber mit Verletzung der Form gehandelt; er hätte vom Papst einen Legaten erbitten und höchstens eine
Ermahnung an die Bischöfe richten sollen. Auf eine Drohung des
Kaisers, die Laien würden die Kirchengüter einziehen, falls die
Geistlichen ihre Sitten nicht besserten, folgte ein neues Abmahnungs-
schreiben Innocenz VI. vom 20. April 1359. Doch ging der Papst
auf die Absichten des Kaisers ein und forderte die deutschen Erzbischöfe auf, den Geistlichen die Theilnahme an Tournieren und
Spielen zu verbieten. Durch einen Legaten, den der Papst nach
Deutschland schickte, kam bald ein Ausgleich zu Stande, so dass
der Kaiser eine Constitution erliess, in der er den Laien, die sich
am Kirchengut vergreifen, Strafen androht [1]. Karl IV. zeigte sich
immer sehr empfindlich, wenn die geistliche Gewalt in seine Terri-
torialrechte eingriff. Der Bischof von Breslau musste 1367 eine urkundliche Erklärung abgeben, dass ihm kein Recht in der Stadt und
im Fürstenthum Breslau zukomme. 1370 erliess der Kaiser ein Ver-

---

[1] Vgl. Raynald. ann. 1359. Ich füge hinzu, dass die obigen Nachrichten in
dieser Form zum Theil späteren Quellen entnommen sind; es würde eine specielle
Untersuchung nothwendig sein, um den genauen Sachverhalt zu erforschen. Die
Urkunden Balbin Miscell. VI p. I. S. 85 und 87 lassen sich mit jener Darstellung nicht ganz in Einklang bringen, da Karl IV. in ihnen ausschliesslich
als Beschützer der Kirche erscheint.

bot, dass kein Geistlicher in Breslau Renten oder Grundeigenthum kaufen dürfe ohne des Königs Erlaubniss; wer es bereits besitze, der sei gehalten, es zu verkaufen [1]). Entsprechende Bestimmungen enthält auch die Majestas Carolina. Karl IV. hatte Alles gethan, um die Stellung der Kirche zu befestigen; er hatte mehr als ein anderer Regent ihrer weltlichen Pracht, ihrer Abwendung von ihren eigentlichen Aufgaben Vorschub geleistet. Wohlbestallte Pfarrer, müssige Domherren, behäbige Bettelmönche, Klöster, die dem Cultus des Genusses dienten, waren durch ihn bestiftet worden. Wohl stellte er an sie auch grosse Forderungen zu öffentlichen Zwecken. Selbst der Chronist Benesch, der Karl so treu ergeben ist, klagt mitunter über die übermässige Belastung des Clerus durch Steuern. Trotzdem versank die böhmische Geistlichkeit unter der Fluth des Wohllebens, das Karl IV. ihr bereitet hatte. Da ward er besorgt, wie ein Mann, der auf die schwachen Grundmauern seines Hauses ein ungeheures Gebäude gethürmt, und nun seinen Zusammensturz fürchtet [2]). Daraus läst sich im Allgemeinen der Standpunkt erklären, auf den sich Karl IV. stellte, als Konrad von Waldhausen, Milic von Kremsier und Mathias von Janow, die man die Vorläufer Hussens nennt, gegen die Auswüchse der Kirche in Wort und Schrift aufzutreten begannen.

Konrad, der erste dieser Männer [3]), war in das Augustinerstift von Waldhausen in Oesterreich ob der Enns eingetreten, war 1349 zum Priester geweiht worden und zog 1350 nach Rom, wahrscheinlich um dort dieselbe Enttäuschung zu erleben, wie sein grosser Nachfolger Luther. Die nächsten Jahre hielt er sich in Oesterreich auf. Karl IV. berief ihn 1360 nach Böhmen, nachdem er sich einen Namen als Prediger — auch vor den österreichischen Herzogen —

---

[1]) Grünhagen K. Wenzel und der Pfaffenkrieg zu Breslau Oesterr. Archiv Bd. 37 S. 234. Vgl. auch von demselben Verfasser: Karl IV. in seinem Verhältniss zur Breslauer Domgeistlichkeit Oesterr. Archiv Bd. 39.

[2]) Höfler, Johannes Huss, Anmerk. 164 citirt einen Ausspruch Karls über die böhmische Geistlichkeit aus einem Prager (Univers.) Codex XIII. F. 6: Pecunia dominatur in eis et ipsi servi pecuniae. Multiplicata est carnalitas in eis et obliti sunt filiorum regis. Ueber den Zustand der böhmischen Kirche unter Karl IV. vgl. Frind, Kirchengesch. Böhmens II. Band.

[3]) Krummel, Böhmische Reformation S. 55 ff. P. Jordan Vorläufer des Hussitismus. Palacky, Gesch. Böhmens 3. Band S. 1—17. Neander, Kirchengesch. VI. S. 348—365.

erworben hatte. Karl IV. kannte ihn damals noch nicht persönlich,
ein Herr von Ronsberg [1]) war es, der ihn dem Kaiser empfahl.
Konrad erhielt die Pfarre von Leitmeritz, predigte aber oft zu Prag,
bis er an der Galluskirche und endlich 1364 an der Teynkirche daselbst Seelsorger wurde. So viele Menschen besuchten seine deutschen
Predigten, dass er auf dem freien Markte zu sprechen gezwungen
war. Wucherer liessen ihr Geschäft fahren, wenn sie die Macht
seiner Rede traf; manchen Leichtsinnigen durchschauerte sein Wort
so tief, dass ihn die innigste Reue ergriff. Seine Predigten, und diess
ist wichtig festzuhalten, hatten nichts mit der schwärmerischen Art
der Mystiker gemein: es findet sich in ihnen kein Anklang an die Gott-
innigkeit und das Selbstvergessen Meister Eckarts. Fehlt aber die Tiefe
der Mystik in seinen Predigten, so athmen sie wieder die Kraft der
kommenden Reformation, die die Forderungen der Kirchenlehre für
das Leben ins Auge fasste. In dem Kampfe mit den Misbräuchen
der Geistlichkeit liegt die Bedeutung Konrads. Muthig griff er einen
der wundesten Flecken der Kirchenlebens seiner Zeit an. Er wandte
sich gegen die Bettelmönche, die allseitig in die ordentliche Seelsorge eingriffen, und die durch Milde in der Absolution, durch Freigebigkeit in der Wohlthat des Ablasses den religiösen Sinn des
Volkes zu ihrem materiellen Vortheile ausbeuteten. Sie setzten durch
den Satz, die Armuth sei der gottgefällige Zustand des Menschen,
den Werth der Arbeit herab und schwelgten selbst mühelos von
deren Früchten. Konrad wandte sich mit der Anklage der Simonie
gegen die Bettelmönche an den höchsten geistlichen Richter des
Landes, Erzbischof Ernst (1363); da erhielt er die zustimmende
Antwort, die Bettelmönche stünden nicht unter erzbischöflicher Gerichtsbarkeit, so dass Ernst sie nicht zur Verantwortung ziehen
könne. So setzte Konrad den Kampf von der Kanzel weiter fort,
und erfreute sich hiebei des Beifalls des Volkes. Verwundert fragte
er selbst: „Wie kommt es, dass das Volk mir so viel Liebe und
Anhänglichkeit erweist, während ich nicht aufhöre, es zu strafen?
Die Bettelmönche thun in ihren Predigten das Gegentheil, sie
schmeicheln dem Volke, und siehe, ihre Kirchen bleiben leer!" Als

---

[1]) Jordan schlägt S. 6 vor, statt Ronsberg — Rosenberg zu lesen; allein
es findet sich wieder ein Christian von Ronberg, der das quadragesimale des
Milič 1390 für die Cölestiner in Oiwin abschreiben liess. Balbin, Boh. docta
III. S. 105.

er am 10. December 1363 die Gegner mit Heftigkeit angriff, reichten die Mönche eine Klagschrift beim Erzbischof ein. Gegen die 18 Klagepunkte der Dominicaner und die 6 der Augustiner vertheidigte sich Konrad in einer uns erhaltenen Apologie. Als der Erzbischof einen Tag bestimmte, an dem seine Gegner ihn Aug' im Aug' anklagen sollten, erschien niemand. Die Mönche wichen ihm aus und wirkten lieber in ihrer Weise in dem Kreise ihrer Schafe, statt sich ihm im offenen Kampf gegenüber zu stellen. Darauf rechtfertigte sich Konrad am 13. Mai 1364 in einer öffentlichen Disputation. Sein Ansehen stieg immer höher, so dass Rudolf IV. von Oesterreich, der gerade im Mai 1364 in Prag anwesend war, ihn wieder für Oesterreich gewinnen wollte. Doch Konrad schlug diesen Ruf aus, weil er seinem neuen Herrn treu bleiben wollte. Er starb zu Prag den 8. December 1369 [1]). Ausser seiner Apologie, die er im Mai 1364 verfasste und seinen Freunden nach Wien zuschickte, waren bisher noch die prothemata sermonum domini Conradi und die postilla studentium universitatis Pragensis bekannt. Aus dem letzteren Werk kann man schliessen, dass er mit der Universität in irgend einer Verbindung stand. Er spricht offenbar in diesen Predigten für ein studentisches Publicum. So führt er einmal [2]) zur Erläuterung des Satzes „quis ex vobis arguet me de peccato" an, dass gleich wie einem Studenten, der seine Studien beendigt hat, sich auch jedem Christen die Gelegenheit biete, in eine Disputation über seine Heiligkeit einzugehen, sobald er in die Ewigkeit eintreten werde [3]).

In den verschiedenen Bibliotheken finden sich noch andere Schriften Konrads. Eine expositio quadragesimalis findet sich in einer Abschrift vom Jahre 1371 in der Bibliothek zu Nicolsburg in Mähren [4]); ein Codex in Innsbruck [5]) weist Abhandlungen de arte praedicatoria, eine expositio missae, ein speculum monachorum und andere tractatuli auf.

---

[1]) Benesch von Weitmül in Scriptores rerum Bohemicarum II. p. 403.

[2]) Folio 122 des Wiener Codex 3691.

[3]) Diese Postille wurde noch im 16. Jahrhundert abgeschrieben Oesterr. Archiv. 39. S. 497. Ebenso wichtig für die Universitätsverhältnisse dürfte auch der Codex der Prager Metropolitanbibl. K 17 sein, der eine Collectio circa initium studii pro schola Jurista. um enthält.

[4]) Oestr. Archiv B. 39. S. 483.

[5]) II. 3. B. 569. Der libellus artis predicatorie enthält eine Theorie der Predigtkunst. (Fol. 1—25.)

In einem ähnlichen Sinne wie Konrad wirkte Johannes, der Prediger der Deutschen zu St. Gallus, der sich in seinem Werke Communilogium, seinem Vorgänger würdig zur Seite stellte [1]).

In weit selbstständigerer Färbung erscheint der reformatorische Geist in Milic von Kremsier [2]). Milic bietet das Beispiel eines Mannes, der mitten im Treiben der Welt lebt und dann mit einer Heftigkeit von der Idee seiner höheren Bestimmung ergriffen wird, dass er Alles verlässt und den Spott der Lächerlichkeit auf sich nimmt, bloss um sich selbst treu zu leben. Um 1350 war er in den geistlichen Stand getreten, war dann 1360—1362 Glied der kaiserlichen Kanzlei, also in einer einflussreichen Stellung, mit der er das Amt eines Canonicus der Prager Kirche, eines Archidiacon und eines Schatzverwalters [3]) vereinigte. Da fasste er plötzlich im Herbst 1363 den Entschluss, alle seine Aemter niederzulegen und sich der Seelsorge zu widmen. Vergebens bat ihn Erzbischof Ernst: „Herr Milic, was könnt Ihr wohl besseres thun, als dass ihr Eurem armen Erzbischof helfet, die ihm anvertraute Heerde zu weiden?" Trotzdem ging er nach Bischofteinitz, um dort als einfacher Caplan zu wirken und kam dann als Prediger an die Prager Kirche zu St. Niclas, endlich an die zu St. Aegid. Mit Feuereifer lehrte er hier das Wort Gottes in böhmischer Sprache, wenn ihm auch sein Gedächtniss und die unausgebildete Sprache [4])

---

[1]) Eine kurze Notiz findet sich über ihn in den Abh. der böhm. Ges. 5. Folge 9 B. S. 60. Mit welchem Rechte ihn Balbin Boh. docta II. 180 einen Doctor der Rechte nennt, ist mir unbekannt. Im selben Werke II. 208 findet sich folgender Buchtitel genannt: Summa collectionum, alias communiloquium, finita sub A. D. 1373 die 13. Decembr. per Henslinum notarium D. Joannis Praedicatoris Teutonicorum ad S. Gallum in maiori civitate Pragensi. Ein confessionale von ihm findet sich in Inusbruck Cod II, I. F. 381. Das Communiloquium auch im codex Olomuc. II VIII. 27. Vgl. Höfler in der Einleitung zu den Acta conciliorum Prag. 1863.

[2]) Balbinus Miscellanea Th. II. S. 44—64 enthält das Leben des Milic von einem Ungenannten. Wenig anders enthält Voigt Acta litterarum Boh I. 216—280. Ueber das böhmische Werk des Milic über das apogryphe Evangelium des Nicodemus siehe Oestr. Archiv. B. 39. S. 452.

[3]) Ueber das Amt eines solchen sacrista siehe Oestr. Archiv. Bd. 37, Seite 444.

[4]) Propter incongruentiam vulgaris sermonis kann wohl in keiner Weise so verstanden werden, wie es Palacky und Jordan übersetzen, dass Milic durch die mährische Aussprache des Czechischen Anstoss erregte. Nicht s e i n e Sprache,

oft nicht die nöthige Unterstützung liehen. Dabei widmete er sich
eifrig dem Studium der Theologie und er war darin von so trefflichem Erfolge begleitet, dass der gelehrte Adalbert Ranconis zu
sagen pflegte, dass Milic durch das Studium einer Stunde zu erfassen
gelänge, was Adalbert kaum in einer Woche bewältigen könne. Gemüthsart und die Zeitverhältnisse drängten ihn dann zum Studium der
Apokalypse, die ihm das Bild einer Zeit enthüllte, in der er seine
eigene zu erkennen glaubte. Er sah den Glanz der Kirche, hinter
dem sich soviel des Uebels versteckte, er sah Noth und Laster in den
Strassen Prags um die Herrschaft ringen; jedes Zeichen der Offenbarung Johannis passte auf den Zustand der Christenheit, den er
miterlebte und betrauerte. Ihm schien, als ob er in der Zeit des
Antichrist lebe, dessen Nahen Johannes verkündigt hatte. Auf die
Frage: Wer ist der Antichrist? gab er sich die Antwort: „Es sind
viele Antichristen. Wer Christus verleugnet und das Ansehen Christi,
der ist Antichrist. Und wie Manche, die sagen, dass sie ihn kennen,
ihn verleugnen durch ihre Handlungen, indem sie schweigen und
nicht wagen, ihn und die Wahrheit der Sache vor den Menschen zu
bekennen: daraus schliesse, wer der Antichrist ist.“ Für die Jahre
1365—1367 berechnete er das Eintreffen der Prophezeiung [1]). Doch
nicht in jener — ich möchte sagen — charakterlosen Allgemein-
heit fasste er den Begriff des bösen Feinds; er war nicht einer jener
Busspediger, die die ganze Zeit verfluchen, um jeden einzelnen
Sünder zu absolviren: die Häupter der Christenheit, den Papst und
den Kaiser griff er kühn an, indem er fühlte, dass derjenige nicht
ganz unschuldig sei, der sich, wenn auch persönlich ehrenwerth, nicht
mit Macht dem verderblichen Strome der Zeit entgegenstelle.
Karl IV. war einer der Hauptbegünstiger der Aeusserlichkeit im
kirchlichen Leben, er deckte mit seinem Schilde die Pracht und die

---

sondern die Volkssprache entsprachen nicht (incongruere) den Zuhörern.
Ebensowenig kann man die Stelle in der Biographie des Milic nunquam Teu-
tonicum profecerat wie Jordan S. 21 mit den Worten übersetzen: „Er hatte in
seiner Jugend das Deutsche nicht getrieben,“ sondern nur mit „er hatte es nie
weit gebracht.“ Milic hatte doch mit Karl Reisen nach Deutschland gemacht
und wurde 1369 Nachfolger Konrads von Waldhausen an der deutschen Pfarre
der Teynkirche zu Prag.

[1]) Der Sermo de die novissimo befindet sich in dem Codex der Prager
Universität X. A. 2, aus welchem sich überhaupt noch wichtige Ergebnisse für
die kirchliche Bewegung des 14. Jahrhunderts gewinnen lassen.

Hohlheit dieser vermeintlichen Stellvertreter Gottes auf Erden: ihn griff Milic 1366 offen in einer Predigt an, die er in Gegenwart des Kaisers hielt. „Umgürtet von seinem Eifer wie von einem Panzer, griff er den Kaiser an und wies mit dem Finger auf ihn hin; er sagte, er sei der grosse Antichrist. Deswegen musste er längere Zeit Kerker und Fesseln leiden." Ist es nicht ein merkwürdiges Geschick, dass Karl IV. als Urtheil eines frommen, gottergebenen Mannes hören musste, sein Wirken sei der Quell des Bösen? Tag und Nacht hatte er gesonnen, wie die Kirche des böhmischen Landes erhöht und verherrlicht werden könnte und nun hörte er die ernsten Worte des Propheten, der den Untergang seiner Schöpfung vorhersagte. Der Hussittensturm, der die böhmische Kirche erschüttern sollte, ertönte in den ahnenden Worten Milic's, 1340 sei der Antichrist zur Welt gekommen [1]). Uns, die wir den ganzen Zusammenhang zwischen der ungesunden Blüthe der carolinischen Epoche und des Falls unter König Wenzel kennen, klingt es unglaublich zutreffend, wenn Mathias von Janow, der Schüler Milic sagt, 1340 sei der Anfang des Endes gewesen [2]). Hatte Karl nicht in jenem Jahre von Peter Roger, dem nachmaligen Papst Clemens VI. den folgenreichen Einfluss erfahren, der ihn zum treuen Diener der Kirche machte?

Indessen, mag Karls Gewissen ihn von den Vorwürfen Milic freigesprochen haben oder mag er edel genug gedacht haben, den Warner nicht die eigene Schuld entgelten zu lassen, genug Milic wurde bald freigelassen. Er eilte nach Rom, um dem Papste, dessen Rückkehr aus Avignon man um diese Zeit erwartete, seine göttliche Sendung mitzutheilen und ihn aufzufordern, sein Ansehen im Sinne Christi zu benutzen. Zu Rom in Begleitung seines Schülers Dietrich angelangt, setzte er seine Weissagungen schriftlich auf, die geheimsten Dinge wollte er dem Papste mittheilen. Allein der Schwärmer ward von dem Dominicanergeneral eingekerkert. Als endlich Urban V. in Rom ankam, durfte Milic seine Warnungen vor einer Versammlung von Geistlichen aussprechen. Die Predigt machte einen tiefen Eindruck und er wurde in mildere Haft gebracht. Jetzt verfasste er seinen Tractat über den Antichrist, ward dann einer Unterredung mit dem Papst und dem Cardinal von Albano gewürdigt und durfte im Herbst 1368 nach Prag zurückkehren.

---

[1]) Jordan, Vorläufer des Hussitenthums. S. 40.
[2]) Neander, Kirchengeschichte VI. S. 380.

Milic war indessen kein blinder Schwärmer, der dem Gedanken
es überliess, sich selbst durchzusetzen, und der sich mit seinem un-
fruchtbaren Cultus begnügte. Das Kräftige seines Wesens offenbarte
sich darin, dass er sich nun in Prag ganz der Erfüllung seiner Pflicht
widmete, die ihm gebot, die Zeit der Wiederkunft Christi in seinem
Kreise mit allen Kräften vorzubereiten. Er verwandelte jene Häuser
Prags, in denen das Laster sich eine Venusstadt oder ein zweites
„Venedig" errichtet hatte, in ein Gebäude um, das Jerusalem genannt wurde, und in dem die gefallenen Frauen zu einem Leben der
Thätigkeit erzogen wurden. Er musste diese Schöpfung durch milde
Beiträge seiner Mitbürger erhalten, die er mit Emsigkeit sammelte;
dazu kam seine angestrengte Thätigkeit in der Seelsorge, die Ab-
fassung seiner zahlreichen Predigten, die Leitung vieler junger
Cleriker, die sich unter seiner Aufsicht bildeten. Er verbreitete dabei
so unerschrocken seine abweichenden Ansichten, dass die Mönche
zwölf Artikel aufstellten, in denen seine Lehre von den Dogmen der
Kirche abweiche. Seine Gegner warfen ihm ketzerische Ansichten
über den Antichrist, allzu rigoroses Auftreten gegen Wucher und
Zins, unbefugte Gründung von klösterlichen Genossenschaften, von
Männern (literati) und von Frauen vor. Er predige gegen die hohe
Geistlichkeit und erkläre es für nothwendig, dass man das h. Abendmahl täglich empfange, er habe sich endlich gegen eine päpstliche
Bulle auf den Schutz des Kaisers berufen. Am bemerkenswerthesten
unter den Klagepunkten, die 1373 dem Papst zugeschickt wurden,
ist der, dass er das Studium der freien Künste für sündhaft erkläre[1]). Der Gegensatz gegen die Richtung Karls war demnach so
consequent in ihm zum Durchbruch gekommen, dass er auch die
wohlthätigen Folgen eines Systems bekämpfte, das ihm im Grunde
weltlich erschien. So hoch geschätzt war Milic vom Erzbischof
Johann Ocko, dass ihn dieser selbst tröstete, als Papst Gregor XI.,
durch die Anklage irregeführt, in der Bulle vom 10. Januar 1374
seine Lehren als ketzerisch verurtheilte. Muthig reiste der ungehört
Gerichtete nach Avignon, wo er unangefochten und hochgeehrt am
29. Juni 1374 starb).

Mit Milic von Kremsier wird gewöhnlich Mathias von Janow
zusammengenannt, sein Schüler, dessen Zeit wohl nach der Karls

---

[1]) Palacky, Formelbücher 1. S. 184: Et sic in tantum populum
contra studentes certis suis praedicationibus incitavit, quod ipsi studentes a
populo non solum odio haberentur sed haeretici appellarentur.

fällt — er starb 1394 —, der aber die Milic eigenthümlichen Ansichten weiter bildete und in dem Werke de regulis veteris et novi
testamenti niederlegte. Was diese beiden Männer so gänzlich von
den Mystikern unterscheidet, ist die Ausbildung der Lehre vom Antichrist. Das ist ein Begriff, der mit dem System der Mystik ganz und
gar unvereinbar ist. Denn diese Weltanschauung vermag keine gänzliche Trennung von Gott zu begreifen, der ihr im pantheistischen
Sinne Eins und Alles ist. Nach Eckart und Tauler ist daher der
Teufel nichts als die Qual in dem gefallenen Gemüthe, sein Schmerz
in der Hölle nur die Reue über die Trennung von Gott. Von einem
principiellen Gegensatz zu Gott kann also bei den Mystikern nicht
die Rede sein: das Fleisch ist nicht sündig und dem Teufel verfallen:
es ist nur das Endliche, das einen Theil des Allguten bildet und
ihm immer zustrebt. Bei Milic und Mathias von Janow ist aber der
Antichrist ein Princip, das im tiefsten Grunde wohl auch im Inneren
des Menschen ruht, seine Vollendung aber in den kirchlichen Formen
seiner Zeit empfangen hat. Aus diesen inneren Gründen muss man
sich gegen die Annahme eines Zusammenhanges zwischen den Mystikern und den böhmischen Predigern aussprechen; nur aus neben-
sächlichen Gründen hat Karl Schmidt die Vermuthung ausgesprochen,
dass Milic von Kremsier zu den „Wissenden" unter den Gottes-
freunden gehört habe, an deren Spitze Nicolaus von Basel stand [1].

---

[1] K. Schmidt, Nicolaus von Basel, Wien 1866. S. 31. Vgl. im folgenden S. 185.

VIII. Capitel.

Karl IV. und die Mystik.

Es war die Aufgabe eines früheren Abschnittes darzulegen, welche Verdienste sich Karl IV. durch die Gründung der Prager Universität erworben hatte. Es ist kein Zweifel, dass die scholastische Wissenschaft reiche Förderung aus der Errichtung eines glänzenden Sitzes ihrer Lehre geschöpft hat. Allein schon damals waren es nicht mehr die bedeutendsten Geister, die der Kirche und ihren Lehren ihren Dienst weihten. Diejenigen, die die späte Nachwelt als die Träger der Bildung betrachtet, standen gegen das Papstthum in mehr oder minder scharfer Opposition. Wenn etwas, so ist dies ein strenger Beweis für den Verfall der herrschenden Institutionen. Wenn die hervorragendsten Menschen sich von einer Richtung abwenden, muss sie, so glänzend sie sich äusserlich noch manifestiren möge, von dem Wege der lebendigen Fortentwicklung abgewichen sein. Die Universitäten aber waren die Schulen, welche Jünger ziehen sollten zur Vertheidigung der Mauern der Kirche. Aus ihrem Kreise war alles verbannt, was ihr feindlich gesinnt war, ja selbst was nicht unmittelbar zu ihrem Nutz und Frommen dienen konnte. Deshalb hat das auf deutscher Grundlage ruhende Volksrecht nie eine Pflege an den mittelalterlichen Universitäten gefunden. Das canonische Recht wurde mit allem Eifer, das römische Recht seltener, oft sogar gegen das directe Verbot der Kirche vorgetragen, welche die Entleerung der theologischen Hörsäle dadurch verhindern wollte. Ganz ebenso blieben auch alle jene philosophischen Richtungen unberücksichtigt, welche nicht durch jahrhundertelangen Gebrauch als kirchlich anerkannt waren. Die Namen der Professoren, welche im 14. Jahrhundert den Stolz der Hochschulen bildeten, sind verklungen, und blos der Forscher, dem es nicht um Gewinn an philosophischen Erkenntnissen, sondern um den Einblick in die Fortschritte und die Verirrungen des menschlichen Geistes zu thun ist, durchblättert die Pergamente, die ihre Werke enthalten. Neben ihnen aber blühte eine Philosophie, die zwar nicht schulfähig war, die aber ein bleibendes Denkmal deutschen Tiefsinnes geblieben ist.

Mitten unter den Kämpfen, in welchen Dante und Occam, Marsilius von Padua und Johannes von Jandun thätig eingriffen, schien Deutschland sich geistiger Ruhe hinzugeben. Ludwig der Baier setzte einen italienischen Bettelmönch zum Gegenpapst ein und bediente sich der Feder wälscher Gelehrter gegen seine Feinde: Deutschland aber schwieg mit wenigen Ausnahmen in diesem Streite um seinen eigenen Körper. Allein nur scheinbar war dies der Fall. Gerade damals pulsirte die speculative Ader dieses grossen Landes lebhafter als je. Aber sonderbar, je heftiger der politische Kampf wurde, desto mehr zog sich der Sinn des deutschen Volkes in sich zurück und schien sich jeder Wirkung nach Aussen entschlagen zu wollen. Im tiefsten Innern wurden die Probleme der Freiheit des Geistes erwogen, wurde eine Lehre ausgebildet, die eine der kühnsten Protestationen der Selbstständigkeit des menschlichen Geistes gegen den Druck des kirchlichen Dogmas darstellt. Damals zuerst begegnen wir in Deutschland jener Abwendung der edelsten Geister von den politischen Kämpfen ihres Vaterlandes, die diesem zwar die köstlichsten Früchte der Speculation reifen liess, die es aber zugleich hilflos gegen den gewandten Gegner machte, der die Gegenwart zu nützen verstand. Damals war es die Mystik. welche die Gemüther erfüllte, und sie fühllos machte gegen die Demüthigung des deutschen Volkes.

Der Schöpfer des speculativen Systems der Mystik war Meister Eckart. Zu Paris hatte er die scholastischen Studien durchgemacht, von denen er aber nicht innerlich ergriffen wurde. Aber es war auch nicht die mystische Philosophie der beiden Mönche von St. Victor, auf die als auf seine Quelle geblickt werden kann, da er weder Hugos noch Richards in seinen Werken häufiger erwähnt. Sicher hat er die pantheistischen Schriften des Dionysius Areopagita kennen gelernt; tiefer können auf ihn Sectirer gewirkt haben, welche die Lehren Amalrichs von Bena und der Waldenser fortpflanzten. Zweifelsohne gehört er wie Spinoza zu jenen Männern, in deren Schriften und Ansichten sich wohl Spuren des Einflusses früherer Philosophen zeigen, die aber so selbstständig gedacht haben. dass man sie nur aus sich selbst begreifen kann.

Eckart [1] gehörte dem Dominicanerorden an, der ihn 1307 zum Generalvicar in Böhmen machte. Nach seiner Rückkehr an den Rhein hat er zu Strassburg und dann zu Köln seine Lehre in Predigten und Schriften ausgestreut. Wie weit er dabei mit den Begharden in Verbindung gestanden ist oder mit den Brüdern des freien Geistes, die gleich ihm die Sündlosigkeit des Menschen, seine Einheit mit Gott lehrten, ist unbekannt. Dass er 1307, also zu einer Zeit, wo durch den Bischof von Strassburg eine Verfolgung über jene Secten verhängt wurde, noch in vollem Ansehen seiner hohen Würde der Kirche angehörte, ist sicher; ebenso ist aber auch festgestellt, dass die Bullen des Papstes, welche die Lehren der Ketzer verdammen, solche Sätze als die ihrigen hinstellen, die auch Meister Eckart als seine hätte anerkennen müssen. Dieses Verhältniss muss demnach so aufgefasst werden, dass sich zwischen den Nachzüglern der Lehre des Petrus Waldus und zwischen der Philosophie Eckarts mannigfache Aehnlichkeiten finden, ohne dass Eckart sich gleich jenen der Kirche feindlich gegenübergestellt hätte. So viel die überaus dürftigen Berichte über die Brüder vom freien Geiste und über die Gottesfreunde durchblicken lassen, drangen die Lehren der Sectirer bis tief in die anscheinend rechtgläubigsten Kreise. Die Schwäche der Kirche während der Avignoner Gefangenschaft der Päpste hatte auch eine mildere Handhabung der Ketzerpolizei zur Folge. Nur den erklärten Feind traf in diesem Jahrhundert der Bannstrahl; der Mystiker aber, der in einer Mittelstellung zwischen Glauben und Speculation dachte und predigte, fand Duldung bei seinen geistlichen Obern und selbst beim Papste. So unterscheidet auch Meister Eckart von den Ketzern der waldensischen Secte nur die Tiefe seiner Gedanken.

Das Christenthum hat, wenn auch auf einem mühevollen Um- und Irrweg die Gemüther mit einem tiefen Inhalt erfüllt. Es mögen die Opfer an gesunder Naturanschauung, an lebendiger Nationalentwicklung, welche die modernen Völker bei der Annahme der neuen Religion brachten, schwer gewesen sein; es war aber doch keine vergebliche Arbeit, welche die Deutschen vom 8. bis zum 13. Jahrhundert vollführten, als sie ihren Geist mit dem Gehalt des Christen-

---

[1] Martensen, Meister Eckart. Hamburg 1842. Carl Schmidt, Meister Eckart in Ullmanns Studien und Kritiken 1839. Hahn. Geschichte der Ketzer im Mittelalter, 2. B. S. 481—514. Bach, Meister Eckart. Die Literatur verzeichnet Lasson vollständig in Ueberwegs Gesch. der Phil. II. S. 229. 4. Aufl.

thums erfüllten. Allein die Bildung der Geister, die damit erlangt war, brachte das Streben nach selbstständigerer Kost mit sich, als die katholische Kirche bieten konnte. Mit dem ausgehenden 13. Jahrhundert begann demnach eine selbstständige Ueberlegung in die unteren Schichten des Volkes einzudringen. Die grossen rechtgläubigen Prediger David von Augsburg und Berthold wirkten nicht minder vorbereitend, als die versprengten Reste der Waldenser und der Anhänger Fra Dulcinos, der 1307 den Flammentod gestorben war.

Von einem zweifachen Grunde gingen die Ketzereien des 13. und 14. Jahrhunderts aus. Einerseits war es der Gegensatz gegen die Verweltlichung der Kirche, der Ueberdruss an allem Menschenwerk, welcher viele gläubige Seelen bewog, auf die Bibel zurückzugehen und die apostolische Einfachheit der ursprünglichen Kirche anzustreben. Die freie Auslegung der Bibel war sonach der formale Grundsatz der Waldenser, die Herstellung der ursprünglichen Gestalt des Christenthums ihr praktisches Ziel. Tiefer griff dann die zweite Art der Ketzerei. Nicht zum mindesten ist das Christenthum deshalb eine so tief und consequent ausgebildete Religion, weil es das letzte Princip jeder Religion, Unterwerfung des Menschen unter ein höheres Wesen, bis zu dem Grundsatz der völligen Nichtigkeit und Sündhaftigkeit des Menschen geführt hat, die nur durch die göttliche Gnade, durch die Selbstopferung Christi gesühnt wird. Diese Kluft zwischen dem Menschen und der Gottheit leugnet die Secte des freien Geistes, die sich aus der Zerknirschung der Menschheit erhebt, zum vollen Gegensatz — zur Einheit des wahrhaft und fromm strebenden Menschen mit der Gottheit. Durch Jahrhunderte hat sich das christliche Bewusstsein gedemüthigt: jede Regung eigenen Wollens hat es für sündhaft erklärt, um das göttliche Wesen reiner und unendlicher fassen zu können. Da bäumt sich der menschliche Stolz auf, und da es in jenem Jahrhunderte kein gleichgiltiges Nebeneinanderbestehen der Gottheit und der Menschheit gibt, da der prometheische Stolz des auf sich selbst gestellten Menschen erst dem 18. Jahrhundert aufging, glaubt der menschliche Geist seine Ebenbürtigkeit mit dem höchsten Wesen als sein eigenstes Recht in Anspruch nehmen zu müssen. Der Fromme ist eins mit dem Schöpfer: sie bedürfen einander gegenseitig, jede Aeusserung des menschlichen Willens ist eine Aeusserung Gottes und demnach heilig: die freie Stimme des Geistes ist das einzige Gebot, dem sich der Mensch zu unterwerfen habe. Kann es

Wunder nehmen, wenn diese zweite Richtung vor Allem die wir-
kungsvollere war? Die freien Gemüther mussten zuerst die völlige
Umkehrung des bisherigen Glaubens verlangen, bevor sie sich zu
einer langsamen Verbesserung desselben entschlossen. Gerade in die
Zeit, da am Rhein die Lehre vom freien Geiste Ausbreitung gewann,
da Walter 1322 hingerichtet wurde, war die mystische Philosophie
durch Meister Eckart von einem ähnlichen Gesichtspunkt ausgegangen.
Eigentlich war in seinem System in theoretischer Weise der Gedanke
der neuen Secte so vollständig ausgesprochen worden, wie sie immerhin wünschen konnte. Praktisch bestand der Unterschied, dass
Meister Eckart nicht dem Menschen an sich die Einheit mit Gott
zuschrieb, sondern dass er sie erst als das Ziel eines unendlichen
Selbstverbesserungsprocesses hinstellte. Die Brüder vom freien Geiste
nahmen das als Realität des menschlichen Wesens in Anspruch, was
Eckart als sittliches Ideal anstrebte. Er hatte oft vom armen, vom
gerechten Menschen gesprochen, allein nie gesagt, ob er solche
Menschen kenne oder nicht. Er hatte nie die Freiheit für sich in
Anspruch genommen, die er einem solchen vollkommenen Menschen
zuschrieb, dass die Satzungen der Kirche für ihn unnütz seien; die
Anhänger der Secte übten diese Freiheit und verwarfen die Cen-
suren der Kirche als Zwang. Wäre in irgend einem Menschen jener
Zeit die theoretische Vollendung der Ideen mit der praktischen
Energie in der Ausführung vereinigt gewesen, so würde eine Bewegung entstanden sein, welche die Kirche vermöge ihrer festen Stellung
wohl noch einmal unterdrückt hätte, die aber den deutschen Mystikern einen Platz neben den Albigensern und den Hussiten eingeräumt hatte. Eine ganz andere Entwicklung nahm der Same, den
Eckart ausgestreut hatte.

Freilich ereilte ihn die Verdammung seiner Lehren durch eine
päpstliche Bulle. Allein ein sehr bedingter Widerruf seiner Lehre
scheint ihn mit der Kirche ausgesöhnt zu haben, die nie gegen sein
Andenken das Anathema geschleudert hat, die nach seinem Tod
seine Reue [1]) als entsühnend annahm und der Verbreitung seiner
Lehren durch seine Schule nichts in den Weg legte. In dem Mittelpunkt der Welt ruht nach Eckart die Gottheit, die verborgen
finsternusz. Gott ist dabei das stets wirkende und offenbarende
Wesen, das die einfältige Lauterkeit seines Wesens in sich sieht und

---

[1]) Siehe die Bulle vom 27. März 1329 bei Reynald Tomus XV. p. 389.

durch dieses Selbsterkennen die Welt aus sich erzeuget. Dieses nothwendige Hervortreten des Wissens aus Gott ist das Gebären des
Sohnes. Allein diese Trennung geschieht nicht allmählig, wie ja die
Gottheit nicht der Zeit unterliegt; der Sohn Gottes und die Welt
sind daher ewig im Geiste des Vaters erschaffen. So ist die Welt in
Gott und der Pantheismus ist in voller Consequenz gesetzt. Die Crea-
turen sind demnach ein Theil Gottes, ein Sprechen Gottes und sind
ein Buch, in dem sich Gott offenbart. So fühlt Gott eine unendliche
Liebe zur Welt; und diese strebt wieder zur Vereinigung mit Gott,
von dem sie ein Theil ist. Dieses Gegeneinanderstreben ist die göttliche Liebe, die sich in der dritten Person der Trinität, im heiligen
Geiste darstellt. Die endlichen Wesen sind demnach ein Nichts, die
erst ein Ganzes werden in der Vereinigung mit Gott. Wohl aber
ruht in ihnen ein Funke des göttlichen Wesens, der besonders in
der menschlichen Seele zu dem Ewigen zurückstrebt. Die Seele
möchte vermöge dieses göttlichen Bestandtheiles die Gottheit durch
das Denken erfassen. Allein ihre Schlacken verhindern eine solche
Erhebung. Deshalb offenbarte Gott aus Erbarmen seine Wesenheit
in einer Gestalt, die allen Menschen begreiflich sein kann, in seinem
Sohne Christus. Wir selbst leben im Zeitlichen und Vergänglichen;
nur wenn wir dieses abstreifen, können wir zur Vereinigung mit
Gott gelangen. Dazu müssen wir uns aber alles irdischen Strebens
entäussern; nicht allein unseres Klebens an allem vergänglichen
Geld und Gut, sondern auch jedes Begehrens um der höchsten Zwecke
willen. Nur dann geht unsere Persönlichkeit in dem All der Gottheit auf, wenn wir überhaupt zu w o l l e n aufgehört haben. Irrig
glauben die Menschen sich der Gottheit genähert zu haben, die sich
alles irdischen Gutes entäussert haben, die aber noch ein S t r e b e n
fühlen, wenn es auch das sei, dass sie folgen dem liebsten Willen
Gottes. Allein diese sind nicht die wahren in Gott verlorenen Menschen.
Auch ihrer Frömmigkeit, ihrer Tugend, ihres S t r e b e n s müssen sie
ledig werden. „Und ich sage euch bei der ewigen Wahrheit, so lange
ihr den W i l l e n habt zu erfüllen den Willen Gottes, oder sonst
b e g e h r e t der Ewigkeit Gottes, so lange seid ihr nicht recht arm;
denn nur das ist ein armer (in Gott hingegebener) Mensch, der
nichts will, nichts bekennet und nichts begehret." So versteigt sich
der innige Wunsch der Einigung mit Gott bis zu dem gottesläster-
lichen Gebet: „Darum so bitte ich Gott, dass er mich Gottes ledig

mache, denn noch höher als Gott und höher als jeder Unterschied ist das u n w e s e n t l i c h e Wesen."

In „dieser Gelassenheit der Seele, dieser geistigen Armuth" tritt die Vereinigung des Endlichen und Unendlichen ein, in ihr e r k e n n t die Seele die Gottheit.

Es ist bekannt, dass der moderne Pessimismus in diesem Quietismus einen Anknüpfungspunkt mit der Mystik gefunden hat. Allein es ist klar, wie entfernt diese beiden Weltanschauungen von einander sind. Die Mystik flieht aus der Welt in die Seligkeit des Einsseins mit der Gottheit; sie entäussert sich aller irdischen Bestimmungen, nimmt aber den tiefsten Inhalt in sich auf; der Pessimismus aber flieht aus der Welt in das Nichts, in den leersten aller Begriffe. Schopenhauer meidet das Unglück; Eckart sucht das Glück.

Ist jene höchste Stufe erstiegen, so ist kein Unterschied zwischen Gott und der Seele; es ist der Sohn Gottes in dem Menschen geboren und dieser muss nur dem inneren Drange seines Wesens gehorchen, um gottgefällig zu handeln. Dann ist die Einheit des Menschen und Gottes eine so vollständige, dass die Gottheit unser ebenso benöthigt, wie wir uns nach ihr sehnen. Wieder versteigt sich die Speculation so weit, dass nach ihr der vollkommene Mensch selbst Gott trotzen kann. „In dem Bewusstsein dieser Gerechtigkeit in der Einheit wird der Mensch aller Sünde ledig, und hätt' er aller Welt Sünde gethan." „Alles was Gott den Leuten eröffnet, die a u f d e m W e g sind zu ihrer ewigen Seligkeit, das ist alles solchen vollkommenen Menschen fremd."

In diesem Punkte liegt die Uebereinstimmung zwischen Meister Eckart und den Brüdern vom freien Geiste. Letztere lehrten, dass der Gerechte der Segnungen der christlichen Ceremonien und Riten nicht bedürfe, dass ein Handeln nach den inneren Eingebungen des Geistes gottgefällig sei. Wie viel Anregungen zwischen diesen stillen Gemeinden und zwischen dem Haupte der Mystik ausgetauscht worden sind, wird immer ein unklarer Punkt in unserer Kenntniss des geistigen Lebens des Mittelalters bleiben.

Die ersten dieser Ketzer [1] treten gegen das Ende des 13. Jahrhunderts auf, also zur Zeit, wo Eckart's Ansichten in ihm selbst

---

[1] Das Nähere bei Hahn, Geschichte der Ketzer im Mittelalter II. S. 470 ff. und 514 ff. Ullmann, Reformatoren vor der Reformation II. S. 27. Röhrich, Die Gottesfreunde, und Winkeler. Mosheim, De Beghardis S. 198 ff.

Wurzel gefasst haben müssen. Es lagen demnach gewisse religiöse
Fragen in der Luft, die den stillen deutschen Gelehrten zu Paris,
wie die armen Bürger von Strassburg und Köln zur selbstständigen
Beantwortung drängten. Die ersten Verfolgungen werden uns 1290
durch die Colmarer Annalen gemeldet, 1292 wendet sich das
Aschaffenburger Concil gegen sie. Eine ausführlichere Darlegung ihrer
Lehren enthalten die Artikel der Synode von Köln 1306, in denen
ihnen vorgeworfen wird, dass sie sich gegen das Gebot der Kirche
zusammengethan hätten und unter gewissen Regeln im Lande herum-
zögen, statt sich, wenn sie nach Frömmigkeit strebten, einem der
bestehenden Orden anzuschliessen. Der Hauptvorwurf gegen sie, auf
den sich alle Anklagen des Concils zurückführen lassen, besteht
darin, dass sie lehrten: was immer unter Eingebung Gottes von einem
Menschen gethan werde, das geschehe nicht gegen das Gesetz. Daraus folgte, dass sie sich alle geschlechtlichen Freiheiten erlaubten
und das Band der Ehe nur so enge knüpften, dass es für keinen
Theil eine drückende Fessel war. In den nächsten fünfzig Jahren,
also bis zu dem Zeitpunkte, wo der Bund zwischen Karl IV. und
den Päpsten die Unterdrückung dieser Regungen zur Folge hatte,
wandten sich nun Bischöfe, Provincialsynoden und Päpste gegen diese
Ketzereien. Wir finden die Ansichten der zu Köln 1306 verurtheilten
Begharden und Beguinen wieder in den Lehren der Brüder vom
freien Geiste, die Bischof Johann von Strassburg 1317 verdammte.
Doch es sind entweder die Ketzerrichter von 1306 nicht ganz in die
häretischen Lehren eingedrungen, oder letztere haben in den zehn
Jahren bis 1317 eine merkwürdige Ausbildung erhalten. Die einzelnen Grundsätze treten, obwohl sie uns nur von Gegnern mitgetheilt sind, vertiefter und zusammenhängender, als nothwendige Fol-
gerungen eines ganzen Systems auf. Und dieses System ist das
mystische. Es sind dieselben pantheistischen Lehren von der Einheit
mit Gott, von der Sündenlosigkeit und göttlichen Schöpferkraft des
Menschen, wie wir sie bei Eckart finden. Für das Haupt der Secte
galt ein holländischer Arzt, Namens Walther, der in deutschen
Schriften seine Lehre verbreitete und 1322 zu Köln hingerichtet
wurde. Noch glimmte aber der Funke der Ketzerei zu Köln unter
der Asche fort, wie uns denn eine neue Verfolgung daselbst aus dem
Jahre 1325, neue Verfügungen Erzbischof Walrams von 1335 gemeldet
werden. Allein von da an war der Hauptsitz der Irrlehren nicht
mehr Köln und der Niederrhein, sondern Basel, Strassburg und der

Oberrhein [1]). Das Haupt der zerstreuten Anhänger dieser stillen Gemeinde war Nicolaus von Basel.

Nicolaus war der Sohn eines Kaufmannes und in seiner Jugend nebst seinem Freunde, einem jungen Ritter, allen Freuden der Welt, vor allem dem Dienste der Frauen und der Waffen ergeben [2]). Eine Vision, die der junge Mann, in dessen innerstem Herzen selbst zur Zeit tollsten Jugendmuthes die gläubige Hingabe an die Kirche Platz behalten hatte, am Abend vor seiner Vermählung hatte, bestimmte ihn, sich ganz seinem Seelenheile zu widmen. Er vertiefte sich in die Lectüre deutscher Bücher über die Heiligen, in das Studium der lateinischen Sprache, des Schlüssels zu allem Wissenswerthen, und in die ganze Denkweise der mystischen Prediger und Schriftsteller seiner Zeit. Durch die grössten Kasteiungen gelangte er zur Ueberzeugung der Nutzlosigkeit aller Selbstquälerei, die nur eine untergeordnete Stufe des Gottesdienstes sei, und zu dem Entschlusse, sich willenlos dem Wirken Gottes hinzugeben, aus dessen Gnade dem Menschen eine Vereinigung mit dem Alleinen werde. Er hatte allem eigenen Wollen entsagt; er war in dem Quietismus so weit gelangt, dass er in allen Fügungen des Schicksals Gottes Finger sah, dessen Wink er mit Wonne bemerkte. So tief war Nicolaus diesem Glauben hingegeben, dass ihm alle Anfechtungen seiner bösen Natur gegen die Erkenntniss seines Geistes ebenfalls als ein Werk Gottes erschien. Die Schmerzen, die ihm seine eigene Sündhaftigkeit erregte, die Kämpfe, die er durchlitt, waren ihm nicht allein deshalb preiswerth, weil er durch sie zum Empfang der göttlichen Gnade hindurchging, sondern auch an sich betrachtete er sie als Wirkung der lebendigen Güte Gottes [3]). Schon bei jenen Mystikern, die rechtgläubig auf dem Boden der Kirche standen, war zu bemerken, dass sie das Eingreifen des Teufels beschränkten oder es vielmehr durch die Thätigkeit Gottes aufsaugen liessen; eine solche consequente Verbannung des bösen Principes aus der Seele des Menschen, wie sie Nicolaus vornahm, beweist die Energie, mit der man damals in einer Gedankenrichtung vorschritt, die dem Boden der Kirche entkeimt sich stündlich von ihr entfernte.

[1]) Ueber sie handelt auch Karl Schmidt in Ullmanns theolog. Studien und Kritiken 1843 in dem Aufsatze: Der Mystiker Heinrich Suso S. 857.

[2]) Karl Schmidt, Nicolaus von Basel, Wien 1866.

[3]) Zu Paris wurde 1347 der Irrglaube des Johannes e Mercuria verdammt, wonach Gott der Urheber der Sünde sei. Raynald a. 1347 no. 25.

Alle wesentlichen Punkte in den Ansichten Nicolaus zielen auf
das praktische Leben; in dogmatische Streitigkeiten hat er sich
nicht vertieft und dort, wo er zweifelte, gerne den Rath von Geistlichen angenommen. Allein für die grossen Lebensfragen hielt er
sich bloss an seine eigene Ueberzeugung; der heilige Geist, meinte er,
lehre ihn mehr in einer Stunde, als alle Lehrer bis an den jüngsten
Tag ihm mitzutheilen vermöchten. Grösser als die wissenschaftliche
Bedeutung Nicolaus muss der persönliche Eindruck gewesen sein,
den er auf Gleichstrebende hervorbrachte. Er war ohne Zweifel zur
Zeit Karl IV. das Haupt der ganzen Bewegung, die er mit der
Würde und Begeisterung eines Religionsstifters leitete. Selbst ein so
hochstehender Geist wie der Johann Taulers hat sich ihm willig
untergeordnet.

Johann Tauler [1]) hat mit dem innigsten Verständniss für den
tiefen Inhalt der Mystik die Gabe der volksthümlichen Darstellung
ihrer Lehren in der Form der Predigt verbunden. In der Vereinigung
dieser beiden so verschiedenen Fähigkeiten liegt seine Bedeutung;
nur so kann man sich erklären, dass sein Name bis zur jüngsten
Zeit bekannter war als selbst der Meister Eckharts, des Gründers
der ganzen Schule. Aus der einfacheren Form, in denen uns Tauler
die Lehren der Mystik bietet, folgen mehrere charakteristische Punkte.
Die wissenschaftliche Speculation fand nämlich in der Dunkelheit
ihrer Sprache häufig ein Mittel, um den Riss zwischen ihren Ergeb-
nissen und den Dogmen der Kirche zu verdecken. Eine wahrhaft
populäre Darstellung dagegen setzt immer die grösste Klarheit in
den Ansichten des Redners oder des Schriftstellers voraus; sie musste
demnach, wenn sie ehrlich zu Werke ging, den Gegensatz zu den
von der Kirche autorisirten Lehren schärfer hervortreten lassen.
Tauler musste, wenn er von den Grundsätzen der Mystik in seinen
Predigten ausging, unverhüllter als seine philosophirenden Vorgänger
den pantheistischen Satz aussprechen: Gott und der Mensch sind im
Grunde Eins, das Wesen des Menschen ist demnach vom Anfange
an gut. Dieser Satz mag theoretisch nicht weiter von den Lehren
der Kirche abweichen, als mancher andere unter den ketzerischen

---

[1]) Die conversio et vita Joannis Thauleri, das wichtigste Zeugniss für
seine geistige Entwicklung, befindet sich auch in dem Codex der Olmützer Studienbibliothek III, V. 11. Der Bericht von der Bekehrung Taulers, den wir
von Nicolaus von Basel besitzen, ist herausg. von K. Schmidt 1875.

Behauptungen früherer oder späterer Zeiten. Allein, was bei weitem wichtiger war, er griff nicht allein die Grundsätze, er griff auch den Vortheil der Kirche an der Wurzel an. Denn mit jenem Satze fiel die Lehre von der Erbsünde, von der Prädestination des Menschen zum Bösen, von der Schwäche des Fleisches. Es fiel demnach die Lehre von der Gnade und von dem göttlichen Mittler, der die gefallene Menschheit mit Gott aussöhnte, von den Gnadenmitteln, welche die Kirche austheilt, durch die sie die Gemüther der Menschen beherrscht, denen sie ihr reiches, weltliches Erbe verdankt. Tauler entfernt sich so weit von der Annahme einer ursprünglichen Verwerflichkeit der menschlichen Natur, dass er die Sünde für eine freie, nicht nothwendige That des Willens erklärt. Aus eigener Kraft schwingt sich wieder die Seele zu Gott empor, wenn auch dieser hilfreich mit seiner Gnade mitwirkt [1]). Da Gott die Einheit alles Wesenhaften ist, so gibt es nichts absolut Böses. Die Mystik hat demnach den Teufel geistiger als die katholische Kirche aufgefasst; durch die Entfernung von der Gottheit hat er seinen ursprünglichen Adel verloren und ist zu einem „Unadel" hinabgesunken, den er hasst, dessen „er nimmer ledig werden kann, und das ist seine Hölle [2])."

Liegt da nicht die Perspective vor uns, dass die Hölle bloss in unserer Versunkenheit, im Bösen unsere Strafe liege? Wirklich haben einige Secten jener Zeit diese Consequenz, die Tauler nur andeutet, kühn gezogen und haben es für unvereinbar erklärt, dass wir uns alle in Gott bewegen und dass dennoch viele zu ewiger Verdammniss verurtheilt sein sollen. So verliert in diesem Systeme die Lehre von der Gnade ihre tiefe Bedeutung, ihre tröstende Wichtigkeit für den Menschen, der nicht mehr zerknirscht vor der Gottheit steht: die Rechtfertigung des Menschen durch Christi Opfertod schwebt in einer Lehre in der Luft, nach der der Mensch durch seine Gottähnlichkeit und sogar Gotteinheit keine Vermittlung durch ein drittes Wesen bedarf. Man sieht, dass die Mystik, wenn sie als Vorläuferin der Reformation gefasst wird, doch von dieser durchaus in den Grundanschauungen abweicht. Unseren Ansichten von der Menschenwürde steht die Mystik näher, als die Lehre Luthers von der Sündhaftigkeit des Menschen und von dessen Gnadenbedürfniss. Man kann sich des Gedankens nicht erwehren, dass die Reformation, welche die Menschheit

---

[1]) Ebenso lehrte Ruysbroek, vgl. Engelhardt Ruysbroek S. 186.
[2]) Schmidt, Johannes Tauler S. 106.

von den starren Satzungen der Kirche befreite, das moderne Bewusstsein noch mächtiger gefördert hätte, wenn sie die Anschauung
der Mystik von dem Werth der Menschennatur festgehalten hätte.
Nicht allein an die Mystik, auch an die humanistische Richtung hätte
die Reformation in diesem Fall wirksamer anknüpfen können. Es ist
wohl wesentlich dem individuellen Entwicklungsgange Luthers zuzuschreiben, dass diese Fäden, die das 16. Jahrhundert an die vorhergehenden hätten knüpfen können, vielfach abgerissen sind. Es ist wesentlich seinem Einflusse zuzuschreiben, wenn der Strom des religiösen
Lebens in eine fremde Richtung gedrängt worden ist.

Es ist immer misslich, bestimmen zu wollen, welchen Verlauf
eine Bewegung genommen hätte, wenn einer ihrer Factoren wegge-
blieben oder ein neuer hinzugetreten wäre. Versucht man es dennoch, den wahrscheinlichen Einfluss der besonderen Persönlichkeit
Luthers gegenüber dem seiner mystischen Vorläufer zu bestimmen,
so müsste doch noch ein Moment, das für Luther spricht, hervorgehoben werden. Man muss nämlich die Gefahr abwägen, die bei
einem tieferen Einfluss der Mystik darin bestand, dass die Hinneigung
zum beschaulichen Leben, die passive Ergebenheit in den göttlichen
Willen, im Gemüthe des Volkes zu viel Raum gewonnen hätte. Wenigs-
stens schien diese Neigung ebenso aus den Theorien dieser Philosophie
zu folgen, als sie dem thätigen, durchgreifenden Charakter Luthers
widersprach. Freilich gab es gerade unter den Mystikern Männer, deren
Denkungsart kräftig genug war, dass sie aus sich selbst diese Gefahr
überwinden konnten. Johann Tauler besonders hat das Verdienst,
dass er in seinen Predigten dem Leben sein volles Recht liess. Unaufhörlich lesen wir in seinen Predigten die Ermahnung, muthig in
das Leben einzugreifen und in energischer Thätigkeit seine Pflicht zu
erfüllen. Von dem Standpunkt eines Mystikers ist diese Ermahnung
freilich inconsequent, da er vielmehr rathen müsste, so bald als
möglich sich auf sich selbst zurückzuziehen und in der Vertiefung in
Gott das Heil zu gewinnen. Einen gleichen Werth wie die Reformatoren legten die Mystiker auf die Gesinnung; dabei machten sie den
tiefsinnigen aber wenig praktischen Unterschied, dass die äusseren
guten Werke nur für jenen Menschen von Wichtigkeit seien, der
auf einer niedrigen Stufe der Einigung mit Gott stehe. Habe er sich
aber bis zur Gottesnähe emporgeschwungen, dann bedürfe er gar keiner
Form mehr. Wer aber dürfte glauben, jene Höhe erreicht zu haben?
Die einzelnen Anhänger dieser Lehren begnügten sich nicht,

den Samen derselben aufs Gerathewohl auszustreuen, sondern sie
bildeten einen Verein, dessen Glieder sie Gottesfreunde nannten.
Ob indessen darunter ein Bund mit klaren Zielen und, was noch
mehr ist, mit fester Organisation zu verstehen sei, ist mehr als unwahrscheinlich. Die Gottesfreunde wollten sich nicht von der Kirche
trennen, sie nahmen nur das Recht für sich in Anspruch, in einem
engeren Verband das Heil ihrer Seele zu suchen. Geistige Armuth,
das ist Ergebenheit in den Willen Gottes und vollkommene Entsagung, war ihre Grundregel. Doch war Tauler ängstlich bemüht, den
Verdacht der Sectirerei von ihnen fernzuhalten und er hat sich deshalb immer feindselig gegen die Brüder vom freien Geiste ausgesprochen, die sich von der Kirche abseits oder ihr gegenüberstellten.
Es lag ein gewisser Stolz in der Haltung dieser Gottesfreunde; wenn
ihre Häupter und die Vorsichtigen unter ihnen die Vereinigung mit
Gott als letztes Ziel betrachteten, so glaubten wohl manche, dieses
Loses bereits theilhaftig zu sein. In diesem Sinne sagt einmal Tauler
zu ihnen: „Dies sind jene, auf denen die heilige Kirche ruht, und
wären diese nicht in der Christenheit, so möchte diese nicht eine Stunde
bestehen. Dass gerade sie vorhanden sind, das ist weit würdiger und
nutzbringender als all der Welt Thun." Ihre Ansichten sind am bezeichnendsten in den Schriften des Strassburger Kaufmanns Rulman
Merswin ausgedrückt, der sich, nachdem er reich geworden war, zu
beschaulichem Leben zurückzog und 1382 starb. In dem Buch „von
den vier Jahren seines anfangenden Lebens" und „von den neun
Felsen" sind die Lehren der Mystik mit dem ganzen Vorrath von
Visionen und Träumen, von anthropomorphistischen Bildern verbrämt,
der sich einstellen musste, als das philosophische System aus den
Händen der Schöpfer in die der Jünger und der eifrigen Nachbeter
kam. Diese Gottesfreunde haben sich immer dagegen verwahrt, dass
sie mit den Brüdern vom freien Geiste eines Glaubens wären. Johann
Tauler, ganz besonders aber Ruysbroek bemühen sich darzulegen, in
welchen wichtigen Punkten sie sich von diesen Schwarm- und Rotten-
geistern, wie sich Luther ausgedrückt hätte, unterscheiden. Denn
jene beiden Mystiker behaupteten immer, sie seien der katholischen
Lehre treu und wichen von keinem ihrer Dogmen ab. Man findet aber,
dass diese Secten nur ihren Gedanken kühner ausgesprochen haben,
dass sie die directe Negation der kirchlichen Dogmen nicht scheuten
und dass sie endlich in ihrem Leben und Verhalten sich nach dem
Grundsatz gehalten haben, dass Gott nicht missfällig sein könne,

was immer aus seinem Geiste und unter seiner Eingebung geschehe.
In unserem Sinne müsste man Letzteres so ausdrücken, dass die
Stimme der Natur die allein berechtigte sei; darin aber scheinen
uns die Brüder vom freien Geiste geirrt zu haben, dass sie der In-
dividualität und ihrem Zuge allein gefolgt sind, ohne dass sie die
Berechtigung der Forderungen der menschlichen Gesellschaft aner-
kannten, die der Persönlichkeit Schranken aufzuerlegen genöthigt ist.
Dass es Ruysbroek unangenehm gewesen ist, mit diesen Secten ver-
wechselt zu werden, finden wir begreiflich; moderne Darsteller dieser
Verhältnisse, wie Ullmann [1]) haben in demselben Geiste dieselben
Unterschiede gezogen. Ullmann lag es am Herzen, die Mystiker als
rechtgläubige Vorgänger Luthers bezeichnen zu können; nach seinem
Sinne hat Gerson, der berühmte Führer des Concils zu Constanz, zu
hart geurtheilt, indem er den Tractat Ruysbroeks „Vom Schmucke
der geistlichen Hoheit" als ketzerisch angriff. Alle diese stillen
Gemeinden waren in dem Kampfe zwischen den avignonesischen
Päpsten und zwischen Ludwig IV. warme Anhänger des Letzteren. Die
Opposition begann sich zu vertiefen und die Führer der religiösen
Bewegung standen nicht mehr unter den Fahnen des Papstthums.
Darin liegt der entscheidende Unterschied zwischen der Zeit der Ho
henstaufen und der Reformation: damals standen die frommen Ge-
müther. die Streiter für den hohen Beruf der Religion auf Seiten Ale-
xander III. jetzt waren sie im argen Widerstreben gegen Papst
Johann XXII. begriffen. Trotz des Interdicts, welches über Deutschland verhängt war und die Ausübung jeder religiösen Function
untersagte, befahlen die Obrigkeiten der Städte ihren Priestern zu
predigen, die Beichte anzuhören und die letzte Oelung zu ertheilen.
Aus Strassburg wanderten im Jahre 1338 viele Priester aus, die dem
Befehle der Stadt nicht folgen wollten; Tauler jedoch blieb und predigte das göttliche Wort zu Basel, Strassburg, Köln. Dieser kirchliche Zwiespalt beunruhigte die Gemüther; dennoch wichen die Städte
auch dann nicht dem päpstlichen Gebote und erkannten Karl IV.
nicht sofort an, als Ludwig der Baier schon gestorben war. Da
wüthete 1348 durch Europa der schwarze Tod, der allen moralischen
Halt, den sich die Bevölkerung gerettet hatte, zu erschüttern drohte.
Da griff wieder Tauler thätig ein und warnte vor Verzweiflung. die
den Weg zur Rettung verlege. Im Vereine mit Thomas von Strass-

---

[1]) Vorläufer der Reformation II, S. 54.

burg, Generalprior der Augustiner, und mit Ludolf von Sachsen erliess er einen Brief, in welchem er mitten unter den Schrecken der Pest und des Interdicts die Priester aufforderte, die Segnungen der Religion den Sterbenden nicht zu versagen. Obwohl sie in besonnener Weise die Grenze zwischen geistlicher und weltlicher Macht zogen, ertheilte der Papst dem Bischofe von Strassburg den Auftrag, die Bücher dieser Männer verbrennen zu lassen. Dies alles musste die Stimmung des Volkes gegen Karl IV. einnehmen, der als der getreue Vollstrecker der päpstlichen Befehle angesehen wurde. Gerade als Tauler sich mit seinen beiden Freunden in das Karthauserkloster zurückzog, kam Karl IV. im December 1348 nach Strassburg. Die Bürger huldigten ihm unter der Bedingung, dass er versprach, die Aufhebung des Interdicts zu veranlassen. Damals liess er Tauler vor sich kommen. Da wiederholte ihm der edle Prediger freimüthig seine unabhängige Ueberzeugung, so dass Karl IV. unter dem Eindruck des Auftretens der drei Mönche schier selbst ihrer Stimme war. Dies erzählt uns unsere allerdings nicht sehr zuverlässige Quelle [1]. Allein wir wissen, dass Karl IV. zu fertig in seiner Entwicklung war, als dass die Worte der Mystiker ihn hätten umstimmen sollen. Ein Mann wie Karl IV. war nicht dazu angethan, plötzlich in seinen Ansichten erschüttert zu werden, die nach seiner Ueberzeugung allein das Heil des Staates und der Kirche begründen konnten. Sein Vortheil ging zudem Hand in Hand mit dem der päpstlichen Curie; er wusste wohl abzuwägen, wie wenig diese tiefsinnigen Gedanken, diese gottinnigen Worte seinem Vorgänger in dem Kampfe gegen die bestehende geistliche Gewalt eine werthvolle Stütze gewesen waren. Er hörte anerkennend die Worte Taulers an: die Bischöfe aber verdammten dessen Meinung als ketzerisch, und es wurde ihm geboten, nicht mehr gegen die Kirche und gegen deren Bann freventlich zu handeln. Tauler musste seine Vaterstadt verlassen und ging nach Köln, von wo er erst später nach Strassburg zurückkehrte, um daselbst 1361 zu sterben.

So war Karl IV. der erste deutsche König, der sich kalt von den religiösen Kämpfen seines Volkes abwendete. Wie entschlossen hätten die Hohenstaufen eine solche Bewegung unterstützt und wie sehr sehnten sich alle reformatorischen Richtungen bis ins 16. Jahrhundert nach einem kräftigen und einsichtigen Reichsoberhaupt.

---

[1] Specklin, nach ihm Karl Schmidt, Johann Tauler S. 58. Daniel Speckle oder Specklin, ein Strassburger Baumeister († 1589), sammelte Collectaneen zur Geschichte seiner Vaterstadt, die von Hegel Chronik Strassburgs I. p. 69 hoch gestellt werden.

Friedrich III. verrieth die Reformbewegung 1447 im Abschaffenburger Concordat. Karl V. erklärte ihr den Krieg, da er sich aus politischen Gründen 1521 und 1529 mit dem Papste verband. Da das Kaiserthum sich von den ernsten Sorgen des deutschen Volkes abwandte, vergass letzteres an sein Oberhaupt. Ludwig der Baier war der letzte Kaiser, für den das Volk noch warm fühlte; Karl IV. entfremdete es der deutschen Krone. Während er die Mystiker ruhig anhörte und später sogar ihre Lehren verfolgte, fand er einen Mann nach seinem Herzen in Johann von Dambach, gleich Tauler einem Dominicaner, der indessen auf die Seite des Papstes getreten war. Johann von Dambach hatte mehrere Abhandlungen zur Vertheidigung der Rechtmässigkeit des Interdicts verfasst und verliess 1338 Strassburg, wahrscheinlich weil er nicht gegen den Befehl des Papstes gottesdienstliche Uebungen vornehmen wollte. Während des Exils schrieb er das Buch „Ueber die Tröstung der Philosophie" gegen die „Anfechtungen, die er in eigener Person erduldet, da er von den Gegnern der Gerechtigkeit wie des Gehorsams unter die h. römische Kirche von seinem Heim vertrieben worden sei." Er erklärte darin, dass der Leib Christi verletzt und verwundet werde, wenn er gegen den Willen der römischen Kirche genommen oder gereicht werde. Keinen einzigen unter den edlen und frommen Männern, die damals am Rheine lebten, hat Karl für würdig befunden, seinen Hof und seine Universität zu zieren; gerade den Gelehrten, der scheu vor ihrem kühnen Auftreten zurückwich. Johann von Dambach, berief er schon 1347 nach Prag, wo er an der Hochschule lehrte. Hier schrieb er 1350 „Ueber die sinnlichen Wonnen des Paradieses," ein Buch, in dem er zu zeigen bemüht war, dass die fünf Sinne im ewigen Leben eigene Genüsse empfinden würden, deren Gegenstand jedesmal Christus sein werde. Doch hat Johann sich niemals feindlich gegen die Mystiker ausgesprochen; er muss im freundschaftlichen Verkehr mit Tauler gestanden haben, da er jenes Werk in seinem und Taulers Namen an das Kloster St. Jacob in Paris schickte. Er wurde von Karl IV. nach Avignon geschickt, um die Aufhebung des Interdicts durchzusetzen. Dann wirkte er in dem Sinne Karl IV., als er gegen die Schäden der Kirche, aber ganz auf ihrem Boden stehend, auftrat.

Wir haben gehört, wie Karl IV. selbst vor den Folgen seiner verschwenderischen Begünstigung der Geistlichkeit erschrak, als er überall Simonie und Luxus einreissen sah. Gerade zur Zeit, als der Kaiser selbst gegen jene Gebrechen einschritt, schrieb Johann von

Dambach seine Abhandlungen „Ueber die Simonien der Klosterleute"
(1360) und „Ueber die Simonie der Prälaten (1361) [1]). Man begreift, dass eben ein Mann von solcher Gemüthsart Karls Gesinnung
entsprechen musste. Gegen Neuerungen stand er fest auf Seiten der
Kirche: doch brach er deshalb nicht mit dem muthigen Verfechter
der gegnerischen Ueberzeugung, zu der er sich wieder stark neigte,
als eine Reform der Kirche nöthig schien. Dürfen wir Karl Schmidt
glauben, so war er weit von den speculativen Ideen der Mystik entfernt: er gehört zu den scholastischen Schriftstellern, zeigt ihren
Hang zu Allegorien und zur Mönchsaskese, wobei er sich keineswegs
über das Gewöhnliche erhebt. — Die äussere Schwäche der geistigen
Bewegung unter Kaiser Ludwig dem Baier zeigt sich in nichts deutlicher als darin, dass sie unter seinem Nachfolger so schnell jede
Spannkraft verlor. Nur in den Niederlanden erhielt sich ein eigenthümliches Leben in den Brüderschaften vom gemeinsamen Leben,
die von Gerhart Groot gegründet wurden und durch mehrere Generationen hindurch blühten. In Deutschland aber fehlte einem Tauler,
Suso, Ruysbroek der jüngere Nachwuchs. Zudem konnte der Episcopat
unter Karl IV. wachsamer und kräftiger jede Secte unterdrücken,
die unter den Unruhen der Zeit Ludwigs an Anhängern gewonnen hatte.
So tauchen wohl an verschiedenen Orten Deutschlands Nachrichten
über Häresien auf, aber nur dann, wenn der Arm der Kirche gerade
im Begriffe ist, durch Feuer und Schwert dieses Unkraut auszurotten.
1353 wird der Dominicaner Johannes von Schandeland als Inquisitor
gegen die Begharden geschickt, 1356 wird Berthold, das Haupt der
Ketzer zu Speier, enthauptet. Die Kirche war selbst gegen die Vereine
misstrauisch, in denen fromme Frauen unter dem Namen Beguinen
zusammenlebten. Auch trat damals zuerst das Bedürfniss hervor,
dem Volke das Lesen ketzerischer Schriften zu verbieten. Besonders wenn sie in der deutschen Sprache abgefasst waren, konnten
sie leicht die Gemüther gewinnen. Bis zum 14. Jahrhundert gab es
nur eine lateinische Prosa; jetzt wurden die höchsten Fragen der
Religion in Schriften und Tractaten der Landessprache abgehandelt.
Zum ersten Male wirkt eine volksthümliche prosaische Literatur bis
in die Kreise des Volkes hinab; und diese erste allgemeine Theilnahme erweckte sofort die Furcht der Kirche. Vielleicht war das

---

[1]) Andere Schriften sind de culpa et gratia (im Auszug bei Quétif u. Eckard
I. p. 69), und summa confessorum. In den böhmischen Bibliotheken fand ich
nirgends ein Buch von Johann von Dombach.

Jahrzehent zwischen 1356—1366 den Ketzern günstig. Karl IV., im Jahre 1355 zu Rom zum deutschen Kaiser gekrönt, scheint mit dem Vorsatze nach Deutschland zurückgekehrt zu sein, in seiner hohen Stellung auch den Clerus schärfer zu beaufsichtigen und die Missstände in diesem Stande abzubestellen. Er begünstigte die Prediger, die zu Prag gegen die Entartung der Geistlichkeit loszogen, er trat auf dem Reichstag zu Mainz 1359 mit der Forderung der Reform des Clerus auf. Allein der alternde Herrscher mag vor der schwierigen Aufgabe zurückgeschreckt sein. Ihre Durchführung hätte ihm zudem die Bundesgenossenschaft des Papstes gekostet.

Karl IV. dachte zudem nicht im Entferntesten daran, durch seine Massnahmen die Sectirerei zu begünstigen; sie konnte ihm nicht mehr so unbequem werden, als zu der Zeit, da sich ihre Anhänger an seinen Gegner Ludwig angeschlossen hatten, aber sie waren dem geistlichen Werke feindselig gesinnt, das er aufzubauen und glänzend zu schmücken durch sein ganzes Leben bemüht gewesen war. Den Anfang der Verfolgung machte Papst Urban V. In einem Briefe vom 15. April 1367 forderte er [1]) die Fürsten und Prälaten Deutschlands auf, die Inquisitoren zu unterstützen, die das heilige Amt der Verfolgung der Ketzer ausübten. Die Fürsten des Reiches sollten dem Dominicaner Ludwig von Caliga sowie seinen Vicaren, bei der Verfolgung und Untersuchung der Ketzerei Beistand leisten, sie sollten ihm ihre Kerker zur Verfügung stellen, deren die Inquisition zum Leidwesen des Papstes noch vielfach entbehrte. Mit demselben Auftrage wie Ludwig von Caliga wurde Walther Kerling, Doctor der Theologie, betraut, der sich zwei Genossen erwählen sollte, um seinem Amte in dem ihm zugewiesenen Theile Deutschlands genügen zu können [2]). So wurde denn eine thätige Verfolgung in's Werk gesetzt. Walther Kerling hatte als Schauplatz seiner Thätigkeit Sachsen und Thüringen erhalten. Er zog eine Menge verdächtiger Personen ein, doch liess er jene, die nur äusserlich, durch Tracht und Sitte mit den Begharden zusammenhingen, frei. Ebenso begnadigte er jene, die, schuldig befunden, zum Glauben der Kirche zurück-

---

[1]) Mosheim, De beghardis et beguinabus commentarius. Lipsiae 1790 pag. 336.

[2]) Mosheim, pag. 357. Hahn II. S. 517. Walther Kerling stand auch auf Seiten Kleukocks, bei dessen Bemühungen um Verdammung des Sachsenspiegels. Stobbe, Rechtsquellen I. S. 365.

kehrten: einige hartnäckige Ketzer aber (nach Corner zwei) wurden
zu Erfurt verbrannt. Nach demselben Chronisten wurden in Nord-
hausen sieben Menschen verbrannt. 33 begnadigt. Die Folge dieses
Verfahrens war. dass. wie sich Karl IV. 1369 anerkennend äussert.
die Ketzereien aus dem Erzbisthume von Magdeburg und Bremen,
aus den thüringischen, sächsischen und hessischen Ländern ver-
schwanden.

Die Einsetzung dieser beiden Inquisitoren waren die Begründung
eines Instituts, welches bisher in Deutschland nicht hatte Wurzel
fassen können, das aber von nun an. durch die Päpste gepflegt.
dieses Land nach allen Seiten zu umspannen anfing. Diese Fürsorge
des heiligen Vaters für das Seelenheil der Deutschen fand vorerst.
so weit wir sehen. keine Unterstützung bei Karl IV. Erst als der
Kaiser 1369 zum dritten Male nach Italien hinüberzog. muss er unter
dem Einfluss der neuen Umgebung und bei dem Zug des eigenen
Vortheils wieder in die Bahn einer kirchlichen Politik eingelenkt
haben. die er in den letzten Jahren verlassen hatte. Jetzt gab er
seine kaiserliche Genehmigung zur förmlichen Einführung der Inquisition in Deutschland [1]). Am 10. Juni 1369 erliess er von Lucca aus
kraft seines Amtes als Beschützer der Kirche eine Urkunde. in
der er jenen beiden Inquisitoren erhebliche Begünstigungen zuwendet.
Er bestätigt ihnen nicht nur alle Privilegien. die seine Vorgänger in
Deutschland der Inquisition ausgestellt haben: sie sollten in seinen
Reichen alle jene Rechte geniessen. die ihnen je ein Monarch der
Welt oder ein geistliches Haupt gewährt hatte. Das Recht der Inquisition war dadurch undefinirbar gemacht: in den Maschen eines
solchen Privilegiums konnte jedes Recht eingefangen werden, auf das
irgend ein Inquisitor einen Anspruch zu machen beliebte. In einem
Punkte wurde das heilige Amt sofort der Mühe überhoben, ein ver-
gilbtes Pergament zur Begründung der Berechtigung eines innigen
Wunsches vorzuweisen. Karl IV. bestimmte nämlich von vornherein,
dass der Inquisition ein Drittheil der Güter eines überführten Ketzers
zufallen solle. Sechs hohen Adeligen ward mit dem Titel von Conser-
vatoren die besondere Verpflichtung auferlegt, die neue Glaubensbe-
hörde in ihren Rechten zu schützen. Es waren dies die Herzoge von

---

[1]) Ueber Ketzereien in Böhmen, die besonders unter König Johann
Wurzel fassten, siehe Frind. Kirchengeschichte Böhmens II. S. 81. Ferner Franciscus ap. Dobner. Monum. VI. 318. Dudik Iter Romanum I. 273.

Sachsen und Braunschweig, die Grafen von Schwarzburg und Nassau und die Ritter von Hanstein und Witzeleben. In einem Schreiben, das am nächsten Tage, dem 11. Juni 1369, an alle Fürsten, Prälaten und Unterthanen des Reiches gerichtet wurde, waren dann die Opfer bezeichnet, welche den Verfolgern auszuliefern seien. Alle Begharden und Beguinen, die „Conventschwestern", ferner die sogenannten „willigen Armen", deren gemeinsames Merkmal der Ruf „Brod durch Gott" war, seien zu bannen und zu verfolgen. Die Strafe der Confiscation der Güter traf denjenigen, der diesem Befehle des Kaisers nicht nachkam [1]). In dem Erlass des Kaisers blieb noch eine Unklarheit. Mit jenen Namen wurden nämlich zwei ganz verschiedene Dinge und Personen bezeichnet. Begharden und Beguinen hiessen jene frommen Männer und Frauen, die nach Geschlechtern getrennt, in freiwilliger Armuth und Keuschheit Vereine nach dem Vorbilde der grossen Mutteranstalten bildeten, die in Belgien seit dem 11. Jahrhundert bestanden; diesen Namen trugen aber auch die letzten Reste der waldensischen Ketzerei, die sich nunmehr durch den Einfluss der wycliffitischen Lehren zu grösserer Bedeutung aufschwingen konnten.

Sollten nun durch jenen Befehl des Kaisers nur die ketzerischen Ueberbleibsel und Auswüchse der minoritischen und mystischen Lehren getroffen oder sollten durch ihn die unschuldigen Stätten der Frömmigkeit bedroht werden? Vielleicht wünschte der Kaiser und der Papst um den Preis einer an sich guten Einrichtung selbst die Möglichkeit einer Ketzerei zu verhindern, vielleicht hoffte die Inquisition dadurch in den Besitz der ersehnten Kerker zu gelangen. Bezeichnend war es, dass sich keine freiwilligen Opferspender in Deutschland fanden, die dem neuen Gerichte ein Heim zu bereiten geeignet waren. In einem Lande, in dem seit der schwarzen Pest die Werkheiligkeit blühte, in dem Kirchen und Klöster durch Spenden reich wurden, konnte sich die Inquisition nur durch Verfolgungen, den nöthigen Besitz erringen. Dass dem so war, darüber gab ein weiterer Befehl Karls vom 17. Juni 1369 die unwillkommene Aufklärung. Diesmal wurde nämlich angeordnet, dass alle Häuser der Begharden und der Beguinen ihrer bisherigen Bestimmung entzogen werden sollten. Zwar wurde als Grund dieser Massregel vorgeschoben, es sei, durch solches

---

[1]) In diese Zeit fällt wahrscheinlich der Tractat Conrads von Megenberg gegen die Begharden in Max. Bibl. patrum XXV. f. 310. Hahn II. S. 522 nennt ihn irrigerweise Conrad von Montpellier.

Zusammenleben die irrige Meinung entstanden, als ob das Leben in Armuth das Gott wohlgefälligste sei. Allein den wahren Grund der Confiscation hebt der Kaiser gleich darauf selbst hervor, indem er bedauernd bemerkt, es habe der Inquisition bisher ein selbstständiges Eigenthum gefehlt. Deshalb sollten die Häuser der Begharden dem neuen Gerichte übergeben, die der Beguinen aber verkauft und der Erlös nach einem bestimmten Verhältnisse vertheilt werden. Ein Drittheil sollte zu wohlthätigen Zwecken verwendet werden, ein zweites Drittheil den Inquisitoren des Ortes anheimfallen, der Rest den Gemeinden zu öffentlichen Zwecken, zum Mauer- und Strassenbau verbleiben.

Nur in den politischen Verhältnissen können wir die Erklärung dieser strengen Massregeln des Kaisers finden ; denn seinem sonstigen versöhnlichen Auftreten widersprechen diese Verordnungen vollständig. Gerade zu derselben Zeit nämlich hatte der Prediger Milic von Kremsier unter den Augen und mit Unterstützung des Kaisers eine Anstalt gegründet, die unter jene nunmehr aufgelösten gerechnet werden muss: er hatte nämlich die durch seine Predigten bekehrten Frauen des „venetianischen" Stadttheils, des Sitzes der Freunde, zu einem gemeinsamen Leben nach gewissen Ordensregeln vereinigt und Karl IV. hatte Milic den Grund jenes Gebäudes geschenkt, welches die reuigen Sünderinnen beherbergte [1]. Eine ähnliche Vereinigung von Männern unter dem Namen „vom Leben der Apostel" war eine zweite Gründung desselben eifrigen Priesters [2]. Seine Feinde hielten ihm zwar vor, Johann XXII. habe verboten, einen Orden ohne päpstliche Einwilligung zu gründen; er hielt sich aber des Schutzes des Kaisers so versichert, dass, wie wenigstens seine Ankläger ihm in den Mund legten, er erklärte, er werde sich durch den Kaiser vertheidigen, falls der Papst ihn excommunicire [3].

Um das System von Massregeln, welches zu Lucca dem Kaiser zur Bestätigung vorgelegt wurde, vollständig zu machen, wurde durch

---

[1] Im Prager Universitätscodex XIV. G. 4 (Cancellaria Caroli IV.) findet sich unter Nr. 7 ein Brief: Item petit (imperator) ut faciat (papa) graciam a pena et a culpa quorundam in monasterio conversarum, worin Karl für reuige Sünderinnen die freie Wahl ihres Beichtvaters erbittet. Dies bezieht sich zweifelsohne auf Milic.

[2] Jordan, Vorläufer des Husitenthums S. 41.

[3] Palacky, Formelbuch I. S. 184.

ein Schreiben Karl IV. von demselben Tage [1] ein empfindlicher
Schlag gegen die populäre religiöse Literatur Deutschlands versucht.
Der Kaiser habe mit Bedauern bemerkt, dass in dem Gebiete Deutschlands Reden, Abhandlungen und andere Bücher, die in deutscher
Sprache geschrieben seien, unter Personen weltlichen oder beinahe
weltlichen Standes verbreitet seien [2]. Diese Bücher enthielten Lehren,
welche lasterhaft, irrig und ketzerisch seien: ihre traurigste Wirkung
sei zudem die, dass die Menschen aus sich selbst, mehr als sie
sollten, zu wissen bestrebt seien, dass sie ihre Aufmerksamkeit nicht auf Nüchternes im Geiste des Glaubens wenden. Hier
trifft der Kaiser offenbar den Schwerpunkt aller Bestrebungen, die
der Kirche feindselig sind. Nicht ketzerische Lehren, so erkennt er
an, seien das gefährlichste, sondern das Bemühen, durch eigene
Kraft sich zur Wahrheit emporzuschwingen. Die Prälaten, Fürsten,
Beamten und Unterthanen des deutschen Reiches erhalten deshalb
strengen Befehl, die Inquisitoren zu unterstützen, wenn sie derartige
deutsche Bücher, Abhandlungen, Predigten, Hefte, Zettel, Bände
abfordern. Möglicherweise könnten in ihnen Irrthümer gelehrt und
gepredigt werden; ganz abgesehen davon dürften ja überhaupt Laien
nach den Canonen Bücher in der Volkssprache nicht benützen, die
über die heilige Schrift handeln. Damit beruft sich Karl auf das damals gehandhabte Verbot der Lesung der Bibel durch Laien. Es kann
nicht befremden, dass die kirchlichen Gewalten endlich doch einsahen,
dass sie mit übertriebener Strenge eingeschritten seien. Es gelang den
Begharden, dem Papste Gregor XI. einen besseren, und wohl auch
richtigeren Begriff ihrer Wirksamkeit beizubringen. Gregor XI. war
auch empfänglich dafür: er sehnte sich nach der Rückkehr nach
Rom, er verstand selbst Erscheinungen zu würdigen, wie Nicolaus
von Basel, der an seinen Hof gekommen war und ihm seine strenge
Ansicht über den Verfall der Kirche mitgetheilt hatte.

So erliess Gregor 1373 einen Schutzbrief für die verfolgten
Begharden [3], einen anderen dringenderen 1376. Die Kirche hatte in
ihrer blinden Fürsorge für die Inquisition sich nicht die Mühe ge-

---

[1] Mosheim, S. 368.

[2] Die gleichzeitigen Massregeln gegen den Sachsenspiegel schildert am
besten Homeyer „Clenkok". Die Literatur bei Stobbe Rechtsquellen I. S. 363,
372. Eine Urkunde Innocenz VI. vom 15. Okt. 1356 erwähnt Dudik Iter Romanum II. S. 125.

[3] Mosheim, pag. 396.

geben, die Meinungen der Sectirer im Einzelnen zu erforschen und
den Spreu vom Waizen zu trennen. Man hatte blind zugeschlagen,
und wie das Unrecht hiebei sichtbar wurde, ward ebenso
summarisch absolvirt. Dieses Schwanken dauerte auch später fort,
denn Bonifaz IX. fand sich wieder veranlasst, alles zu Gunsten der
Begharden Erlassene zurückzunehmen [1]).

Ganz merkwürdig ist nun, dass Gregor XI. es war, der die
strengen Massregeln des deutschen Königs gegen deutsche Bücher
milderte. Dies scheint wenigstens aus seinem Briefe vom 24. April
1375 hervorzugehen [2]). Der Kaiser hatte die Lesung deutscher Tractate durch Laien überhaupt verboten, der Papst trug den Inquisitoren
wenigstens auf, die Werke zu lesen und sie nöthigenfalls als irrthüm-
lich zu bezeichnen, damit sie nicht gekauft, noch abgeschrieben
würden. Zu wiederholten Malen konnten wir bemerken, dass Karl IV.
die Gabe der Auffassung der verschiedensten Richtungen gezeigt habe.
Für alle äusserte er gleiches Interesse, sein Geist erscheint niemals
originell, wohl aber empfänglich und aus dem Besten auswählend.
Das grösste Lob, das ihm gezollt werden kann, ist, dass sich die
Entschiedenheit seiner Individualität vertrug mit der Fähigkeit, ab-
weichende Erscheinungen zu würdigen. Es war nun die Frage, ob
dieser Charakterzug einem feinen Verständnis für das Edle und Bedeutende entsprang oder ob er seine Wurzel bloss in dem klugen
Egoismus hatte, die Umgebung für seine Zwecke zu benutzen. Für
das Exempel seines Lebens war sein Verhalten gegen die mystische
Philosophie die Probe, durch die er bewähren sollte, ob er zu dem
Kerne des wissenschaftlichen Denkens durchdringen könne. Denn
sonst war seine Theilnahme an den literarischen Bestrebungen seiner
Zeit ein blosses Haften an der äusseren Schale der Berühmtheit einiger seiner Zeitgenossen. Karl IV. hat diese Probe nicht bestanden.
Die Mystik war zweifelsohne die bedeutendste Erscheinung seines
Jahrhunderts; Karl IV. hat sie nicht begriffen, im Gegentheil, er
hat ihr nicht einmal jenes Verständnis entgegenbracht, das man erwarten würde, wenn man seine sonstige Thätigkeit überschlägt. Da-

---

[1]) Auch in Böhmen dauerten die Verfolgungen der Begharden unter
König Wenzel fort. Als Beleg habe ich den Erlass des Erzbischofs Johann von
Prag aus einem Codex des Wiener Staatsarchivs im Anhange abgedruckt. (An-
hang Nr. VII.).

[2]) Mosheim, pag. 378. Weitere harte Edicte Karls gegen die Ketzer erwähnt Balbin Epitome p. 380 (dto. 18. Sept. 1376).

mit haben wir die Beantwortung der Frage gewonnen, die unter anderen Tomek in seiner Geschichte der Prager Universität stellt, wie es doch komme, dass das erste halbe Jahrhundert der Prager Hochschule trotz ihrer steigenden Berühmtheit keinen einzigen noch jetzt bedeutenden Lehrer aufzuweisen habe, dass von ihr keine grosse Erweiterung unseres Wissens, keine nennenswerthe Erfindung ausgegangen sei. An sich war die Zeit zur Erweckung grosser Geister nicht günstig; die hervorragenden Talente, die in der ersten Hälfte des Jahrhunderts den Kampf gegen die Hierarchie und gegen die Schule geführt hatten wie Dante, Eckart, Tauler, Marsilius und Wilhelm von Ockam waren dahin, und niemanden reizte es, den fruchtlosen Widerstand von Neuem zu beginnen. Eine Erschlaffung der Geister trat ein bis zur Epoche der grossen Concilien zu Constanz und Basel. Der bedeutendste Monarch der Zeit, der Gründer der ersten deutschen Universität hielt sich mit seinen Sympathien an die mittlere Sphäre zwischen Geistesknechtschaft und Geistesfreiheit, ohne das Herz fassen zu können, der einzigen bedeutenden Erscheinung der Wissenschaft seines Landes gerecht zu werden.

Die Chronisten am Hofe Karl IV. Untersuchung über seine Selbstbiographie.

Männer nach der Art Karl IV. pflegen mit einer gewissen Vorliebe den Lauf der vergangenen Dinge zu beobachten. Ihr ruhig erwägender Geist, der fähig ist, die Dinge von den verschiedensten Seiten aufzufassen, fühlt das Bedürfniss, die Gegenwart aus der Vergangenheit heraus zu verstehen. Ihnen sagt jene Geschichtsdarstellung am meisten zu, die mit möglichster Treue und ohne Beimischung subjectiver Elemente die früheren Zeiten erschliesst. So reiht sich denn an Kaiser Karl IV. eine Reihe von Chronisten an, die meistens in schlichter Form Jahr für Jahr die Ereignisse der Geschichte schildern, ohne dass sich auch nur einer von ihnen zu der Höhe einer pragmatischen Darstellung der Dinge erhübe. Auch für frühere Geschichtsschreiber hatte Karl Interesse, wie denn auf seine Anregung der Prager Domherr Plichta das Werk des böhmischen Chronisten Cosmas aus der alten von Motten zerfressenen Handschrift dreimal abschreiben liess [1]. Ein Jahr vor seinem Tode 1377 liess Karl IV. den Geschichtsschreiber Heinrich von Hervord, der 1370 gestorben war, durch ein kostbares Leichenbegängniss zu einer ehrenvollen Grabstätte geleiten [2].

Der Generation, die Karl IV. vorherging, gehört der bedeutendste böhmische Geschichtsschreiber des Mittelalters, Peter von Zittau, an. Karl IV. schätzte ihn hoch und besuchte ihn in seinem

---

[1] Pelzel, Kaiser Karl IV. II. B. S. 955. Neplach, Opatov. ad annum 1125 in Dobner, Monum. IV.

[2] Lorenz, Deutschlands Geschichtsquellen S. 124. Schaten, Annales Paderbornens. p. 399.

Kloster Königsaal, als er 1333 aus Italien heimkehrte. Ein jüngerer Zeitgenosse Peters war dann der Domherr Franz, der ebenfalls als Chronist, wenn auch in weit unbedeutenderer Weise, hervortrat. Er stand zu dem Bischofe Johann von Prag in naher Beziehung und arbeitete seine Chronik wahrscheinlich auf dessen Anregung aus. Johann fühlte sich nämlich über die kühle oft verletzende Besprechung seiner Thätigkeit in der Chronik Peters von Zittau zurückgesetzt und er rief demnach eine Geschichtsdarstellung hervor, die ihn mehr berücksichtigte. Jenen deutschen Cisterciensern und Kreuzherren, die auf jeder Seite des Königsaaler Zeitbuches erwähnt werden, sollten die dem Bischofe getreuen Benedictiner gegenübergestellt werden [1]), die wohl auch durch nationale Bande mit dem Bischof verbunden waren. Bischof Johann scheint wenig Geschmeidiges in seinem Wesen gehabt zu haben; elf Jahre lang musste er zu Avignon verweilen, um sich beim päpstlichen Stuhl von der Anklage der Ketzerei zu reinigen; die Dominicaner beleidigte er dadurch, dass er ihnen einige Ketzer entriss und ihre Inquisitoren absetzte; die Franciscaner verletzte er, indem er in ihrem Streite mit den Pfarrern um die Leichengebühren gegen sie Partei ergriff, ihnen die Predigt in dem Dome entzog und sie jenem Domherrn Franz übertrug [2]), der später in dem Sinne des Bischofs eine Chronik schrieb. Kräftig wusste er es durchzusetzen, dass ihm die Bestätigung der Pfarrer zuerkannt werde, die von den Gutsherren ernannt wurden [3]). Prächtige Bauten und Prunk weltlicher Art waren seine Liebhaberei, von Asketik oder geistlicher Gelehrsamkeit weiss selbst sein Panegyriker Franz nichts zu erzählen. Gleich beim Antritte seines Amtes liess er durch seinen Probst sein Jagdrecht in den königlichen Forsten zurückfordern; dass er auch seine Schafe tüchtig schor, besonders als er auf seiner Reise an den päptlichen Hof viel Wolle gelassen hatte, wird uns mit eben diesen Worten in der Chronik des königsaaler Abtes erzählt [4]).

Wenig literarisches Verdienst hat auch der Mann, der sich vorgenommen hat, seinen Bischof in der Geschichte seines Landes mehr

---

[1]) Während die Cistercienser zu Elisabeth und dem deutschen König hielten, standen die Benedictiner auf Seiten Heinrichs von Kärnthen und Abt Bawor von Brewnov krönte ihn sogar in Ermangelung der Königskrone mit dem Abtinful. (Chronicon Aulae regiae pag. 208.)

[2]) Franciscus ad annum 1333 in Pelzel, Scriptores II. S. 184.

[3]) Pelzel, Karl IV. II. pag. 63.

[4]) Ad annum 1329.

hervortreten zu lassen. Domherr Franz [1]) beschloss, die Prager Chronik, die von dem ehrwürdigen Cosmas begonnen und von mehreren Schriftstellern bis 1283 fortgesetzt worden war, bis auf seine Zeit zu ergänzen. Er widmete demnach seine Arbeit unter dem Titel „zweiter Theil der Prager Chronik" dem Bischofe. Gleich in der Zueignung zeigt es sich, mit wessen Federn er sich zu schmücken liebt; sie ist fast wörtlich aus der Widmung des Abtes Peter von Königsaal an den Abt von Waldsassen ausgeschrieben. In derselben Weise verfährt er durch die ganze Chronik; sie ist nichts als ein gedrängter Auszug aus seines Vorgängers trefflichem Buche. Wie die einzige Veränderung im Prolog darin besteht, dass versprochen wird, es sollen zumahl Bischof Johanns Thaten geschildert werden, so ist auch die Einfügung von Johanns Leben und Wirken das einzige Originelle in der Chronik des Domherrn Franz. Diesem Zwecke dienen zum Theil die beiden ersten Capitel des ersten Buches, die der zweiten Fortsetzung des Cosmas entnommen sind, und in denen des Vaters des Bischofs erwähnt wird; ganz besonders aber das 16. und 31. Capitel desselben und das 4. Capitel des dritten Buches. Die sonstige Ausnützung der Königsaaler Chronik geht bis auf die Ueberschriften der Capitel; sie werden fast unverändert abgeschrieben. Auch die Verse des Abts, an deren poetischer Form doch das Plagiat endlich zurückscheuen sollte, bleiben nicht frei von der Bewunderung des Domherrn, der sie aufnahm, ohne ihres Dichters zu gedenken. Wie die Widmung sagt, schrieb Franz seine Chronik im Jahre 1341 [2]) und er kannte damals, wie leicht ersichtlich, nur die beiden ersten Bücher, nicht die dritte Abtheilung des Königsaaler Zeitbuches, welch' letztere von 1334 bis 1338 reicht. Die Ereignisse von 1334 bis 1342, die Franz mittheilt, sind demnach aus seiner Erinnerung der Ereignisse genommen.

Bald nach Ueberreichung der Chronik Franz' starb Bischof Johann (1343) und ihm folgte Ernst von Pardubitz, bald darauf

---

[1]) Vgl. Palacky, Würdigung der böhm. Geschichtsschreiber S. 138, Lorenz, Deutschlands Geschichtsquellen S. 217. Die Chronik steht in Pelzel und Dobrowsky Scriptores rerum Bohemicarum T. II. Der Prager Universitätscodex, VIII. B. 2 enthält den Anfang der Chronik nebst einer eigenthümlichen Einleitung über die Macht des römischen Kaisers und über die Krönungen der europäischen Fürsten. Während des Druckes dieser Arbeit erschien eine neue Ausgabe des Peter von Zittau, von Loserth in den Fontes rerum Austriac. veranstaltet, die in den Noten auch die wenigen selbständigen Stelle des Domherrn Franz enthält.

[2]) Vielleicht ist dies ein Schreibfehler und es sollte 1342 heissen, da noch zu diesem Jahre ein Ereigniss hinzugefügt ist.

der erste Erzbischof der Prager Kirche. Es war fraglich, ob der neue
Bischof den Günstling des Vorigen als officiellen Geschichtsschreiber
seiner Diöcese anerkennen werde. Wohl behielt Franz auch jetzt das
Amt eines Pönitentiars des Erzbischofs bei [1]; er versuchte aber
zudem, mit dem literarischen Kreise in Berührung zu treten, der sich
um Karl IV. versammelte. Wohl hatte er in seiner Chronik den
Vater Karls, König Johann mit grosser Rücksichtslosigkeit behandelt,
die dieser wohl verdiente, wenn man ihn blos von dem Standpunkt
eines treuen Dieners der Kirche betrachtete, da er diese weidlich ge-
plündert hatte; allein er hoffte, der neue König, der mit seinem
Vater nicht sonderlich übereingestimmt hatte, werde ihm dies leicht
verzeihen. So veranstaltete er, wenn man sich so ausdrücken darf,
eine zweite Ausgabe seines Werkes [2], das er nunmehr dem böhmischen
König widmete. Diese Umarbeitung fand also vor 1355, dem Jahre
der Kaiserkrönung Karls statt. Vor 1353 kann sie nicht beendet
worden sein, da in diesem Jahre der weitgereiste Johann von Marignola
nach Prag kam, aus dessen Munde Franz offenbar vieles erfahren
hatte, was er jetzt in seine Chronik aufnahm. Zu dieser Ausgabe seines
Werkes benutzte er auch das dritte Buch Peters von Zittau [3]. Von
1338 bis 1345 stimmt er vielfach mit Benesch von Weitmühl überein. Auf eine gemeinsame Quelle beider weist nichts hin; da nun
später nachgewiesen werden wird, dass Benesch die ersten drei Bücher
seiner Chronik, um die es sich hier handelt, vor 1350 geschrieben habe,
so muss Franz auch diesen Geschichtsschreiber benutzt haben. Franz
genoss, wie man aus seinen Ergänzungen sieht, den Vortheil, den
ihm sein jetzt im Mittelpunkt der Weltbegebenheiten liegendes Land
gewähren konnte. Marignola verdankt er die Nachrichten über fremde
Länder. Er selbst beschäftigte sich ein wenig mit Astronomie; er
spricht über die Ursachen der Sonnen- und Mondfinsternisse. Indessen
steht er nicht auf der Höhe der Wissenschaft seiner Zeit, wenn er
die naive Ansicht ausspricht, die Ursache der bald fortschreitenden,
bald rückläufigen Bewegung der Planeten liege in dem Einfluss der

---

[1] Dobner, Monumenta VI. pag. 321.

[2] Diese zweite Ausgabe ist gedruckt bei Dobner Monumenta Bohemiae VI
Band. Franz kannte die Briefe Cola Rienzi's an Karl IV. vgl. Pagencordt Cola di
Rienzi Einleit. S. XXVI. und XXVIII.

[3] Franz hat sich bei seinem vielen Abschreiben so sehr in die Vers-
und Reimkunst seiner beiden Vorgänger Otto und Peter von Königsaal hineingelebt, dass er ganz in deren Manier, in leoninischen Versen, seine Gefühle
über die Dinge ausspricht, die er kurz vorher in Prosa erzählt hat.

Sonnenstrahlen. Er hat demnach keine Kenntniss von den ebenso vergeblichen, als scharfsinnigen und verwickelten Hypothesen, zu denen das ptolomäische System greifen musste, um eine Thatsache zu erklären, die damals fast unbegreiflich schien, jetzt aber bei der Annahme der Bewegung der Erde um die Sonne keine Schwierigkeiten macht.

Karl dem Vierten am nächsten stand unter den böhmischen Chronisten der Prager Domherr Benesch Krabice von Weitmühl [1]). Benesch entstammt dem Ritterstande, der den Kern der czechischen Partei bildete, während der Bürgerstand deutsch gesinnt war. Sein Vater hiess ebenfalls Benesch [2]); die Familie besass neben dem Stammgut Lippa noch das Dorf Lubusthow. Von den beiden jüngeren Brüdern unseres Benesch ward der eine, Johann, Pfarrer auf dem Gute seiner Väter, der andere, Peter, erscheint dann mit dem Prädicate von Sliwno. Benesch selbst genoss keine sehr gründliche Bildung. „Nie habe ich," sagt er selbst [3]), „die Wissenchaft der Rhetorik erlernt, in der Grammatik nur wenig eindringende Studien gemacht." Ob der Benesch, den Pessina [4]) im Jahre 1341 als Domherrn erwähnte, mit dem Chronisten identisch ist, ist ungewiss; sicher ist, dass Benesch diese Würde später wirklich bekleidete, dass er 1355 Vorsteher des Baues des Prager Doms. 1373 Archidiacon von Saaz wurde, kurz nachher eine Pfründe bei der Prager Kirche erhielt und im Jahre 1375 starb.

Um die Zeit genau zu bestimmen, in der Benesch die einzelnen Bücher seiner Chronik schrieb, ist eine genaue Vergleichung seiner Erzählung mit derjenigen gleichzeitiger Schriftsteller nöthig, aus der sich auch für den Charakter seiner Arbeit Manches wird gewinnen lassen.

Seine Chronik der Prager Kirche hat vier Bücher. Die ersten drei behandeln die Zeit von 1285 bis 1345; das letzte hebt noch einmal bei der Geburt Karl IV. 1316 an und schildert ausführlich die Ereignisse von 1330 bis 1374. Die Weiderholung der Schilderung der Zeit 1330 bis 1345 rührt aus einem sehr einfachen Grunde her. Als Benesch die ersten drei Bücher seiner Chronik bearbeitete, kannte

[1]) Pelzel und Dobrowsky, Scriptores rerum bohemicarum, T. II. Praefatio — Palacky, Würdigung der böhm. Geschichtsschreiber 190. Lorenz, Deutschlands Geschichtsquellen S. 223. Dobrowsky, Monatsschrift des böhm. Museums 1827. Seite 56. Loserth, Benesch von Weitmühl im Archiv für österr. Gesch. 1875 erschien erst nach Abschluss dieser Zeilen.

[2]) Vgl. die Urkunden bei Dobner, Monumenta, IV. pag. 10. — Pelzel, Scriptores, T. I. pag. 131, 132.

[3]) Benesch, pag. 337.

[4]) Phosphorus, pag. 56.

er die Biographie Karl IV. noch nicht. Später mit derselben vertraut gemacht, zog er es vor, die ersten drei Bücher im Wesentlichen unverändert zu lassen und die Lebensbeschreibung des Kaisers in kürzerer Fassung in ein neues Buch seiner Chronik einzufügen. In diesem hat er dann die Ereignisse seiner Zeit sorgsam bis an seinen Tod fortgeführt. Daraus ergibt sich, dass ein gewisser, nicht allzu kurzer Zwischenraum zwischen der Abfassung der beiden Theile von Benesch' Geschichtswerk verstrich.

Es handelt sich zuerst um die Frage. wann Benesch die drei ersten Bücher seiner Chronik verfasste. Sie schliessen mit dem Jahre 1345. allein sie enthalten directe Hinweise auf spätere Ereignisse. Das Letzte derselben ist der Tod Rudolf IV. (1365) [1]) und die Vermählung von dessen Witwe Katharina, der Tochter Karl IV., mit dem Markgrafen Otto von Brandenburg. eine Verbindung, welche am 29. März 1366 stattfand. Es wird sich nun später zeigen, dass das vierte Buch der Chronik gerade im Jahre 1366 abgefasst wurde. Damit stimmt also vortrefflich, dass auch die ersten drei Bücher einen Hinweis auf ein Ereigniss dieses Jahres, welches Böhmen freudig bewegen musste, enthält. In dieser Zeit arbeitete Benesch also auch den ersten Theil seines Werkes wieder in passender Weise um. Allein. so kann man fragen, kann die Sachlage nicht einfacher aufgefasst werden? Kann man nicht annehmen. dass das ganze Werk zu gleicher Zeit geschaffen wurde? Worin liegt der Beweis. dass die drei ersten Bücher lange vor 1366 fertig waren und damals blos umgearbeitet werden mussten? Diese naheliegende Einwendung erledigt sich in vollkommen befriedigender Weise. Allerdings bezieht sich der Autor auf viele spätere Ereignisse: aber an manchen Stellen tritt wieder seine Unkenntnis derselben klar hervor. Der Verfasser will eine Thatsache beweisen: er könnte dies mit Hilfe späterer Ereignisse in genügender Weise thun. Allein er führt weniger bedeutende Erwägungen an ; denn es ist dies offenbar eine Stelle. die aus der ersten Ausgabe seiner Schrift herrührt, und die er 1366 nicht umgearbeitet hat. Er erzählt zum Beispiel die Vertreibung des jüngeren Bruders Karl IV., des Prinzen Johann Heinrich, aus Tyrol [2]), zu der sich des Letzteren eigene Gemahlin Margarethe Maultasch mit Ludwig dem Baier verbunden hatte. Margarethe brachte als Vorwand der Scheidung den Grund vor. dass sich

---

[1]) Pelzel, Scriptores II. pag. 281.
[2]) Pelzel, Scriptores II, pag 278.

ihr Gatte unvermögend gezeigt hatte, die ehelichen Pflichten zu erfüllen. Wir wissen, dass sich dies wenigstens später als unrichtig
erwiesen hat. Auch Benesch erzählt an einer späteren Stelle des
vierten Buches [1], dass Johann Heinrich in der mit Margarethe von
Troppau 1350 geschlossenen Ehe fünf Kinder gezeugt habe. Auch
an unserer Stelle, im dritten Buche ist er über jenen Vorwurf ent-
rüstet; auch hier sucht er den Gegenbeweis zu führen, allein er erwähnt jene ehelichen Kinder nicht, sondern nur einen Sohn Johann,
„den unterdessen er mit einer freien Frau gezeugt habe" [2].

Daraus geht hervor, dass Benesch die ersten drei Bücher seiner
Chronik zwischen 1345 und 1350, dem Jahre der Vermählung Johann
Heinrichs mit Margarethe von Troppau, verfasst habe. Alle Hinweise
aber auf Ereignisse zwischen 1350 und 1366 sind Interpolationen,
die Benesch erst 1366 anbrachte, als er bereits die Lebensbeschreibung
Karl IV. und damit eine vortreffliche Quelle vor sich hatte. Solche
Stellen sind zum Beispiel (Seite 282) [3] das Versprechen, einen merkwürdigen Traum Karl IV. im vierten Buche zu erwähnen, die Ergänzung zur Schlacht von San Felice (S. 264) und anderes mehr.

Nachdem die Zeit der Abfassung der ersten drei Bücher Benesch' von Weitmühl festgesetzt ist, haben wir ins Auge zu fassen,
welche Quellen dieser Chronist für seine Schrift benutzt hat. Hat er
den Peter von Zittau oder den Domherrn Franz oder beide gekannt?
Palacky hat sich darüber widersprechend geäussert [4]. Lorenz hat
angenommen, das Benesch unabhängig von Peter geschrieben habe [5].
Benesch selbst sagt, dass er verschiedene Bücher und was er sonst
von älteren Leuten erfahren hätte, zusammengestellt habe [6]. Eine
genauere Vergleichung zeigt nun, dass Benesch von 1283 bis 1334
nur den Domherrn Franz benutzt habe, und zwar mit solcher Ge-

---

[1] Pelzel, Scriptores II. pag. 354.

[2] An dieser Stelle ist zugleich gesagt, dieser Sohn Johannes sei später
Probst von Wyssehrad geworden. Diese Bemerkung kann erst 1366 eingeschoben
worden sein.

[3] Wenn Benesch die ersten drei Bücher nach der Thronbesteigung Karl IV.
geschrieben hätte, so hätte er zweifelsohne mehr von diesem Monarchen erzählt.

[4] In der „Würdigung" sagt er (S. 199): „Den Peter von Königsaal selbst
scheint Benesch nicht gekannt zu haben"; in der böhmischen Geschichte II.
2, Anm. 137 meint er: „Benesch von Weitmühl ist hier verlässlicher (p. 230,
233, 240), obgleich auch er die Königsaaler Chronik vor sich hatte.

[5] Geschichtsquellen S. 224.

[6] Pelzel, Scriptores II. pag. 290

nauigkeit, dass es nur wenige Stellen gibt, die nicht auf Franz zu-
zückgeführt werden können. Ebenso wie Domherr Franz einen Auszug aus der Königsaaler Chronik gibt, ebenso bietet Benesch nur eine
Umarbeitung seines unmittelbaren Vorgängers. Setzen wir zum Beispiel folgende Stellen der drei Chronisten neben einander:

Peter von Zittau in Dobner Monumenta V. p. 361.	Franz in Pelzel II. pag. 117.	Benesch in Pelzel II. S. 236.
Rex vero, cum sua regalia, que ille indebite dudum occupaverat, repeteret, ac ea que expediebant proponeret. Petrus de Rosenberk a rege avertitur et Wilhelmo iugiter adheret. Cumque adversariorum suorum duabus ebdomadis rex lesisset graviter provinciam, de Budobvis versum Moraviam incipit disponere suam viam, qui in Epiphania Domini venit Brunam. Regina quoque nuntiis et litteris vocata in festo Agnetis virginis regem de Praga Moraviam est secuta, que continue mansit Brune et rege hinc inde gyrante et pericula suis hostibus ingerente, quorundam rebellium obtinuit rex munitiones, intulit et aliis lesiones.	Rex vero cum sua regalia expeteret, Petrus a rege avertitur et Wilhelmo adhaeret. Cumque adversariorum suorum duabus ebdomadis rex graviter possessiones laesisset, rex in Moraviam transiit ibique quorundam rebellium obtinuit munitiones.	Sed cum rex ab ipso de Rosenberg repeteret bona regalia, avertit se a rege et recessit et adhaeret Wylhelmo, adversario regis. Tunc rex expugnatis aliquibus fortalitiis cum exercitu transit Moraviam et ibidem etiam quorundam suorum rebellium expugnat munitiones.

Man sieht also, dass Franz gewisse Dinge aus dem Königsaaler
Zeitbuch heraushob und dass Benesch auch nicht einen Anklang an
das Weggelassene zeigt. Es ist unmöglich, dass Benesch ganz dasselbe
wie Franz, doch unabhängig herausgezogen hätte [1]). Die Abweichungen
der Chronik des Benesch' von der des Domherrn Franz beschränken
sich auf wenige Punkte. So greift Benesch an verschiedenen Punkten der

---

[1]) So lässt ferner Peter. (pag. 361) König Johann am VIII Idus Julii
aufs Prager Schloss kommen; Domherr Franz hat VIII. Kal. Julii (pag. 124).
und auch darin folgt ihm Benesch (pag. 241).

Erzählung vor und weist auf spätere Ereignisse hin [1]). Dann ergänzt Benesch auch wohl Dinge, die in Beziehung zu dem Prager Bisthum und der Veitskirche stehen, deren Schicksale er genau kannte [2]). Aus mündlicher Mittheilung stammt die Ausführung der Ermordung Tobias' von Bechin [3]) und der Gefangenschaft Herzog Heinrichs von Oesterreich [4]). Aeusserst selten steht Benesch mit seiner Vorlage im Widerspruch. Einmal nimmt er die schlesischen Herzoge gegen Franz in Schutz [5]): dann nennt er (pag. 239) widersprechend der Angabe Peters und Franz' (pag. 120) die Tochter König Johanns, welche die Gemahlin Karls von Ungarn wurde. Anna. Die Wunder, die er bei den Jahren 1316, 1318. 1321, 1324 erzählt, knüpfen grösstentheils an den heiligen Procopius an und sind nach der Aussage des Benesch [6]) aus der Cronica s. Procopii entnommen.

Ausserdem finden sich noch einige Stellen in Benesch, die in Franz nicht enthalten sind und die in einem gewissen Zusammenhang stehen. Es ist dies die Nachricht über den Tausch, den König Johann und Ludwig der Baier zwischen Böhmen und der Pfalz beabsichtigten (pag. 236). die Schilderung der Noth in Böhmen (pag. 238) und der grausamen Behandlung Karls im Kerker zu Elbogen (pag. 241). Diese Angaben hat Palacky in seiner Geschichte Böhmens für historisch hingenommen; auf sie geht vielleicht sein Lob, dass Benesch an einigen Stellen verlässlicher sei als Peter [7]). Doch sind diese Nachrichten bei ihrem gegen König Johann gerichteten tendentiösen Charakter, der eben Palacky zusagte, mit Vorsicht zu benützen. Dieses Lieblingsproject König Johanns, wie es der böhmische Geschichtsschreiber nennt, ist von dem gut unterrichteten Peter von Zittau gar

---

[1]) Pelzel, Scriptores II. pag. 212: die Tochter Wenzel II. und deren Männer; pag. 245: Das Schicksal des Prinzen Johann Heinrich; pag. 246. Das Schicksal Johanns, des unehelichen Sohnes Wenzel II.; pag. 228: Guta, Tochter Wenzel II. und deren Kinder; pag. 242: Audies nova mirabilia in sequentibus.

[2]) Pag. 205: Tod Bischof Tobias' und Einsetzung Gregors. Pag. 247: Stiftungen Johanns, Bischofs von Olmütz. Pag. 203: Gräber Rudolfs, des Sohnes Rudolfs von Habsburg, und Rudolfs, des Sohnes Albrechts I., in der Veitskirche.

[3]) pag. 216.

[4]) pag. 233.

[5]) Pelzel, Scriptores pag. 128 und 243.

[6]) pag. 234 und 236. Vgl. Pelzels Einleitung zum 2. Bande der Scriptores pag. XXXI

[7]) Band II. 9. Anmerk. 137.

nicht erwähnt; es enthält in sich den Widerspruch, dass Ludwig die
Pfalz nicht besass und sie demnach nicht vertauschen konnte, und
dass der ehrgeizige Johann wohl nicht zum Range eines Churfürsten
herabgestiegen wäre. Benesch ist weder S. 230 noch S. 233 oder
S. 240 verlässlicher als Peter, wie Palacky annimmt. Auf Seite 230 hat
er nur die Nachrichten, die Franz (S. 99, 100, 104) aus Peter
(S. 342—345) excerpirt hat. Wenn er hinzufügt, dass die Gefangensetzung Heinrichs von Lipa (26. Okt. 1315) zum Theil ihre Ursache
in seiner Kühnheit hatte, dass er die Prinzessin Agnes ohne Wissen
ihrer Schwester der Königin Elisabeth mit Herzog Boleslaus
vermählte, so ist dies ungenau, weil diese Vermählung erst Ende
1316 [1]) stattfand. In ähnlicher Weise verhält es sich mit den
beiden anderen Stellen [2]). So ist also Peter von Zittau die einzige
ursprüngliche und im Wesentlichen auch wahrheitsgetreue Darstellung
dieser Zeit.

Es ist natürlich, dass Benesch, als er vor 1350 die drei ersten
Bücher seiner Chronik schrieb, nur die erste von 1341 stammende
Recension des Domherrn Franz benutzte [3]). Diese aber kannte, wie
oben erwähnt, nur die zwei ersten Bücher des Peter von Zittau, die
bis 1334 reichen. Franz ist nun in der ersten Ausgabe seiner Chronik über die Jahre 1334—1342 sehr schweigsam; deshalb griff Benesch für diese Zeit zu dem Originalwerk Peters zurück, während er
sich bis dahin mit dem Auszuge aus dessen Arbeit begnügt hatte. Für
die Jahre 1334 bis 1338 combinirt Benesch demnach Peter und
Franz und seine eigenen Erinnerungen, von 1338—1342 benützt er
des Letzteren Chronik, und nur 1342—1345 ist er auf sich selbst
angewiesen.

Nachdem auf diese Weise getrennt ist, was Benesch andern
Schriftstellern entlehnt hat und was aus seiner eigenen Feder geflossen
ist, kann erst zur Charakteristik seiner Arbeit geschritten werden.
Er selbst nennt sein Werk „Chronik der Prager Kirche" und bezeichnet
sie ebenso wie Franz die Seinige als den zweiten Theil der Chronik,
die von den Domherren bis 1283 geführt worden und seitdem ohne

---

[1]) So nach dem gleichzeitigen Peter S. 351. Darnach ist auch die Stamm-
tafel Palackys im II. Bd. 2. Abth. zu verbessern.

[2]) Ueber Benesch S. 233 vgl. oben; S. 240 ist entnommen aus Franz
Seite 121.

[3]) Die zweite Ausgabe der Chronik des Domherrn Franz fällt in die Jahre
1353 bis 1355.

Fortsetzung geblieben war. Die Kirche bildete also auch ihm den
Mittelpunkt der Geschichte. Gerade das hat er vor Franz voraus [1]),
dass dessen Darstellung 1342, also vor der Erhebung des Prager
Bisthums zum Erzbisthum abbrach, während Benesch ausführlich,
wenn auch nicht gerade genau, dieses Ereigniss behandelte. Bei den
Jahren 1338 bis 1345, bei denen Benesch beinahe nur auf sich angewiesen war, enthält er wenig politische Nachrichten. Zu den Jahren
1338 (S. 274) bringt er ausser der Erwähnung des Todes Ottos von
Oesterreich und seiner Frau nicht ein politisches Ereigniss, wohl aber
fünf Wunder und die Erzählung von dem grossen Heuschreckenzuge
dieses Jahres; 1339 und 1340 sind überaus dürftig bedacht; 1341
ist wieder nur die Vertreibung Johann Heinrichs aus Kärnthen ausführlich erzählt, dafür sind Ereignisse aus der Kirchengeschichte den
Auszügen aus Franz hinzugefügt [2]). 1342 bringt der Chronist keine
politische Nachricht ausser den aus Franz entnommenen, nur fromme
Stiftungen Karl IV. und die Geburt von dessen Tochter Katharina
werden erwähnt. Dasselbe gilt in hervorstechendem Masse vom Jahre
1343 und 1344 [3]). In den ersten drei Büchern seiner Chronik zeigte
demnach Benesch keine Spur einer besonderen Rücksicht auf Karl IV.;
er schrieb offenbar gegen 1346, vor dem Beginne der Herrscherthä-
tigkeit Karls. Vielleicht der schärfste Beweis, dass Benesch zur Zeit
der Abfassung seiner ersten drei Bücher Karl dem IV. ferne stand, und
dass diese demnach viel früher geschrieben sein müssen, als das vierte
Buch, liegt in der Behandlung, die er dem Vater Karls, König Johann
angedeihen lässt. Lorenz hat sich geirrt, wenn er glaubt, dass Benesch
schonender über Johann geurtheilt habe als Franz und dass Karl IV.
deshalb Benesch [4]) begünstigte. Die vielen tadelnden Stellen über Johann, die er kurzweg aus Franz abschrieb, hat er durch die stärkste
vermehrt, in der die Erblindung des Königs als Strafe für die Plünderung der Kirchen im Jahre 1336 erklärt wird [5]). Wenn man damit
die schonende Weise vergleicht, mit der Karl IV. in seiner Selbstbio-

---

[1]) Natürlich ist dessen erste Recension gemeint.

[2]) Das meiste auf Seite 278 ist zudem späterer Zusatz, da viel spätere
Ereignisse erwähnt werden.

[3]) Die Zeitangaben sind ungenau; denn die Einsetzung des Erzb. von
Mainz, Gerlach von Nassau fällt auf den 7. April 1346.

[4]) Geschichtsquellen S. 224.

[5]) Pelzel II. pag. 271. Selbst Franz, der diese Plünderung erwähnt (pag.
187), vermeidet eine solche hartherzige Auslegung des Unglücks seines Königs.

graphie von seinem Vater spricht, von dem er manche Unbill erdul-
tet hatte, so kann man nur den Schluss ziehen, dass diese Aussprüche
von einem Manne herrühren, der im Interesse der Kirche schrieb und
Karl IV. sehr wenig kannte. Ich wage deshalb ruhig zu behaupten,
dass jene Stellen des dritten Buches, die über Johann milder urtheilen, erst 1366 in das Buch eingefügt worden sind. Denn es ist
unmöglich, dass ein Schriftsteller in demselben Buche auf derselben
Seite und zu derselben Zeit jene harten Worte sprechen und zugleich folgenden Ausspruch thun konnte: Deswegen schrieen viele
gegen ihn, doch weshalb sie schrieen, wussten sie nicht. War es
nicht besser, einen Theil seiner Habe wem immer herzugeben, als
das Reich durch die Feinde zerstören und verwüsten lassen? (Seite
271) [1]. — An zwei Stellen erwähnt Benesch ferner persönliche
Erlebnisse Karl IV. und scheint genauer mit seinen Schicksalen vertraut zu sein. Einmal erzählt er einen Gespensterspuk, der Karl beunruhigte (S. 279), dann die Flucht Karls vor dem Heuschreckenzug
von 1339 (S. 275). Wäre dieser Theil erst 1366 geschrieben, da
Benesch die Selbstbiographie benutzte, so hätte er diese Dinge anders
erzählen müssen, als er es wirklich thut [2] Er hat sie aber nur aus
einer mündlichen Aeusserung, die Karl einmal, wahrscheinlich nicht
ihm gegenüber, gethan hatte. Im vierten Buche hat sich ferner Benesch der Denkungsart seines Kaisers in einer anderen Beziehung an-
bequemt, während er in den ersten Büchern von ihr beträchtlich abweicht. Hier entwickelt Benesch nämlich als Czeche einen Deutschen-
hass, der gegen Karls unparteiische Gesinnung bedenklich absticht [3].

Die drei ersten Bücher des Benesch sind uns demnach in ziemlich wüster Form überliefert. Widersprechende Angaben, Tadel und
Lob über dieselbe Persönlichkeit, doppelte Berichte über dasselbe
Factum, nachdem der frühere sich nach Benutzung der reichhaltigen
Lebensbeschreibung Karls als ungenügend erwiesen hat, finden sich an
mehreren Stellen der Chronik. Palacky hat also ganz Recht, wenn er
die Behauptung aufstellt, dass uns in unserer einzigen Handschrift
das Manuscript des Benesch in seiner rohen Fassung (u. z. in der

---

[1]) Dasselbe gilt dann von der Stelle S. 242. Ich bemerke, dass die im Text
citirte Stelle mit der Verurtheilung König Johanns bei Gelegenheit seiner Erblindung auf derselben Seite steht.

[2]) Sie weichen von der Vita Karoli beträchtlich ab.

[3]) S. 234: pessimus ille Theutonicus; S. 271, 274.

späteren Redaction) vorliegt. Manchmal macht Benesch selbst die Bemerkung. es sei dieser oder jener Bericht besser in einem anderen
Zusammenhang vorzubringen (Seite 229 und 248). Das erste Buch,
das bis 1307 reicht, ist noch am abgeschlossensten, obwohl gerade
in ihm drei Seiten leer gelassen sind, damit eine Lücke, die Jahre
1301 bis 1306 umfassend, ausgefüllt werden könne (Seite 211). Das
zweite und dritte Buch, an deren gemeinsamem Beginn die Worte
stehen: „Hier beginne das zweite Buch der Prager Chronik, zu
schreiben nach dem Wunsche des Kaisers" zeigt diesen Mangel besonders hervorstechend. Im Manuscript ist nicht einmal die Grenze
der beiden Bücher angegeben, die Balbin willkürlich vor dem Jahre
1336 gemacht hat [1]).

So stehen denn der Domherr Franz und Benesch von Weitmühl
als Chronisten nebeneinander, die dieselbe Zeit behandeln und denselben Ehrenplatz, als Fortsetzer der Prager Bisthumschronik, einzunehmen bestrebt sind. Ob Karl IV. nach Erscheinen ihrer Schriften
den einen dem andern vorgezogen habe, wissen wir nicht; wenn dies
auch der Fall gewesen sein sollte, wie es mehrere Forscher (Palacky,
Lorenz) angenommen haben, so entfernte ohnedies der Tod den einen
Nebenbuhler vom Kampfplatze. Franz starb am 3. März 1362 und
so war Karl IV. auf Benesch angewiesen, wenn er eine Darstellung
seiner Regierungszeit durch einen bereits erprobten Chronisten wünschte.
Diesem stand nunmehr eine vortreffliche Quelle über die Zeit von
1330 bis 1346 zu Gebote; es war die Selbstbiographie Karl IV. — Benesch unterzog sich nun der Aufgabe, vorerst seine drei Bücher um-
zuarbeiten, was er denn in jener unzureichenden Weise that, die
eben geschildert wurde. Statt aber die Angaben des „Lebens Karl IV."
sofort in das dritte Buch aufzunehmen, beschloss er, in einem neuen,
dem vierten Buche, die Biographie Karls fast vollständig zu wiederholen
und dann mit seiner Darstellung fortzufahren. Auf diese Weise sind
die Jahre 1330 bis 1346 in seiner Chronik zweimal behandelt, das
eine Mal in der oben analysirten Weise, das zweite Mal genau nach
der Lebensbeschreibung Karls. Ein solches Verfahren lässt sich nur
daraus erklären, dass Benesch die beiden Haupttheile seiner Chronik
zu verschiedenen Zeiten abfasste; sonst wäre dies eine Ungeschick-
lichkeit und Sonderbarkeit, die selbst damit nicht entschuldigt werden
könnte, dass die Lebensbeschreibung Karls keine Jahresangaben ent-

---

[1]) Pelzel II. pag. XXXI.

hält und dass es demnach schwer gewesen wäre, ihre Mittheilungen
chronologisch einzureihen. In das vierte Buch nahm er also fast die
ganze Lebensbeschreibung auf. Kaum eine wichtige Nachricht liess
er sich aus seiner Vorlage entgehen. Die Thatsachen, etwaige Bemerkungen über sie, die Verknüpfung der Begebenheiten, all' das
ist genau der Vita entnommen, nur dass er sie Satz für Satz in kürzerer
Form widerzugeben pflegt. Die Anerkennung der Trefflichkeit der
Vita hätte kaum harmloser gezollt werden können, als indem der
spätere Geschichtsschreiber sich jeder Selbstthätigkeit entäussert und
sich nur der Mühe der stilistischen Umarbeitung unterzieht. Selb-
ständiges schiebt er nur ein, wenn es ihm angezeigt erscheint, auf
später stattfindende Ereignisse, und zwar meist auf Ereignisse in der
königlichen Familie hinzuweisen [1]). Auch übertreibt er hin und wieder
zu Gunsten Karl IV., schiebt auch einmal eine Fürsprache für die
Klöster ein (S. 309), die zum Unterhalt des markgräflichen Hofes
zu stark in Mitleidenschaft gezogen worden sind [2]). Diese Umarbeitung fand nun, wie leicht zu erweisen ist, Ende 1366 oder Anfang
1367 statt. Bis zu diesem Jahre setzte Benesch die Mittheilungen
Karl IV., die nur bis 1346 reichten, fort, und setzte von da an
gleichzeitig mit den Ereignissen die Chronik fort, bis ihn sein Tod
1375 unterbrach. Dies erhellt daraus, dass 1366 statt der bisherigen
sehr dürftigen Nachrichten reichlichere, die fast jeden Monat bedenken,
beginnen. Auf den ersten Anblick scheint schon 1364 besser ausgestattet zu sein; zieht man aber die bei diesem Jahre eingefügte Lob-
rede auf Ernst von Pardubitz ab, so blieben nur sein Tod, seine
letzten Lebenstage, die Wahl seines Nachfolgers und die von Karl für
das Erzbisthum erworbenen Privilegien übrig. Im Jahre 1365 finden
sich Begebenheiten aus dem Januar (die dominico post circumcisionem
Christi). Februar (die dominico post festum purificationes), Mai, aus
der Zeit des Pfingstfestes, aus dem Juni und aus dem August (dies
Augustinus). Vollständiger finden sich aber Nachrichten aus dem Jahre

---

[1]) S. 305.

[2]) Einige Lesarten der Vita Karoli, die uns besser in Benesch überliefert
sind, wären folgende: Andrigetus (Benesch S. 313) statt Andigetus (Vita 255,
Freher liest Andrigetus); Raspo (Benesch 329) statt baro (Vita 262); dann nennt
Benesch S. 327 den Neffen des Königs Johann beim Namen (Johann) (vgl. Vita
p. 259); er lässt S. 327 K. Johann auch durch das Domcapitel excommunicirt
werden. Sonst hat aber im Ganzen die Vita die besseren Lesarten (vgl. Neumann.
Karl IV. als Schriftsteller im N. Lausitz Mag. Bd. 26).

1366 und den folgenden. Im Jahre 1366 fanden sich Begebenheiten im Februar, aus „derselben Zeit", von der feria V. ante Judicam, vom 3. Juni, 28. September, 2. October, nach der Rückkehr Karl IV. vom Nürnberger Reichstage, dann folgen noch zwei Klostergründungen und die Ermordung des Abtes von Sedlez. Das entscheidende aber ist, dass sich in den vorhergehenden Abschnitten Hinweisungen auf spätere Ereignisse in grosser Anzahl, aber nie auf eines, das nach 1366 fällt, finden. Da Benesch im Jahre 1366 schrieb, so ist natürlich, dass gerade Begebenheiten aus diesem Jahre ihm häufig vorschwebten und dass zahlreiche Anspielungen auf dieselben vorkommen. So ist die Vermählung Katharinas, der Tochter Karl IV., die am 29. März 1366 stattfand, beim Jahre 1334 erwähnt. Die Geschichte der 1348 gegründeten Prager Universität ist beim Jahre 1348 bis 1366 geführt, es ist als letztes wichtige Factum die Gründung des Karlscollegiums genannt, welche auf den 30. Juli 1366 fällt [1]). Endlich aber ist die Vorrede zum 4. Buch mit Beziehung auf ein 1365 stattgefundenes Ereigniss geschrieben. Das Buch wird nämlich den vier Patronen der Prager Kirche dem h. Veit, dem h. Wenzel, dem h. Adalbert und dem h. Sigismund gewidmet, worauf dann Benesch fortfährt (S. 290): „Mit Recht nimmt dieses Buch seinen Platz als viertes ein, weil in ihm von der Einholung des Körpers des h. Sigismund, des Königs von Burgund, gehandelt wird, der durch seine glorreichen Thaten und Wunder das Königreich Böhmen so verherrlichte, dass der Ruhm jenes Heiligen und des Königreiches Böhmen sich über die ganze Welt verbreitete." Nun ist im Jahre 1365 der Körper des h. Sigismund von Karl nach Prag gebracht „und am Tage des h. Augustin in die Prager Kirche aufgenommen worden" (Benesch S. 387).

Auf eine Persönlichkeit von so geringer Begabung, wie Benesch war, übt ein Regent wie Karl IV. einen grossen Einfluss aus. Im vierten Buche tritt dieser Monarch in den Mittelpunkt der Darstellung, so dass Benesch nicht mehr blos kirchlicher Geschichtsschreiber ist. Benesch musste sich indessen nicht untreu werden, wenn ihm ein weltlicher Herrscher mit einem Male zur Hauptsache ward, denn dieser war so streng kirchlich gesinnt, wie sein Geschichtsschreiber. Die frommen Stiftungen Karls sind auch mit einer Vollständigkeit aufgezählt, dass nach dem Berichte Benesch' nur eine geringe Nach-

---

[1]) Monumenta univ. Prag, II. pag. 231.

lese übrig bleibt. Dagegen hat Benesch, wie erwähnt, sein Urtheil
über König Johann mildern müssen. Darauf beziehen sich ohne
Zweifel seine Worte im vierten Buche (S. 337): „Wenn ich etwas im
Vorhergehenden oder im Folgenden gesagt habe, zufällig falsch berichtet oder aus Trägheit, was gegen die Ehre der Fürsten oder meiner
Vorgesetzen, meines Vaterlandes oder sonst welcher Personen gerichtet ist — da doch geschrieben steht: „„Schmähe nicht den
Fürsten deines Volkes"" und dann: „„Wer seinen Fürsten schmäht,
soll mit dem Tode bestraft werden"" — so erkläre ich das für nicht
gesagt und für nicht geschrieben, ich ziehe es zurück und bin bereit
es zu verbessern und unterwerfe mich und meine Schrift, die schon
geschriebene und noch zu schreibende, der Strafe meines Erzbischofs
und des Capitels der Prager Kirche." Dies bezieht sich offenbar auf
sein Urtheil über Johann in den ersten Büchern; harmloser kann
der strafende Griffel der Geschichte nicht abgestumpft werden.

Ebenso hat Benesch im vierten Buche jede Feindseligkeit gegen
seine deutschen Landsleute vermieden: man könnte aus diesem Theil
seiner Chronik nicht errathen, ob er ein Deutscher oder ein Czeche
gewesen sei. Diese farblose Haltung ist das, was Karl bei seiner
Umgebung wünschte: bloss zur Ehre des Landes und der Kirche
sollten alle Kräfte im treuen Vereine thätig sein. Merkwürdig ist
auch, wie Benesch in der Beurtheilung des Papstes und der Reformbestrebungen seiner Zeit die Wege Kaisers geht. In dem ersten Buche
ist er correct päpstlich gesinnt, wie z. B. aus seinem Urtheil über
das Concil zu Vienne 1312 im Gegensatz zu Peter von Zittau hervorgeht. Zwar erhält er später nicht etwa ein Gefühl für die Würde
des Kaiserthums, das ja auch Karl IV. nie intensiv besessen hat.
Als aber sein Herr mit Urban V. über die Mailänder Angelegenheit
zerfiel, sieht Benesch es als einen Triumph an, dass Urban und die
beiden andern Gegner Karls, Kazimir von Polen und Erzbischof Gerlach von Nassau so schnell dahinstarben (S. 413). So wie Karl IV.
der freieren religiösen Strömung in seinem Lande nicht abhold war,
so ehrt auch er Konrad von Waldhausen, dem er nach dessen Tode
(1369) ein ehrendes Denkmal setzt, wie er es sich schon früher vorgenommen [1].

Die Chronik Benesch' von Weitmühl ist eine böhmische, nur
über sein Vaterland hat er Nachrichten hinterlassen. Eingehend erzählt

---

[1] Vgl. auch Seite 418.

er demnach über die Prager Universität und über den Versuch Karls,
ein Gesetzbuch für sein Land durch den Landtag zur Annahme bringen
zu lassen. In das Getriebe der weitsehenden Politik Karls war er jedoch nicht eingeweiht. Er hat so wenig einen Einblick in die deutschen Angelegenheiten, dass er glaubt, Günther von Schwarzburg sei
auf Betrieb des Papstes zum Gegenkönig gewählt worden, dass er
gleich den andern Christen seiner Zeit die goldene Bulle nicht einmal erwähnt [1]); er weiss so gut wie nichts von den Bemühungen
Karls um Rückführung des Papstes nach Rom, von den krummen
Wegen, auf denen jener zur Erwerbung Brandenburgs schritt, von
seinen Streitigkeiten mit Rudolf IV. von Oesterreich. Zwar erwähnt
er zweimal seine eigenen persönlichen Beziehungen zu Karl; allein
man kann sich des Gedankens nicht erwehren, dass diese beiden Gelegenheiten bezeichnend sind für das Verhältniss Karls und Benesch',
was dann wenig zu Gunsten des Chronisten sprechen würde. Das
eine Mal zeigt der Kaiser dem Benesch einen Zahn, der ihm trotz
seines vorgerückten Alters nachgewachsen ist (Seite 418); das andere Mal ist Benesch so glücklich, eine Kraftprobe der Kaiserin Elisabeth mitanschen zu dürfen, welche Hufeisen zwischen ihren Händen
zerbrechen konnte [2]).

Es liegt eben der Fall vor, dass der Held seinen Biographen
bedeutend überragt und dass letzterer die zu schildernde Persönlichkeit nur von der Seite zu fassen versteht, die ihm auch sonst
geläufig ist. Diese Mangelhaftigkeit äussert sich auch in den anderen
Hervorbringungen am Hofe Karl IV. Etwas Volles, etwa ein historisches Werk über gleichzeitige Geschichte mit Beherrschung des
Stoffes und mit klarem Einblick in den Lauf der Dinge, in den Geist
der handelnden Persönlichkeiten fehlt durchaus.

Wenn die Geschichtsschreiber, welche Karl IV. beauftragte, die
Geschichte seines Landes darzustellen, durch die Enge ihres Ge-
sichtskreises verhindert wurden, ihren Stoff mit Erfolg zu behandeln,

---

[1]) Obwohl die Feste und Malzeiten auf dem Reichstage zu Metz ausführlich geschildert werden. S. 370.

[2]) 1778 fand Dobner ein Manuscript, das die böhm. Geschichte von 1346
bis 1487 enthielt. (Die Anfangsblätter fehlten.) Diese Chronik, vereinigt mit
Stellen aus dem echten Benesch bei Balbin und Pessina, gab Dobner als Be-
nessius minorita heraus. Sie enthält wesentlich den Benesch von Weitmühl
bis 1374 (nebst einigen nicht unwichtigen Nachrichten) mit gleichzeitigen Fortsetzungen bis zum Ende des 15. Jahrhunderts.

so gilt dies doch nicht von dem durch seine Erlebnisse merkwürdig-
sten unter ihnen, Johann Marignola. Jene hielten ihren Blick stets
nur auf ihr Land gewendet; Marignola dagegen hatte weitere Land-
strecken durchzogen, entlegenere Meere durchschifft als einer seiner
Zeitgenossen. Er gehörte zu der Reihe von Reisenden, welche seit
Plan Carpin, der 1246 nach Korakorum, der Haupstadt des Mongolen-
reiches im inneren Asien gelangt war, die Kunde von den Ländern
am grossen Ocean nach Europa brachten und welche dadurch Anlass gaben zu dem Plane Christoph Columbus', auf dem westlichen
Wege China und Indien zu erreichen [1]. Der berühmteste unter ihnen
ist Marco Polo, der 1271 mit seinem Vater Nicolo und seinem Oheim
Maffio von Venedig nach dem Osten aufbrach; am verbreitetsten war
die Kunde der Reise Odorico's von Pordenone (1316—1330), deren
Schilderung [2] in die meisten europäischen Sprachen übertragen wurde;
der letzte endlich von diesen kühnen Männern ist Johann Marignola
aus Florenz, der dem Orden der Minoriten angehörte. Den Anlass
zu diesen Reisen bildete der Wunsch der abendländischen Regenten,
an den Mongolen Bundesgenossen gegen die Sultane von Aegypten
zu finden, welche Palästina beherrschten. Dann aber war der Weg über
die Mündungen der Wolga und über Armenien von den Caravanen
betreten worden, welche den Handel zwischen China und Europa ver-
mittelten. Endlich fühlten den Drang, diese weite Reise zu wagen,
Männer der religiösen Orden, die das Christenthum in das Innere
Asiens verbreiten wollten. Zu ihnen gehörte Marignola, der auf die
Bitte der alanischen, christlichen Grossen (an der Nordküste des
schwarzen Meeres) 1339 [3] vom Papste nach Asien geschickt wurde.

Marignola war ein Schüler der Anstalt von Sante Croce in Florenz
und lehrte dann selbst zu Bologna [4]. Von Neapel zog er über Constantinopel, Kaffa, durch das Chanat von Kaptschak (Südrussland), und
von Armalek (in Centralasien). Er vollzog viele Taufen, knüpfte die
guten Beziehungen zwischen dem Papste und den mongolischen
Chanaten fester und gelangte 1342 [5] an die Grenze des chi-

---

[1] Peschel's Geschichte der Erdkunde S. 150 ff.

[2] Diese abenteuerliche Reisebeschreibung datirt vom Ritter Mandeville.

[3] Das Jahr ist festgestellt durch Meynert, Johannes von Marignola in
Abhandl. der böhm. Ges. 1820, S. 22.

[4] Vidi eciam Bononie quando ibi legebam, sagt er selbst in s. Chronik
bei Dobner Monumenta historica Bohemiae T. II. pag. 112.

[5] Dobner, pag. 86.

nesischen Reiches und endlich nach Kambalek oder Kambalu, dem heutigen Peking. In dieser Stadt, in der die Minoriten ein Erzbisthum und eine Kathedralkirche unter dem Schutze des grossen Chans hatten, verweilte Marignola mit seinen 31 Gefährten vier Jahre [1]). Der letzte mongolische Kaiser von China Schum-ti oder Tokalmut-Chan, der damals regierte, liess sich von ihm segnen, bewirthete ihn prächtig und entliess ihn dann mit reichen Geschenken. Da aber der Landweg nach Europa durch Kriege, unter anderm durch den Einfall der Usbeken in Siebenbürgen (1346) gesperrt war, so musste Marignola zur See nach Europa zurückkehren. So ritt denn Marignola durch Südchina, das er Grossindien nannte, an das „indische" Meer. Er reiste durch die kultivirtesten Gebiete Asiens, welche die höchststehenden Länder Europas an Gewerbfleiss und Reichthum weit überragten. Er sah die Stadt Kampsay oder Quinsay, das heutige Hangtheu-fu [2]), die Stadt mit den zahllosen Kanälen und 10000 Brücken, mit ihren Bonzen und Tempeln, die alles überragte, was Europäer je gesehen hatten und deren Beschreibung durch die mittelalterlichen Geographen auch die Phantasie des Columbus befeuerte: er überschiffte den Yant-se-kiang, den blauen Fluss, den grössten Strom, den er kannte; er besuchte noch die Städte Zaiton (Thinan tscheu fu in der Fukianstrasse), wo die Minoriten drei schöne Kirchen besassen, und nennt auch die Städte Cynkalan und Janu. Dann schiffte er sich am 2. August 1346 in Zaiton ein und umsegelte Hinterindien. Am 21. oder am 24. März 1347 [3]) gelangte er nach langer Seefahrt an die Westküste von Vorderindien, also nach Malabar. Columbus, das heutige Kollam, nicht weit von der Südspitze Indiens, war der Hafen, in dem er landete [4]). Hier lebten viele Thomaschristen, die ihn als den Gesandten des Papstes mit einer Steuer vom Verkauf des Pfeffers ehrten, der aus diesem Welthafen ausgeführt wurde. Keine Bekehrung hat ihm grössere Freude gemacht als die Taufe eines greisen indischen Priesters, den sein eigenes Herz nach Kollam gezogen hatte, weil er hier einen Gesandten Gottes zu finden hoffte. Ein Jahr und zwei Monate weilte Marignola zu Kollam, dann zog er gegen das Cap

---

[1]) Dobner II. pag. 87: per annos quasi quattuor; pag. 88: in Cambalec annis quasi tribus.

[2]) So nach Peschel, Geschichte der Erdkunde S. 160.

[3]) Dobner, pag 88 und 95.

[4]) Peschel, S. 162 Anmerk. und Meynert S. 59. Marignola nennt Malabar India superior, Dobner II. pag. 262.

Comorin, die Südspitze von Indien, die als das Ende der Welt (Conus mundi) und als das Endziel der Fahrten Alexander des Grossen betrachtet wurde. Dorthin wurde Marignola von den Vornehmsten der Christen getragen und er stellte daselbst eine Marmorsäule mit einer lateinischen und einer indischen Inschrift auf. Dann begab er sich an die Ost-küste von Vorderindien, nach Mirapolis, der Stadt des h. Thomas, dem heutigen Meliapur bei Madras, verweilte dort vier Tage, vom 23. April 1348 an, und segelte dann auf einer indischen Dschunke zur Königin von Saba. Peschel [1]) meint, dieser Ort sei die abyssinische Landschaft Schoa; allein Marignola nennt ihn eine Insel und be-stimmt seine Lage 6 Grade südlich vom Aequator (S. 114). Da er zudem bei der Rückkehr von der Königin Saba auf die Insel Ceylon verschlagen wurde, so muss dieses Land auf einer der indischen In-seln, vielleicht, wie Meynert meint, auf Java zu suchen sein. Jenen alttestamentarischen Namen gab er der Beherrscherin der Insel des-halb, weil ihr die Männer dienten und weil er historische Gemählde in ihrem Palast sah, auf welchen Männer die Frauen, die auf dem Throne sassen, anbeteten. Nun wollte er gegen Westen nach dem heiligen Lande aufbrechen [2]); allein ein heftiger Sturm trieb ihn nach Ceylon (3. Mai 1349), in dessen Nähe sich zwar, nach Marignolas Ansicht, das Paradies befindet, dessen Herrscher indessen Marignola eines grossen Theiles seines Besitzes beraubte. Dort sah Marignola die Fussstapfen Adams, die dieser in den Felsen trat, als er aus dem Paradiese hieher verwiesen wurde, und manche andere angebliche Reliquien des Stammvaters der Menschen. Im September 1349 ver-liess Marignola Ceylon, segelte nach Ormus und in die Mündung des Euphrat und gelangte über Mosul am Tigris, Edessa, Damascus nach Jerusalem. Ueber Cypern langte er dann im Jahre 1353 [3]) in seiner italienischen Heimat an.

Bald nach der Rückkehr von seiner grossen Reise berief ihn Karl IV. nach Böhmen. 1353 muss er schon in Prag gewesen sein, da er uns von seiner Anwesenheit bei einem Wunder erzählt, das

---

[1]) Geschichte der Erdkunde S. 170.

[2]) Man muss S. 96 in Dobner terram sanctam nicht Sabam lesen, wie Meynert S. 70 Anm. will. Denn Marignola kam doch von Saba; in Ceylon wurde ihm der goldene Gürtel geraubt, den ihm die Königin von Saba geschenkt hatte (Dobner II. S. 246).

[3]) Nach der freilich nicht ganz glaubenswürdigen Angabe Waddings.

der h. Nicolaus vollführte und das in diesem Jahre stattfand [1]). Sehr
bald darauf (1354) ward er zum Bischof von Bisignano in Italien ernannt. Wie es scheint, führte er fern von Böhmen den Auftrag durch,
den ihm Karl gegeben hatte, die Chronik Böhmens zu schreiben.
Diese briefliche Aufforderung Karl IV. hat Marignola seiner Chronik
vorausgeschickt. In dem Briefe ist gesagt, dass, da Weisheit und
Studien die Staaten gross machen, der Kaiser darauf sein Augen-
merk gelenkt habe. Denn nicht Ruhm, sondern wahres ewiges
Leben sollen die Fürsten nach dem Rathe des h. Augustin anstreben.
Allein in einer sonderbaren Begriffsverwirrung wird gleich hinzugefügt, dass grossherzige Geister sich nach dem Virgil'schen Satze
richten: Vicit amor prime laudum immensa cupido. Also Ruhm ist
das Ziel strebender Menschen! So unvermittelt stehen sich also in
Karl IV. die christliche und die antike Anschauung gegenüber [2]).
„Damit nun,“ so fährt Karl IV. fort, „unser Staat sich der Ruhe
des äusseren und inneren Friedens erfreue, damit die Urheber der
Laster ausgerottet und die erlesenen Geister der Edeln durch Beispiele zu würdigem Verhalten angespornt werden, so haben wir befohlen, dass die alte und neue, unklar geschriebene Geschichte, zumal die böhmische durch den ehrwürdigen Bruder Johann von Marignola aus dem Orden der Minoriten, Bischof von Bisonzio, Genossen unseres kaiserlichen Hofes, durchgegangen werde, wobei dunkle
Umschweife ausgeschieden, das Ueberflüssige entfernt und Passendes
an dessen Stelle gesetzt werden soll, wobei von Adam begonnen und
bis zu unserer Zeit fortgefahren werde, unter Festhaltung einer drei-
fachen Eintheilung, damit darin der Glanz des ewigen Lichtes und
das Bild der h. Dreifaltigkeit erstrahle etc.“

Demnach theilte Marignola, wie aus dem Capitel „Ueber die
Eintheilung des Buches“ hervorgeht, sein Werk [3]) in drei Theile.
Der erste führt den Titel Thearcos atheos (?), quod est Deus quasi
Divinum seu theologum (pag. 82—108); darin wird die Geschichte
der Menschen von Adam bis zum Gründer des ersten Reiches, Nim-
rod, geführt. Das zweite Buch heisst Monarchos und behandelt die

---

[1]) Dobner II. S. 136, vgl. Benesch ad a. 1353 in Pelzel Scriptores II.
Seite 358.

[2]) Man ersieht daraus den Einfluss Petrarcas und seiner humanistischen
Bestrebungen auf Karl IV.

[3]) Gedruckt bei Dobner, Monumenta hist. Bohemiae II. Band.

Geschichte der weltlichen Staaten von Nimrod bis auf die Zeit
Karl IV. Es behandelt also das Geschlecht der Bösen, zum Unterschied vom dritten Buche, in welchem die Geschichte des Priester-
thums von Melchisedek bis Ernst von Pardubitz, also das Geschlecht
der Guten dargestellt wird Seine Aufgabe, die böhmische Geschichte
auf Grundlage der alten Chroniken zu schreiben, war dadurch er-
schwert, dass er in sein Bisthum Bisonzio nur die nothwendigsten
Behelfe für seine Arbeit mitnehmen konnte. Welche Schwierigkeit
machte ihm nun die Schilderung so ferner und fremder Verhältnisse,
ja selbst die Aussprache der slavischen Namen! Die weltliche Geschichte Böhmens ist nach einer Vorrede (S. 132), einer Aufzählung
der berühmten Frauen des Landes (S. 136) und der Erwähnung eines
Wunders des h. Nicolaus (S. 136) von Seite 137 bis Seite 232 geführt. Mit Seite 139 beginnt die Benützung des Cosmas (Buch I.,
2. Cap.), der mit Auslassung des minder wichtigen fast wörtlich
abgeschrieben ist. Von 1125, wo Cosmas schliesst, benutzt er dessen
Fortsetzer, den Wissehrader Domherrn [1]) (den Mönch von Sazawa
kennt er nicht); hierauf folgt er (S. 208) dem zweiten Fortsetzer
des Cosmas [2]). Marignola kennt die Chronisten Vincenz und Gerlach
gar nicht und benützt von 1195 bis 1231 die unrichtigen Angaben
aus dem ersten Theil der Prager Annalen [3]). Ausser diesen Quellen
scheint ihm nur [4]) noch die Legende des h. Wenzel von Karl IV. und
die Stiftungsbulle des Prager Bisthums zu Gebote gestanden zu sein.
Es ist daher irrig, wenn Dobner (Seite 201) meint, wir besässen
nicht mehr alle Quellen von Marignolas Werk; die Incidentia
z. B. (S. 164), die Dobner besonders hervorhebt, stammen aus
Cosmas 1. Buch, 37. Cap.

Weit umfassender als Marignolas Kenntnisse aus der böhmischen
Geschichte sind jene aus der Theologie und allgemeinen Historie.
Seine Hauptquelle bildet das Pantheon des Gottfried von Viterbo, dann
nennt er aber noch Josephus, Eusebius und Hieronymus (S. 124),
Berosus (S. 206), die antiochenischen Chroniken (S. 264), das itine-

---

[1]) Pertz, Scriptores IX. pag. 147.

[2]) Pertz, Scriptores IX. pag. 163. Die Bemerkung Dobners II. pag. 208
Anm. ist demnach irrig. Auch im dritten Buch pag. 280 benutzt Mar. blos dieselbe
Fortsetzung.

[3]) Pertz, Scriptores IX. pag. 169.

[4]) Dobner II. Ich habe hier nur die ältere böhmische Geschichte im
Auge.

narium und die Briefe (S. 266) des h. Clemens; er citirt die Werke
des Duns Scotus (a. a. O. S. 123. 158), den Koran (S. 254), den
Thalmud (S. 254, 256), er bezieht sich auf die Glossen der Juden
(S. 247) und auf ihre Lehrer (S. 248), auf Isidorus (S. 265), auf die
secreta beati Matthei (S. 255), auf den zweiten Theil des h. Lucas,
den nur die Orientalen unter dem Namen Lucara besitzen (S. 258),
auf die canonica des Judas Thaddeus (S. 115); ferner auf den goldenen Esel des Apulejus (S. 119), auf den Timäus des Plato und
auf das Buch Ovids de vetula (S. 233, 253). Diese Masse von Kennt-
nissen lag in seinem Gehirn wirr durcheinander, wenn er sich auch
redliche Mühe gibt, sie zu vereinigen und zusammenzufassen. Ueberall sucht er Bezüge, um die römische und griechische Geschichte
in die biblische Tradition eingreifen zu lassen. Janus ist demnach ein Sohn Noas, der nach Italien kommt, den Janiculus besetzt
und Genua (Janua) erbaut; Semiramis macht ihre in Indien geborene
Tochter zur Königin von Saba u. s. w. So pragmatisirt Marignola aufs Abenteuerlichste die verschiedensten Sagen und Anschauungen. Einen besonderen Reiz gewinnen seine Ausführungen
dadurch, dass er seine eigenen Erlebnisse auf seinen weiten Reisen
fortwährend zur Erklärung der biblischen Thatsachen anführt. Dabei
kam ihm die sonderbare Mischung brahmanischer, christlicher und
mohamedanischer Anschauung zu Hilfe, die damals in Indien herrschte.
Im ersten Buche seines Werkes, das mit der Weltschöpfung beginnt,
bestimmt er demnach genau den Ort des Paradieses, das nach einer
damals weitverbreiteten Ansicht gegenüber Ceylon liegt; er schildert
aus eigener Anschauung den Ort, auf welchen Adam verbannt wurde,
seine ersten Fussspuren und sein Haus auf Ceylon, er fixirt die
Städte, die Kain erbaut hat; er bestimmt die Art der Pflanzenblätter,
die die Kleidung Adams bildeten. Durch die Schilderung der ent-
fernten Länder wird seine Chronik zu einer Hauptquelle mittelalterlicher Geographie, wenn man auch sagen muss, dass der Fülle seiner
Kenntnisse nicht eine Uebersicht des Erdganzen zur Seite steht. So
gilt ihm die Erde noch als runde Scheibe, die umgeben von dem Ocean
auf den Wassern ruht und er kann sich daher mit dem Glauben an die
Antipoden nicht befreunden [2]). Natürlich schlägt die Bibel und der
katholische Kirchenglaube jede Wahrnehmung aus dem Felde (S. 97).
Allein es äussert sich bei ihm eine brennende Wissbegierde, die er

---

[2]) Seite 115.

selbst an sich tadelt „indem sein Geist oft mehr wissbegierig als tugendhaft gewesen sei, indem er alles sehen wollte, wenn er es im Stande gewesen wäre" [1]. Deshalb läugnet er auch, dass Indien Pygmäen oder andere sonderbare Wesen enthalte, da er nie von einem derartigen Volke gehört hatte. Mit lobenswerther Klarheit trennt er das Vorkommen einzelner abnormaler Fälle, die sich auch in Europa finden, von der Annahme eines ganzen Volkes, das sich durch unnatürliche Misbildungen auszeichne (S. 112 ff.). Eine natürliche Folge seines Umganges mit Menschen von anderer Religion ist seine freisinnige Beurtheilung ihrer Anschauungen. Er kennt die Religionsbücher der Mohamedaner und der Juden (s. o.), er hat mit einigen Juden über Punkte ihrer Religion verhandelt, wobei er diese seine Freunde nennt, freilich mit der Beschränkung „soweit ein Jude einem Christen Freund sein kann" (S. 242).

Es scheint beinahe, als ob die Discussion mit Andersgläubigen nicht ohne einen Eindruck auf ihn geblieben wäre. Wenigstens berichtet er über ihre Ansichten mit einer Objectivität, aus der man beinahe seine eigene Uebereinstimmung herauslesen kann. Wie soll man es sonst verstehen, wenn er sagt: „Die Juden, Tartaren und Saracenen und ebenso einige Christen halten uns für die ärgsten Bilderverehrer; denn obgleich jene Christen Gemälde verehren, so verabscheuen sie doch verzerrte Gesichter und jene schauerlichen Bildwerke, wie sie in den Kirchen gefunden werden, wie etwa am Grabmal des heiligen Adalbert in Prag" (S. 118). Wie eigenthümlich, dass er dieses Bildwerk wählt, das jenen Heterodoxen nicht bekannt sein konnte und wohl ihm selbst als übertrieben erschienen ist. Damit stimmt überein, dass er, obwohl er im unmittelbaren Auftrage des Papstes reiste, doch der Meinung seiner Ordensbrüder zustimmte, weltliches Gut schade der Kirche — eine Anschauung, die von den Päpsten als ketzerisch verdammt worden war. Er ist indessen so vorsichtig, zuzugestehen, dass, wenn auch die Bibel, besonders eine Stelle in der Apostelgeschichte sich gegen die Annahme der Zehnten

---

[1] Karl IV. hatte kein geringes Intesesse an naturwissenschaftlichen Erörterungen. So wünschte er die Kunst der Alchymie zu erlernen, und liess sich zu diesem Zwecke einen Tractat über dieselbe widmen (Pelzel, Leben Karl IV. II. S 956); zu Prag liess er durch seinen Hofapotheker Angelus von Florenz einen botanischen Garten anlegen; er hatte Sinn für schöne Gegenden (Burckhardt, Cultur der Renaissance S. 236). Ueber Angelus s. Tomek Dějepis Prahy II. S. 249, 481.

durch die Geistlichkeit ausspreche, dass man sich doch dem Gebote
der Kirche fügen müsse (S. 123). Doch wäre es unklug, diesen
Zehnten von den neu getauften Christen in Ostasien zu fordern, da
diese dadurch dem Christenthume entfremdet würden. Es war dies
ein Punkt, über welchen er noch mit dem Bischofe von Armagh in
Disput gerieth, der sich rühmte, schon oft die Franciscaner besiegt
zu haben und auch die Gegnerschaft Marignolas nicht zu fürchten
erklärte, wenn sich dieser auch Apostel des Orients nenne [1].

Ebenso wie die grosse Anzahl von Chroniken bemerkenswerth
ist, die Karl IV. hervorrief, ebenso bezeichnend ist auch die fortwährend Thätigkeit im Umarbeiten des eigenen Werkes, die wir bei
jedem Schriftsteller wahrnehmen. Von Karls Selbstbiographie, von
Benesch's und Franzens Chronik ist dies ausführlich dargelegt worden,
auch bei der jetzt zu besprechenden Chronik Pulkawas ist dasselbe zu bemerken. Es herrscht also ein steter Drang nach Vollständigkeit, nach Vervollkommnung. Allein es fand sich leider
kein Talent, dem neben der Eigenschaft des Fleisses die anderen
Erfordernisse des Geschichtsschreibers zu Gebote standen. Die diplomatischen Siege, die Karl IV. erfocht, waren zudem nicht dazu angethan, um den Sinn seiner Zeitgenossen für das Verständniss
geschichtlicher Umwälzungen zu schärfen. Ihre Geschichtswerke haben
deshalb nur einen compilatorischen Charakter. Ihr Typus prägt sich
am deutlichsten in Pulkawa aus. Von diesem Schriftsteller ist nichts
als der Name und kaum dieser bekannt. Nach Palacky ist Pulkawa
nur ein persönlicher Zuname [2]: der Chronist heisst eigentlich Pribik
von Tradenin oder Hradenin und wird Doctor der freien Künste und
Rector der Collegiatschule zu St. Aegid in der Altstadt Prag genannt.
Uns ist sein Werk in vier Gestalten überliefert, in zwei lateinischen,
einer deutschen und einer böhmischen Recension. Die böhmische und
wohl auch die deutsche ist eine nicht allzuwörtliche Uebersetzung
der zweiten lateinischen Bearbeitung [3].

Die beiden lateinischen Ausgaben unterscheiden sich ziemlich
beträchtlich. Die erste [4] ist eine Zusammenstellung einer Reihe von

---

[1] Dobner II. S. 73.

[2] Würdigung der böhmischen Geschichtschreiber S. 176.

[3] Die deutsche Uebersetzung fand Höfler in einem Codex der Prager
Metropolitanbibliothek, Sitzungsber. der böhm Geschichte 1856 S. 50.

[4] Sie ist gedruckt bei Menken Scriptores III. S. 1617—1766 und bei

Quellen, die Pulkawa zugänglich waren und die auch uns noch erhalten sind. Dadurch hat das ganze Werk als Geschichtsquelle eine
sehr geringe Bedeutung, denn wenn auch am Schlusse einer Handschrift
desselben Werth darauf gelegt wird, dass dasselbe aus den Chroniken
aller Klöster und Barone [1]) geschöpft sei, so bietet es uns doch keine
Spuren einer so tief eingehenden Forschung. Pulkawa benützte eben
jene Quellen, die damals gang und gäbe waren. Cosmas und seine
Fortsetzer, dann die Legenden des h. Methodius, Adalbert und Wenzel.
Cosmas bildet für die ältere Zeit die Hauptquelle, der er beinahe
wörtlich folgt. Inwieweit die von Palacky [2]) verzeichneten Abweichungen von Cosmas, Missverständnisse Pulkawas oder Lesefehler der
Abschreiber sind, lässt sich nicht ganz entscheiden. Zu bemerken ist
zudem, dass Pulkawas Blick gleich in dem Beginn des Werkes
weiter reicht als der seines Vorgängers. Dieser fasst nur die Einwan-
derung der Czechen ins Auge, jener die Züge aller Slaven. Doch fügt Pulkawa zu seinen slavischen Etymologien auch Ableitungen von deutschen
Worten hinzu, um böhmische Namen zu erklären. Darin prägt sich
ganz der neutrale Geist der karolinischen Periode aus, wenn es sich
um die beiden Volksstämme Böhmens handelt. Zu bemerken ist
dabei, dass Pulkawa die Errichtung des königlichen Thrones in Böhmen
als Fortsetzung des grossmährischen Reiches auffasst [3]). Dagegen
bringt er jene Ereignisse nicht, die Cosmas aus der Continuatio Re-
ginonis entnommen hat und welche die deutschen Verhältnisse behandeln; er scheint hier eine weniger vollständige Handschrift des
Cosmas benützt zu haben [4]). Ausser aus Cosmas hat Pulkawa ferner
aus dessen Fortsetzungen geschöpft: er schloss dann das erste Buch
seiner Chronik mit dem Aussterben der Premisliden und scheint
wohl die Absicht gehabt zu haben, bis auf seine Tage zu schreiben.

Ludewig Reliquiae XI. S. 128 – 383. Ueber die Handschriften Pulkawas handelt
am Besten Dudik. Forschungen in Schweden S. 389— 402.
   [1]) Dobner, Monumenta, III. pag. 290.
   [2]) Würdigung S. 189. Ganz genau ist auch die Nachweisung Palacky's,
dass Menken und Ludewig dasselbe Manuscript benützt haben. Sie stimmen
bis auf die kleinsten Schreibfehler mit einander überein z. B. Brelam (Menken
p. 1619, Ludewig p. 131) statt Bielann; Hostiwik, (Menken p. 1631 Ludewig
p. 151) statt Hostiwit.
   [3]) Dobner III. S. 127.
   [4]) Sub his annis . . . in Chronicis distincte non ponitur; sed solum hoc
modo prout in premissis ponitur.

da das zweite Buch, das bis 1330 reicht, wie es uns vorliegt, nur
einem kurzen Anhange des Werkes gleicht.

Diese Absicht wurde nicht ausgeführt, wohl aber die Chronik
in anderer Weise erweitert. Er lernte nämlich einige neue Quellen
der böhmischen Geschichte kennen und nahm diese in eine neue
Ausgabe seiner Chronik [1]) auf. Vor allem wurde Dalimil in um-
fassenderer Weise benützt. Während Pulkawa sein Werk ursprünglich
in Capitel abgetheilt hat, führt er jetzt streng die annalistische Form
ein. Dann wurde eine Fülle kleinerer Bemerkungen zu dem ursprünglichen Text hinzugefügt, die zum Theil dem Cosmas entnommen
sind, der also auch bei der zweiten Bearbeitung wieder zu Rathe
gezogen worden ist. Die Hinzufügung von Notizen fand aber immer
von Neuem statt, sei es von Pulkawa selbst, sei es von den Ab-
schreibern, so dass das Buch dadurch eine flüssige Form ohne endgiltigen Abschluss annahm. Einen besonderen Werth hat diese neue
Arbeit deshalb für uns, weil wir aus ihr ersehen, welche Quellen dem
belesensten Chronisten des 14. Jahrhundertes zu Gebote standen; wir
erfahren dadurch, dass wir nur weniges nicht mehr besitzen, was
Pulkawa damals zugänglich war, obwohl er die allmächtige Protection
Karl IV. genoss. So scheinen uns die Notizen der zweiten Recension bei Dobner zum Jahr 930 und 931 Neues zu bieten; dagegen ist
der chronologische Apparat für das 11. Jahrhundert ganz dem Cosmas
entlehnt, während er sich noch in der ersten Ausgabe nicht findet.
Zum Jahre 1112 fügt Pulkawa [2]) eine kleine Notiz aus einem brevia-
rium ecclesie Pragensis hinzu: Seite 154 steht eine sonst nirgends
vorkommende Bemerkung über die Gründung des Klosters Wilemov,
S. 162 über die Gründung des Klosters Siloe, zum Jahre 1091 eine
selbständige Notiz über den Tod König Wratislaws (S. 136); S. 134
findet sich eine selbstständige Randbemerkung; S. 152 (ann. 1114)
findet sich genauer als in Cosmas pag. 122 der Erfolg Sobieslaus gegen
das Schloss Glatz. Einmal verbessert er die Wyssehrader Fortsetzung
des Cosmas, indem er (ann. 1127) ausdrücklich sagt, dass Sobieslaus
Amberg, nicht Nürnberg belagert habe [3]), eine Bemerkung, die zweifels-

---

[1]) Gedruckt bei Dobner, Monumenta III. B.

[2]) Dobner III. p. 151.

[3]) Contin. Wyssehr. ann. 1127: Sobieslaus .... castrum Normberg cum
magna manu obsedit. Pulkawa: urbem Amberg, secundum cronicam Nuremberg,
obsederunt. Dobner missversteht diese Stelle vollständig.

ohne richtig ist; ann. 1140 nennt er den Namen der Gattin Wladislaws, den seine Quelle nicht ausdrücklich bezeichnet.

Von 1141 an beginnt die vollständige Umarbeitung der ersten Ausgabe der Chronik Pulkawas, indem er nunmehr das treffliche Buch des Vincentius benützt, der die Thaten König Wladislaws mit frischer Feder geschildert hat. Indessen hat er auch jene beklagenswerthe Lücke, mit der uns Vincentius überliefert ist [1]); man sieht daraus, in wie wenig Exemplaren jene Chroniken sich erhielten, da dieser Autor sein Werk wohl vollständig ausgearbeitet hatte, als er es seinem Könige widmete. Pulkawa verbindet dessen Chronik mit den Annalen von Sazawa und fügt dann noch ann. 1158 eine Urkunde Friedrich des I. hinzu. Von 1167 wird dann in ebenso umfassender Weise die Chronik des Gerlach von Mühlhausen in Pulkawas Werk verarbeitet. In der Darstellung des Jahrhunderts von 1186 an hat Pulkawa mit denselben Schwierigkeiten zu kämpfen gehabt wie wir, da die gleichzeitigen Quellen ausserordentlich spärlich fliessen. Er hat zuerst den Gerlach und die Fortsetzer des Cosmas ineinander gearbeitet, scheint aber den Gerlach vollständig nur bis 1186 gekannt zu haben, in welchem Jahre, wie es scheint, das Werk dieses Abtes von Mühlhausen seinen eigentlichen Abschluss fand [2]). Denn von 1186—1198 klingt nur weniges an Gerlach an, was auch aus zweiter Hand entnommen sein kann. Pulkawa hatte indessen für die erste Hälfte des 13. Jahrhunderts eine Quelle, die uns wohl verloren gegangen ist. Während bisher der Ursprung fast jeder Zeile seiner Chronik angegeben werden konnte, und die wenigen selbständigen Nachrichten keineswegs auf eine verloren gegangene Quelle schliessen lassen, muss die Benützung einer uns nicht mehr zugänglichen Chronik für die Zeit Premysl Ottokar I. und Wenzel I. angenommen werden. Uns selbst ist über diesen Zeitraum der böhmischen Geschichte ein einziger, dürftiger Wegweiser geblieben: es sind die chronologisch verwirrten Prager Annalen (1. Theil) [3]). Eine genaue Vergleichung dieser Annalen und des Werkes Pulkawas führt nun zu folgendem Schlusse. Pulkawa kannte vorerst Nachrichten, die ihm über mährische Verhältnisse Aufschluss gaben, wie die Notizen zu 1201, 1202, 1203, 1222, 1224, 1240, 1244, 1246 beweisen. Für die zweite Ausgabe

---

[1]) Monumenta Germ. SS. XVII. p. 680.

[2]) Vgl. SS. XVII. pag 705, letzte Zeile.

[3]) SS. VII. ann. 1196—1278.

seines Werkes hat Pulkawa ferner für diese Zeit eine andere Quelle benutzt, die uns verloren gegangen ist. Wir können wohl vermuthen, dass sie dem Inhalte nach ziemlich vollständig von unserem Autor aufgenommen worden ist, und erhalten auf diese Weise eine Bestätigung der Annahme, dass uns nur wenig von den älteren böhmischen Quellen nicht erhalten ist. Denn wir finden in den Angaben Pulkawas nur eine wenig beträchtliche Ergänzung desjenigen, was uns von früher bekannt ist. Die Mittheilungen zu 1199, 1200, 1201 etc. sind reichlicher aber ebenso verwirrt in chronologischer Beziehung wie die der Prager Annalen.

Zu den Jahren 1220—1222 hat Pulkawa Nachrichten über den böhmischen Kirchenstreit, die durchaus bischöflich klingen. Indessen ist zu bemerken, dass wieder zahlreiche Stellen in Pulkawas zweiter Recension und in den Prager Annalen gleichlautend klingen [1]). Dieser Sachverhalt scheint nicht anders erklärt werden zu können, als dass die Angaben Pulkawas und der Prager Annalen aus einer gemeinsamen Quelle geschöpft sind, die aus beiden reconstruirt werden könnte. Jedenfalls verdienten diese Thatsachen genauer untersucht zu werden. — Die weiteren Chroniken der böhmischen Geschichte des 13. Jahrhunderts sind in Pulkawas zweiter Ausgabe sämmtlich benützt, mit Ausnahme der historia Wenceslai, die wieder merkwürdigerweise in die erste Recension verarbeitet ist. Die annales Ottakariani, der annales Pragenses zweiter und dritter Theil finden sich demnach im Auszuge bei unserem Autor. Nur an wenigen Stellen weist Palkawa mehr auf. So beim Jahre 1248, 1252 (die Kinder des Königs), 1253 (über König Wenzel), 1257, 1258, 1265, 1271. Pulkawa lässt alles für König Ottokar Ungünstige weg, widerspricht jedoch niemals seiner Hauptquelle, den Prager Annalen [2]).

Ungleich schwieriger als für die früheren Perioden der böhmischen Geschichte ist für die Zeit nach 1283 die Frage zu lösen, auf welcher Quelle Pulkawa bei seiner Geschichtserzählung fusst. Eine genaue Vergleichung mit den Chronisten Peter von Zittau, Franz von Prag und Benesch von Weitmül gibt darüber gar keinen sicheren Aufschluss; Pulkawa enthält nämlich in den Jahren 1283 bis 1307, bis zum Schlusse seines ersten Buches, eine höchst verwirrte Anein-

---

[1]) ann. 1212, 1213, 1215 etc.

[2]) Nur in Nebensächlichem, vgl. die Krönung von 1261.

anderreihung von Thatsachen, die zum Theil bei einer falschen
Jahresangabe mitgetheilt werden, und die stellenweise auf jede der
drei genannten Chroniken zurückgeführt werden können. Die Chronik
des Martinus ist keinesfalls benützt worden. Dann ist aber zu bemerken, dass die Zeit von 1283 bis 1307 in der zweiten Recension
des Pulkawa ganz umgearbeitet ist. Ein viel günstigeres Urtheil
dagegen muss man fällen, wenn man die unruhige Zeit nach dem
Tode des letzten Premysliden Wenzel III. ins Auge fasst. Hier hört
die zerrissene Darstellung der vergangenen Jahre auf und man empfängt
den Eindruck einer einheitlichen Erzählung eines gleichzeitigen Dar-
stellers. Der Bericht der ersten und zweiten Recension stimmt in
vielen Punkten zusammen, besonders darin, dass Pulkawa entschieden
für Anna, die Tochter Wenzel II. Partei nimmt, während Peter
von Zittau das bessere Recht des deutschen Königs auf die Erbfolge
in Böhmen vertritt. Nun ist aber Dalimil hiebei sicher nicht die
Quelle Pulkawas; man muss demnach entschieden annehmen, dass
unser Chronist einen Gewährsmann benutzt hat, der uns nicht mehr
erhalten ist. Sollte diese sichere Spur in Pulkawa, die auf Un-
bekanntes hinweist, nicht auf das Buch des Notars Otto zurückzuführen sein? Es ist ganz gewiss nicht anzunehmen, dass Pulkawa
etwa auf Grundlage Peters von Zittau eine Darstellung gegeben
hätte, die von dessen Tendenz so vollständig absticht. Dazu erweist
sich Pulkawa immer zu sehr als unselbständiger Compilator. Der
scharfe und klare Bericht Pulkawas ist selbständig in der Erzählung von der Versammlung, in der Tobias von Bechin fiel; er
weiss nichts von der Rolle der deutschen Städte und deren mächtigem
Auftreten, das Pulkawa, je nachdem Peter von Zittau oder Dalimil seine
Quelle gewesen wäre, günstig oder ungünstig beurtheilt hätte; er
kennt die Bemühungen der Cistercienser nicht, Elisabeth die böhmische
Krone auf's Haupt zu setzen; er glaubt, die Barone allein hätten die
Berufung Elisabeth's bewirkt; dagegen hat er in einigen Punkten
bestimmtere Meldungen als das Königsaaler Zeitbuch. Nun ist aber
hinzuzufügen, dass die zweite Recension Pulkawas nebenbei auch das
Werk Peters von Zittau zu Rathe gezogen hat. Auffallend ist schon,
dass unsere Chronik die Worte des Abtes Peter maior pars licet non
sanior, die letzterer freilich auf die Partei Heinrichs anwendet, umgekehrt zur Charakterisirung der habsburgischen Partei benützt.
Unwiderleglich aber ist aus Peter die Stelle der zweiten Recension [1])

---

[1]) Dobner II, S. 264: Sed nota antequam. . . .

entnommen, in der Pulkawa manches zur früheren Darstellung Ergänzendes vorbringt.

Leider ist dieser Versuch der Aufdeckung einer neuen Quelle jener Zeit nicht durch die folgende Darstellung Pulkawas unterstützt. Denn hier wendet er sich vollständig der Chronik des Peter von Zittau zu, aus der er in zusammengedrängter Form, aber oft mit wörtlicher Benützung die Ereignisse der Jahre 1320—1330 entlehnt. Die zweite Recension behandelt auf Seite 271 noch selbständig das Verhalten der Habsburger zu den Luxemburgern; den Römerzug Heinrich VII. erzählt er in eigener Weise mit Benützung einer Kaiserchronik [1], aber nach dem Jahre 1323 verschwindet jede Spur der Benützung einer anderen Quelle als des Peter von Zittau [2]. Ergänzt hat Pulkawa die Mittheilungen Peters durch Nachrichten aus dem böhmischen Archiv, aus dem er uns besonders für die schlesischen Verhältnisse dankenswerthe Urkunden überliefert.

Damit haben wir eine genaue Analyse der Quellen unserer Chronik gegeben und sind zu dem nicht unwichtigen Resultat gelangt, dass uns die Annalen der böhmischen Geschichte des Mittelalters fast vollständig erhalten sind. Es ist nicht zu zweifeln, dass Pulkawa für seine zweite Bearbeitung alles benützt hat, was die böhmischen Bibliotheken seiner Zeit Historisches enthielten. Karl IV. wollte offenbar auf die Schaffung eines Geschichtswerkes hinwirken, welches seinem encyclopädischen Geiste gemäss eine vollständige Zusammenstellung des Wissenswürdigen in diesem Gebiete gab. Am Schlusse der Chronik Pulkawas wird uns mitgetheilt [3], dass auf Befehl des Kaisers die Chronik bearbeitet worden sei „aus allen Chroniken aller Klöster und einiger Barone, woher sie nur genommen werden konnten." „Denn der Kaiser hat selbst alle sicheren und wahren Ereignisse und Thaten seines Landes Böhmen, das er hoch über alle seine anderen Gebiete schätzte, dem Pribico (Pulkawa) zur Bearbeitung übertragen, auf dass er aus ihnen eine wahre und richtige Chronik zusammensetze und in einen Band ordne, nachdem der Kaiser selbst alle Chroniken der Klöster und Barone gesehen und mit allem Fleisse

---

[1] Dobner II. S. 273. Cronica Romana.

[2] Vgl. besonders Peter von Zittau pag. 397: etenim Elisabeth Regina Bohemie de partibus Bavarie ad regnum proprium est reversa und Pulkawa pag. 281: Regina Bohemie de partibus Bavarie in regnum suum revertitur etc.

[3] Dobner III. p. 290.

durchgelesen hatte [1]).« In der That hat sich Pulkawa dieser Arbeit
mit allem Fleisse unterzogen und hat ein Werk geliefert, von dem
ausser der Anerkennung des angewendeten Fleisses wenig Gutes zu
sagen ist. Ohne einen Funken eigenen Geistes hat er eben compilirt,
excerpirt, in der zweiten Recension corrigirt, ohne in den Wust der
Thatsachen eine andere als die chronologische Ordnung zu bringen,
die stellenweise auch sehr mangelhaft ist. Richtig ist, was am Schlusse
seiner Chronik gesagt ist, dass alle fabelhaften, unwahren, der Wahrscheinlichkeit widersprechenden Nachrichten weggelassen sind, dass
sein Werk verhältnissmässig arm an Wundergeschichten ist. Sein
nüchterner Geist bewahrte ihn wie vor den Ausschreitungen des
Genies so auch vor den Verirrungen des religiösen Wahnes. Der
Hauptzweck, den er besonders in der zweiten Recension verfolgte, — die
wohl allein auf Anregung Karls veranstaltet wurde, nachdem er sich
ihm durch die erste empfohlen hatte, — war die Verherrlichung der
böhmischen Fürstenhäuser, der Premysliden und vorzugsweise der
Luxemburger. Die Familiennachrichten, Geburten, Heiraten, Todesfälle sind sorgsam zusammengetragen und der innere Zusammenhang
der Ereignisse tritt hinter diesem dynastischen Faden, der niemals
abreisst, weit zurück.

Wie sehr in Karls Geiste das Gefühl rege war, er müsse von
jedem Lande, das er seiner Krone hinzufügte, zugleich literarisch Besitz nehmen, beweist sein Verhalten nach der Besitznahme der Mark
Brandenburg (1373). Er trug sofort Pulkawa auf, die Brandenburger
Chronik, die bald nach dem Tode Markgraf Waldemars verfasst
worden war, in seine Arbeit aufzunehmen. Und so ist uns durch unseren Chronisten die einzige genaue Kenntnis jener kurzen Annalen
Brandenburgs erhalten. Pulkawa schob nämlich die Nachrichten, die
das neugewonnene Land Karl des IV. betrafen, bei der betreffenden
Jahreszahl in seine böhmischen Annalen ein. Sie stehen so unvermittelt in seiner Arbeit, dass sie mit Leichtigkeit herausgelöst und
von Riedel [2]) besonders gedruckt werden konnten. In der kostbaren
Handschrift Pulkawas der Czartoryskischen Bibliothek, die vielleicht

---

[1]) Auffallend ist für uns nur die Hervorhebung der Chroniken der
Barone, deren Spur uns in Pulkawa nicht entgegentritt, wenn man nicht etwa
Dalimil unter ihnen verstehen will.

[2]) Codex diplomaticus Brandenburgensis S. 1—22.

Karl IV. selbst übergegeben worden ist, steht die Brandenburgische
Chronik nur in Noten am Rande. Es kann keine Frage sein, dass
Pulkawa uns nur ein, wenn auch ziemlich vollständiges Excerpt dieser
Chronik bietet. Denn er hat kein von ihm benütztes Werk in seiner
Gänze aufgenommen, sondern sich Auslassungen und Veränderungen
erlaubt. Zudem sehen wir aus Heinrichs von Hervord Chronik, der
die Brandenburger Quelle ebenfalls benutzt hat, dass Pulkawa letztere Arbeit nicht vollständig aufgenommen haben kann. Denn Heinrich von Hervord erwähnt [1]) eine Stelle der Brandenburger Chronik,
die in Pulkawa fehlt [2]).

Der unbedeutendste unter den Chronisten, die in Verbindung
mit Karl IV. genannt werden müssen, ist Neplach, Abt von Opatowitz. Ein Verehrer des Kaisers möchte sich versucht fühlen, den
Zusammenhang zwischen ihm und Neplach zurückzuweisen. Dieser
dürftigste und unbegabteste aller „Geschichtsschreiber" ist im
Jahre 1312 zu Horzinowes in Böhmen geboren. Indessen ist diese
Angabe bei der zweifelhaften Genauigkeit der Textüberlieferung unseres Autors nicht über jeden Zweifel erhaben. 1332 trat er ins Be-
nediktinerkloster zu Opatowitz, 1340 ward er Studien halber von
seinem Abte nach Bologna geschickt [3]). Er erreichte selbst die Priors-
würde in seinem Stifte und entschloss sich auf die Bitte dreier
seiner Mitbrüder im Jahre 1360 eine kurze Uebersicht der Kirchen-
und Kaisergeschichte mit Hinzufügung von Nachrichten aus der böhmischen Geschichte zu schreiben. Da finden wir nun die Reihenfolge
der Kaiser, der Päpste und Herzoge, von Christi Geburt bis zum
Jahre 1000 in synchronistischer Zusammenstellung; dann werden diese
drei Regentenreihen nacheinander getrennt aufgeführt. Die Quelle ist natürlich Cosmas und seine Fortsetzer; doch kannte Neplach blos ein
Exemplar dieser Chronik, das bis 1265 reichte und von da an be-

---

[1]) Potthasts Ausgabe des Heinrich von Hervord pag. 234.

[2]) Dasselbe wäre mit den Stellen in Heinrich S. 211, 225, 232, 270 der
Fall, von denen indessen nur die Vermuthung Potthast's (pag. XXII) vorliegt,
dass sie der Brandenburger Chronik entlehnt seien.

[3]) Zu den Daten über Neplachs Leben, die Wokaun in Dobner Monum.
IV. p. 89—93 zusammengetragen hat, ist aus fasc. c 2 des Raygerer Klosters
nachzutragen die Litera confraternitatis a Neplachone abbate Oppat et conventu
Alberto episc. Lutomisl. data Oppatovii 1366 in vig. s. Johannis B.

nutzte er einige quaterniones [1]). Seine rohe Zusammenstellung ist
zugleich die Arbeit eines Mannes, der vom krassesten Aberglauben
an Vampyre befangen ist, und der keine Spur der zu Bologna em-
pfangenen Bildung aufweist. Diese Arbeit ist ausser von Pez [2]) auch
von Dobner [3]) im Druck überliefert. Letztere Ausgabe unterscheidet
sich nun in mehreren Punkten von der früheren. Vor allem ist sie
dem Kaiser Karl IV. selbst gewidmet, wobei aber wieder das Auffallende ist, dass auch sie im Jahre 1360 abgefasst scheint; wenigstens sind die entsprechenden Worte der ersten Ausgabe nicht verändert. Nun ist aber der Text des Dobnerschen Druckes wesentlich
verändert und erweitert; sollte das gleich in demselben Jahre geschehen sein? Die Scheidung der allgemeinen und der böhmischen
Geschichte, die in der Pez'schen Ausgabe von 1000—1351 durchgeführt ist, findet sich hier nicht; ausserdem ist Vincenz, Gerlach und
andere Quellen benutzt, die in der ersten Recension nicht zu Rathe
gezogen sind.. Hat Karl IV. etwa Neplach auf diese Chroniken
aufmerksam gemacht, wie es ja auch sein Verdienst ist, dass er sie
Pulkawa bei seiner Umarbeitung zugänglich machte? Ausser diesen
Schwierigkeiten erhebt sich sodann als grösste, dass manches im
Dobnerschen Text auf eine Umarbeitung im 17. Jahrhundert hinweist. Palacky [4]) macht aufmerksam, dass der Beiname des Peter
von Rosenberg „Ursinus" und anderes nur in dieser Weise erklärt
werden könne. Die Strafe des Räderns, die in dieser Umarbeitung
einmal erwähnt wird, kann im 14. Jahrhundert noch nicht verhängt worden sein [5]). Auch die Einreihung der Klostergründungen
der einzelnen Fürsten zu den betreffenden Jahren weist auf einen
späteren historischen Versuch hin [6]). Auffallend ist dann die Aenderung
des Urtheils über Ottokar II. in der zweiten Bearbeitung. Zwar tadelt diese beim Jahre 1269 ebenfalls die Vertreibung der Czechen
aus dem Prager Burgflecken, aber zu 1268 hat sie ein warmes Lob

---

[1]) Neplach ad hunc annum 1265: Et usque ad hunc annum quo acta
fuerant, in cronica scribuntur. Cetera autem que sequuntur de quibusdam qua-
terniis recollegi.

[2]) Scriptores rer. Aust. II. 1005—1042.

[3]) Monumenta IV. 96 ff.

[4]) In der Würdigung der böhm. Geschichtsquellen bei Neplach.

[5]) Dobner IV. ad annum 1289.

[6]) Zu 1002, 1009, 1033, 1045, 1051, 1058. Freilich sind manche Zahlen,
entsprechend dem historischen Wissen des 17. Jahrhunderts, zu früh angesetzt.

des Königs entgegen dem harten Tadel der Pez'schen Ausgabe beim Jahre 1277. Lupacius, der in seinem historischen Kalender den Neplach zum 25. Januar, 10. April, 16. Mai und 29. Juli citirt, hat offenbar nur den Text, wie ihn Pez abdruckt, gekannt. Durch alle diese Beweisgründe wird eine Umarbeitung im 17. Jahrhundert wahrscheinlich gemacht, zumal gerade damals die Chroniken des Vincenz und Gerlach, die in dem Dobnerschen Text nachgetragen sind, wieder aufgefunden wurden [1]. Trotzdem ist die Möglichkeit nicht ausgeschlossen, dass diese Recension des 17. Jahrhunderts sich auf eine Bearbeitung des Autors stütze, die Karl IV. gewidmet war.

Es wurde oben mit ziemlicher Bestimmtheit ausgesprochen, dass uns die Quellen der böhmischen Geschichte des Mittelalters fast ebenso vollständig vorliegen, wie den Historiographen am Hofe Karl IV. Es existirt blos eine Chronik, die uns genannt wird und die wir wenigstens unter diesem Namen nicht mehr besitzen, nämlich die des Notars Otto, welche in einer czechischen Staatsschrift des 15. Jahrhunderts erwähnt wird. Palacky hat zuerst auf die betreffende Stelle aufmerksam gemacht [2]; Dudik hat sie dann in seiner Beschreibung der Cerronischen Handschriften vollständig abgedruckt [3]. Der Titel dieser Chronik lautet vollständig: Chronica ecclesiae Pragensis secundum intentionem Domini Imperatoris scripta per Otonem notarium, incepta ab Otacaro rege magno Bohemiae. Dieser Titel stimmt fast vollständig überein mit der Aufschrift der Chronik des Benesch von Weitmül. Daraus und aus dem Umstande, dass auch der Inhalt der verlorengegangenen Schrift mit den Berichten jenes Historikers identisch zu sein scheint, hat Loserth nicht ohne grosse Wahrscheinlichkeit geschlossen, dass der Notar Otto und Benesch von Weitmül eigentlich dieselbe Persönlichkeit sei [4]. Indessen wäre es nicht rathsam, sich mit diesem Resultat zu befriedigen und ich möchte auf einige Punkte aufmerksam machen, die auf ein anderes Ergebnis, als Loserth feststellte, hinweisen. Ich habe schon oben bei der Zergliederung der Quellen, aus denen Benesch schöpfte, dargelegt, dass drei Stellen in diesem Chronisten nicht auf den Domherrn

---

[1] Pertz, Scriptores XIII. p. 657.

[2] Würdigung der böhm. Geschichtsschreiber S. 302.

[3] Dudik, Mährens Geschichtsquellen S. 410.

[4] Studien zu böhmischen Geschichtsquellen S. 38 im Archiv für österr Gesch. LIII. Band.

Franz zurückweisen, sondern auf eine andere Quelle schliessen lassen.
Es ist dies vorerst die Erzählung, König Johann habe die Absicht
gehabt, Böhmen gegen die Pfalzgrafschaft am Rhein zu vertauschen,
die ein ruhigerer Besitz zu sein schien (S. 236); ferner die Schilderung der Verheerung und der Hungersnoth, die in Böhmen in Folge
des Kampfes zwischen König Johann und seinen Baronen herrschte
(S. 238); endlich die Nachricht, der junge Prinz Wenzel (der spätere
König Karl IV.) sei vom eigenen Vater im vierten Lebensjahre in
ein finsteres Gefängnis geworfen worden (S. 241). Wir führten diese
Nachrichten auf eine dem König Johann sehr feindselige Quelle zurück,
da wenigstens der erste und der dritte Umstand unhistorisch ist. Eben
diese angeblich historischen Ereignisse, die uns Benesch bringt, werden
in jener czechischen Schrift als Beweis angeführt, wie verderblich
ein deutscher König für Böhmen sein würde, und es wird damit der
Rath begründet, die Böhmen mögen Kasimir von Polen zum Herrscher erwählen. Es erhebt sich nun die Frage, ob Benesch und „der
kurze Auszug aus böhmischen Chroniken zur Warnung für treue
Böhmen" (so nennt sich jene czechische Schrift) aus einer gemeinsamen Quelle, dem Notar Otto geschöpft haben, oder ob Benesch
diese Nachrichten aus der mündlichen Ueberlieferung bringt und
von dem Verfasser jenes Auszuges unter dem Namen des Notars
Otto citirt wird. Im letzteren Falle erscheint es ungemein befremd-
lich, dass „der kurze Auszug" gerade jene Stellen herausfindet, die
Benesch allein unter seinen Erzählungen nicht dem Domherrn Franz
entnommen hat! Es ist oben erwähnt, dass Benesch noch viel här-
tere Anklagen gegen Johann enthält, die zum Theil auf Stellen im
Franz von Prag beruhen — und gerade jene isolirt dastehenden
Meldungen wären dem Verfasser der Warnung für treue Böhmen in
die Hände gefallen! Vergleichen wir nunmehr aufmerksam den Text
des „Auszugs" und des Benesch von Weitmül. So sagt der Auszug,
dass Elisabeth, die Gattin Johanns, einen böhmischen Rath [1] um
sich hatte und czechische Herren (Frauen?) an ihrem Hofe begünstigte. Die habe Johann gefangen genommen und ihnen viel
Uebles zugefügt. Dann habe er auch den jungen Prinzen, der drei
Jahre alt war, gefangen gesetzt aus Furcht, die Barone könnten
die Deutschen verjagen und jenen sich zum Könige erziehen.

---

[1] Tá radu českú měla a pány (panny) české v svem dvoře držela. Ty
jest vězil, jímal i mnoha jím násilé činil.

Diese Erzählung weicht nur unbedeutend von Benesch ab; die nachfolgende Stelle [1]) von dem geheimen Plane des Tausches zwischen
König Ludwig und König Johann ist sogar bis auf den Wortlaut
in beiden Autoren gleich; dagegen malt der Verfasser des Auszugs die Hungersnoth in Böhmen mit selbstständigeren Zügen. Er
weiss zu erzählen, dass im Königgrätzer und im Tausser Kreis
die Leute zu Menschenfleisch als Speise griffen, dass im Königreich nur zwei Pflüge den Boden bebauten [2]). Obwohl die Stelle
des Auszugs, die sich auf den Notar Otto bezieht, im Ganzen
und Grossen überraschend mit Benesch übereinstimmt, so gibt
es doch, wie eben gezeigt wurde, einige Abweichungen, die doch
nicht direct Erfindungen der späteren Schrift sein können. Aus
all' dem folgt, dass es immerhin möglich ist, es habe ein Notar
Otto gelebt, dessen Chronik von Benesch benutzt wurde. Vielleicht kann ich hier die Vermuthung wiederholen, die ich oben
bei der Zergliederung des Werkes Pulkawas ausgesprochen habe.
Auch die Quellen dieses Chronisten waren nachzuweisen bis auf
den Gewährsmann der Ereignisse unter Heinrich von Kärnten. Da
nun Pulkawas Bericht ebenfalls den Ansprüchen der deutschen Krone
feindlich ist, so kann er einem Schriftsteller angehören, der später
auch über König Johann so feindselig urtheilte.

Unter den gelehrten Geistlichen zur Zeit Karl IV. wäre hier noch
Wilhelm von Hasenburg zu nennen, der eine pietätsvolle Lebensbeschreibung Erzbischof Ernst's hinterlassen hat, die zwischen 1364
und 1370 geschrieben ist [3]). Wilhelm war auch ein Bücherliebhaber,
der eine Bibliothek von 114 Bänden sammelte, die Karl IV. nach
dessen Tode ankaufte und der Prager Universität schenkte. Gleich
ihm war auch Nicolaus von Kremsier, der Protonotar Karls, ein
grosser Freund von Büchern, wie aus einer Stelle bei Balbin [4]) erhellt. Wir wissen ja, dass nicht allein Karl und Ernst viele Bücher

---

[1]) Potom okolo Prahy opálil všecka předměstí, klášterův mnoho a zacorav
a zebrav.

[2]) z toho znikla válka veliká, že ve vší zemi české jedno dva pluhy orali.
A tak proto hlad veliký byl, že zvláště v hradečtě a v domažlickém kraji lidé
lidy jedli.

[3]) Gedruckt in Balbin Miscellanea. Die Abfassungszeit erhellt aus Balbin
S. 85. Die Sendung Wilhelms an den Papst durch Karl IV. erwähnt Balbin
Miscell. l. IV. 80 und l. VI 86.

[4]) Bohemia docta III, S. 103.

abschreiben liessen, auch vom Prager Domherrn Plichta ist ein Gleiches bekannt.

—— — —

Nicht ohne Schwierigkeiten ist die vorliegende Untersuchung endlich dahin gelangt, dass die Resultate über die Selbstbiographie Karl IV. endlich zusammengefasst werden können. An den verschiedensten Stellen dieses Buches wurden die Grundlagen festgestellt, auf welchen sich das Schlussergebniss aufbauen kann. Im zweiten Capitel (S. 39 bis 49) wurde scharf auseinandergesetzt, welche Angaben der Biographie auf das Tagebuch des jungen Karl zurückgeführt werden können; im dritten Abschnitt bemerkten wir (S. 53 bis 56), wie gross der Einfluss Peter Rogers, des späteren Papst Clemens VI., auf Karls Entwicklung war; wir wiesen dann nach (S. 71 bis 76), dass Karl seine Aufzeichnungen sammelte, um seinem unmündigen Söhnchen Wenzel für die Zukunft einen Spiegel seiner Regententhätigkeit vorzuhalten, und dass der besorgte Vater manches Ereigniss seiner Jugend für diesen erziehlichen Zweck in eine andere Beleuchtung schob. Im neunten Capitel (S. 213) trat dann der vollständige Anschluss des Chronisten Benesch von Weitmül an Karls Biographie hervor; das vierte Buch jenes Hofhistoriographen Karl IV. mussten wir geradezu ein Plagiat an der Vita Karoli nennen. Allein je vollständiger wir die Denkwürdigkeiten des Kaisers für unseren Zweck benützten, je tiefer wir auf ihre Entstehung, ihre Umgiessung in die endgiltige Form, auf ihre Composition eingingen, desto mehr Fragen drängten sich uns auf. Wiederholt (S. 54 Anm. 3 und S. 72 Anm. 2) musste auf die abschliessende Untersuchung in diesem Capitel hingewiesen werden. Da die vorliegende Arbeit nicht bloss eine Quellenanalyse sein sollte, so mussten oftmals Annahmen in die Darstellung verarbeitet werden, die eines triftigeren Nachweises bedurften und die ihn nunmehr hoffentlich finden werden. Es konnte die Darstellung nicht in jedem Augenblick durch abschweifende Erörterungen unterbrochen werden. Ich wollte mir deshalb den eingehenderen Nachweis lieber auf diesen Punkt vorbehalten, als dass ich die Schilderung des Werdens und Wesens Karl IV. durch Excurse zerrissen hätte. Zudem mussten gewisse Vorfragen erledigt sein, bevor an die abschliessende Untersuchung geschritten werden konnte.

Worin bestehen nun die Schwierigkeiten, die sich dem Forscher bei der Benützung der Selbstbiographie Karls aufdrängen? Sie liegen eben darin, dass wir über die Zeit der Anlage und des Ausbaues dieser Geschichtsquelle im Dunkeln sind. Wir wissen n i c h t g e n a u, bis zu welcher Zeit Karl als Prinz sein Tagebuch geführt hat: was in demselben gestanden ist, was er erst später hinzuzufügen für gut fand, wann er aus seinen Aufzeichnungen ein zusammenhängendes Ganze geschaffen hat, ob er dieselben nicht ein zweites Mal umarbeitete, um sie seinem Sohne zu widmen: ob endlich Benesch von Weitmül, falls letztere Vermuthung richtig ist, die erste oder zweite Form der Denkwürdigkeiten Karls benützte, endlich wem denn eigentlich der Autor sein Werkchen widmete.

Steht denn in diesem Labyrinth von Fragen, die sich in einander verschlingen, nichts fest? Verwirren sich die Fäden in ein unlösbares Gewebe oder ragen irgendwo ihre Enden hervor, an denen hinauf wir den Knoten leise zu lösen im Stande wären? Wenn man noch so vorsichtig allen Zweifeln aus dem Wege geht, so stehen immerhin einige unerschütterliche Ausgangspunkte fest. Wir konnten sicherstellen, dass uns Karls Tagebuch aus den Jahren 1332, 1333 (bis zum Juni), 1335 (wenn auch nicht ganz vollständig), 1336, 1337, 1339 und 1340 fast wörtlich erhalten sei (vgl. darüber das 2. Capitel). Wir konnten zugleich jene Theile der Lebensbeschreibung sorgfältig herauslösen, die in dem Tagebuche nicht enthalten sein konnten. Es war ferner schon von früheren Forschern darauf hingewiesen, dass das vierte Buch des Benesch von Weitmül die Selbstbiographie Karls fast vollständig ausschreibt, dass demnach entweder d i e s e s e l b s t o d e r d e r e n T a g e b u c h g r u n d l a g e Benesch vorgelegen sein müsse. Nicht unwesentlich war endlich drittens der Nachweis, dass die Chronik des Benesch von Weitmül ihre uns vorliegende Form in den Jahren 1366 oder 1367 erhalten habe und dass der Rest seines Buches, das bis 1374 reicht, durch nachfolgende jährliche Eintragungen entstanden sei.

Diese Grundlagen der weiteren Untersuchung, welche von allen Forschern zugegeben werden dürften, würden durchaus nicht dürftig erscheinen, wenn die Zusammenfassung des angeführten zweiten und dritten Umstandes nicht eine Reihe von Alternativen offen liesse, von denen wir die störenden erst zur Seite schieben müssen. 1366 waren die Aufzeichnungen Karls seinem Hofchronisten schon bekannt. aber in welcher Gestalt lagen sie letzterem vor? Kannte er bloss das Tagebuch, benutzte er bereits die fertige Selbstbiographie oder war ihm die Einsicht in eine Arbeit Karl IV. gestattet, die von jenen beiden Versuchen verschieden war? Die beiden ersten Möglich-

keiten drängen sich dem Beobachter von selbst auf; allein heisst es
nicht die Schwierigkeiten ohne Noth vergrössern, wenn man die
letzte jener Annahmen zulässt, zu der bis jetzt kein zwingender
Grund vorlag? Eine dritte Form der Denkwürdigkeiten Karls! Wir
haben, so könnte man einwenden, an der pedantischen Scheidung
der Lebensbeschreibung in Tagebuchnotizen und in spätere Zuthaten
genug und wollen uns mit dem Grundsatz, es seien die Principien
nicht ohne Noth zu vervielfältigen, das hyperkritische Bemühen vom
Leibe halten. Allein es wird sich bald herausstellen, dass diese dritte
Annahme zur Lösung der Frage unumgänglich nothwendig ist. Der
directe Beweis mag nachfolgen; weisen wir zuerst die beiden anderen
Möglichkeiten zurück. Konnte Benesch bloss das Tagebuch, ohne
dessen Verarbeitung, vor sich haben? Gewiss nicht, denn viele Stellen
der Vita, welche unmöglich in den ersten Aufzeichnungen gestanden
sein konnten, sind schon von Benesch aufgenommen worden. Denken
wir nur an die Genealogie des luxemburgischen Hauses; an die Erzählung der Verschwörung der italienischen Adeligen; besonders aber
an die Schilderung der Verwaltung Böhmens durch Karl, die dieser
selbst (vgl. S. 46 Anm. 3) erst der Chronik des Peter von Zittau
entnahm, und die dann Benesch erst in sein Werk verarbeitete.
Demnach blieb bloss die Möglichkeit, dass Benesch die uns vorliegende
Lebensbeschreibung Karls oder eine ihr verwandte Darstellung gekannt habe. Schon Palacky hat sich dafür ausgesprochen, dass
Benesch die Biographie in einer vollständigeren Fassung gekannt habe
als wir. Er liess sich zu diesem Schlusse durch die Erwägung leiten,
dass die Zeit von 1340 bis 1346 bei Benesch in derselben tagebuch-
artigen Weise erzählt ist, die wir an der Biographie hervorgehoben
haben, dass letztere aber in den angeführten Jahren weitaus von dem
sonstigen Stile Karls abweicht, so dass dieser letzte Theil der Lebensbeschreibung noch eigens besprochen werden muss. Der Ansicht
Palackys schloss sich dann Weech vollständig an. Es ist sicher, dass
Benesch in den Jahren 1300 bis 1346 eine andere Vorlage, als die
uns erhaltene Vita hatte; es kann nun auch der Zweifel entstehen, ob
jener Chronist auch für die früheren Jahre eine andere Fassung der
Vita benutzte. Davon können wir uns nur durch eine eingehende
Vergleichung der beiden Quellen überzeugen.

Da vermissen wir im Benesch zu unserem Erstaunen die schöne
und lehrreiche Darstellung des Verhältnisses Karls zu Peter von
Fescan, dem späteren Papst Clemens VI., den er bei seinem Aufent-

halte in Paris kennen lernte. Wir lesen in der Lebensbeschreibung
(S. 235): „Es war unter seinen (des Königs Philipp von Frankreich)
Räthen ein kluger Mann, Abt Peter von Fescan, der aus Limousin
stammte, ein beredter und gebildeter Mann, geschmückt durch ehren-
werthes Wesen, der am Aschermittwoch des ersten Regierungsjahres
Philipps bei der Feier der Messe so trefflich predigte, dass ihn Alle
lobten. Ich aber war am Hofe des obgenannten Königs Philipp, dessen
Schwester ich zur Frau hatte, nach dem Tode König Karls, bei dem
ich fünf Jahre gewesen war. Mir sagte die Beredtsamkeit des Abtes
in seiner Predigt so sehr zu, dass ich eine solche hingebende Ehrfurcht fühlte, wenn ich ihn hörte oder sah, dass ich mich innerlich
zu fragen begann: Wodurch vermag doch jener Mann eine solche
Ehrfurcht einzuflössen? Endlich machte ich seine Bekanntschaft und
er liebte mich innig und väterlich und unterrichtete mich in der
heiligen Schrift.“ Diese schöne Stelle fehlt nun in Benesch fast ganz;
er hat an der entsprechenden Stelle nur ein kurzes Lob Peters, den
er Lehrer und Erzieher Karls nennt, während er doch sonst weit
unwichtigere Dinge aus dem Leben Karls wörtlich abschreibt. Die
Predigt Peters scheint in seiner Vorlage nur kurz erwähnt worden
zu sein, da er sie übergeht; erst an einer späteren Stelle (Pelzel II.
S. 328) spricht er von ihr und zwar in der irrigen Ansicht, als ob
er sie bereits erwähnt habe.

Weit wichtiger und bezeichnender ist eine zweite Gruppe von
Stellen, die Benesch theils übergeht, theils vollständig der Vita
Karoli widersprechend erzählt. Kurz vor dem Abzuge König
Johanns und seines Sohnes Karls aus Italien erzählt Letzterer ein wunder-
bares Traumgesicht, das ihm am Himmelfahrtstage 1333 erschienen
sein soll. Damals nämlich sei er durch das üble Beispiel seines
Vaters und dessen Hofes zu Ausschreitungen verleitet worden, vor
denen ihn eben jenes Traumgesicht warnte. Zu jener Zeit habe der
Dauphin von Vienne seinem Vater zu Hilfe ziehen wollen und sei
von Allen im besten Wohlsein vermuthet worden. Im Traume sei
aber der Dauphin dem Prinzen Karl erschienen und zwar in dem
Augenblicke, da ein Engel an ihm zur Strafe seiner Ausschweifungen eine
schreckliche Verstümmlung vorgenommen habe. Merkwürdiger Weise,
so erzählt Karl weiter, sei darauf die Nachricht von dem Hinscheiden
des Dauphins in das Lager gelangt. Diese ganze Erzählung ist beinahe wörtlich von Benesch in seine Chronik aufgenommen; nur der
Schluss der ganzen Geschichte steht in beiden Quellen wesentlich ver-

schieden. Nach Benesch hat Karl den Traum ganz unbefangen
seinem Vater erzählt, der sich höchlich verwunderte, als sich die
Ahnung von dem Tode des Dauphins bewahrheitete; nach der Selbstbiographie dagegen machte Karl seinem Vater und seinem Begleiter
Thomas nur die Mittheilung vom Tode des Dauphins, ohne den warnen-
den Zweck des Traumes zu erwähnen [1]). Sollte nun Benesch die
uns vorliegende Vita Karoli gekannt haben und eigenmächtig von
ihr abgewichen sein?

Vielleicht wäre man geneigt, auf diese Verschiedenheiten kein
zu grosses Gewicht zu legen, wenn sie nicht eine eigenthümliche
Consequenz in der späteren Darstellung nach sich ziehen würden. In der
Selbstbiographie wird festgehalten, dass Karl den Traum aus Schonung
für seinen Vater in seine Brust verschloss; erst als er nach Avignon
gekommen sei, habe er die Vision Niemand Geringerem als dem
Papste gebeichtet, der ihm aber aufs Neue Stillschweigen auferlegt
habe [2]). Benesch von Weitmül aber kann naturgemäss diese Mittheilung in seiner Chronik nicht machen, da er ja nichts davon
weiss, dass der Traum ein Geheimniss blieb. Kann man also nicht
den Schluss ziehen, dass Benesch unsere Bearbeitung der Vita nicht
gekannt habe?

Hören wir aber die Biographie an einer späteren Stelle [3]): „Als
ich den ganzen Tag durch das Gerlosthal reiste, erinnerte ich mich
an das Wunder oder an das Gesicht, das mir am Tage der h. Jungfrau, an ihrem Himmelfahrtsfeste zu Tarenz in der Diöcese Parma
erschienen war. Von der Zeit an nahm ich mir vor, zu Ehren der
glorreichen Jungfrau täglich Horen in der Prager Kirche singen zu
lassen, so dass von ihren Thaten täglich eine Legende gelesen werden sollte.“ Da nun Benesch diese Stelle ebenfalls nicht besitzt, so
ist die Sache wohl eines näheren Eingehens werth. Sollte Benesch
etwa die ganze Sache für unbedeutend gehalten und sich demnach
eigenmächtig eine Abkürzung erlaubt haben? Das ist sofort zurückzuweisen, wenn man bedenkt, dass Benesch nicht wenig erpicht auf

---

[1]) Benesch S. 304: Cui Thomae Karolus narravit visionem hanc . . . et
ille ulterius narravit regi Johanni. Dagegen Vita S. 245: Predictis autem patri
nostro et Thome non dixeramus integre sicut videramus sed solum quod Delfynus mortuus esset.

[2]) Vita S. 260.

[3]) Vita S. 261.

Wundergeschichten ist und dass Karl IV. dem Traume eine grosse
Wichtigkeit beigelegt hat. Karl hat nämlich zum Andenken an
jenes Ereigniss mehrere fromme Stiftungen gegründet. Die erste derselben war das sogenannte Mansionarium zu Prag, ein Collegium von
24 Clerikern [1]). Nach ihrem Muster wurde ein kleines Mansionarium
zu Nürnberg am 8. Juli 1358 errichtet; zuvor aber eine Kirche an
dem Orte der Erscheinung in Tarenz. Auf seinem Zuge nach Rom
im Winter 1354 auf 1355 gab Karl den Befehl zur Errichtung der
Kirche und auf seiner Rückreise liess er sie einweihen [2]). Selbst
Erzbischof Johann erwähnt in der Leichenrede auf Karl IV., dass
„er viele Wunder durch Fügung Gottes im Schlaf in seiner Jugend
und in seinem Alter sah .... wie aus dem Zeugnisse Vieler erhellt
und in seinem Buche über seine Thaten geschrieben ist“.
Endlich ist noch zu erwähnen, dass dieser Traum in czechischer
Sprache ausgearbeitet wurde, eine Darstellung, welche uns in einer Handschrift zu Nikolsburg erhalten ist [3]).

Alle diese Thatsachen beweisen, wie wichtig für Karl und für
seine Zeitgenossen der Traum zu Tarenz erschien. Wenn sich demnach Benesch in seiner Darstellung desselben Abweichungen und
Lücken zu Schulden kommen lässt, so können diese nicht absichtlich
veranstaltet worden sein. Ein Schriftsteller, der wie Benesch den
Kaiser verehrte und sich so streng an sein literarisches Muster
hielt, wird in einer für diesen so wichtigen Angelegenheit nicht auf
eigene Faust hin abgewichen sein. Es ist demnach gar nicht möglich, dass Benesch die Selbstbiographie in der Form kannte, in der
sie uns vorliegt; er muss sie in einer Gestalt benutzt haben, in der
sie sich in dem angegebenen Punkte von der Vita Karoli IV. unter-

---

[1]) Die Schicksale dieser Stiftung sind in einem Codex aufgezeichnet,
der aus dem Anfange des 15. Jahrhunderts herrührt und den Dobner im
3. Bande seiner Monumenta veröffentlicht hat (S. 291—467). In der Bestätigung Clemens VI. ist auch der Stiftungsbrief Karls enthalten.

[2]) Johannes Porta de Avonniaco S. 55 ed. von Höfler in den Beiträgen
des deutschen Vereines in Prag. II. B. Vgl. die Urkunde bei Dobner Monumenta
III. S. 360.

[3]) So verstehe ich wenigstens Dudik, Handschriften in Nikolsburg. S. 48.
Ueber das Somniarium Slaidae, vgl. auch Hanusch Dodavky a doplnky Nr. 165.
Es wäre interessant zu wissen, ob die Erzählung des Traumes Karls mit der
Version des Benesch oder der Vita schliesst.

schied. Es gab demnach zwei Bearbeitungen der Selbstbiographie. Die eine ist in einer Umarbeitung im vierten Buche der Chronik des Benesch von Weitmül erhalten, die andere besitzen wir in unserer Vita Karoli IV.

Ich füge diesen Beweisen, die kaum erschüttert werden dürften, den Grund hinzu, der Loserth bestimmt hat, dasselbe Resultat anzunehmen. Er hob hervor, dass Benesch die schöne Einleitung der Biographie nicht kenne, die er gewiss gleich der Predigt Karls zu Tussyn in irgend einer Form in seine Chronik verwoben hätte, wenn sie ihm vorgelegen wäre. Loserth zieht freilich den allzu raschen Schluss, dass demnach die Widmung der Vita erst nach Karls Tod vorgesetzt worden sei: allein offenbar darf man nur folgern, dass Benesch, als er Jahre 1366 die ersten drei Bücher seiner Chronik umarbeitete und den Beginn seines vierten hinzufügte, nicht die uns erhaltene Vita Karoli vor sich hatte.

Ganz vortrefflich stimmt zu diesem Ergebnisse eine Thatsache, die schon verschiedene Erklärungsversuche herausgefordert hat. Es wurde schon erwähnt, dass die Selbstbiographie Karl IV. eigentlich nur bis 1340 reiche, und dass der Schluss, der die Jahre 1340 bis 1346 umfasst, von einem anderen Schriftsteller herrühren müsse. Es wurde angeführt, dass in diesem Theile des „Lebens Karl IV." von diesem in der dritten Person gesprochen werde; es ist noch hinzuzufügen, dass auf diesen Blättern der Charakter eines Tagebuchs mit genauer Verzeichnung der Aufenthalte und Ereignisse gänzlich aufhört und dass in ihnen nur wenige Daten, diese aber in rhetorischer Ausführung enthalten sind, die durch ihren Styl auf einen andern Verfasser hinweisen [1]). Auffallend ist nun, dass das oben geschilderte Verhältniss zwischen der Biographie und zwischen dem vierten Buche des Benesch nur bis 1340 gilt, dass jener Schluss des „Lebens" von Benesch nicht benützt wird, und dass an dessen Stelle bei dem Letzteren sich eine Fortsetzung bis 1346 findet, welche den ursprünglichen Charakter des Tagebuches trägt. Aus dieser Sachlage hat schon Palacky geschlossen, dass dem Benesch von Weitmül ein anderer Text der Biographie vorlag, der die Thaten Karl IV. bis zu seiner Thronbesteigung vollständig schilderte, dessen letzter Theil

---

[1]) Zu bemerken ist, dass sowohl in der Vita als im vierten Buche des Benesch die Jahre 1340 bis 1342 fast gar nicht behandelt sind.

von 1340 an in der Selbstbiographie einer andern Arbeit Platz gemacht hat. Diesen Sachverhalt hat Loserth, ohne indessen etwas
wesentlich Neues hinzuzufügen, sorgfältiger begründet, indem er nur
schärfer hervorhob, dass der letzte Theil der Vita Karoli nicht auf
Grundlage des Tagebuches und keinesfalls von Karl selbst verfasst
worden sei [1]).

Demnach stellt sich die Sache folgendermassen. Das Tagebuch
Karls reichte von 1330 bis 1346; auf seiner Grundlage entstand
eine Selbstbiographie, die wieder eine Umarbeitung erfuhr. Die eine Edition steht im breitesten Auszuge im vierten Buche des Benesch, das
1366 abgefasst wurde, die andere ist uns in der Vita Karoli IV. erhalten. Welche dieser beiden Fassungen ist nun die frühere? Offenbar die bei Benesch und zwar aus verschiedenen Gründen. Vorerst ist
sie einfacher, legt auf Traumgesichte und auf ihre Folgen noch keinen
grossen Werth [2]). Erst nach ihrer Umarbeitung, die Karls Sohne
gewidmet ist, wurde sie veröffentlicht. Nur von dieser endgiltigen
Ausgabe haben wir Handschriften und zwar in grosser Menge, ihre
Verbreitung wurde demnach von Karl selbst begünstigt. Erst zu Nutz
und Frommen seiner Nachfolger gab er den Ereignissen seines Lebens
eine religiöse Färbung. Seinem Sohne zur preiswürdigen Nachahmung
malte er das Verhältniss zu seinem Lehrer mit grösserer Sorgfalt aus,
das er früher, wie wir aus Benesch ersehen, nur kurz erwähnt hatte.
Er schildert sich deshalb auch zartfühlender, als er gewesen. Den
Warnungstraum zu Tarenz, so erzählt er in der Vita, habe er
seinem Vater nicht mitgetheilt — eine Schonung, die er laut seinem
früheren Berichte durchaus nicht geübt hatte. Die Selbstbiographie
trägt demnach ganz den Stempel der absichtlichen Ueberarbeitung
zu pädagogischen Zwecken, so dass Loserths Annahme, die Widmung
der Vita sei ihr erst später nach Karls Tode vorgesetzt, schon dadurch widerlegt wird. Alle Handschriften ohne Ausnahme haben zudem diese Widmung; kein directer Beweis kann gegen ihre Echtheit vorgebracht werden.

In welchen Jahren entstanden nun die zwei verschiedenen Ver-
sionen der Vita? Erst bei diesem Punkte müssen wir den Boden

---

[1]) Loserth S. 28—37.

[2]) Benesch — also die erste Ausgabe der Vita — hatte die unrichtigen
Angaben zu 1338 (siehe oben Seite 48) noch nicht.

des zwingenden Beweises verlassen und können uns nur Wahrschein-
lichkeitsgründen überlassen. Ich habe bereits oben S. 71 bis 75 dasjenige zusammengestellt, was dafür spricht, dass die z w e i t e Fassung der Biographie seinem Sohne Wenzel 1350 oder 1351 gewidmet
sei [1]). Einen sehr wichtigen Anhaltspunkt bietet auch für diese Zeitbestimmung die Traumgeschichte von Tarenz. Es ist zwar festzuhalten, dass wir nicht wissen, wie der Traum eigentlich beschaffen
gewesen sei, und ob er sofort so tief gewirkt habe, da wir ihn nicht
nach der Erzählung des Tagebuches, sondern mit späterer Ausschmückung versehen kennen [2]). Allein dass Karl einen grossen Werth auf
ihn gelegt habe, beweist die Thatsache, dass er bis 1366 sechs verschiedene geistliche Stiftungen anordnete und unterstützte, die nach
Benesch in einer Beziehung zu jenem Traume standen [3]). Es sind
dies die Mansionarien zu Prag (1343), Tarenz (1355), Nürnberg
(1358), Breslau, Magdeburg und Brünn. Von diesen Stiftungen ist
nun in der Vita nur das zu Prag errichtete Mansionarium erwähnt,
nicht einmal das zu Tarenz im Jahre 1355 gegründete. Wie sehr
aber hätte Karl IV. den Eindruck des Traumes auf seinen Sohn erhöhen können [4]), wenn er erzählt hätte, dass er selbst auf seinem
Römerzug mitten im Drange der Geschäfte an seine Warnung gedacht habe.

Demnach, so müssen wir schliessen, ist unsere Vita Karoli IV.
1350 oder 1351 entstanden, während die erste Bearbeitung zwischen
1346 und 1350 abgeschlossen wurde. Denn bis 1346 führte Karl
sein Taschenbuch, und wohl bald nach der Besteigung des deutschen Königsthrones 1347 warf er den Rückblick auf sein ver-
gangenes Leben. Karl hatte die Absicht, die Erzählung mindestens
bis zu seiner Wahl zum deutschen König herabzuführen, wie er

---

[1]) Ich befinde mich dabei in Uebereinstimmung mit' Loserth, Österr.
Archiv 1872 S. 26.

[2]) Vielleicht ist das Mansionarium zu Prag ursprünglich nicht zur Erinnerung an den Traum errichtet.

[3]) Benesch, drittes Buch S. 282. Es ist dies eine jener Stellen in
der Chronik, die nach meiner früheren Darlegung (vgl. oben S. 72) bei der Umarbeitung derselben eingeschoben wurden.

[4]) Ich brauche wohl nicht zu erwähnen, dass das s e c u n d i s sedentibus
in thronis meis binis zu Beginne der Vita nur die N a c h f o l g e r s c h a f t überhaupt hervorhebt, dass jedoch in dem Worte secundus nicht der Begriff der
Zweizahl enthalten ist. Karl meinte eben sein Söhnchen Wenzel († 1351).

bei der Erwähnung der Prophezeiung seines früheren Lehrers er-
klärt [1]). Jedenfalls sollte das Buch nicht sein ganzes bisheriges
Leben umfassen: „Für Eure Nachfolge schrieb ich eifrig die obigen
Worte [2]) der Weisheit und der Gottesfurcht, so viel an göttlicher
Hilfe meine Wenigkeit zu bieten fähig war. Nun aber wünsche ich
über mein eitles und thörichtes Leben zu schreiben und über den
Beginn meines irdischen Wallens, damit er Euch als Beispiel diene.“
Nun schliesst seine eigene Arbeit schon mit dem Jahre 1340; er
rechnet also den Schluss, der, wie wir wissen, schon das Werk eines
Andern ist, zu dem eigenen Buche. Warum er sich nicht seiner eigenen
Worte für die Jahre 1340—1346 bedient habe, können wir nicht angeben; es war aber eine Fortsetzung, die sich über diese Jahre erstreckte,
vorhanden, und wir können sie noch im Auszuge im vierten Buche
des Benesch von Weitmül lesen [3]). Ja Karl hat — wohl aus Versehen — einen Hinweis auf diese Fortsetzung in seiner Lebensbeschreibung stehen lassen, die jetzt keine Bedeutung mehr hat. Er
verspricht nämlich, die Gründung des Mansionariums zu Prag zu
seiner Zeit zu schildern [4]), was aber nicht geschieht, und was man
nur im Auszuge des Benesch findet [5]). Während dieses Stück des Biographen Karls weiter keine Schwierigkeiten macht, bedarf die Fortsetzung des „Leben Karl IV.“ noch einiger Aufklärung. Der Stil
dieser Blätter wie ihre Auffassung weicht soweit von dem ab, was
wir sonst als Karls Art kennen, so dass schon deshalb seine Autorschaft
abzuweisen wäre. Lange Reden der handelnden Personen, Schilde-
rungen, in denen der Verfasser die Kunst eleganter Darstellung
zeigt, kennzeichnen dieses literarische Product. Der letzte Abschnitt
über die Verhandlungen in Trier zwischen König Johann und Ludwig IV.
lässt aus der Genauigkeit der Mittheilungen auf eine Person in der
Umgebung Karl IV. als den Autor schliessen. Der bittere Ton,
in dem an dieser Stelle von König Johann [6]) gesprochen wird, die harten

---

[1]) Vita S. 261. Quod utrumque secutum est, prout infra describetur. Vita
Seite 261.

[2]) Nämlich die Einleitung Seite 228—233.

[3]) Pelzel, Scriptores II. S. 331—337.

[4]) S. 261. Quod postea factum est, prout infra describetur.

[5]) Pelzel, Scriptores II. S. 333, vgl. Pelzel II. Seite 283.

[6]) Böhmer, Fontes I. 270: Wenn unser Vater jene Gelder errafft haben
wird, wird er sie unter die rheinischen Schufte verschwenden, und so werden
wir betrogen und verlacht sein. Böhmer, Fontes I. S. 486 denkt bei Rhinenses
Henkinos an rheinische Hennegauer. Jene Uebersetzung ist nach Ducange.

Worte, die Karl in den Mund gelegt worden, weisen auf einen ge-
borenen Böhmen hin, dessen Hass gegen die deutschen Ritter aus
Luxemburg Karl gewiss nicht theilte. Weshalb Karl den sachge-
mässen Abschluss seiner Biographie weggelassen hat und sie von
einem Dritten beendigen liess, bleibt unaufgeklärt. Loserth nimmt
an, Karl habe jene Personen schonen wollen, die 1340 bis 1346 mit
ihm in feindlicher Beziehung standen; deshalb habe er sich der Fortsetzung seiner Biographie enthalten. Aber hat denn sein Fortsetzer
König Johanns geschont, wird Margarethe Maultasch, Ludwig der
Baier, Kasimir von Polen nicht in den schärfsten Ausdrücken verurtheilt? Niemals hätte der leidenschaftslose Karl die eben angeführten
Stellen in so heftigem Tone gehalten. Sein Fortsetzer entfernte sich
von dem vorsichtigen, versöhnlichen Sinne Karls soweit, dass mit
der Annahme Loserths nichts gewonnen ist. Oder macht es einen
Unterschied, ob Karl diese Worte selbst schrieb oder sein officieller
Vertreter sie aussprach? Dies ist doch offenbar nicht der Fall.

Damit könnte die Untersuchung wohl für abgeschlossen gelten,
wenn ich nicht noch einen gewichtigen Einwand gegen einen Theil
meiner Beweisführung erheben müsste. Wenn nämlich die beiden Bearbeitungen der Vita nach 1346 und um 1350 fallen, warum hat
dann Benesch von Weitmül im vierten Buche seiner Chronik sich
nicht an die zweite Ausgabe seiner Quelle gehalten? Ist es nicht
sehr auffallend, dass er die Traumgeschichte so wirkungslos vorübergehen lässt und nicht gleich der Vita ihre Folgen mittheilt?
Wie viel einfacher, so könnte man einwenden, liesse sich die Sache
doch erklären, wenn man annähme, dass unsere Vita erst nach 1366
geschrieben wurde. Dann entfiele die Schwierigkeit, dass Benesch die
Widmung noch nicht kennt: dann liesse sich zwangsloser bestimmen,
Karl habe die Vita dem heranwachsenden Wenzel, seinem Nachfolger,
der 1361 geboren wurde, gewidmet; es würde naturgemäss erscheinen,
dass Karl mit der Reife des Alters den Sohn belehre; endlich würden
auf diese Weise die beiden Bearbeitungen der Vita nicht so rasch
aufeinanderfolgen und es wäre zugleich Zeit gewonnen, in welcher
der Traum zu Tarenz seine sagenbildende Kraft erproben konnte.
Damit erhielte man folgende Sachlage: Abfassung der Vita um 1350,
des vierten Buches des Benesch 1366, Umarbeitung der Vita zwischen
1366 und 1378.

Freilich würden bei einer solchen Sachlage die einzelnen Momente vortrefflich ineinander greifen, aber man darf nicht vergessen,

dass kein einziger directer Beweis diese Hypothese stützt, während viele Thatsachen ihr entschieden widersprechen. Die Reihe von Gründen, die ich Seite 71 bis 75 und S. 245 entwickelt habe, lässt sich aber nicht so leicht umgehen. Dazu kommt noch ein wesentliches Moment, das die Sachlage in ein anderes Licht rückt. Es ist nämlich gar nicht zu verwundern, dass Benesch nicht die zweite Bearbeitung der Vita benutzte. Denn ihm wie Karl IV. musste doch klar sein, dass die erste Fassung der Biographie vollständiger sei, was die Zeit von 1340 bis 1346 betrifft. Es lag Benesch daran, auch diese Zeit nach den Denkwürdigkeiten Karls zu behandeln und nicht nach den unzuverlässigen Angaben seines Fortsetzers. Es wäre zudem ganz sonderbar gewesen, wenn Benesch in seine historische Darstellung die Widmung Karls aufgenommen hätte, die offenbar gar nicht hineingehörte. Freilich wäre selbst dies nicht unmöglich gewesen bei seinem gedankenlosen Abschreiben, von dessen Talent wir schon oben einige Proben angemerkt haben.

So scheinen mir bei gewissenhafter Abwägung die Gründe für die oben dargelegte Festsetzung massgebender, wenn ich auch offen gestehen muss, dass mir durchaus nicht jeder Zweifel geschwunden ist, ob die uns erhaltene Vita nicht nach 1366 verfasst ist.

X. Kapitel.

Karl IV. als Förderer der Kunst.

Die meisten Schöpfungen Kaiser Karl IV. haben ihre ursprüngliche Wirksamkeit verloren; die Schriften seiner Periode üben keinen Zauber auf denjenigen aus, der ihren Inhalt oder ihre Form unbefangen auf sich wirken lässt. Nur die Denkmäler der Kunst, die er hervorrief, sprechen mit vornehmlicher Stimme von dem Schwunge der Gemüther, von dem idealen Gehalte im Streben seiner Zeit. Sie allein bedürfen nicht des geschichtskundigen Dolmetschers, um uns verständlich zu sein; sie wirken durch sich selbst, ohne dass wir sie uns durch eine gelehrte Zergliederung nahe bringen müssten. Wenn wir die Kunstwerke, mit denen Karl sein geliebtes Böhmen schmückte, überblicken, so drängt sich uns noch schärfer als sonst die Bemerkung auf, dass Karl mit einer fast ängstlicher Bemühung nach Vielseitigkeit jedwede Kunstrichtung seiner Zeit in seinem Lande vertreten wissen wollte. Kein Kunstzweig, so bescheiden er immer auftrat, entging seinem forschenden Blick; jedes Volk musste das Beste bieten, was es geschaffen hatte, damit Karl sein Land verherrliche. Flandern oder Nordfrankreich schenkte ihm in Mathias von Arras einen hervorragenden Baumeister, Italien in Thomas von Modena einen fleissigen Maler und einige dem Namen nach uns unbekannte Künstler im musivischen Fache; aus Deutschland zogen Künstler aus allen Berufsarten, Baumeister, Maler, Erzgiesser, Goldschmiede herbei. Karl IV. förderte offenbar alle Künste mit gleicher Freigebigkeit; ihm lag keine Stilrichtung näher oder ferner, so dass er, wie wir sehen werden, gestattete, dass der Bau des Veitsdomes zu Prag von zwei aufeinanderfolgenden Meistern geleitet wurde, die zwei verschiedene Entwicklungsstufen der Gothik repräsentiren. Der Kaiser gab Raum für die Bethätigung ihrer Individualitäten, ohne

etwas Anderes zu verlangen, als dass jeder ein Meisterstück nach seiner
Art hervorbringe. Fast alle Bauten Karl IV. dienten zur Verherrlichung der Kirche; die profanen Räume der Burg zu Karlstein und
sein Palast auf dem Hradschin zu Prag sind in Trümmer gesunken,
während die von ihm gegründeten Kirchen noch jetzt sein Andenken
lebendig erhalten. Zwei Bauperioden sind in Prag in reichem Masse
vertreten; die Zeit der höchsten äusseren Blüthe der Kirche unter
Karl IV. und die Epoche der Gegenreformation nach der Schlacht am
weissen Berge (1620), da der Katholicismus nach der Besiegung des
Utraquismus eine glänzende, für Oesterreich so verderbenbringende
Auferstehung feierte. Die Zeit Karl IV. hat bereits eine fleissige
Durchforschung erfahren, für die besonders Bernhard Grueber ausserordentlich thätig war. Seine „Charakteristik der Baudenkmale
Böhmens," die er in einer Reihe von Aufsätzen in den Mittheilungen
der k. k. Centralcommission zur Erhaltung mittelalterlicher Baudenkmale niederlegte und die soeben in grösserem Umfange in dem
Werke „Die Kunst des Mittelalters in Böhmen" (Wien 1871 ff.) [1])
erscheint, seine Schrift „Der Bau der Kathedrale von St. Veit und
die Kunstthätigkeit unter Karl IV." [2]), die Werke von Fiorillo,
Kugler, Waagen, Schnaase, Otte sind meine Führer in diesem Gebiete,
in dem ich mich auf die Sammlung und Wiedergabe desjenigen beschränken muss, was sachverständige Forscher erschlossen haben.

In der Baukunst bedeutet die Periode Karl IV. für Böhmen
den Eintritt eines vollkommenen Umschwunges. Böhmen war nämlich
seit etwa hundert Jahren in der Fortbildung der Architektur hinter
den westlichen Ländern zurückgeblieben. Man baute bis zum Anfang
des 14. Jahrhunderts noch im romanischen Stile weiter, ohne den
Einfluss des grossartigen Fortschrittes zu empfinden, der durch die
Ausbildung des gothischen Stiles gemacht wurde. Erst als die letztere
Kunstrichtung in Frankreich und Deutschland ihre ganze Vollendung
erreicht hatte, wurde sie von französischen und deutschen Baumeistern nach Böhmen übertragen. Deshalb findet man in diesem
Lande so wenige Bauten im Uebergangsstile. Schon vor Karl IV.
fühlte man die Unzulänglichkeit der einheimischen Meister und Bischof

---

[1]) Von dieser Publication, dem Resultate einer langjährigen Forschung,
sind bis jetzt neun Hefte erschienen, die leider nur bis 1300 reichen.

[2]) Zuerst erschienen in den technischen Beilagen der Vierteljahrschrift
des deutschen Ingenieur- und Architektenvereins zu Prag 1. Jahrg.

Johann berief Wilhelm von Avignon nach Böhmen, der ihm die bischöfliche Residenz zu Prag, das Augustinerkloster und die Elbebrücke zu Raudnitz erbaute. So fest stand noch der romanische Baustil in Böhmen, dass der fremde Künstler eine absonderliche Vermittlung der alten und neuen Formen versuchte. Er ordnete nämlich in den Spitzbogenfenstern des Klosterganges romanische Kuppelungen vereint mit gothischem Masswerk an.

In consequenterer Durchführung führte der erste der von Karl IV. nach Prag berufenen Baumeister den gothischen Stil in Böhmen ein. Es ist dies Mathias vor Arras, den Karl IV. von Avignon mitbrachte, als er daselbst den Papst besuchte. In welchem Jahre dies geschah, ist unsicher. Wir besitzen zwar für die Baugeschichte Böhmens unter Karl IV. ein nicht genug zu schätzendes Document, während die Reihe der Dombaumeister zu Strassburg. Köln und Wien etc. erst mühevoll und kaum mit vollständiger Gewissheit erschlossen werden musste. Im Triforium des Chores der Prager Veitskirche befinden sich nämlich 21 Steinbilder der Gründer, Wohlthäter, Bauleiter (directores fabricae) und Baumeister (magistri fabricae) des Doms, unter denen werthvolle Inschriften die Bedeutung der Büste verkündigen. Diese Büsten und Inschriften sind zwischen 1386 und 1389 aufgestellt, da wir noch das Bild der ersten Gemalin König Wenzels, Johanna, die 1386 starb, wahrnehmen, während Sophie, seine zweite Gemalin seit 1389, noch nicht erscheint [1]). Da das Steinbild des Mathias von Arras erst dreissig Jahre nach seinem Tode mit einer Inschrift versehen wurde, so schlich sich leider in dieselbe ein Fehler ein. Mathias, so sagt sie nämlich, sei durch Karl IV. von Avignon berufen worden, als er zum römischen König erwählt wurde; 1342 habe dann Mathias den Bau des Veitsdomes begonnen [2]). Allein Karl wurde erst 1346 deutscher König, der Grundstein des Baues nach dem gleichzeitigen Chronisten Benesch 1344 gelegt. Kaiser Karl IV. muss seinen Baumeister demnach 1340 oder 1344,

---

[1]) Weitere Beweise für diese Zeitangabe sind: Markgraf Johann von Mähren, († 1385) wird schon als todt, Kaiserin Elisabeth († 1393), Witwe Karl IV., noch als lebend erwähnt. Der Bau des Langhauses des Doms, 1392 begonnen, wird noch nicht unter den Werken Peter Parlers genannt.

[2]) Die Inschrift im Facsimile in den Mittheilungen der Centralcommission zur Erhaltung etc. VII. S. 73. Sämmtliche 21 Inschriften in genauer Abschrift bei Grueber, Die Metropolitankirche zu St. Veit. Daselbst S. 56 findet sich auch die Inschrift am südlichen Strebepfeiler neben dem Portale.

in welchen Jahren er sich in Avignon aufhielt, für seine Pläne gewonnen haben. Gewöhnlich nimmt man nun die letztere Jahreszahl
an; mir scheint jedoch das Jahr 1340 das wahrscheinlichere zu
sein, da 1344 bereits der Grundstein des Domes gelegt wurde, die
Entwerfung des Planes jedoch geraume Zeit erforderte [1]). War doch
zudem das Jahr 1340 auch in anderer Beziehung für Karls Entwick-
lungsgang so wichtig, dass es nicht Wunder nehmen kann, wenn
auch seine Pläne, Prag zu verschönern, damals reiften. Zu der Zeit stieg
also in Karl schon der Gedanke auf, einen grossen Dom und eine
Burg zu erbauen, von denen der erstere mit dem grössten deutschen
Bauwerk wetteifern, der letztere den Papstpalast zu Avignon im
Kleinen wiedergeben sollte. Mathias hat nun von dem Chore des
Domes die fünf Capellen des Polygons und die beiden geraden
Capellen der Nord- und Südseite, die sechs freien Pfeiler der Chor-
rundung, den südlichen Treppenthurm und die ostwärts daneben-
stehende Capelle, endlich das dreiflügelige, alte Thor vollendet. Ihm
gehört der Plan des Ganzen an, der sich, wie Grueber nachgewiesen hat, in seinen Dimensionen und seiner Anlage ganz dem
Kölner Dome nähert. Es mag aber sein, wie Kugler durch seine Bemerkungen nahegelegt, dass Mathias die älteren nordfranzösischen
Vorbilder des Kölner Domes im Auge gehabt hat, unter denen die
Kathedrale von Amiens fast in allen Punkten mit diesem berühmten
deutschen Bauwerk übereinstimmt. Wäre der Veitsdom ausgebaut
worden, wie es nunmehr der Dombauverein unternommen hat, so
würde er an Länge (500') alle deutschen Bauwerke übertroffen haben.
Mathias führte den Chorumgang bis zur Höhe der unteren Galerie,
so zwar, dass die unteren Fenster alle gleich geformt wurden und
demnach einen etwas monotonen Eindruck hervorbringen. Dieser Meister

---

[1]) Die Literatur über den Veitsdom ist ziemlich reichhaltig: Ausser den
älteren Büchern von Horsatko 1833, Welleba 1842, Senff, Studien über die
Domkirche zu St. Veit, Berlin 1831 ist Legis-Glückselig der Prager-Dom, Ambros
der Veitsdom zu Prag, Tomek in Dějepis Prahy (Gesch. Prags II. S. 76—94)
und die oben citirte Arbeit Gruebers zu erwähnen. Unter den allgemeinen
Werken bespricht Kuglers Gesch. d. Baukunst und Schnaase, Gesch. der bildenden Künste VI, S. 307, 1. Aufl. den Veitsdom ausführlicher. Tomeks Stavba
kostela sv. Víta in den Památky archaeol. III. S 310—317 und Příběhy
stavby etc. in Památky IV., 2. S. 49 ff., Mikovec in der Zeitschrift Květy 1847
Nr. 32 und 33, endlich verschiedene Aufsätze in den Jahrgängen des Kalenders
des Dombauvereines geben über den Dombau nicht unwichtige Aufschlüsse.

scheint überhaupt als Niederländer vom Backsteinbau ausgegangen
zu sein [1]); er behielt demnach die rechtkantigen Brüche bei und ver-
mied alle tieferen Ausladungen, sowie jede Unterbrechung im Profil
der Scheidbogen, was zu einer Verflachung der Pfeilerbildung führte.
Sein Triforium zeigt eine romanisirende Tendenz, wie er überhaupt fast
alle gothische Ornamentik mit ihren Vorkragungen und Eckblumen vernachlässigt. Der Uebergang von Architektur zur Plastik war Mathias von Arras gar nicht geläufig, so dass nirgends eine Statue
in seinem Baue vorkommt und jede Ausführung des Portals vermieden, vielmehr statt dessen eine dürftige Vorhalle an der Südseite
angeordnet ist. Das zweite Hauptwerk des Mathias, Burg Karlstein
bei Prag, wird noch besprochen werden; Grueber schreibt ihm aber
ausserdem ziemlich willkürlich alle Kirchenbauten zu, die während der
Zeit seines Lebens in Böhmen aufgeführt wurden. Es sind dies das
Stiftsgebäude des Klosters Emaus, die Kirchen von St. Stefan und
St. Appollinare, ferner die Aegidienkirche zu Nimburg.

Mathias von Arras starb 1352 und der Dombau wurde durch
einige Jahre meisterlos nach seinen hinterbliebenen Rissen geführt.
Der director fabricae, jedesmal ein Domherr der Kirche, glaubte
ohne einen Fachmann ausreichen zu können. Erst nach vier Jahren,
1356 [2]), brachte Karl IV. einen jungen Baumeister aus Schwaben
mit, der den Bau des Chores ruhmvoll zu Ende führen sollte. Es
war dies Peter Parler von Gmünd, ein junger, erst dreiundzwanzig-
jähriger Mann; mit merkwürdigem Scharfsinne erkannte Karl IV.
die Begabung Peters, der sich wahrscheinlich am Baue der 1351
begonnenen Heiligenkreuzkirche zu Gmünd herangebildet hatte. Dieses
Städtchen war überhaupt der Sitz einer bewährten Baumeisterschule.
Der Vater Peters war Heinrich, Meister aus Gmünd; ein Heinrich,
vielleicht eben Peters Vater, leitete den Bau der Heiligenkreuzkirche
daselbst; bekannter ist Johann von Gemünd, der 1354 nach einem noch
erhaltenen Vertrage zum Werkmeister „des neuen Chores" und
des Münsters zu Freiburg auf Lebenszeit und mit besonderen Ver-
günstigungen angestellt wurde [3]). Wie es scheint, war derselbe Johann

[1]) Dies nach K. Lind, der Veitsdom zu Prag in den Mittheilungen der
k. k. Centralcommission XV. S. 124 und Kugler Gesch. der Baukunst III.
S. 309—311.

[2]) Die Annahme des Jahres 1353 bei Tomek beruht auf einer unrichtigen
Lesung der Inschrift im Triforium durch Hanka.

[3]) Schnaase, Geschichte der bildenden Künste 6, S. 265. (1. Aufl.)

von Gmünd thätig am Münsterbau zu Basel [1]). Die Bedeutung
eines zweiten Heinrich von Gmünd ist zwar von Grueber überschätzt
worden, der ihn zu einem älteren Vetter und zum Lehrer Peter
Parlers machte, ihm den Entwurf des Domes von Mailand und
einen Antheil an dem Baue von St. Petronio in Bologna und der
Certosa bei Mailand zuschrieb. Es ist nunmehr festgestellt [2]), dass
Heinrich von Gmünd einer jener bewährten deutschen Meister war,
welche von der mailändischen Dombaucommission berufen und befragt wurden, wenn letztere in Verlegenheit war, die aber nie
gegenüber der Kette von einheimischen Architekten und Ingenieuren
durchzudringen vermochten. Nur vom 28. November 1391 bis zum
Sommer 1392 war er am Dombau thätig. In einer Versammlung
von 35 Deputirten und 14 Ingenieuren liess er durch einen Doll-
metsch seine Ausstellungen kundgeben; sie bezogen sich „auf die
Stärke der Mauern und Pfeiler, auf die Wasserabflüsse von den
Dächern, auf die Proportion der Höhe und Breite, auf die Pfeiler-
höhe,“ kurz auf alle die principiellen Differenzen der deutschen und
italienischen Gothik. Die Commission erklärte sich einstimmig gegen
ihn und Meister Heinrich verliess Mailand. Erst nach seiner Entfernung wurde seine Befähigung durch den Ingenieur Guidolo della
Croce in glänzender Weise anerkannt.

In so trefflicher Umgebung war Peter Parler und sein Bruder
Michael, der auch zu Prag thätig war, herangewachsen. Den Namen
Parler müssen wir ihm trotz der Inschrift im Triforium geben, die
ihn Petrus Henrici Arleri de Polonia magistri de Gemunden nennt.
Denn der Name Arler aus Polen oder aus Bologna [3]), der hier seinem
Vater zugeschrieben wird, ist ein vereinzeltes, unsicheres Zeugniss,
da die Inschrift übertüncht und restaurirt ist. Dagegen wird Peter
immer Parler genannt in dem Stadtbuch des Hradschins, eines
Theiles von Prag, wo Peter mehrmals die Stelle eines Schöffen, 1360
sogar des ersten Schöffen bekleidete [4]). An sich ist es ziemlich gleich-

---

[1]) Otte, Handbuch der kirchl. Archaeol. I. S. 633.

[2]) Unger, Die deutschen Dombaumeister in Prag und Mailand in Lützows
Zeitschrift 1871. S. 99 und 125.

[3]) Der Streit über die Abstammung aus Polen oder aus Bologna ist ein
unnützer, wenigstens so lange kein neues Material zugeführt werden wird.

[4]) Die Stellen aus dem liber judiciorum bannitorum civitatis Hradczanensis
(1350—1395) sind von Tomek gesammelt und von Mikowec in der böhmischen
Zeitschrift Květy 1817 Nr. 32 und 33 veröffentlicht worden. Ihnen folgt auch

giltig, wie wir Peter nennen; wenn wir ihm schon einen Namen
geben, so ist es wohl recht eigensinnig, dass es ein Anderer sein
soll, als unter dem er, ein 27jähriger Fremder, von seinen neuen
Mitbürgern durch ein ehrendes Amt ausgezeichnet wurde; ihm auf-
zudisputiren, dass er seinen Namen aus P(eter)Arler verderbt habe,
ist eine sonderbare Annahme Seebergs. Die Parler (Parlierer, Dol-
metscher?) und Gesellen standen in zwei Abstufungen unter den
Meistern; Peter scheint sich indessen noch so genannt zu haben, als ihn
Karl IV. schon zum Meister der Bauhütte (magister fabricae) ernannt hatte. Zu Prag gründete Peter mit Hilfe Karl IV. einen behäbigen Haushalt; 1363 besitzt er ein Haus daselbst, 1373 die Hälfte
eines anderen Wohnhauses. Tomek bemerkt[1]), Peter habe sich bald
in böhmische Sprache und Art hineingelebt; als ob er damals als
Schöffe zu Prag mit seinen Mitbürgern hätte anders verhandeln
müssen als in deutscher Sprache! Peter hatte vier Söhne, Nicolaus,
der Priester wurde, Johann, Wenzel und Paul. Seine Tochter heiratete den Baumeister Michael aus Köln. Peter Parler beendigte
den Bau des Chores 1386 und begann noch 1392 den Bau des
Langhauses beim Prager Dome, von dem jedoch bis jetzt nur ein
kleiner Theil gebaut ist. 1396 erscheint Peter zum letzten Male,
1398 ist schon sein Sohn Johann Dombaumeister. Zwischen diesen
beiden Jahren, oder wenig später ist Peter wahrscheinlich gestorben.
Nach der Weise jener alten Meister übte Peter Parler fast alle Zweige
der Kunst aus und war dadurch vorzüglich befähigt, der Leiter der
Prager Bauhütte zu sein. Denn in einer solchen Fabrica arbeiteten eben
Künstler und Handwerker jeder Richtung zu ihrem grossen Ziele mit.
So finden wir das Handzeichen (Monogramm) Peters an einer sechs
Fuss hohen Wenzelsstatue; von ihm ist ferner die Grabplatte des
Bischofs Preczlaw Pogrella mit dessen Portraitfigur zu Breslau; ein
schönciselirtes Reliquiar im Prager Domschatz trägt ebenfalls sein
Monogramm. Laut der Inschrift unter seinem Bilde im Trifolium
schnitzte er die Chorstühle im Veitsdome. Grueber, der freilich
Peters Wirksamkeit über jedes Mass auszudehnen geneigt ist, schreibt
ihm auch die 21 charakteristischen Büsten im Laufgange des Domes
zu; jedenfalls ist diese in der deutschen Kunst des Mittelalters einzig

---

Springer im deutschen Kunstblatt 1854 S. 381. Vgl. Wocel in Mittheilungen
der Centralcommission XI, S. 101 und Ambros, der Veitsdom zu Prag. S. 48.
     [1]) Památky archaelog. VII. S. 269.

dastehende Zusammenstellung von Steinbildern, die aus den Mauer-
steinen herausgehauen sind, in seiner Bauhütte entstanden. Am hervorragendsten ist er jedoch als Baumeister. Zwar war ihm der Plan
seines Hauptwerkes, des Domes zu Prag, vorgeschrieben und selbst
gewisse Abweichungen von den Rissen seines Vorgängers waren,
wohl nach dem Tode desselben, eingeleitet worden. So war zum
Beispiele die Capelle des heiligen Wenzel in unregelmässiger Weise
eingeschoben worden und brachte eine Ungleichheit in jenem Theile
der Kirche hervor, wo sich der südliche Vorsprung des Quer-
schiffes an das Chor anschliesst [1]). Wahrscheinlich stand an Stelle
dieser neuen glänzenden Capelle ein älteres romanisches Kirchlein
des heiligen Wenzel. Man baute dann über diesem Einschiebsel die
Wandung des Chores weiter. So lange man die Capelle als einen
späteren Zubau auffasste, musste man annehmen, dass hier die Chor-
wandung hinterher gesprengt worden sei; natürlicher ist die obige
Erklärung, die auch Ambros für die wahrscheinlichere hält [2]). Es ist
nun interessant, im Einzelnen zu verfolgen, wie Peter die Eigenthümlichkeiten der Gothik consequent weitergebildet hat. Blickt man
die Pfeiler des Chores an, so kann man genau feststellen, wo Mathias'
Anordnungen aufhören und die Peter's beginnen. Je weiter man vom
Chorschluss, dessen Bau der ältere Meister beaufsichtigt hatte, gegen
das freilich kaum begonnene Querschiff vorschreitet, desto tiefer ein-
gekehlt werden die Pfeiler, deren Profilirung unter einander abweicht
und die grösste Abwechslung darbietet. Die flachen Umrisse der
Pfeiler des Mathias, an denen man bei ihrer Dicke Wappen anbringen konnte, verschwinden gegen die Westseite des Domes zu
unter den Haupt- und Nebendiensten, die das Netzwerk der Decke
tragen. Die schmalen unteren Fenster des Chores werden im obern
Stockwerke, dem Werke Peters, breiter und füllen die Wände von
einem Strebepfeiler bis zum andern. Ihr Masswerk zeigt einen Reichthum der Erfindung, der es dem Meister leicht werden liess, bei
jedem einzelnen Fenster eine ganz verschiedene Gestaltung anzubringen.
Die Fialen werden mannigfaltiger, das Gesimse ist leicht, das Treppenthürmchen an der Ecke des Chores und des südlichen Querschiffvor-

---

[1]) Vgl. Zap, Svato-Václávska kaple a koruní komora in Památky VII.
Seite 2.

[2]) Ambros S. 41 und 122. Dagegen Kugler in „Die Kathedrale von St.
Veit" S. 21.

sprunges ist von so zierlicher und durchbrochener Arbeit, dass man
von unten die auf der Treppe hinaufsteigenden Personen bis auf die Spitze
zu verfolgen im Stande ist. Am interessantesten sind die Strebepfeiler
am Abschlusse des Chores, die sich fast unter den zierlichen Fialen, unter
der leichten Bekrönung und den zwischen den Strebepfeilern sich wölben-
den Bogen verflüchtigen. Da von der constructiven Seite aus die ganze
Gestaltung des Chores des Veitsdomes durch Mathias vorgezeichnet
war, so konnte Peter hierin die Stärke seines Talentes nicht äussern,
wenn nicht die Einheit des Baues gefährdet sein sollte. Um so
glänzender hat Peter die technischen Schwierigkeiten seines Planes
bei dem Bau des Chores der Bartholomäuskirche zu Kolin gelöst [1]).
Statt sich an die Maasse des älteren Theiles dieser Kirche anzuschliessen, hat er bei der Construction des Mittelschiffes so
leichte Verhältnisse angewendet, wie sie weder in den „schwindelnd
aufsteigenden" Dimensionen der französischen Kathedralkirchen, noch
in den Hallen von Ulm und Landshut erreicht sind. Bei nur 21
Fuss lichter Breite misst die Höhe des Mittelschiffes 100 Fuss.
Seine Vorliebe für Kühnheit der Construction hat ihn dadurch
zur Vernachlässigung der Symmetrie mit dem älteren Lang-
hause desselben Gotteshauses geführt. So wurde durch ihn eine Form
des gothischen Stiles ausgebildet, die alles das auf die Spitze trieb,
was in dem Wesen dieses Monumentalbaues liegt, so dass Böhmen für
die zweite Periode dieser Stilrichtung an der Spitze steht und mehrere
bedeutende Vorbilder jener luftigen Räume bietet, die den Sinn
in mystische Weiten emporziehen. Peter Parler muss eine scharfe
Künstlerindividualität gewesen sein, da diese so genau umschrieben
werden kann in einer Zeit und unter der Herrschaft eines Stiles, in
dem eine stete Weiterentwicklung, aber selten das bestimmte Hervortreten eines einzelnen Meisters zu verzeichnen ist. Kann man doch
schon auf einer einfachen Abbildung der Langseite des Chores scharf
zwischen den einfachen unteren Theilen des Mathias von Arras, die
nach Kugler eine gewisse Strenge an sich tragen, und zwischen den
oberen unterscheiden, welche die charakteristische Formenfülle der späteren Gothik aufweisen. Peter von Gmünd hat aber auch alle Elemente gepflegt, die zum Verfalle der Baukunst in der zweiten Hälfte
des Mittelalters beitrugen. Er hat mit der Fülle des Masswerkes,

---

[1]) Grueber in den Mittheilungen der Centralcomm. 1861 S. 228 ff. Wocel Chram sv. Barbory v Kutně Hoře in d. Pamatky archaeol. III. S. 81 u. 111.

das bei jedem Fenster verschieden ist, mit der Anwendung des Fisch-
blasenornamentes, mit der Construction der Treppenthürmchen das
Wesen der Gothik mit auf den Gipfel gebracht. Wohl erhielt er sie
durch sein überlegenes Talent in seinen Bauten auf jenem Punkte,
doch war er einer der Baumeister, die den gothischen Barockstil
herbeiführen halfen. Die Bedeutung seines Talentes äussert sich noch
hervorragender in dem Baue des Karlshofes, der Kirche der Augustiner-
chorherren zu Prag [1]). Wir haben zwar keine directe Nachricht, dass
Peter ihr Schöpfer sei ; indessen haben sich Ambros, Grueber, Kugler
und Schnaase aus Gründen, die der Architektur des Baues entnommen
sind, für Peter als den Baumeister entschieden. Letzterer zeigt sich
hier wieder von einer neuen, originellen Seite. In dem Karlshof
hat nämlich der Baumeister das Muster eines gothischen Rund- und
Kuppelbaues geschaffen, für dessen Umfang und Spannung er in
Deutschland, Frankreich und Italien kein Beispiel fand. Kein ana-
loger Bau des Mittelalters besitzt einen Durchmesser von 75 Fuss.
Deshalb vermochte auch der Baumeister die Schwierigkeiten der
Technik nicht in vollendet künstlerischer Weise zu lösen. Er sah sich
nämlich veranlasst, die Gewölbfüsse der Kuppel so tief anzulegen,
dass sie schon im unteren Drittel der Fensterhöhe ihren Anfang
nehmen. Dadurch macht der Bau mehr den Eindruck einer breiten
als einer hohen Kuppel; immerhin ist aber die Kühnheit der
Construction bewunderungswerth. „Von solch' einer centralen
Configuration" (in der Gothik), bemerkt Mertens [2]). „lassen sich
nur noch zwei Beispiele anführen, die an Grösse mit diesen hier
verglichen werden könnten: der mittlere Theil der Kathedrale zu Ely
in England und das Mausoleum des Königs Manuel zu Batalha in
Portugal." „Ein Werk einzig in seiner Art, in technischer Beziehung
Brunelleschi's so berühmter Kuppel an die Seite zu stellen", ist das
Urtheil Schnaase's [3]).

Die Inschrift unter dem Bilde Peter's im Triforium des Chores
bezeichnet den Künstler noch als Schöpfer des Chores der Aller-

---

[1]) Wocel, die Kirche am Karlshofe in Prag in den Mittheilungen der
Centralcommission XI. S. 100. Desselben czechische Abhandlung in den Pa-
mátky archaeo .IVII. S. 266—286. Grueber, die Kathedralkirche von St. Veit
Seite 47.

[2]) F. M. (Mertens) Prag und seine Baukunst in Forsters Bauzeitung 1845.

[3]) Geschichte der bildenden Künste VI. S. 313 (I. Aufl.).

heiligenkirche, als Erbauer der grossen Moldaubrücke und als Hersteller der Stühle im Veitschore. Die Brücke ist 1645 Fuss lang, die einzelnen Bogen haben eine Spannweite von 70—80 Fuss; der Bau macht den ganzen Eindruck einer dem Strome unzerreisbar aufgelegten Fessel. Auch der Altstädter Brückenthurm ist zweifelsohne von Peter Parler angelegt; die Bilder auf demselben liefern den Beweis, dass er zwischen 1380—1384 geschaffen wurde. Grueber, der von dem Streben geleitet ist, Peters Thätigkeit zu erweitern, schreibt ihm die Erbauung fast aller grossen Bauten jener Zeit zu. Das Chor der Barbarakirche in Kuttenberg [1]), Chor und Schiff der Teynkirche, die Magdalenenkirche, das Altstädter Rathhaus, die Emauser, Adalberts- und Stephanskirche, der Erker am Karolinum, sie alle zeigen den Stil seiner Schule, können aber doch nicht A l l e von Peter selbst herrühren.

Das interessanteste Bauwerk für weltliche Zwecke, das Karl stiftete, war die Burg Karlstein, auf einem Felsen des Beraunthales romantisch gelegen. Der Grundstein wurde 1348 gelegt, 1357 die Stiftungsurkunde ausgestellt. Es ist nun eine ansprechende Parallelisirung Franz Kuglers [2]), die sich meines Wissens auf kein directes Zeugnis stützt, dass Karl in Karlstein eine Nachbildung der Burg Montsalvatsch, des Sitzes des heiligen Grales und der Templeisen, der Idealschöpfung Wolframs von Eschenbach, versucht habe. Wie in dieser Burg der Pyrenäen der grösste Schatz der Christenheit, die Schüssel aus Edelstein, gedacht wurde, aus der Christus seinen Jüngern das letzte Abendmahl gereicht haben soll, so hätte Karl für die Insignien des deutschen Reiches und Böhmens einen heiligen Sitz erbaut, in den er sich oft zurückzog, um sich Andachtsübungen hinzugeben. Wir finden indess im Wesen Karls sehr wenig, was uns vermuthen lassen könnte, er habe sich für die Ideale des Ritterthums begeistert und in der Anlehnung an diese Sage, die jedem echten Ritter ewiges Glück in der Anschauung jenes Kleinods versprach, wenn er anspruchslos seinen Pflichten gedient hatte, den Plan zu seiner merkwürdigen Schöpfung gefasst. Man wollte denn annehmen, dass gleichwie sein Vater Johann die Wiederherstellung der Tafel-

---

[1]) Schnaase, Gesch. d. bild. Künste VI. S. 316 nimmt an, dass die Barbarakirche von einem Schüler Peters gebaut wurde.

[2]) Kleine Schriften zur Kunstgeschichte 2, 496.

runde versucht hatte [1]), auch er sich einen Sagenkreis des Mittelalters zur Nachbildung gewählt habe. Im Ganzen ist es wahrscheinlicher, dass Karl die Papstburg zu Avignon, jene Vereinigung von heiligen Stätten und politischen Prunkgemächern durch seinen Meister Mathias von Arras nachbilden wollte, den er sich ja eben aus Avignon geholt hatte [2]).

Die Burg Karlstein ist ein im Ganzen sehr unregelmässiger Bau. Man kommt durch eine lange Einfahrt innerhalb der Mauer zu dem Schlosszwinger, der von den Wohngebäuden des Burggrafen und der Besatzung umgeben war, und aus diesem in das königliche Schloss. Mit diesem nur durch Gänge verbunden, finden sich noch zwei alleinstehende Gruppen. Die eine, dem Schlosse nähere, enthält im dritten Stockwerk die Marien- oder Collegiatkirche, und daran anstossend in der Mauerdicke die Katharinencapelle; die andere den gewaltigen Thurm, dessen drittes Stockwerk ganz von der Kreuzkapelle oder Königscapelle oder Allerheiligencapelle ausgefüllt ist.

In zweifacher Beziehung interessiren uns diese Bauten. Zuerst deshalb, weil Karl IV. auf sie alles gehäuft hat, was der Reichthum und die Kunst seiner Zeit ihm boten. Dies gilt besonders von den drei Kirchen, die sich in Karlstein befanden. Zumal in der Kreuzcapelle ist die stattlichste Fülle von Reliquienschmuck, slavische Pracht, deutsche Baukunst, und wohl auch italienischer Geschmack in der malerischen Ausschmückung in einer Weise gehäuft, wie dies nur ein so universeller Geist wie Karl veranlassen konnte. Zwei Kreuzgewölbe mit vergoldeten Gurtungen und kostbaren Schlusssteinen überdecken den Raum; reiche Glasmalereien mit eingesetzten Edelsteinen schlossen die drei Fenster, in deren tiefen Nischen sich die unten beschriebenen Fresken befinden; die kostbar verzierten Sitzbänke an den Wänden enthielten Urkunden des Reichs und Reliquien; 1350 Wachskerzen konnten den Raum erleuchten, dessen Wände bis zu beträchtlicher Höhe mit böhmischen Edelsteinen besetzt waren. Den übrigen ver-

---

[1]) So nach Peter von Zittau. Dieselbe Absicht hatte K. Eduard von England, vgl. Sighart, Geschichte der bildenden Künste in Baiern S. 357.

[2]) Grueber, die Metropolitankirche von St. Veit S. 41—49; Bock, Schloss Karlstein in Böhmen, Mittheilungen der Central-Commission VII. S. 69 — 78 und 90—190. Vgl. ferner Ambros, Burg Karlstein, Mittheilungen X. 43—57. Auge, Burg Karlstein, Prag 1819. Julius Körner, die Burg Karlstein 1857. Eine Relation über die Burg Karlstein vom Jahre 1598 siehe in Památky archaeol. III., S. 67 vgl, VI, S. 232.

fügbaren Raum der Capelle nahmen dann die Temperabilder ein, das
vollständigste Denkmal der deutschen Malerkunst im 14. Jahrhundert.

Von der zweiten Capelle des Karlsteins, von der Marienkirche,
haben zwar ungeschickte Renovirungen den Hauch des Alterthümlichen
ganz weggewischt [1]); wenn es auch möglich ist, dass die flache Decke
gleich ursprünglich angelegt wurde. wie Grueber [2]) nach der Ana-
logie italienischer Palastanlagen annimmt, so finden sich doch nur mehr
übermalte Wandbilder, die theilweise sogar mit Mörtel bedeckt sind.
Den Ueberschriften zufolge enthalten sie meistens Darstellungen aus
der Apokalypse. Nur eine Marmorstatue der Madonna und die Gemälde Karl IV., seiner Gemahlin und seiner Söhne sind gut erhalten.
Dagegen gewährt die Katharinencapelle noch einen Eindruck, durch
den wir uns lebhaft in jene Zeit hineinversetzen können. Dieselbe
Pracht an den Wänden, an der Decke und dem Fussboden wie in der
Kreuzcapelle; über der Thüre wieder ein Portrait Karls und seiner
Gemahlin, die ein goldenes Kreuz halten; in der Nische eine Messe
des h. Gregorius und am Altare die h. Maria mit dem Jesuskinde,
verehrt vom Kaiser und von seiner Gemahlin, und die Darstellung
eines gekreuzigten Christus.

In keinem Lande konnte damals ein tüchtiger Baumeister eine
solche Fülle von Aufträgen erhalten als in Böhmen. Auch in anderen
östlichen Gebieten, wo deutsche Colonisten sich niederliessen, waren
in den vergangenen Jahrhunderten Städte gegründet worden; allein
überall drängte sich die Bevölkerung — mit Ausnahme des engen
Marktplatzes — auf einem engen Raume zusammen und baute in Ecken
und Rundungen die schmalen und hohen Häuser. Nur in Prag wurde
von Karl IV. eine neue Stadt planvoll und consequent angelegt; die
Häuserzüge der Neustadt oder Karlstadt wurden in geraden Strassen
mit dem Massstabe und dem Winkelhaken angeordnet. Der Kaiser
wurde unwillig, als er bei einem Rundgange durch den neuen Stadttheil eine nicht von ihm ausgesteckte Gasse fand, die fortan und bis heute
„Nekazalka" die „Nichtbefohlene" heisst. Im 14. Jahrhundert ist
sonst die Zeit der Städtegründungen vorüber. Ihre Zahl war
im 12. und 13. Jahrhundert sehr gross. Oft war eine Städteanlage auf
die Initiative von Bischöfen oder Fürsten durch den Act der Stadt-

---

[1]) Ueber ihre Schicksale handelt Zap in den Pamatky archaeologické I.,
S. 336—342.

[2]) Die Metropolitankirche des h. Veit S. 43.

rechtverleihung vor sich gegangen, allein selten war wohl eine Beeinflussung in architektonischer Hinsicht eingetreten. In das 13. und 14. Jahrhundert fällt dann die Zeit der Stadterweiterungen, deren wir in Wien zum Beispiel im Ganzen fünf kennen. Karl IV. vereinigte bei seiner Gründung die Anlage einer neuen Stadt mit der Vergrösserung seiner bisherigen Hauptstadt [1]). Die Moldau macht nämlich bei Prag eine Krümmung von beinahe einem rechten Winkel. Dadurch entsteht auf dem rechten Ufer ein breiteres Thalbecken, in welches sich die Prager Altstadt hineinbettet. Auf dem linken Ufer hingegen drängt sich der Laurenziberg und die Höhe des Hradschins bis hart an den Fluss, so dass sich die Kleinseite auf unebenem Terrain in der Schlucht zwischen den beiden Anhöhen bis zu ihrer gemeinsamen Hochebene hinanzieht. Die Altstadt ist wegen der rechtwinkligen Krümmung der Moldau im Norden und Westen durch den Fluss geschützt, während ihre Süd- und Ostseite durch Mauern eingefasst war. Um diese Mauern herum, im Halbkreise, legte Karl IV. eine neue Stadt an, die demnach von der Moldau bis wieder zur Moldau reicht. So bildeten die Mauern der Altstadt und der Neustadt zwei concentrische Kreisbögen, zwischen denen sich die Gründung Karls ausdehnt. Diese Fläche wurde in ihrer ganzen Breite durch einen grossen freien Platz getheilt, der die Mauern der beiden Städte verband und demnach mehr einer breiten Strasse gleicht. Es ist dies der Rossmarkt oder der jetzige Wenzelsplatz. Der Stadttheil nördlich von diesem Platze wurde in Strassenzügen angelegt, die sich rechtwinklig schneiden und von denen eben eine Gasse die Nekazalka ist. Südlich von dem Rossmarkt sollte der Haupttheil der neuen Stadt liegen. In der Mitte des weiten Raumes wurde der jetzige Karlsplatz abgesteckt, einer der grössten Plätze Europas, in den etwa strahlenförmig alle neuen Strassenanlagen münden. Allein dieser grosse Raum befindet sich jetzt statt in der Mitte einer volkreichen Stadt, beinahe am Ende der böhmischen Hauptstadt; besonders im Südosten desselben dehnen sich noch weite unbebaute Räume aus [2]). In so grossem Sinne hat Karl IV. sich die Entwickelung seiner Anlage gedacht! In mehr als vierhundert Jahren hat Prag die ihm von

---

[1]) Die Gründungsurkunde der Neustadt siehe bei Pelzel, Karl IV. 1. Nro. 44.

[2]) Für die einzelnen Kirchenbauten verweise ich auf die Aufzählung bei Grueber, (die Metropolitankirche von St. Veit), die wohl noch vervollständigt werden könnte. Bloss in der Neustadt gründete Karl IV. sieben Klöster.

Karl gesetzten Marken nicht erreicht. Jetzt, in der Zeit des indu-
striellen Aufschwunges erweitert sich Prag mehr den Ufern der
Moldau entlang nach Karolinenthal und Smichow hin als gegen die
ihm von Karl IV. gesetzte Peripherie. Erst vor wenigen Jahren begannen dann auch im nördlichen Theil der Neustadt die Mauern
die Entwicklung der Stadt zu hemmen.

Die Wirksamkeit Peter Parlers reicht weit über seinen Tod
hinaus. Aus seiner Schule gingen viele hervorragende Künstler hervor. Grueber nennt ausser seinen Söhnen Johann, Wenzel und Paul
und seinem Schwiegersohne Michael von Köln noch Otto Schaufler
und Peter Schmelzer, einen gewissen Pehm (den Böhmen) und den
späteren Dombaumeister Petrlik [1]. Besonders auf Schlesien erstreckte
sich seine Wirksamkeit [2]. Ein Grabmonument Peters selbst in
Breslau wurde schon erwähnt. In der nächsten Zeit finden sich
böhmische Baumeister am Dome zu Regensburg, Wien und Strassburg beschäftigt. Ein Steinmetz Jeny von Prag, auch Pehaim genannt, arbeitet 1404 zu Wien, Jane Pehem auch Hans Pehm 1420
bis 1430 ebendaselbst. Ein Wenzel aus Böhmen ist 1411—1416
Meister am Domban zu Regensburg und wenn auch nicht einer aus
der berühmten Familie Junker, so doch aus der Schule Peters. Eben
diese Junker aus Prag haben in den letzten Jahren eine tiefere Forschung hervorgerufen, die noch nicht abgeschlossen genannt werden kann.
Ihre Familie scheint zwar endgiltig festgestellt zu sein. Sie sind nicht
wie Grueber [3] und Sighardt annahmen, Söhne Peter Parlers, sondern
stammen aus der ritterlichen Familie jenes Namens. Diese Junker
waren ursprünglich im Weitragebiet in Niederösterreich ansässig,
das früher zu Böhmen gehörte. Ein Stamm erbte sich in Oesterreich fort; ein anderer erscheint seit ungefähr 1270 in Eger,
wo er bis 1336 das erbliche Burggrafenamt innehatte. Auch später
erhielt sich ihre Bedeutung und ihr Geschlecht blüht noch in drei

---

[1] Grueber hat noch einen Aufsatz über die Bauschulen von Breslau und
Prag versprochen, der, soviel mir bekannt ist, noch nicht erschienen ist. Einige
Baumeister bei Tomek Dějepis Prahy II. S. 378.

[2] Schnaase VI. S. 330.

[3] Die Literatur über diesen Punkt bei Seeberg, Die beiden Junker von
Prag, Dombaumeister um 1300 in Naumanns Archiv für die zeichnenden
Künste XV. 1869 S. 160—223. Eine Fortsetzung dieser Studie hat Seeberg in
seiner selbständigen Schrift gleichen Namens, Leipzig 1871 geliefert.

Linien. in Böhmen, Bayern und Preussen [1]). Drei Junker, die aus Breslau stammten, wurden unter der Leitung Peter Parlers tüchtige Künstler und erscheinen unter dem Namen der Junker von Prag. In dieser Dreizahl erscheinen sie gewöhnlich in der Ueberlieferung. Die deutsche Malerzunft leitet von ihnen ihr Wappen, drei silberne Schildlein im rothen Felde, ab, das ihnen von Kaiser Sigmund verliehen worden sein soll. Ein Hans Junker erscheint 1368 bis 1388 in Breslau in einem Baumeisterverzeichniss; Johann von Prag baute 1375 bis 1386 an der Sandkirche zu Breslau. Mehrere Generationen hindurch bewahrte die Familie ihren Künstlerberuf, indem Mitglieder derselben 1411—1470 wiederholt (20 Mal) an der Spitze der Malerzunft in Breslau standen. Immer führt dieser Geschworene oder Aelteste den Namen Hans oder Johann, so dass wir Vater, Sohn und vielleicht Enkel nicht von einander scheiden können [2]). Berühmter noch sind zwei Junker durch ihr Werk, den Glockenthurm auf dem Münster zu Strassburg [3]). Sie erscheinen am Baue von 1404 bis 1429 thätig. Erwin von Steinbach († 1318) hatte dem Chore des Münsters seinen herrlichen Frontbau vorgesetzt und hatte beabsichtigt, über zwe. mächtigen Stockwerken zwei getrennte Thürme aufsteigen zu lassen. „Seine Nachfolger haben aber, wahrscheinlich im Mistrauen gegen seine statische Berechnung, diese beiden Thürme in ihren unteren viereckigen Stockwerken durch einen Zwischenbau verbunden [4])" und den Bau bis zur Plattform geführt. Ueber dieser haben die beiden Junker den luftigen Octogonbau des Thurmes aufgeführt, eine achteckige hohle Thurmhalle und darüber eine niedrigere Halle in denselben Breitedimensionen, welch' letztere zugleich das kunstvolle Schlussgewölbe des Thurmes bildet.

Aus dem Beinamen der beiden Junker „aus Prag" und aus den architektonischen Verhältnissen hat man wohl mit Recht geschlossen, dass die Baumeister des Thurmes aus der Schule Peter Parlers her-

---

[1]) Dies nach Seeberg aus Pröckls „Schloss Seeberg, seine Geschichte, seine Geschlechter, seine Familie Eger 1870." Vgl. Mittheilungen des histor. Vereines der Deutschen in Prag IX. 1871: Zwei Egerländische Edelgeschlechter die Spervogel und die Junker.

[2]) Alwin Schulz, Urkundliche Geschichte der Breslauer Malerinnung (1866) im Verzeichniss der Geschwornen oder Aeltesten.

[3]) Ob der eine von ihnen, Hans, einer der Breslauer Künster ist, konnte nicht ermittelt werden.

[4]) Schnaase VI. S. 265.

vorgegangen sind. Besonders erinnern die vier sechseckigen Schnecken-
thürmchen, welche an den Seiten des Thurmachteckes zur Glocken-
stube aufsteigen, an den Stiegenthurm Peters am Prager Dome [1]).
Die Schlusspyramide des Strassburger Thurmes ist dann das Werk
des Johann Hültz von Köln (1428—1469). Mit den beiden Baumeistern an dem Strassburger Münster hat man einen dritten
böhmischen Künstler in passende Verbindung gebracht, zugleich mit
der Nebenabsicht, damit den dritten Junker aus Prag zu ermitteln.
Ein Meister Michael der Böhme soll nämlich ein sagenumwobenes
„trauriges Christusbild" (Christus am Kreuze) aus Holz geschnitzt
für den Dom gebildet haben; eine sichere Kunde geht aus einer ur-
kundlichen Aufzeichnung zu, dass im Jahre 1404 ein „trauriges
Marienbild" (eine Mater dolorosa) aus Böhmen nach Strassburg gebracht worden sei. Beide hochverehrte Statuen sind im Bildersturm
1525 vernichtet worden. Jedenfalls ist dies ein abermaliger Beweis
des Einflusses der böhmischen Schule in der Ferne. Originalzeich-
nungen von Skulpturentwürfen der Junker finden sich in den Sammlungen zu Bernburg und Erlangen. Wie hochgeehrt sie waren, beweist der Umstand, dass 1565 ihnen zu Ehren zu Strassburg eine
Münze geschlagen wurde. Ohne Zweifel stellen die beiden Standbilder
über der Thüre, die von der Plattform des Strassburger Münsters in
den Thurm führt, die beiden Junker von Prag vor, deren Namen,
Hans und Wenzel, aus alten Baurechnungen ermittelt worden sind.

Die volle Bedeutung der Schule Peter Parlers erhellt daraus,
dass die Junker von Prag zugleich die Theorie der gothischen Baukunst feststellen halfen. Das bezeugt Mathes Roriczer [2]), der zweite
unter den berühmten Regensburger Baumeistern aus seiner Familie in
seiner Schrift: „Von der Fialen Gerechtigkeit (Eichstädt 1486)." Er
gesteht, dass seine Lehren nicht ihm allein angehören, sondern dass er
mittheile, (*wie es zu-*) *vor auch (durch) die alten der Kunst Wissende,
und fürnemlich durch die Jungkherren von Prage erkläret ist.* Selbst
für Köln ist die Wirksamkeit der Junker durch die Meldung vom
Jahre 1416 bewiesen, dass „der Baumeister Juncker" das Franzmanns-
haus daselbst bewohne. Ebenso sind die drei Namen Panicz Wacz-

---

[1]) Dies nach Seeberg, die Junker aus Prag, Leipzig 1871 S. 29 ff.

[2]) Vgl. Neumann, die drei Dombaumeister Roritzer und ihr Wohnhaus,
aus dem XXVIII. B. der Verhandlungen des hist. Vereins für Oberpfalz und
Regensburg.

law, Panicz Janek, Panicz Peter im Prager Malerverzeichnis auf sie
zu beziehen [1]), da Panicz die czechische Uebersetzung von Junker
ist, und eine solche Uebertragung eines Eigennamens in eine fremde
Sprache nichts auffallendes ist. Damit ist ja die obige Herleitung
ihres Namens durchaus nicht zu Gunsten einer czechischen Abstammung erschüttert.

Nicht allein in der Architektur, auch in den übrigen Zweigen der
Kunst schritt Böhmen unter der Anregung Karl IV. rüstig voran.
Die Broncestatue des heiligen Georg vor dem Veitsdome ist eines
der ältesten Denkmale deutschen Erzgusses. Ein früheres kleines
Broncebild König Wenzel II. aus der Werkstätte Johanns von Brabant erwähnt Peter von Zittau zum Jahre 1329. Der Name der
Künstler des Georgsmonumentes ist nicht mehr auf demselben sichtbar. Balbin las ihn noch als Martinus und Georg Clussenbach,
während Beckovsky Clussenberg entnahm. Das Monogramm A K
auf der Statue gehört, nach der späteren Form der Buchstaben zu
schliessen, einem späteren Restaurator an. Die Angabe Hajeks, der
Künstler habe Wenzel Špéhéř geheissen, ist wohl eine patriotische
Erfindung. Man kann nur vermuthen, dass die Clussenberg, wie
jener Johann von Brabant, vom Unterrhein, etwa aus Köln
stammten [2]).

Der gothische Stil ist, wie bekannt, der Entwicklung der Malerei nicht günstig. Dadurch, dass alle Räume nach aufwärts streben,
dass Verticallinien die Flächen gliedern, die Wölbungen von starken
Pfeilern getragen und die Wände allseitig durch Fenster durchbrochen
werden, findet sich kein Raum für Bildflächen. Peter Parler hat
diese Eigenthümlichkeiten der Gothik mit Consequenz ausgebildet;
allein Karl IV. war niemals auf ein System erpicht, er liebte vielmehr die Verwerthung der verschiedensten Stilrichtungen. So liess er
über dem Südportal der Veitskirche 1370 bis 1371 ein grosses Mosaikbild anbringen, welches nur leider durch die Fenster der jetzt
vermauerten Sakristei unterbrochen wurde. Nach „griechischer
Weise" sei das Bild ausgeführt worden, meldet der Chronist
Benesch; Grueber vermuthet venezianische, Schnaase unteritalie-

---

[1]) Darauf hat zuerst Wocel hingewiesen a. a. O. Památky archaeol. VII.
Seite 267.

[2]) Zap, Bronzová socha sv. Jiří na hradě Pražském in den Památky archaeol. II. S. 175.

nische Künstler als die Verfertiger [1]). Das Gemälde ist neben den
musivischen Bildern in Marienburg und Marienwerder das einzige
derartige Denkmal in Deutschland; es stellt Christus als Weltrichter
dar, zu dessen Füssen Karl IV. und dessen Gemahlin Elisabeth
stehen, während rechts unten die Auferstehung der Todten, links die
Verdammung der Sünder erblickt wird. In ähnlicher Weise wurden
die Wände der Wenzelscapelle im Dome zu einer Bilderreihe aus
dem Leben des h. Wenzel benützt.

Gemäss der niedrigeren Stellung, welche die Malerei jener Periode gegenüber der Architektur einnimmt, haben auch die Maler am
Hofe Karl IV. nicht eine Bedeutung für alle Zeiten erringen können.
Allein unter den deutschen Künstlern jener Zeit nehmen sie gleich
nach den Malern aus der kölnischen Schule, die übrigens etwas später
wirkten, die erste Stelle ein [2]). In die Zeit Karl IV. fällt der Uebergang von den rohen Versuchen einer früheren Periode der deutschen
Malerkunst zu dem Aufschwunge der Kunst durch die Brüder van
Eyck. Waagen charakterisirt diesen Uebergang durch einige wichtige
Züge. Nach ihm finden sich jetzt weichere Contouren und ein sanf-
terer Fluss der Gewänder; Licht und Schatten geht allmählicher in
einander über; die grelleren Grundfarben werden abgestuft; ein
feineres Oval umgibt die noch immer typischen Gesichter; ein
landschaftlicher Hintergrund macht sich bemerklich, endlich weicht
der glänzende Goldgrund einer natürlicheren Perspective. Man fand
zudem für die Temperafarben ein Bindungsmittel, welches die Hilfs-
stoffe der byzantinischen Technik und selbst Giotto's übertrifft. Man
nahm sogar früher an, dass die Gemälde in Karlstein in Oel gemalt
seien, weil man durch den kräftigen Ton der Farben überrascht war.
Vielleicht ist dieser Fortschritt in der Technik in Böhmen gemacht
worden. Die Kunstforscher sind nicht geneigt, alle jene Fort-

---

[1]) Grueber, die Kathedralkirche zu St. Veit S. 51. Schnaase, Geschichte
der bild. Künste VI. S. 479 (1. Ausg.).

[2]) Zur nachfolgenden Charakteristik wurden benützt: Kugler, Handbuch
der Gesch. d. Malerei; Otte, Handbuch der kirchlichen Kunstarchäologie II.
S. 699 und 709; Waagen, Handbuch der deutschen und niederländ. Malerschulen
1. Abth. S. 49 ff. Passavant im Kunstblatt 1841. S. 362 ff. Primisser, über die
alten Gemälde auf dem Schlosse Karlstein in den Wiener Jahrbüchern 1824.
Bd. 27 Anzeigeblatt S. 33—52. Letztere Darstellung ist noch immer die vollständigste. Wichtiges scheint auch Passavant mitzutheilen in Quast's Zeitschrift
für chr. Archäologie 1. 195.

schritte der deutschen Kunst an den böhmischen Bildern anzuer-
kennen. Besonders vermissen sie bei aller Anerkennung die Anmuth
der Formgebung; Kugler tadelt sogar ausdrücklich die Plumpheit der
Gestalten. Indessen fehlt noch viel, dass die Stellung der böhmischen
Malerschule gegenüber den andern Schulen in Deutschland oder selbst
in Italien abgegrenzt wäre. Es ist bisher nicht gelungen, eine Scheidung der Werke des Italieners Thomas von Modena, des Theodorich
von Prag und des Nicolaus Wurmser von Strassburg durchzuführen,
Am präcisesten drückt sich Schnaase aus, der sagt: „Das Gemeinsame
aller dieser Bilder ist eine eigenthümlich schwere und derbe Körper-
bildung, kurze Verhältnisse, grosse Köpfe, runde Gesichter mit breiten
Nasenrücken und weit geöffneten Augen, naturgemäss bewegte Hände,
aber plumpe Füsse und breit behandelte Gewänder mit einer Einfachheit
des Faltenwurfs, der bei grossen und ganzen Figuren dürftig erscheint.“

Schon vor Karl IV. hatte besonders ein Zweig der Malerei, die
Miniaturen in den Handschriften, eine hohe Ausbildung erreicht.
Keine gleichzeitige Zeichnung übertrifft die Miniaturen in dem
Passionale der Aebtissin Kunigunde (1312) an Schönheit der Ausstattung. Die Miniaturen aus der Zeit Karl IV. werden, so
werthvoll sie an sich sind, doch von den gleichzeitigen französischen und englischen übertroffen [1]. Berühmt ist Sbischek von Tro-
tina, der ein Mariale für den Erzbischof Ernst und einen liber viaticus
für den Bischof Johann von Olmütz ausmalte. Den Namen des Bruders
Konrad aus dem Karthäuserorden fand ich in einem werthvollen Codex
zu Raygern, den er mit Miniaturen verzierte [2]. Auch Spuren nicht
unbedeutender Wandgemälde vor Karl IV. deuten auf eine Kunst-
übung in Böhmen vor seiner Zeit hin. Die Ueberreste bisher aufge-
fundener älterer böhmischer Malereien verzeichnet Grueber [3]; die
Wandgemälde zu der Georgslegende in Neuhaus sind genau von Wocel
beschrieben worden [4].

---

[1] Die Literatur bei Otte, Handbuch II. S. 711 und Schnaase VI. S. 474
und 484. Ferner Wocel in den Abh. d. böhm. Ges. d. Wiss. 5. Folge, 8. Bd.
S. 26 und in Památky archaeol. IV. 1. S. 97—108, in Mittheilungen der Centralcommission etc. 1860. Grueber, die Kunst Böhmens im Mittelalter I. S. 92
bis 100.

[2] Handschrift 375 aus dem Jahre 1358. Der Maler wird genannt Frater
Conrad, vita pictor, habitu religiosus minimi ordinis Carthus.

[3] Die Kunst des Mittelalters in Böhmen 1871, I. S. 87—92.

[4] Die Wandgemälde der St Georgslegende aus Bd. 10 der Denkschriften
der k. k. Akadem. der Wiss.

Karl IV. verstand es nun, die zerstreuten Kräfte zu sammeln, und vor Allem ihnen grosse Aufgaben zu stellen. Ich nenne zuerst Thomas von Modena, weil er von den Malern aus den deutschen Schulen abseits steht. Den Beinamen von Modena legt sich Thomas selbst auf seinen Bildern bei. Eines derselben trägt im barbarischen Latein die Inschrift: Quis opus hoc finxit, Thomas de Mutina pinxit. Quale vides lector Barisini filius auctor. Wocel hat nun seine Herkunft vollkommen sicher gestellt [1]). Sein Vater, der in gleichzeitigen Denkmälern Buzarinus, Burasinus, Barisinus genannt wird, stammt aus Modena und liess sich 1315 in Treviso nieder. Hier scheint auch Thomas zu Hause gewesen zu sein. Das Dominikanerkloster dieser Stadt beauftragte ihn, in der Kirche und dem Kapitel des Ordenshauses vierzig Bilder auszuführen. Ihr Gegenstand sind die berühmtesten Männer des Predigerordens [2]). Diese Gemälde entstanden nach 1352. Ausserdem malte er im Dome zu Treviso das Lünettenfresco des Gekreuzigten zwischen Maria und Johannes. Thomas von Mutina gehört durchaus nicht zu den bedeutendsten italienischen Malern seiner Zeit. Cavalcaselle nennt ihn ein untergeordnetes Talent zweiter Classe, „denn seine Bilder haben weder Vorzüge noch Fehler, die nicht von den bolognesischen, ravennatischen, modenesischen, venezianischen Machwerken dieser Zeit getheilt werden." Wahrscheinlich auf seinem Römerzuge hat Karl IV. den Maler kennen gelernt und ihn nach Böhmen mitgenommen. Allein es findet sich kein directer Beweis der Anwesenheit des Thomas in Böhmen, bloss seine Bilder sprechen für dieselbe. Man kann leider nicht genau bestimmen, welchen Antheil Thomas an der Ausschmückung der Kreuzcapelle auf dem Karlstein genommen hat, weil nur wenige Bilder daselbst den Namen ihres Schöpfers darbieten. Sicher gehört ihm jenes Wandgemälde, welches früher die Mittelwand jener Kapelle zierte, das sich aber jetzt im Belvedere zu Wien befindet. Es stellt die heilige Maria mit dem Jesuskinde dar, welch' letzteres mit einem Hündchen spielt; daneben stehen die Heiligen Wenzel und Palmatus. Ein anderes Bild, das den Namen des Thomas von Mutina trägt, steht in der Kreuzcapelle in Karlstein.

---

[1]) Abh. d. böhm. Gesch. d. Wissensch. 5. Folge 8. Bd. S. 32 und Časopis česk. Mus. 1853 S. 96—101. Vgl. Fiorillo Gesch. d. zeichnenden Künste II, S. 240 und besonders Crowe und Cavalcaselle Gesch. d. ital. Malerei II. S. 380, wo die Bilder, die von ihm in Italien erhalten sind, aufgezählt werden.

[2]) Sie sind beschrieben in D. M. F. Federigi, Memorie Trevigiane, Venedig 1803 I. S. 187 ff.

Es ist ein Eccehomo, dem aber leider der Kopf fehlt; die Einfassung
des Bildes besteht in den zierlich gemalten Figuren der böhmischen
Landespatrone Veit, Ludmila, Wenzel, Adalbert. Procop und Sigmund. Da die Verehrung des Letzten dieser Heiligen erst 1365 in
Schwung kam, so entstand dieses Gemälde wohl erst nach jenem
Jahre. Jener Eccehomo bildete eigentlich nur einen Flügel eines Al-
tärchens; den andern nahm eine Madonna ein, die man 1783 in der
Universitätsbibliothek zu Prag aufstellte. In der Prager Domkirche
befindet sich ferner unweit des Einganges in die Sacristei ein Christus-
kopf, der zwar nicht den Namen des Thomas trägt, ihm aber doch
zugeschrieben werden muss, da er eine der Obigen ähnliche Ein-
rahmung besitzt. Ein drittes derartiges Bild befindet sich endlich auch
im Stifte zu Hohenfurt [1]). Alle diese Bilder haben den italienischen
Typus; von dem Goldgrund hebt sich das Oval des Gesichtes mit den
bräunlichen Augen, der länglichen Nase und der starken Unterlippe ab.

Von grösserem Interesse sind für uns die deutschen Maler am
Hofe Karl IV. Ob Theodorich von Prag ein Deutscher oder ein
Czeche gewesen sei, können wir nicht entscheiden; jedenfalls gehört
er wie Nicolaus Wurmser von Strassburg der Geschichte der deutschen
Kunst an, von der die böhmische Schule ein Ableger gewesen ist.
Ein älterer Maler zu Prag war Eberlin, der um 1340 lebte [2]); in
dem Malerverzeichniss aus der Zeit Karl IV. heisst dann Kunze der
älteste Meister, nachdem er schon 1345 einmal als königlicher Maler
bezeichnet wird. Es ist möglich, dass dieser Kunze identisch sei mit
jenem Cunzel bohemus frater Nicolai pictoris, der 1310 aus Nürnberg
bei Strafe des Hängens verwiesen wurde [3]). Dieser Nicolaus ist aber
nicht mit Niklas Wurmser zu verwechseln. Letzterer ist kein Böhme,
sondern stammt aus einem Strassburger Rittergeschlecht, das aus Worms
herüberkam. Unter Karl IV. treffen wir ihn im Besitze des Hofes Mor-
zina in der Nähe von Karlstein. Er hatte es wahrscheinlich von dem
Kaiser erhalten, der ihm zwei Privilegien ausstellte, die wir noch besitzen [4]). Darnach erhielt er die Steuerfreiheit für sein Gut und die freie
Verfügbarkeit über sein Eigenthum, eine Gnade, die sich die Bürger in
den böhmischen Städten damals erst allmählich errangen. Doch kann

---

[1]) Grueber, die Kathedrale zu St. Veit. S. 38.
[2]) Památky archaeol. IV. 1. S. 31.
[3]) Schnaase VI. S. 478.
[4]) Glafey Anecdota p. 43 und 490 vom 14. October 1359 und 13. December 1360.

man daraus nicht ein Verhältniss der Unfreiheit ableiten, in dem
Nicolaus zu dem Kaiser gestanden sein soll, wie Grueber meint.
Bald darauf scheint Wurmser gestorben zu sein; denn am 28. April
1367 finden wir Theodorich von Prag im Besitze des Hofes zu Mor-
zina, der, wie es scheint, die Ausstattung des Malers bildete, der in
Karlstein arbeitete. An jenem Tage verlieh der Kaiser dem neuen
Besitzer ebenfalls die Steuerfreiheit [1]).

Die Bilder dieser Maler sind sehr zahlreich. Den ersten Rang
räumt Springer dem Marienbilde im Kloster von Hohenfurt ein, das
er das vollendetste Werk der karolinischen Schule nennt [2]). Derselbe
Kunsthistoriker gibt auch einen Bericht über die Wandgemälde zu
Emaus, die im Jahre 1343 begonnen wurden. Sie sind merkwürdig
wegen der symbolischen Beziehung, die jedesmal zwischen den oberen
und unteren Bildern an einer Wand des Ganges herrscht. Die obere
Reihe enthält nämlich immer ein Bild aus dem alten Testament, die
untere aus dem neuen. Das erste bildet dann immer das Symbol,
den Contrast oder die Ursache des unteren. „Die Westseite schildert
das Jugendleben Christi von seiner Geburt bis zur Taufe und vielleicht
bis zur Versuchung; die Nordseite sein Auftreten als Wunderthäter und
seine Schicksale bis zum Einzuge in Jerusalem; die Ostseite schliesslich
stellt das Leiden, die Auferstehung und das erste Pfingstfest dar.‟
Schnaase hält diese Gemälde abweichend von allen andern Forschern
für Erzeugnisse der Schule Giotto's, namentlich wegen der ihnen eigenthümlichen Gewandbehandlung. Springer hat sich nicht genauer über
die Entstehung der Bilder ausgesprochen, über die er später zu
handeln sich vorgenommen hatte.

Einen Bildercyclus zum Leben des heiligen Wenzel schuf einer
der Maler Karl IV. in der Wenzelscapelle im Dome zu Prag. Diese
obere Bilderreihe ist nach dem Brande von 1541 übermalt worden;
die untere, die Leidensgeschichte Christi enthaltend, ist besser erhalten und wurde von Grueber beschrieben [3]). Das wichtigste Denkmal der Thätigkeit der ganzen Schule sind aber die Gemälde in der
Burg Karlstein. Da sind vor Allem 133 Temperabilder aus Holz in
der Kreuzkirche daselbst, bedeckt mit überlebensgrossen Figuren, aus

---

[1]) Pelzel. Leben Karl IV. II. Nr. 342.
[2]) Organ für christliche Kunst 1854 S. 654 in dem Aufsatze Die Wandbilder im Emauser Kreuzgange zu Prag aus dem 14. Jahrh.
[3]) Die Kathedralkirche von St. Veit S. 37.

denen diejenigen bereits herausgehoben wurden, die dem Thomas von
Modena angehören [1]). Man hat bald alle diese Bilder dem Theodorich
von Prag zugeschrieben, bald hat man eine Scheidung zwischen
mehreren Händen vornehmen zu können geglaubt. Der hervoragende
Antheil Theodorichs ist beglaubigt durch die Urkunde Karls, in der
er dessen „kunstreiche und herrliche Malerei der königlichen Capelle
zu Karlstein lobend erwähnt. Man kann rückhaltslos aussprechen,
dass der Versuch, die Werke dieser Maler von einander zu sondern,
durchaus nicht gelungen ist. Demnach ist auch irgend eine diesbe-
zügliche Entscheidung verfrüht, wenn es sich um die Beurtheilung
gleichzeitiger oder späterer Gemälde in den böhmischen Kirchen
handelt [2]). Ausser diesen Wandgemälden befinden sich in der Kreuzkirche zu Karlstein noch Frescobilder. Sie nahmen in derselben die
drei Fensternischen ein, die in einer Tiefe von 10 Fuss durch die
Wand hindurchgehen. Zwei solcher Fenstervertiefungen befinden sich
an der südlichen, eine an der nördlichen Wand der Capelle. Die
beiden Nischen an der Südseite enthalten vier Hauptgruppen, die
dem neuen Testament entnommen sind: Christus und Magdalena,
der auferstandene Christus und Maria, der englische Gruss und die
Anbetung der drei Könige. Ein tieferes Interesse noch flössen die
beiden Vorstellungen in der nördlichen Fensternische ein. Ueber
ihnen weht der Schauer des Geheimnissvollen, in dessen innerste
Tiefen das Mittelalter hineinzuschauen gewohnt war. Es sind zwei
Bilder aus der Prophezeiung Johannis, welche die Verehrung des
ewigen Vaters und die Anbetung des Lammes zeigen. Das gläubige
Mittelalter hat die Schwierigkeiten kaum gefühlt, welche die Darstellung solcher symbolischer Vorgänge der Kunst darbietet; es hielt
sich an die heilige Schrift und der Glaube des Beschauers setzte sich
über die Schranken hinweg, welche der Kunst gezogen sind. Wenn

---

[1]) Sechs dieser Gemälde sind zu sehen in den Památky archaeol. VI.
6. Tafel vgl. VII. 1. Tafel. Vgl. Zap Raple sv. Křizže ibidem III. S. 75. Andere
Aufsätze siehe oben S. 269 Anm. 2.

[2]) Ausserhalb Böhmens hat die böhmische Malerschule manche Spuren
hinterlassen. Die bedeutendsten sind die Bilder in der Veitskirche zu Mühlhausen am Neckar, die ein Prager Bürger Reinhard von Mühlhausen 1380
stiftete. Die Bilder sind beschrieben in Heideloff Die Kunst des Mittelalters in
Schwaben S. 35—40. Andere Gemälde der Schule bei Schnaase VI. S. 483,
487 und Grueber Die Kunst des Mittelalters in Böhmen I. Heft. S 92—100.
Otte, Handbuch der kirchl. Archäologie II. S. 710. Vgl. oben S. 266.

der Evangelist Johannes unsere Phantasie anfeuert, sich durch die
mystischen Bilder des geflügelten Menschen, des Löwen, des Stiers
und des Adlers, durch das geheimnissvolle Buch mit den sieben
Siegeln, durch die sieben Leuchter zu der Vorstellung des Grossen
und Ahnungsvollen zu erheben, so gibt er uns damit einen Anhalt
von solcher Ausdehnsamkeit, dass sich unsere Vorstellungen in das
Höchste zu versteigen bereit sind. Allein der Maler, der wie der
alte Meister in der Kreuzkirche, eben jene Symbole in allem Ernste
unserem Auge darbietet, bindet unsere Phantasie durch die Realität
der Umrisse und Farben und vermag nur durch die Fülle der Gestalten, die sich auf dem Bilde der Verehrung des Lammes drängen,
einen Begriff von der Grösse des Gegenstandes hervorzubringen.
Diesen Eindruck bemühte er sich nach Thunlichkeit dadurch zu vermehren, dass er in die vorderste Reihe der Anbeter die vornehmsten
Fürsten des Reiches stellte [1]). Allein mit den Mängeln der Auffassung
einer Zeit darf man den Einzelnen nicht belasten; uns genügt, dass
mit dem ersten Aufschwung der Malerei der grösste Stoff zugleich
derjenige war, der den Maler zuerst reizte.

Die Kreuzcapelle enthält, wie oben gesagt, 130 Staffeleibilder,
welche dem Zweck der Capelle in künstlerischer Beziehung entsprechen. Wie es scheint, muss man sich die Kirche als ein grosses
Repositorium von Reliquien vorstellen, die in Behältnissen aufbewahrt wurden, vor denen das Bild jenes Heiligen stand, dem die Gebeine gehören sollten. Dadurch ergab sich die Ausschmückung der
ganzen Capelle von der Mitte der Höhe bis zur Decke mit Bildern
von Heiligen, die jeden nur irgend verfügbaren Raum der Kirche
einnehmen. So füllen diese Bilder nach Gruppen von Bischöfen,
Fürsten, Aebten, Kriegern, Frauen, Aposteln geordnet die Wände bis
zum Altar, dessen grosses Blatt sich jetzt in der Galerie zu Wien
befindet. Wie Karl IV. bemüht war, Reste der Heiligen zur Verehrung in sein geliebtes Böhmen zu bringen, so wollte er die Bilder
aller Stützen der Kirche zur allgemeinen Anschauung gelangen lassen.

Grossartiger noch als die Bilder aus der Apokalypse in der
Nische der Kreuzkirche müssen die Gemälde des gleichen Gegenstandes in der Collegiatkirche zu Karlstein gewesen sein, die aber

---

[1]) Eine ähnliche Bemerkung macht Crowe und Cavalcaselle über die
Fresken Giottos in der Capelle des Bargello, die Hölle darstellend. Er nennt
eine solche Darstellung „phantastischen Materialismus.“

bis auf eines fast gänzlich durch die Zeit vernichtet sind. Dieses stellt das Weib dar, „das Weib mit der Sonne Prachtgewand, unter ihren Füssen der Mond, und auf dem Haupte eine Krone von zwölf Sternen." Vielleicht sind alle Bilder aus der Offenbarung, wie Primisser vermuthet, von Niclas Wurmser [1]). Zu diesen beiden Gruppen der Bilder der Heiligen und der Darstellungen aus der Apokalypse treten noch die historischen Compositionen aus dem Leben des h. Wenzel, die Bilder Karl des Vierten und seiner Familie und das Mosaikbild an der Südseite des Prager Doms, die den Kreis der Thätigkeit der Maler jener Zeit erfüllen. Die Geschichte des h. Wenzel findet sich an den Wänden der steinernen Treppe [2]), die zum grossen Thurm von Karlstein führt, die Porträts in der Collegiatkirche und in der Katharinencapelle.

Für die Entwicklung der Malerei in Böhmen besitzen wir ein wichtiges Document in den Protocollen der Künstlerzunft in Prag, die Riegger veröffentlicht hat [3]). Dieses Schriftstück enthält die Satzungen der Zunft, wie sie 1348 bei der Gründung derselben festgestellt wurden. Diese Verbindung zählte nicht allein die Maler, sondern auch die Kunsthandwerker in ihrer Mitte. Es sind die Goldschmiede (goltsloger, auripercussores), Bildhauer, Glasmaler (vitreatores, glazer), Pergamenter (membranatores, rasores), Miniaturmaler (illuminatores), Schildmaler (clypeatores) [4]), Schnitzer, (snyzer, rzezaci) und Buchbinder (ligatores librorum). Die Satzungen der Zunft enthalten religiöse Vorschriften, besonders für den Todesfall eines Mitgliedes, und die letzten Ehren, die ihm die Brüder der Zeche zu erweisen verpflichtet sind. Neueintretende Mitglieder zahlen ein halbes Schock Groschen und zu jedem Quatember ein Vierding;

---

[1]) Von ihm ist ein Bild in der Belvedere-Galerie in Wien: Christus am Kreuze mit Maria und Johannes in Trauer.

[2]) Kandler und Lhota, Treppengemälde in Karlstein konnte ich mir nicht verschaffen.

[3]) Materialien zur Statistik Böhmens VI. Heft. Das Manuscript gehört der Privatgesellschaft patriotischer Kunstfreunde zu Prag; gegenwärtig arbeitet Woltmann in Prag an seiner Herausgabe in den Quellenschriften für Kunstgeschichte und Kunsttechnik, herausg. von Eitelberger. Vgl. Bock in Mittheilungen der Centralcommission XIV. S. 17.

[4]) Clypeator scheint eine Uebersetzung des deutschen Wortes Schilter, Schilterer zu sein, was nach Kugler Gesch. der Malerei I. S. 26 Tafelmaler im Gegensatze zum Büchermaler heisst.

Söhne von Meistern der Zunft nur vier Pfund Wachs, Schwieger-
söhne sechs Pfund. Der contractbrüchige Geselle, der von der Arbeit
aufsteht, darf von keinem Meister beschäftigt werden; dafür darf
auch kein Meister einen Gesellen bei Strafe eines Vierdings über die
bestimmte Zeit bei sich festhalten. Bestimmungen über die Kunst-
übung suchen wir vergebens [1]). Auf diese Satzungen folgen acht verschiedene Verzeichnisse von Mitgliedern der Zunft, — wenn man
nämlich die unter Anime Magistrorum pictorie artis stehenden in
zwei Theile theilt. Diese acht Listen enthalten etwa 110 Namen verschiedener Meister. — Das erste Verzeichniss ist das älteste; es
enthält 13 Namen, unter ihnen auch den Theodorich's von Prag,
der sonst in keiner Liste vorkömmt. Zu dieser Namenreihe gehört
die zweite Liste, in der neben den Namen die Geldbeiträge jedes
Künstlers stehen. Unter diesen 15 Namen finden sich acht des ersten
Verzeichnisses. — Die siebente Liste enthält 28 Künstler, unter
ihnen nur drei aus der ersten Reihe (Fridlin, Undersick und Ladis-
laus pictor); sie scheint demnach ein Menschenalter später angelegt
worden zu sein und führt unter dem Titel „die Czechbruder" (Brüder
der Zeche) wahrscheinlich sämmtliche Mitglieder auf. Ein Auszug
dieser 28 Namen steht in der 5. Liste (nur Ulrich Hohnaw tritt
neu auf); einen Auszug aus letzterer bildet das 8. Verzeichniss.
Während also Nr. 7 alle Zechbrüder enthält, haben wir in Nr. 5
laut dem Titel nur die „Brüder in der Bruderschaft der Maler", in
Nr. 8 die „wahre Bruderschaft, aufgerichtet am Tage von St. Lucas."
    Alles bisherige war deutsch abgefasst, bei zwei Malern unter Nr. 7
steht sogar ausdrücklich Pehm, so dass die andern vielleicht als Deutsche
betrachtet werden können. Die nächste Liste ist Nr. 6, in der deutsche
und böhmische Namen abwechseln. Etwa sieben Namen kommen
noch aus dem vollständigen Verzeichniss Nr. 7 vor. Dieses Verzeichniss Nr. 6 stammt ungefähr vom Jahre 1390—1400, wo sich
das Czechenthum zu regen begann. Fast ganz böhmisch ist dann
Nr. 3 und 4, in denen sich etwa 12 Namen aus Nr. 6 finden. Diese
beiden Listen stammen etwa aus dem Jahre 1414 und enthalten aus
der rein deutschen Liste 7 nur etwa acht Namen. Sie sind demnach
etwa ein Menschenalter später aufgezeichnet. Die drei Hauptgruppen 1
und 2, dann 7, 5, 8, dann 3 und 4 stammen demnach etwa aus 1350,

---

[1]) Einiges über die Prager Zunftverhältnisse siehe in Grueber, die Kathedrale des h. Veit S. 7.

1380, 1414; Nr. 6 steht in der Mitte zwischen den beiden letzten Gruppen. Von den bekannteren Malern ist Thomas von Modena nirgends zu finden; Theodorich von Prag steht an erster Stelle; Niclas Wurmser verbirgt sich vielleicht unter den vielen Nicolaus [1]).

Glücklicherweise haben diese ehrsamen Meister dafür gesorgt, dass ihre Werke uns einen deutlichen Begriff ihrer Kunst geben, da doch die Nachrichten aus ihrem Leben so spärlich sind. Dies gilt besonders von den Goldschmieden und Bildhauern, deren leere Namen wir in jenen Protokollen lesen, deren Werke aber noch in dem Schatze der Veitskirche erhalten sind. Ein glücklicher Zufall hat uns die Verzeichnisse der Schätze dieses Doms aus dem Jahre 1354 und 1387 aufbewahrt, so dass die Archäologen nicht bloss mit den Mitteln, die ihnen ihr geübtes Auge an die Hand gibt, sondern mit den Merkmalen, die ihnen diese Aufzeichnungen bieten, die Zeitbestimmung der einzelnen Stücke des jetzigen Domschatzes vornehmen können. Karl IV. liess für die Masse von Reliquien, die er aus allen Theilen der Welt sammelte, kostbare Behältnisse anfertigen, die ebenso den Forderungen der Liturgie als des Geschmackes entsprechen sollten. Da lernen wir aus dem Schatzverzeichniss von 1387 [2]), dass die Anzahl der prächtigen Brustbilder aus Gold und Silber, in denen Köpfe von Heiligen als Reliquien aufbewahrt wurden, siebenundzwanzig, die Anzahl der Reliquiarien in Form von geöffneten Händen 23, von ganzen Gestalten 13 war, dass ferner Monstranzen in Gestalt von Gefässen, viereckige Reliquientafeln, bleierne Kistchen, Reliquienschreine, goldene und silberne Kelche, und verschiedenartige geschmackvolle Altargeräthschaften in grosser Anzahl vorhanden waren. Den jetzigen Prager Domschatz hat Bock beschrieben und jene Gefässe und Kostbarkeiten bezeichnet, die ein Denkmal der Goldschmiedekunst des 14. Jahrhunderts sind. Manche dieser zierlichen Kunstdenkmale sind freilich nicht böhmische Arbeit, so das goldene Reliquienkreuz [3]), welches Papst Urban V. dem Kaiser

---

[1]) Vielleicht gehörten die fremden Maler gar nicht zur Prager Malerzunft.

[2]) Zum Theil veröffentlicht und commentirt von Franz Bock in den Mittheilungen der Centralcommission IV. S. 238, 270, 302, 327. Ein prachtvolles Reliquiengefäss schenkte Karl IV. dem Dom zu Augsburg, vgl. Sieghart, Gesch. d. bild. Künste in Bayern S. 401.

[3]) Bock in den Mittheilungen der Centralcommission zur Erhaltung von Baudenkmalen XIV. S. 25. XV. S. 13 ff.

schenkte und welches das Lendentuch Christi zu umschliessen bestimmt ist. Vier bildliche Darstellungen zieren die Vorderseite des Kreuzes, · aus denen der Schluss gestattet ist, dass dasselbe der florentinischen Schule angehört. Eine silberne Reliquienmonstranz schreibt Bock dem Kunstfleiss eines rheinischen Künstlers zu. Bemerkenswerth ist aber das Brustbild der h. Ludmila in den strengen Zügen des 14. Jahrhunderts, eine silberne Monstranz in gothischem Stil, eine prächtige Schale, die aus einem Onyx verfertigt ist und die Karl im Jubiläumsjahr 1350 der Kirche geschenkt hat (S. 20), ein Crystallbehälter mit wellenförmig gewundener Schleifung und endlich ein Kreuz, welches ein Stück des heiligen Kreuzes enthalten soll und über und über mit Edelsteinen und Kameen aus dem Alterthum und dem Mittelalter bedeckt ist. Diese Stücke, die alle aus der Zeit Karl IV. stammen, sind von solcher Feinheit der Ausführung und solchem Geschmack in der Anlage, dass sie noch jetzt als Modelle für prächtige Gefässstücke und Kirchengeräthe zu empfehlen sind. An diese Denkmale der Kleinkunst schliessen sich dann würdig die Kroninsignien Böhmens an, für deren genauere Schilderung ich wieder auf Bock (Mittheilungen II. S. 231. 272) verweise [1]; die Krone des h. Wenzel, die Karl IV. 1347 verfertigen liess, ist auch in den Památky archaeologické. VII, S. 196 beschrieben.

---

[1] Die böhmischen Kroninsignien sind in dem Prachtwerke Bock's über die Kleinodien des deutschen Reiches abgebildet.

Karl IV. Petrarca und Cola di Rienzi.

Als Knabe und Jüngling hatte Karl IV. Frankreich und Italien genau kennen gelernt. Diese Erfahrungen seiner Jugend blieben immer lebendig in ihm haften. Der feine Ton am französischen Hofe und unter dem Adel dieses Landes, das ritterliche Treiben, das sein jüngerer Zeitgenosse Froissard so glänzend geschildert hat, verfehlte nicht, auf ihn einen lebhaften Eindruck zu machen. Allein diese Auffassung der Dinge vermochte ihn nur, so lang er jung war, zu beherrschen. Denn später hat sich sein Geist weit ernsteren Zielen zugewendet, als denen die höhere Gesellschaft in Frankreich zustrebte. Diese künstliche Nachblüthe des Ritterthums zog ihn wenig an; er hat nur die Wissenschaft und die Kunst aus Frankreich in sein Böhmen zu verpflanzen versucht, nicht die prächtigen Tourniere, die chevothereske Art des Benehmens, die zierliche Beobachtung der Etiquette. Dagegen war die Pariser Universität sein Vorbild bei der Errichtung der Prager Hochschule; seine Burg auf dem Hradschin liess er nach dem Muster des französischen Königspalastes erbauen; Meister Mathias von Arras stellte ihm viele seiner Bauten her. Die grösste Anerkennung für das, was er Frankreich verdankte, zollte er auf seiner Reise nach Paris kurz vor seinem Tode im Winter 1377 auf 1378 [1]). Damals erklärte er sich den Abgeordneten der Universität zum Danke verpflichtet für den Unterricht, den er in früher Jugend zu Paris genossen hatte. Damals brachte er Bücher aus Frankreich mit, wahrscheinlich auch jene kostbare Handschrift in der Nostiz'schen Bibliothek zu Prag, welche die französische Uebersetzung des Livius durch Peter Berceur enthält. Auch wenn wir

---

[1]) Die Quellen für diese Reise siehe bei Pelzel, Leben Karl IV. aun. 1377.

nicht immer eine ausdrückliche Nachricht darüber haben, müssen
wir ihn uns immer in Berührung mit Erzeugnissen des französischen
Geistes denken.

Weit eingehender sind wir über seine Beziehungen zu den Dichtern und Gelehrten Italiens unterrichtet. Zwar schien er längere Zeit
dieses Land aus den Augen verloren zu haben. Von 1331 bis 1333
hatte er sich dauernd in demselben aufgehalten. Einige Jahre später,
im Jahre 1337, hatte er im Kriege mit Mastino della Scala wieder
den oberitalienischen Boden betreten; nach seiner Thronbesteigung
jedoch schien er sich beharrlich zu weigern, sich in die Angelegenheiten dieses Landes einzulassen.

Italien war den übrigen Ländern Europas mehr als um ein
Jahrhundert voraus. Es hatte zwar im 12. und 13. Jahrhundert nur
einen geringen Beitrag zu der höfisch ritterlichen Poesie geliefert;
die religiös-romantische Richtung jener Zeit fand in den italienischen
Republiken nur wenig Anklang. Dafür hatte es in Mitte seiner kleinen
Staaten einen politischen Sinn geweckt, durch den eine Reihe von
Institutionen ausgebildet wurde, welche die andern Völker weit später
entwickelten: eine geordnete Verwaltung und Justiz, einen festen,
wenig Schwankungen unterworfenen Staatshaushalt, der auf einem
gerechten Steuersystem basirt war. Durch Handel und Industrie übten
die Mittelclassen einen vorherrschenden Einfluss, den die Verbreitung
einer gleichmässigen Bildung nur begünstigte. In Italien waren die
Schranken zwischen den einzelnen Ständen gefallen; die Menschen
trugen nicht mehr den Stempel der Kaste, der sie angehörten, sondern die Charactere entwickelten sich in freierer Weise in den freieren
Grenzen, die ihnen hier gegönnt waren. Die religiöse Gesinnung war
nur mehr der weite Mantel, der alles bedeckte, unter dessen schützenden Falten sich die freiesten Ansichten bilden konnten. Ein geselliger Ton, in dem Ernst und Witz in gefälliger Weise abwechselte, herrschte im gegenseitigen Verkehre. Novellen, oder vielmehr
kleine anekdotenartige Erzählungen bildeten die Würze .der Unterhaltung; Hofnarren und Possenreisser wurden durch geistreiche Persönlichkeiten verdrängt, deren Einfälle höher geschätzt wurden, da sie
ungezwungen im Verkehre mit edlen Geistern die Funken des Witzes
sprühen liessen. Ein solcher war Dolcibene, an dessen Witz sich auch
Karl IV. erfreute, der ihn zum König aller italienischen Spassmacher
erhob. In Italien walteten schon lange blos politische Motive vor,
als nördlich von den Alpen die Religion noch bestimmend auf die

Menschen wirkte. Ein gesunder staatlicher Sinn konnte sich um so
eher entwickeln, als die Gegensätze der Guelfen und Ghibellinen,
die früher von aussen her in die Städte hineingetragen wurden, ihre
Bedeutung beinahe völlig verloren hatten. Eine Probe davon gibt uns
ein ghibellinischer Autor aus Rimini, der Kaiser Karl IV. bei seinem
Römerzug 1355 eine Weltchronik widmete. Karl IV. nahm die Arbeit mit nach Deutschland; in der Leipziger Bibliothek befindet sich
auch die einzige Handschrift, die Muratori zugänglich war, als er
einen Theil der Schrift edirte [1]). Der Name des Autors ist unbekannt;
er schloss seine Arbeit, als Karl IV. zu Mantua weilte (December
1354) [2]). Die dunklen Verse zu Beginn:

> Me genuit tellus Romae vulcana candens
> Pondera claudentem jam particularia librae.
> Hinc ergo titulus surgat, qui Marcha vocatur.
> Gloria non vexat . . . .

weisen auf die Marken als seine Heimat hin, was dadurch bestätigt
wird, dass er den Patriarchen Gocius von Constantinopel, der aus
Rimini stammte, seinen Oheim nennt [3]). Unter dessen Leitung studirte der Verfasser der Chronik fünf Jahre zu Coimbra und begab
sich dann mit ihm nach Avignon. Die Weltchronik ist von Adam
bis zum Jahre 1354 mit Benützung der Chronik des Ricobaldus aus
Ferrara geschrieben, zu dem Zwecke, um die Thaten Karl IV. in
Erinnerung zu erhalten und um ein nützliches Werk zu schaffen, das
den Verfasser selbst in geistiger Frische erhalten soll. Muratori hat
aber die Chronik nur von den Zeiten Friedrich II. an abdrucken lassen.
Unser Anonymus ist ein eifriger Ghibelline, dem Friedrich II. als der
unschuldig Verfolgte gilt, zu dessen Zeiten das goldene Zeitalter in
Italien geherrscht habe. Selbst Ezzelino von Verona, so sagt er „that

---

[1]) Muratori T. XVI. pag. 248—290. Wie es scheint, liegt dieser Edition
der Leipziger Codex Nr. 309 zu Grunde Archiv für deutsche Geschichtskunde
VI, 216.

[2]) Karolus nunc Mantuae commoratur . .   Quid autem ulterius accidat,
cum calamo scribere sum paratus etc.

[3]) Muratori XVI. S. 251. Muratoris Vermuthung, Gocius aus Rimini und
Gocius aus Orvieto könnte dieselbe Person sein, ist kaum haltbar. Freilich käme
man dadurch zu dem ansprechenden Resultat, dass unser Anonymus dann nur
die älteren Beziehungen seiner Familie zu Böhmen gepflegt habe. Ein Gocius
von Orvieto war nämlich König Wenzel II. von Böhmen bei der Abfassung
von Gesetzen behilflich.

zwar viele Grausamkeiten, fast grausamer noch als Nero, doch war
er in vielen Dingen sehr gerecht." Die römische Kirche, die ihn verfolgte, spricht der Chronist mit folgenden Worten an: „O demüthige
und heilige Kirche Gottes, Gerechtigkeit und Güte solltest du im
Sinne haben, nicht Parteiung unter den Christen, wie es Lucifer
im Himmel that [1]." Ebenso feindlich denkt der Verfasser über die
früheren Generationen der Malatesta, der Herren von Rimini, der
Führer der Guelphen. Je mehr er in seiner Darstellung auf seine
Zeit kommt, desto versöhnlicher spricht er von diesem Geschlechte;
Galcazzo, der damalige Herr von Rimini, war, wie er sagt, immer
weise, wacker und in allen Dingen ruhmvoll. Die Parteiungen hatten
also aufgehört: alles hatte sich dem kühnen Geschlechte unterworfen,
das in den Bürgerkriegen die Herrschaft errungen hatte.

Auf seinem Römerzuge 1354—1355 hat Karl IV. auch mit
dem berühmtesten Rechtsgelehrten seiner Zeit verkehrt. Es war dies
Bartolus von Sassoferrato, geboren 1314, gestorben 1357 in der
Blüthe seiner Manneskraft [2]). Damals war, nach einer längeren Unterbrechung, das Rechtsstudium durch berühmte Lehrer, wie Cinus und
Johannes Andrea, wieder erwacht. Allein in mehrfacher Beziehung
stand diese Periode hinter den Leistungen der Zeit der Glossatoren
des 12. Jahrhunderts zurück. Vor allem war aus der Scholastik in er-
höhtem Masse der Missbrauch dialectischer Formen in die Jurisprudenz
eingedrungen. Statt jedes Rechtsverhältniss nach seinem Entstehen, seiner
historischen Entwicklung und seiner Bedeutung im Leben wissenschaftlich zu behandeln, begnügte man sich mit „Divisionen, Distinctionen,
Subdivisionen und Subdistinctionen, Ampliationen und Limitationen [3])",
kurz mit dem „Schema der Wissenschaftlichkeit." Statt ferner immer
wieder auf den Grundtext des römischen Rechtes zurückzugehen, betrachtete man es als Gipfel der Gelehrsamkeit, wenn man Citate
über Citate häufte, alle möglichen Glossen berühmter Vorgänger an-
zog und so bewies, nicht dass der klare Verstand, sondern dass die
communis opinio für die eigene Ansicht sprach. Man hat lange
Zeit angenommen, dass diese dialectische Richtung auf Bartolus

---

[1]) Muratori XVI. S. 265.
[2]) Savigny, Gesch. des römischen Rechts handelt sehr ausführlich über
ihn VI. B. S. 137—184 und S. 501—511. Vgl. auch dessen vortreffliche Charakteristik der Rechtswissenschaft des 14. Jahrh. VI. B. S. 1—25.
[3]) Savigny VI. S. 9.

zurückgeführt werden müsse [1]), und dass der Ruf dieses Mannes, dessen Aussprüche in Spanien und Portugal lange Zeit gesetzliche Geltung hatten [2]). wesentlich davon herrühre, dass er eine Methode in's Leben gerufen habe, die von nun durch viele Generationen herrschend blieb. Es mag Kennern überlassen bleiben, festzustellen, ob Savigny's Charakteristik im Gegensatze hiezu richtig ist: „Es war nicht etwas ganz Anderes, was er unternahm, in Vergleichung mit seinen Vorgängern, aber er that es besser als die Meisten unter ihnen [3]).“ Savigny hat nachdrücklich darauf hingewiesen, dass schon Jacobus di Ravennis und Raimundus Lullus diese Methode einführten [4]). Allein wenn die Schriften des Raimundus Lullus den Juristen unbekannt geblieben sind [5]), so mag Bartolus immerhin eine wichtige Rolle in der Verbindung der Scholastik und Jurisprudenz gespielt haben.

Bartolus studirte seit 1327 oder 1328 unter Cinus in Perugia, dann in Bologna, wurde 1335 Doctor, wahrscheinlich 1338 Professor in Bologna, 1339 zu Pisa, 1342 oder 1343 zu Perugia. Im Jahre 1355 wurde er von letzterer Stadt nach Pisa zu Karl IV. geschickt. Der Kaiser fertigte für die Stadt mehrere Urkunden aus (Huber Nr. 2126, 2127, 2128). Dann aber ernannte er Bartolus zu seinem Hofgesinde und Tischgenossen (H. 2129) und ertheilte ihm und denjenigen seiner Nachkommen, die Doctoren der Rechte sein würden, das Recht, volljährig, zu sprechen, Studenten zu Perugia, ihre Schüler zu legitimiren. Dann ertheilte ihm der Kaiser als Geschlechtswappen einen rothen zweischwänzigen Löwen im goldenen Felde.

Bartolus war nicht der einzige, wohl aber der berühmteste Rechtsgelehrte, den Karl IV. auszeichnete. Sonst ernannte er den Doctor der Rechte, Erasmus von Lybrandis [6]), und den Rechtsgelehrten aus Pavia Amicino von Bozulis [7]), zu Pfalzgrafen, er ver-

---

[1]) Savigny V. S. 603 und VI. S. 155.

[2]) In Padua wurde ein eigener Lehrstuhl geschaffen für Vorlesungen über den Text, die Glosse und über Bartolus.

[3]) Savigny VI. S. 157.

[4]) B. V. S. 604.

[5]) B. VI. S. 7.

[6]) Glafey Anecdota Nr. 12, Huber Nr. 2120.

[7]) Glafey Nr. 19, Huber Nr. 3063. Diese Urkunde ist interessant wegen der vielen Stellen aus dem römischen Recht, die in ihr angeführt werden. Die Ernennung des Bertolinus von Bozulis zum Notar Huber Nr. 2122.

kehrte mit dem Doctor der Rechte, Thomas von Aminatis, der
ihm von Innocenz VI. empfohlen wurde [1]). Er zeichnete den Rechtsgelehrten Ludwig Rizzolo durch die Ernennung zum Pfalzgrafen
aus [2]). Das römische Recht, dessen hervorragende Vertreter Karl in
dieser Weise ehrt, blieb nicht ohne Einfluss auf Böhmen. Anführ-
rungen von Gesetzesstellen römischer Kaiser finden sich in verschiedenen Urkunden [3]). Das römische Recht fand auf bäuerliche
Verhältnisse Anwendung, wogegen sich Kuno von Trebowel, erzbischöflicher Vicar, sträubte, der ausserdem die Freiheit der Bauern
auf den Gütern der Kirche vertheidigte. Er behauptete gegen Adalbert
Ranconis, dass die Bauern nach einem Decrete Erzbischofs Johanns
das Testirrecht besässen und ihre Güter auf ihre Verwandten vererben
könnten [4]).

Diese Beziehungen Karl IV. zu den italienischen Juristen und
Geschichtsschreibern treten jedoch an Interesse und Wichtigkeit weit
hinter das Verhältnis zurück, das dieser Monarch mit Franz Petrarca und Cola di Rienzo unterhielt. Diese beiden Italiener und ihr
grösserer Landsmann Dante sind die einzigen Gestalten des vier-
zehnten Jahrhunderts, die unserer Zeit noch mit grösserer Frische
entgegentreten und in ihrem Andenken fortleben. Es ist kein Zufall,
dass es nur Italiener sind, die nicht erst der Beihilfe des Geschichtsschreibers bedürfen, um uns lebendig zu sein. Ihr Vaterland war ja
damals allen Ländern Europa's weit voraus, in ihm wehte bereits der
Odem des modernen Lebens. Petrarca und Cola di Rienzo sind
sich auch innerlich verwandt. In ganz verschiedenen Lebenssphären
herangewachsen, waren doch dieselben Ideen in ihnen aufgegangen
und bestimmten den Lauf ihres Lebens. In dem zerrütteten Italien
widmeten beide ihr Herz dem einen grossen Vaterlande; beide sahen
Rom als die natürliche Herrscherin Italiens an, sie vermeinten, dass
diese Stadt durch ein unzerreissbares Band an die Entwicklung des
alten Rom geknüpft sei. Beide forschten mit Ausdauer in den
Quellen der alten Geschichte, sie suchten in sich und in ihren Zeit-

---

[1]) Dudik, Iter Romanum S. 123 Nr. 314.
[2]) Pelzel, Karl IV. II. S. 804.
[3]) Das 24. Cap. der goldenen Bulle ist eine wörtliche Herübernahme eines
Gesetzes aus der Zeit des Arcadius und Honorius. Wichtig ist sodann die Urkunde bei Hoffmann, Sammlung II. S. 9 und 18.
[4]) Höfler, Johannes Huss S. 110. Der Prager Codex VI. C. 21 enthält
diese Streitschrift Kuno's mit einer Vorrede an Erzbischof Johann von Jenstein.

genossen den Geist des Alterthumes wieder zu erwecken. Doch strebte Cola di Rienzo mehr die p o l i t i s c h e Erneuerung des römischen Staatswesens an, während Petrarca sich mehr zur Vertiefung in die l i t e r a r i s c h e n Schätze des Alterthums hingezogen fühlte. Cola war dabei einer der ersten, die das Studium der alten Inschriften und der Alterthümer betrieben. Petrarca hat jede Phase der politischen Entwicklung seines Vaterlands mit einem seiner berühmten lateinischen Briefe, die Flugschriften gleich in ganz Italien gelesen wurden, begleitet. Petrarca hat sich mit grösserem Talente einen glücklicheren Wirkungskreis erwählt, denn Cola's Bemühungen blieben nur eine romantische Erinnerung an das Alterthum, Petrarca dagegen eröffnet eine neue Phase in der geistigen Entwicklung der Menschheit. — So überschwänglich die Zustimmung war, welche Cola di Rienzo während seines Lebens fand, so ungünstig ist das Urtheil der meisten späteren Geschichtsschreiber über ihn [1]). Seine Gaben waren mehr äusserlicher Natur; eine glänzende Rednergabe, eine stets thätige Phantasie, ein hochfliegender Ehrgeiz machen die Hauptelemente seines Wesens aus. Seit seinem zwanzigsten Jahre widmete er sich mit Eifer dem Studium des römischen Alterthums; die Sagen, die jeden Stein des alten Rom umwoben, die Geschichten des Livius, das Studium der Inschriften erweckten in ihm den Gedanken, Rom seine alte Freiheit und Grösse wiederzugeben. Seine Reden rissen das Volk zur Begeisterung hin; er wurde zum Volkstribun ausgerufen und schien für kurze Zeit die grossen Erinnerungen Roms wieder zu beleben. Mit Klugheit ordnete er die finanziellen Angelegenheiten, schaffte Ordnung und Frieden, demüthigte die Barone und bewog den Papst durch gewandte Anerkennung von dessen Rechten, ihn gewähren zu lassen. Allein auf dem Gipfel seines Ehrgeizes angelangt, beginnt der Rausch der Grösse seine Sinne zu umnebeln. Er umgibt sich mit Prunk, nimmt in dem Taufbecken des h. Constantin das Ritterbad, lässt sich zum Ritter des h. Geistes ernennen und von den Städten Italiens mit Kronen beschenken. Ein jäher Sturz, durch seine eigene Unentschlossenheit und Muthlosigkeit beschleunigt, war die Folge dieser Fehler und Sonderbarkeiten.

Cola war ein Mann, der von einer geistigen Aufregung in die andere, und dann in plötzliche Ermattung verfiel. Man kann sehr

---

[1]) Erschöpfend handelt über ihn Felix Papencordt, Cola di Rienzo und seine Zeit. Hamburg und Gotha 1841.

schwer entscheiden, wann bei ihm echtes Gefühl aufhörte und die
Selbsttäuschung und eitle Ueberhebung begann. Mit der stolzen Sicherheit der Ueberzeugung wagte er das kühnste Unternehmen; dann
konnte er wieder in vollständige Niedergeschlagenheit versinken, so dass
er umgeben von Wachen, aus dem Schlafe ausrief, dass der Palast
des Capitols zusammenstürze und die Feinde heranstürmten.

Nach seiner Flucht aus Rom (December 1347) verbarg er sich
in den Apenninen unter den Einsiedlern am Fusse des Gran Sasso.
Hier wohnten Eremiten, welche abseits von der Kirche standen, weil
sie die Armuth als den vollkommensten Zustand auf Erden betrachteten und sich mit den Prophezeiungen des Abts Joachim von Flore
beschäftigten, dass der gegenwärtige sündhafte Zustand der Welt
durch das Erscheinen eines Gottgesandten reformirt werden müsste.
Das Haupt dieser Einsiedler, Fra Angelo, überzeugte Cola von der
Wahrheit dieser Prophezeiungen, forderte ihn auf, wieder in das Leben
zurückzukehren und Karl IV. mit diesen Anschauungen bekanntzu-
machen. Es war doch ein merkwürdiger Gedanke, König Karl IV.
durch die Prophezeiungen eines italienischen Eremiten für Cola's welt-
bewegende Entwürfe gewinnen zu wollen [1]). Es war ein Versuch, der
offenbar auf der vollständigsten Unkenntnis von Karls Charakter
beruhte. Nicht dass dessen Sinn dem Eindrucke des Wunderbaren
unzugänglich gewesen wäre; allein niemals übte es auf ihn einen
Einfluss aus, als wenn politische Rücksichten es gestatteten, wenn
sein kirchlicher Sinn und seine papstfreundliche Politik keine Einsprache erhoben. Niemals hat den klugen Monarchen schwärmerische
Ergriffenheit aus der Bahn kühler Erwägung gerissen: sein Gefühl
stand ganz im Dienste seines berechnenden Verstandes. Ein Landsmann Cola's, der Apotheker Angelus aus Florenz, der zu Prag einen
botanischen Garten angelegt hatte, führte ihn beim deutschen Könige
ein (Juli oder August 1350) [2]). Ein Zeichen hatte ihm der Eremit

---

[1]) Die Hauptquelle für den Verkehr Karls mit Cola ist die Pelzel'sche
Handschrift in Tetschen (Böhmen, Bibl. des Grafen Thun), aus der die wich-
tigsten Briefe bei Papencordt abgedruckt sind. Ausserdem befinden sich Briefe
Cola's an Karl IV. in einem Formelbuch zu Osseg in Böhmen, vgl. Palacky in
Abh. der böhm. Ges. 5. Folge, 1. Band, S. 239. Es wäre erwünscht, wenn
Palacky sein ungedrucktes Material über diesen Gegenstand veröffentlichen
würde.

[2]) Tomek Dějepis Prahy II. S. 22 setzt seine Ankunft nach Benesch Minorita schon in den März 1350.

Angelus verheissen. dass er nämlich bei Karl IV. das Buch eines
Märtyrers Johannes finden werde, der in Böhmen für die Sache der
Spiritualisten den Flammentod erlitten habe. Wirklich war Karl im
Besitze desselben: im Angesichte des Kaisers durfte Cola es wagen, es
vor Freude zu küssen. War es ihm doch Glück verheissend. dass
der strenggläubige Monarch das Buch eines Ketzers aufbewahre. Karl
hörte die schwärmerischen Ausbrüche seiner spiritualistischen Gesinnung an, er empfing das Schreiben des Fra Angelo und beschloss
Cola in einer grösseren Versammlung von Geistlichen anzuhören, sei
es, dass er so vorsichtig war, sich mit dem gebannten Ketzer nur
vor Zeugen auszusprechen, sei es, was wahrscheinlicher ist. dass es
dem gebildeten Kreise Karls Interesse erregte, den feurigen, rede-
gewaltigen Tribunen anzuhören. In dieser Versammlung erzählte nun
Cola, wie er im Angesicht des weinenden Volkes freiwillig das Amt
eines Tribunen niedergelegt habe und zu den Einsiedlern in den
Apenninen geflüchtet sei. Bruder Angelo habe ihn aufgefordert, wieder
zu seiner Aufgabe zurückzukehren. Schon einmal habe Gott das sündhafte Menschengeschlecht vernichten wollen, da hätten die heiligen
Dominicus und Franciscus seinen Zorn durch ihren frommen Lebens-
wandel abgewandt. Nun aber sei das Mass voll und da nicht einmal
die Häupter der Kirche ihrer Aufgabe entsprächen. so werde ein
furchtbares Gericht über diese ergehen. Dann entwickelte Cola eine
mystische Weissagung, die sich wohl auf den Papst-Einsiedler Cöle-
stin V. bezieht. Ein Mann, der unter einem Hirten der Kirche ermordet worden sei, werde am dritten Tage auferstehen, die Kirche
reformiren, werde aus den Schätzen der Kirche einen grossen Tempel
des heiligen Geistes erbauen. Cola di Rienzi sei bestimmt, dem Kaiser
diese Weissagungen zu überbringen, ihn aber zugleich aufzufordern.
nach Italien zu ziehen. Dort solle Cola dessen Vorläufer sein und ihm
den Weg zum Kaiserthum bahnen. Cola hatte sich tief in jene Prophezeiungen verrannt; er wagte es sogar der Versammlung zu prophe-
zeien. dass der Papst innerhalb anderthalb Jahren sterben und dass
innerhalb sieben Jahre jener Gottgesandte die Christen und die Heiden
zu einem Glauben vereinigen werde. Mit vieldeutiger Bestimmtheit
verhiess er dem König glückliche Regierung unter dem nächsten
Papste, wenn nur beide getreulich den Weg des Herrn befolgen
würden [1]).

---

[1]) Den Inhalt dieses Gespräches kennen wir, wenn auch abgeschwächt,
aus den gleich zu erwähnenden Briefen Cola's an Karl IV. und an Bruder

Karl IV. und seine hohen Geistlichen, unter ihnen Erzbischof Ernst
von Pardubitz, hörten dem Schwärmer mit einem Gefühle des Interesses
und Erstaunens zu. Wir kennen die Art des böhmischen Königs, wenn
er Personen vorliess und sie anhörte. Sein scheinbar weitabirrender
Blick verwirrte vielleicht auch den Tribunen der eine gläubige Volks-
menge um sich zu sehen gewohnt war, die hingerissen von seinen Worten
wieder den Redner entflammte. Doch liess sich Karl und Ernst in eine
Erwägung seiner Prophezeiungen ein. Diese kühlen Staatsmänner
waren Voraussagungen zugänglich, welche sich darauf stützten, dass
endlich einmal doch die Idee der Reform der Kirche über die that-
sächlichen Schwierigkeiten siegen müsste; Karl IV. hat seine Anerkennung Männern wie Milic niemals versagt, welche erklärten, sie
wollten eine neue Zeit vorbereiten, wenn er sich auch selbst den
alten Anschauungen nicht zu entringen vermochte. Deshalb warf er
dem Tribunen vor, dass er von Prophezeiungen den Ausgang
nehme, die nur einen Werth hätten, wenn sie eine Unterstützung von
Vorsätzen seien, die menschlichen Erwägungen entspringen und auf
die Herstellung von Gerechtigkeit und Frieden hinzielten [1]). Der
Tribun versuchte nothgedrungen, diesem Einwand zuvorzukommen,
indem er jene Prophezeiungen nur als Ergänzung seiner politischen
Pläne hinstellte [2]). Es ist nicht zu verwundern, dass Karl den Anschauungen der Spiritualen nicht hold sein konnte, die auf Seite seines
Gegners Ludwig des Baiers gestanden waren und deren geistiger Vorkämpfer, Wilhelm von Ockam, ihn so heftig bekämpft hatte. Cola
beklagt sich auch in einem Schreiben an den Eremiten Fra Angelo,
dass seine böhmischer Beurtheiler sich nicht zum Verständnis der
Visionen der Einsiedler aufzuschwingen vermöchten und immer darauf
zurückkämen, die Eremiten gehörten zu einer ketzerischen Secte. Indessen versprach Karl IV. dem Tribunen vollkommene Verzeihung
für sein Vergehen, das darin bestand, dass dieser ihn früher einmal
vor seinen Richterstuhl geladen hatte, und forderte ihn auf, die Ansichten, die er mündlich entwickelt hatte, niederzuschreiben und die

---

Angelo. Ich stehe nicht an, die Notiz bei Papencordt, Einleitung S. XXVIII.
als werthvolle Mittheilung zu betrachten, die Cola's eigener Bericht nicht enthält, weil er sich nicht blossstellen wollte.

[1]) Ibidem: S. LXX. me denique non ab affectupacis et justicie reformande
sed ab ipsis propheciis meum existimant sumsisse fundamentum . . . .

[2]) Cum eas uon pro fundamento sed pro adjumento Divine exhortacionis
ac prememoracionis induxerim.

Schrift ihm zu übersenden. Diesen Brief Cola's besitzen wir und erfahren durch ihn den Hauptinhalt der Unterredungen zwischen Karl und Cola, obwohl letzterer bemüht ist, manches Uebertriebene in seinen Ansichten abzuschwächen [1]). Doch hat der Italiener gemerkt, dass er Karl IV. nicht durch seine Ansichten von der Erneuerung der Kirche gewinnen könne. Deswegen erklärt er demüthig, dass er von dem Eintreffen der Prophezeiungen, die er mitgetheilt hatte „dasjenige für richtig halte, was auch die Kirche für richtig erkläre." Dagegen hebt er geschmeidig und doch selbstbewusst hervor, dass er allein das römische Volk für Karl IV. gewinnen und die Orsini und Colonna niederhalten könne, dass seine Beliebtheit in Rom Karls Unternehmungen mächtig zu fördern vermöge.

Dieser Brief wurde noch vor der Abführung Cola's nach Raudnitz an den Kaiser geschickt. Aus seiner Gefangenschaft richtete er dann eine kleine Schrift an Karl IV., die er „Büchlein des Tribunen an den Kaiser" nannte [2]). Nicht ohne Interesse lesen wir noch heute dieses merkwürdige Document, durch welches Cola sich aus der Gefangenschaft befreien und die Erlaubniss des Kaisers erringen will, nach Rom als dessen Stellvertreter zurückzukehren. Es ist ein merkwürdiges Gewebe von Dichtung und Wahrheit, das Cola hier über sein Leben und seine Abstammung zum Besten gibt. Neben den Zeugnissen eines edlen Selbstbewusstseins, einer scharfen Verurtheilung der ränkevollen Priesterherrschaft tritt wieder die grösste Ueberschätzung der eigenen Wichtigkeit hervor. Er verkündigt dem Könige, dass er ihm ein grosses Geheimniss mitzutheilen habe. In einer feierlichen Einleitung spannt er den Leser durch die wiederholte Versicherung, dass er niemals die Absicht gehabt habe, sein Wissen zu verkünden, dass er nur durch die grösste Noth gezwungen sei, sich dem Könige zu eröffnen. Indessen betheuert er, dass es nicht Menschenfurcht sei, weswegen er jetzt dem Könige die Wahrheit über seine Abstammung verkündige; denn schon habe er auf den Ruhm dieser Welt als auf eine Eitelkeit verzichtet und er strebe nichts weiter an, als in Armuth die Gerechtigkeit zu schützen und den Völkern zu Hilfe zu eilen, den Tyrannen Italiens entgegenzutreten und nur dem höchsten, gerechtesten König zu gefallen. Nur um nicht als Ketzer zu gelten, spreche er jetzt. Zudem wisse er, dass seine Gefangensetzung Italien

---

[1]) Papencordt, Nr. 11.
[2]) Papencordt, Nr. 13.

in Schrecken setze. Nur die Tyrannen, Räuber und Verräther Italiens frohlockten über seinen Fall, da ihnen wieder Muth zu neuen Verbrechen gegeben werde.

Nun setzt er dem König das Geheimniss auseinander, auf das er ihn so lange vorbereitet hat. Zur Zeit, als der Grossvater Karl IV., Kaiser Heinrich VII., in Rom eingezogen sei, standen ihm in der Stadt die Guelphen im Wege. Sie verhinderten ihn, sich in St. Peter krönen zu lassen, so dass diese feierliche Handlung wider altes Herkommen im Lateran stattfinden musste. Indessen fühlte der Kaiser das Verlangen, sein Gebet an jener heiligen Stätte zu verrichten und schlich sich durch die Verschanzungen der Gegner bis nach St. Peter. Unglücklicherweise drang das Gerücht seiner kühnen That unter die Römer, die alle Wege absperrten, um den Kaiser gefangen zu nehmen. In seiner Verlegenheit trat Heinrich mit seinem Begleiter, einem Italiener, in eine Schenke ein, wo er ein Nachtlager verlangte. Hier wohnte aber die Mutter Cola's, deren Mann gerade in Geschäften verreist war. Diese erwies sich dem Fremdling allzu gefällig, und empfing von ihm einen Sohn, dessen sie nach dem Abzuge der Deutschen genas. Jener Italiener erzählte nun später das Abenteuer des Kaisers und mit freudigem Schreck erkannte die Mutter Cola's, dass sie die Gunst des Herrschers genossen habe. So glaubt Cola di Rienzo, dass er die Gnade Karl IV. mit Recht anrufen könne, denn er sei mit ihm als sein leiblicher Oheim durch die Bande des Blutes verbunden. Cola di Rienzo beruft sich zur Bestätigung seiner Ansprüche auf einzelne Männer, dann aber auf die öffentliche Meinung in Rom. Mit letzterem Hinweise zerstört er nun freilich den Schleier des Geheimnisses, das er über seine Abkunft zu breiten liebt. Dann schildert er dem Kaiser in grossen Zügen seine nächsten Erlebnisse, wie er bis zum zwanzigsten Jahre unter Landleuten herangewachsen, später nach Rom gekommen sei, wie er sich dem Studium des Alterthums gewidmet und die Schmach erkannt habe, in die seine Landsleute unter dem Drucke der Adelsherrschaft versunken seien. Ihm verdanke Rom seine Freiheit, er habe das Tribunat wieder aufgerichtet, sein Ruhm sei bis zu den fernsten Nationen, bis zu dem heidnischen Beherrscher Jerusalems gedrungen. Eines solchen Blutsverwandten müsse sich Karl durchaus nicht schämen, denn niemals habe ein italienischer König, Herzog oder sonst ein Fürst, der auf dem Wege der Vererbung seine Herrschaft erlangt habe, in sieben Monaten solche Erfolge errungen. Den Präfecten von Vico habe er gedemütigt, den Grafen von Fundi be-

siegt, die Colonna's in die Flucht geschlagen, der griechische Kaiser
habe ihn durch Gesandte geehrt, die Königin Johanna von Neapel
und der König von Ungarn hätten sich seinem Schiedsspruche unterworfen.

Deshalb, und darin gipfelt das ganze Schreiben, möge Karl IV.
sich seiner als Werkzeug zur Erlangung des Kaiserthrones bedienen.
Vielleicht sei gerade er durch die Vorsehung dazu bestimmt, dem
sinkenden römischen Reiche zu Hilfe zu eilen, wie der heilige Franciscus die Kirche zu neuem Leben erweckt habe. Er sucht den Kaiser
durch Hervorhebung der Rechte des Kaiserthums zur Thätigkeit in
Italien anzuspornen. Mit den düstersten Farben malt er den traurigen
Zustand der Gebiete, die sich unter der Regierung des Papstes be-
fänden; nirgends herrsche so wie hier Habgier und Erschlaffung;
das Eingreifen des Kaisers werde förmlich als Erlösung betrachtet
werden. Alle diese Anerbietungen Cola's konnten nur wenig bei einem
Monarchen ausrichten, der die niedrigste Ansicht von der Bedeutung
des römischen Reiches hatte, der sich einmal Cola gegenüber äusserte,
dass das römische Reich nur durch ein göttliches Wunder wieder
aufgerichtet werden könnte.

In diesem Schreiben kommt er nur am Schlusse auf die Prophezeiungen der Eremiten zu sprechen, da er wohl fühlt, dass ihr
Gewicht beim Kaiser nur ein geringes sei. Allein er vertheidigt sie
mit so kraftvollen Gründen, dass letztere wohl einer besseren Sache
würdig wären. Sei nicht das alte und neue Testament voll von Wahr-
sagungen, die anfangs von Vielen nicht beachtet worden seien? Seien
für die gegenwärtige Zeit solche Eröffnungen des göttlichen Geistes zu
verwerfen, wenn sie in früheren Tagen stattgefunden haben konnten?
Der Papst und die Cardinäle liessen nur dasjenige für richtig gelten,
was ihrem Vortheile entspreche. Die Gegner bekämpfen solche Wahr-
sagungen mit dem Pfeile des Vorwurfes der Ketzerei und schon habe
die Kirche einige Männer in solcher Weise durchbohrt, die sie später
als Heilige feierte.

Wie eigenthümlich musste wohl den Kaiser die Ueberspannung
Cola's berühren, wenn dieser erklärte, vielleicht habe Gott deshalb
Heinrich VII. so traurig enden lassen, deshalb so viel Leiden über
das römische Reich geschickt, um dann Cola zu erwählen, deshalb
ihn in alle Listen, alle krankhaften Erscheinungen der italienischen
Politik eingeweiht, ihn in dem kaiserlichen Taufbecken das Ritterbad
nehmen lassen, damit er, wie Johannes der Täufer für Chri-

stus, Karl dem IV. als Vorläufer diene, und das Reich von seinen
Makeln reinige, wie einst Papst Sylvester den Kaiser Constantin
von seinen Sünden befreit habe.

Auf dieses lange Schreiben erhielt Cola eine Entgegnung von
dem Kaiser selbst [1]): die Antwort entspricht so vollständig dem
Geiste Karl IV., dass wir nicht zweifeln können, die Aufschrift des
Briefes sage die Wahrheit, wenn sie den Kaiser zum Autor desselben
macht. So erhalten wir ein wichtiges Actenstück, das uns eine will-
kommene Ergänzung der anderen schriftstellerischen Produkte bietet,
die aus der Feder des Kaisers flossen. Dieser hüllt sich, wie er es
immer liebte, in den Mantel der Gelehrsamkeit und der Orthodoxie. Seine
Stellung war nicht so befestigt, dass er Cola als Werkzeug gegen den
Papst benützen konnte, deshalb widerlegte er seine Ansprüche und
Prophezeiungen mit gelehrten Gründen aus der Bibel. Er führt gegen die
Weissagungen der Eremiten den Beweis an, dass Gott durch die Voraussagung des Zukünftigen sich selbst die Macht beschränken würde,
später nach seinem Willen zu handeln. An die Stelle der göttlichen Vorsehung würde das Walten einer finsteren Nothwendigkeit treten. Indessen
fühlt der Kaiser, dass dieser Einwand sehr zweischneidig sei. Denn wäre
nicht mit ihm der Glaube an die Propheten des alten Bundes untergraben? Karl IV. weist deshalb nach, dass Gott sich zwar mitunter
dieser begeisterten Männer bedient, dass er sich indessen oft über
ihre Weissagungen hinweggesetzt habe. Die Barmherzigkeit über Ni-
nive bewog die Gottheit, die Stadt trotz des Propheten Jona zu
schonen. Wie könne demnach Cola di Rienzo es wagen, den höchsten
Herrscher zum Eintreffen seiner eigenen Wünsche zu verpflichten?
Damit trifft Karl in der That das Grundmotiv der Irrthümer, aber
auch der Erfolge des Tribunen. Selbst im Kerker hielt sich dieser eben
immer für ein auserwähltes Werkzeug Gottes. Unerbittlich verweist
ihm der Kaiser seine thörichte Eitelkeit: „Viele," so sagt er, „glauben,
im Geiste und im Verstande erhaben zu sein, deren Grund erbaut
ist auf den Säulen des Hochmuthes und der Eitelkeit, ... so dass sie
in ihrer Ueberschätzung hinabstürzen mit dem Fürsten der Finsternis
in die Gesellschaft Lucifers."

Dann geht der Kaiser auf den Inhalt seiner Prophezeiungen ein
und tadelt zuerst mit aller Herbheit sein Urtheil über den Papst und
die Kirche. Wohl möge mit der Zeit manches Uebel in diese Ein-

---

[1]) Papencordt. Urkunde Nr. 14.

richtungen eingedrungen sein; indessen dürften nicht Menschen die
Richter über diese höchsten Gewalten sein. Da Petrus den Schlüssel
von Gott erhalten habe, so könne nur Gott seine Nachfolger richten
und züchtigen, „und nicht uns geziemt es, unsere Stimme gegen den
Himmel zu erheben: denn um was jene über die anderen Menschen
hervorragen, um das müssten ihre Richter an Macht, Wissen, Weisheit und Verstand über Alle erhaben sein." So demüthig äusserte sich
Karl hier über die Macht des Papstes, während er doch später selbst
die Reform der Kirche in die Hand zu nehmen versuchte. Damit hat
Karl IV. dem Tribunen eine Ursache seiner Gefangenschaft auseinandergesetzt. Er ermahnt ihn, sich von den Einsiedlern loszusagen,
welche in der Kleidung von Schafen einhergingen, innerlich aber reis-
sende Wölfe seien. Ihre Einfachheit und Armuth erklärt Karl IV.
für werthlos und selbst für schädlich. „Denn diejenigen, die an Wissenschaft reich oder gelehrt sind, die werden wie Sterne glänzen
in Ewigkeit, die Unwissenden aber, die glauben im Geiste der Einfachheit zu wandeln, vermögen nicht, auch nur ihren sündhaften Gedanken zu widerstehen und ihre Seele zu retten."

Karl IV. geht dann auf die zweite Ursache der Haft Cola's ein.
Hier erlaubt er sich einen bitteren Hohn, der wohl die Strafe für die
Fabeln sein soll, die Cola über seine Abstammung zum Besten gab.
„Ein klein wenig Liebe zu seinen Nebenmenschen" habe den Kaiser
bewogen, den Tribunen gefangen zu setzen. „Denn wer dessen Seele
in dieser Welt hasst, der behütet sie für das ewige Leben; deshalb
haben wir uns vorgenommen, Deine Seele lieber in der Welt zu
hassen, als sie für ewig zu verderben. Wenn Du also keinen Führer
gehabt hast, der Dich in den Weinberg des Herrn führte, so dass Du
bis jetzt müssig dastandest, so musst Du deshalb nicht verzweifeln,
sondern Dich hineinführen lassen." Damit geht er auch vornehm und
treffend über den Anspruch Cola's hinweg, aus dem Stamme der
Luxenburger zu entspringen. „Das, was Du uns über Deine Geburt und
Deine Abstammung geschrieben hast, überlassen wir Gott, weil es
nicht unsere Sache ist, über solche Dinge zu streiten. Doch wissen
wir das Eine, dass wir Alle Geschöpfe Gottes und Söhne Adams sind,
aus dem Kothe der Erde geformt und dass wir Alle zuletzt zur Erde
zurückkehren." Dass der Kaiser nach der Aussage des Tribunen sich
die Liebe der Italiener entfremde, wenn er diesen gefangen halte, be-
daure er; indessen liege ihm weniger daran, dem Volke genehm zu
handeln, als dem Befehle Gottes zu willfahren.

Diese zurechtweisende Antwort, die in einem wahren Predigertone abgefasst ist, mag Cola durch die sonderbare Zumuthung der Blutsverwandtschaft mit Karl IV. verdient haben; indessen widerlegt sie durchaus nicht das Wahre und Berechtigte in den Anschauungen des Tribunen. Dieser fühlte sich tief verletzt durch den Ton in dem ihm Karl IV. geschrieben hatte. Nicht achtend, welcher Gefahr er sich durch seine kühnen Worte aussetze, schrieb er dem Könige in einem stolzen beredten Stile, um sich gegen dessen Vorwürfe zu rechtfertigen [1]). Wie feige hatte sich Cola als Tribun benommen, als er seine Stellung untergraben fühlte und wie muthig verfocht er jetzt seine Sache, wie rückhaltslos bekannte er sein Einverständniss mit den Prophezeiungen des h. Cyrillus, des Abtes Joachim von Flore, was ihm gerade von Karl zum Vorwurf gemacht war! Durch dieselbe Unerschrockenheit hatte er sich den Weg zum Tribunat gebahnt, ohne Furcht vor dem Spotte und dem Zorne der Barone das Volk zur Thatkraft angeeifert. Auch jetzt musste er die Auslieferung an den Papst fürchten und doch wagte er es in edlem Zorne, dessen Politik als die Ursache der Zersplitterung und des Unglückes Italiens anzuklagen. Auf die stolzen, übermüthigen und weichlich lebenden Prälaten sei der Vorwurf der Eitelkeit zu beziehen, nicht auf die armen Einsiedler, die alle Verfolgungen erduldeten. Es muss uns Achtung einflössen, wenn wir ihn trotz der drohenden Gefahr an seiner Ueberzeugung festhalten sehen, dass ein Mann auferstehen werde, der im Geiste des heiligen Franciscus die Kirche zu reinigen bestimmt sei. Indessen wisse er, dass, wenn jetzt ein Prophet auftreten würde, er verachtet und gefangen gesetzt würde.

Hoch über alle Interessen steht aber diesem Schwärmer für Roms dahingesunkene Grösse der Wunsch, seinem unglücklichen Vaterlande zu helfen. Er begeht daher die ehrenhafte Inconsequenz, dass er zugesteht, er würde mit Eifer für die Beruhigung und Vereinigung Italiens unter dem Schutze des Papstes wirken, wenn dieser Gedanke durchführbar wäre. Ebenso offenherzig spricht er aus, dass er sich nur deshalb anbiete, für den Kaiser zu wirken, weil ihn die Liebe zum Volke treibe. Er wagt es dem Kaiser zu sagen, dass er wünsche, das ganze Kaiserthum gehe zu Grunde, wenn die Christenheit unter der Regierung Karls wie unter seinen Vorgängern zu Grunde gerichtet werde.

---

[1]) Dieser Brief ist von Papencordt seinem Inhalt nach genau mitgetheilt S. 226—233.

Bis jetzt sind keine weiteren Nachrichten einer Correspondenz zwischen Karl IV. und Cola di Rienzi veröffentlicht. Zahlreiche Briefe hat aber der Tribun an Erzbischof Ernst von Prag gerichtet, um diesen milder zu stimmen [1]). Sie enthalten wesentlich dieselben Gedanken wie die zwei Schreiben an den König. Zudem sind sie von Papencordt so genau analysirt worden, dass ich kaum etwas anderes liefern könnte, als eine Umschreibung seiner Angaben. Nur ein Antwortschreiben des Erzbischofes mag noch besprochen werden [2]), in dem dieser weit unbefangener und gerechter erscheint, als Karl IV. Natürlich wiederholt er die Vorwürfe gegen die Eitelkeit und Ueberhebung des Tribunen: aber nur in sehr milder Weise tadelt er die Sucht Cola's, aus gewissen apokryphen Büchern Aufklärung über die Zukunft zu erfahren. Warum er sich denn nicht an die Bibel und nur an die angeblichen Schriften des h. Cyrillus halte? Ernst von Pardubitz meinte in seiner weltklugen Gesinnung, die er in der Verwaltung seines Erzbisthums in wohlthätiger Weise zu bethätigen wusste, es sei nützlicher die gegenwärtige Zeit, die allein uns gehört, zu unserem Vortheile für die Zukunft zu benützen als über die Zukunft zu schwärmen. „Indessen," fügte er milde hinzu, „obwohl Du mit Deinen Schriften in dem, was Du zur Klarlegung des Obigen berührt hast, nicht meine Befriedigung erlangen konntest, so halte ich doch für unzweifelhaft, dass, wenn Deine Vorsätze und Deine Pläne aus Gott sind, dass sie nicht, wenn sie uns auch wunderbar erscheinen, durch die Ränke der Menschen vereitelt werden können."

Karl IV. hielt zwar das Versprechen, welches er gleich bei der ersten Zusammenkunft mit Cola gegeben hatte, nämlich ihm für seine Person zu verzeihen; indessen leistete er der Aufforderung des Papstes Folge und schickte den Tribunen unter sicherer Bedeckung nach Avignon; Hier wurde ihm der Process gemacht und schon schien er dem sicheren Tode entgegenzugehen; da trat am römischen Hofe ein Umschwung zu seinen Gunsten ein. Zum Theil interessirte man sich für den merkwürdigen Mann, dem so vieles geglückt war; dann aber wollte man ihn als Werkzeug benützen, das dem grossen Cardinal Albornoz behilflich sei, den Kirchenstaat dem Papste wieder

---

[1]) Papencordt, Urkunden Nr. 17, 19, 20, 21, 22, 27. Die Briefe zwischen Johann von Neumarkt und Cola wurden schon oben S. 112 besprochen. Doch ist die Correspondenz dieser Männer nur zum Theil gedruckt, vgl. Papencordt, S. 233 Anm. 1.

[2]) Papencordt, Nr. 18.

zu unterwerfen. Wie er mit Erlaubnis des päpstlichen Legaten nach
Rom zurückkehrte, vom Volke begeistert aufgenommen wurde, jedoch
zur Erhaltung seiner Söldner drückende Steuern ausschrieb und dann
vom Volke ermordet wurde, kann hier nur mit diesen wenigen Worten
erwähnt werden.

Der zweite hervorragende Italiener, dessen Talent Karl dem IV.
Interesse einflösste, ist Francesco Petrarca. Seine weltgeschichtliche
Bedeutung liegt nicht, wie man glauben möchte, in seinen Sonetten
an Laura, denen er wenig Bedeutung zuschrieb, sondern darin, dass
er der erste war, der den Geist des classischen Alterthums verstand.
Die Auffassung dieser Epoche im Mittelalter war keine historische,
sondern vielmehr eine philosophische [1]). Man bemühte sich nicht, sie
als eine selbstständige Erscheinung aufzufassen, sondern betrachtete
sie als Vorbereitung des nunmehr herrschenden Reiches Christi. Man
schätzte die alten Schriftsteller nach dem Masse der Annäherung ihrer
Lehren an das Christenthum; man brachte nicht allein den Aristoteles
in Einklang mit der christlichen Philosophie, sondern man versuchte
auch in den Eklogen Virgils Prophezeiungen über die Wirksamkeit
des Sohnes Mariens. Man verwischte so die Abweichung zwischen den
Anschauungen des Alterthums und des Mittelalters. Petrarca war
nun der Erste, der mit dem ahnenden Blicke des Dichters und Historikers, die nach Wilhelm von Humboldt die Gabe der Phantasie
gemein haben müssen, die Denkweise des Alterthums begriff und seine
Dichter und Schriftsteller in ihrer Eigenthümlichkeit auffasste. Er
lebte sich vollständig in ihren Ideenkreis hinein und dachte beinahe
ebenso wie ein Mann der antiken Zeit. Mit wenigen Strichen kann
ich nur die Ideen schildern, die Petrarca und die Humanisten aus
dem Studium des Alterthums in unseren Gedankenvorrath eingeführt
haben. Gleich den Römern des augusteischen Zeitalters trat ihnen
die Religion aus dem Mittelpunkt ihres Gedankenkreises heraus;
nicht mehr die Gottheit war das Princip, an das sich ihr ganzes
Denken und Fühlen anlehnte, sondern der Mensch an sich ward das
eigentliche Object ihrer Beobachtung, das letzte Mass aller Erscheinungen. Niemals haben indessen die italienischen Humanisten, selbst
wenn sie die Lehren der Kirche gering achteten, eines ihrer Dogmen
angegriffen; für die deutschen Humanisten, die doch ihren gelehrten

---

[1]) Für das Folgende vgl. bes. G. Voigt, das Wiedererwachen der classischen Studien und Hagen, Gesch. der Reformation, Einleitung.

kritischen Apparat an die Bibelübersetzung des h. Hieronymus an-
legten, war die Religion so wenig Herzenssache, dass sie sich zum
grossen Theile von der religiösen Erschütterung der Reformation fern
hielten. Sie hatten diese Bewegung vorbereiten geholfen, setzten sich
aber in philosophischer Gelassenheit mit dem alten Glauben auseinander, der sie nie sonderlich beschwert hatte. — Mit der höheren Achtung vor dem Menschen als solchem trat an die Stelle der Hoch-
schätzung der Tugend der Demuth, das persönliche Bewusstsein, der
Stolz auf Menschenwerth und Menschenruhm. An die Stelle der
Ueberzeugung von der Nichtigkeit alles Irdischen trat die antike Auffassung, dass der Ruhm den Namen der fernsten Nachwelt erhalte und so die Unvergänglichkeit sichere. Welche Eitelkeit war
dies nach der Denkweise des Mittelalters!

Der Zwiespalt zwischen Seele und Körper, die ewigen Verlockungen des Fleisches, denen der Geist zu unterliegen drohe, die
Unterdrückung aller sinnlichen Begierden, die Geringschätzung des
Natürlichen, dessen wir Herr werden müssen, sind die Grundsätze,
aus denen die Askese, das Mönchsthum, die Entsagung aller weltlichen Freuden während des Mittelalters hervorgingen. Der Humanismus überwand diese selbstquälerische Auffassung; aus den Werken
der Alten lernte er die natürlichen Rechte der Sinne kennen; nicht
die Unterdrückung der Natur im Menschen, ihre freie Beherrschung
gemäss den Lehren der Stoa ward das aus Cicero und Seneca ge-
schöpfte Ideal. — Mit der Durchforschung der Werke des Alterthums stellte sich die Achtung vor dem Wissen und seinem selbstständigen Werthe ein. Man durchforschte die Bibliotheken nach
Schriften der römischen Schriftsteller, verglich ihre Texte, übte sach-
liche und formale Kritik, wendete anfangs nur mit einem gewissen Tact,
später mit Ueberlegung die verschiedenen Methoden der Untersuchung
an. Der Geist der Forschung erwachte und im Wachsen wagte er
sich zuerst an die sprachliche Seite der Bibelübersetzung des h.
Hieronymus, dann an das gesammte Gebiet der Religion und warf
endlich die Fesseln der Autorität ab.

Diese freiere Auffassung des Lebens, diese Freude an der Natür-
lichkeit des Daseins, das Gefühl des Genusses an der wissenschaftlichen Forschung sind Anschauungen, die die Neuzeit dem Humanismus verdankt. Niemand hat sie früher gehegt als Petrarca. Die
Darlegung der Bedeutung seiner Bestrebungen würde aber eine
empfindliche Lücke aufweisen, wenn ich nicht die grosse Reform be-

rühren würde, die er in die Darstellungsweise und den Stil seiner
Zeit einführte. Man kann sich den Humanismus, die humanistische
Richtung auch in unseren Studien nicht anders denken, als verbunden
mit einer freien Schönheit im Ausdrucke, die den Menschen, seine
Sprache, seinen Stil adelt. Die gebundene Gedankenweise des Mittelalters
kannte nur einen formlosen, trockenen, citatenreichen Ausdruck. Petrarca führte zuerst in den brieflichen Verkehr den graciösen, leicht-
hinfliessenden Ton ein, der die familiären Briefe Ciceros zum präg-
nanten Spiegel der Conversation der vornehmen römischen Welt macht.
Leicht und frei gab Petrarca in seinen Briefen seine eigene interessante Persönlichkeit hin. Mit jenen gefälligen Wendungen wechseln
wieder die Aussprüche des welterfahrenen Mannes, des ernsten Denkers,
des politischen Idealisten.

Welches sind nun die Berührungspunkte, die ein so merkwürdiger, die modernen Anschauungen vorbereitender Mann mit Karl IV.
haben konnte? Hing dieser nicht mit Vorliebe an der scholastischen
Wissenschaft, die Petrarca als geschmacklos gründlich verachtete? [1]
Pflegte Karl nicht an seiner Universität eine zünftige Wissenschaft,
wie sie Petrarca in allen Gebieten mit den Waffen der Satyre unaufhörlich verfolgte? Häufte nicht Karl IV. Schätze auf die
Kirche seines Landes, während Petrarca in dem Reichthum der
Curie und in ihrer weltlichen Macht die Ursache alles Unheils sah?
Endlich waren die Ziele Karls auf etwas Anderes gerichtet als auf
sein heimisches Königreich, während Petrarca unaufhörlich verlangte,
er möge den Glanz des Kaiserthums wieder erneuern und seinen Sitz
in Rom nehmen? Nicht leichter wäre ein grösserer Gegensatz zu
finden als der zwischen dem bedächtigen, hinterhältigen Kaiser und
dem beredten, feurigen, ruhmgierigen Poeten.

Allein wir kennen schon Karl IV. als einen Mann, der die hervorragenden Erscheinungen seiner Zeit schätzte und oft ohne Rücksicht auf ihre ihm nicht zusagenden Ansichten ihre Bedeutung wür-
digte. Zudem war Petrarca eine zu tiefe und wieder weiche Natur,
als dass er mit dem Bildungskreise seiner Zeit so schnell und rücksichtslos hätte brechen können. Wenige Menschen haben so tiefe
innere Kämpfe durchzumachen gehabt wie er. Es ist dies bei einem

---

[1] Vgl. Petrarca Epistol. rer. famil. I. 6 und 11. Ich mache aufmerksam,
dass das Citat Epistolae sich auf die lateinische Ausgabe Fracassetti's das Citat
Lettere auf dessen italienische Uebersetzung bezieht.

Manne begreiflich, der an dem Wendepunkte zweier Zeitalter steht. Ihn verzehrte der Ruhm nach Unsterblichkeit — und die Eindrücke seiner Jugend, seiner Umgebung wiesen ihn auf die Vergänglichkeit alles Irdischen hin. Er bekämpfte seine „eitle Begierde," ohne sie bezähmen zu können. Sein Temperament drängte ihn zu einer praktischen Thätigkeit, seine Ueberlegung zog ihn immer wieder in die Einsamkeit von Vaucluse und von Arquà zurück. Er wählte sich Cicero zu seinem Leitstern in der Philosophie, allein er fühlte, wie er damit aus dem christlichen, ihm theueren Gedankenkreise heraustrete, und hing wieder mit schwärmerischer Hingebung dem heiligen Augustinus an. Ohne diese merkwürdige Persönlichkeit jemals zu begreifen, hat Karl IV. sich doch zu dem Glanze ihres Namens hingezogen gefühlt. Er verstand diese Herzenskämpfe nicht und sein Blick blieb nur an dem Aeusseren, an der Formvollendung der Werke und Briefe Petrarcas haften.

Man hat Karl IV. in Verbindung mit einem der schönsten Sonette bringen wollen, die Petrarca Laura zu Ehren dichtete. Der Dichter erzählt nämlich, dass ein Fürst einst, hingerissen von dem Reize Lauras, auf einem Balle an die schöne Frau hinzugetreten sei und ihr Augen und Stirne geküsst habe:

E caramente accolse a sè quell' una:
Gli occhi e la fronte con sembiante umano
Baceiolle sì, che rallegrò ciascuna:
Ma empiè d'invidia l'alto dolce e strano.

Aber mit diesem Fürsten kann nicht Karl IV. gemeint sein. Wohl hielt sich dieser 1339 und 1344 in Avignon auf, allein er hatte damals den Dichter noch nicht kennen gelernt [1]. Vielmehr kam Dichter und Kaiser zuerst durch ein Schreiben in persönliche Beziehung, das Petrarca in Angelegenheit seines Vaterlandes an Karl IV. richtete.

Dieser Brief [2] enthält nicht politische Rathschläge, die etwa aus der tieferen Kenntniss der italienischen Verhältnisse geschöpft oder aus den Ereignissen der Tage abgeleitet wären. Es sind ideale Rücksichten, durch die Petrarca auf Karl IV. zu wirken sucht. Das Gebot der Ehre und die Verpflichtung, die auf dem Träger des

---

[1] Fracassetti Lettere di Petr. t. II, S. 452.
[2] Epist. famil. 1 X. ep. I. Einen ähnlichen Inhalt hat der Tractatus ad Carolum IV. de habilitato temporis ad processum versus Italiam im Wiener Staatsarchiv.

römischen Kaisernamens lastet, werden dem zögernden Monarchen
vorgehalten. Mit vollem Freimuth tadelt Petrarca sein Zaudern, nach
Italien zu kommen, das sich darnach sehne, sich unter dem Schatten
seines Namens zu erholen. Ein glückliches Schicksal habe ihn in
früher Jugend nach Italien gerufen, hier habe er seine ersten Waffen-
thaten ausgeführt, so dass die Italiener ihn als einen der Ihrigen betrachten. In Deutschland sei Karl geboren, in Italien sei er erzogen
worden, dort habe er sich das Königthum, hier aber das Kaiserthum
erworben. Er ruft ihm die Grösse seines Vorgängers, Karl des Grossen,
in's Gedächtnis zurück, er lässt ihn durch Italia, die ehrwürdige Ma-
trone, ansprechen, über deren Nacken graues Haar fliesst, deren Kleider
zerrissen, deren Mantel schmutzig ist, aber deren Geist unbesiegt
blieb. Alle Triumphe, die sie davongetragen, alle ihre grossen Söhne
von Brutus bis zu den Deciern werden vorgeführt, mit glänzenden
Zügen alle Länder, die sie besessen, die grossen Gegner, die sie überwunden, geschildert. Was habe nicht schon Alexander und Scipio in
dem Alter Karl IV. ausgeführt! Ihre Geister und der Heinrich VII.,
des Grossvaters Karls, werden heraufbeschworen, um seine Schritte
zu beflügeln und ihm die Stätten des Ruhmes zu zeigen. Dieser Brief
ist am 24. Februar 1351 aus Padua an Karl abgeschickt [1]) worden.
Des Kaisers Gefangener war damals Cola di Rienzo [2]), dessen Vorschläge
er mit solch' überlegener Kühle entgegengenommen hatte. Nicht aus
Furcht, die Petrarca nicht kannte, wenn es sich um seine Ueberzeugung
handelte, hatte er seines gefallenen Freundes in seinem Briefe nicht
erwähnt. Er konnte ihm doch nur helfen, indem er Karl IV. in ihren
gemeinsamen Ideenkreis hineinzog und ihn so auch für die Pläne
Cola's empfänglicher machte. Das Mittel, durch das Petrarca auf
den König zu wirken hoffte, war sein unvergleichlicher Stil. Voigt hat
mit Recht gesagt, dass er der erste Schriftsteller der neuen Zeit sei,
der einen Stil geschrieben habe. Während sich fast alle seine Zeitgenossen noch in den Rahmen des scholastischen Ausdruckes zwängen,
tritt uns hier frei und offen eine Persönlichkeit entgegen. So liebens-
würdig und dabei so selbstbewusst, wie er gewesen, ist auch sein
Stil. Dabei überraschte die Form seiner Briefe durch die reine Lati-

---

[1]) Das Datum des Tages ist handschriftlich überliefert: das Jahr stimmt
vortrefflich als Grundlage zur Einreihung der späteren Briefe.

[2]) Rienzi war in Prag von Juli 1350 bis Juli 1351, vgl. Huber, Regesten
1329 a; Papencordt Cola di Rienzi S. 215 und 254.

nität, der er sich befliss. Das verderbte Latein des Mittelalters erfüllte ihn mit Abscheu, während ihn die wohlklingenden Perioden der lateinischen Classiker entzückten. Er modelte unaufhörlich in dem, was er geschrieben hatte; dabei war er ganz auf seine Belesenheit in den Classikern und auf die Richtigkeit seines sprachlichen Gefühles angewiesen, da es damals keine theoretischen Unterweisungen in seinem Sinne gab. Er gab seinem Stile dasselbe rhetorische Gepränge, das er im Virgil und Livius fand, er wusste aber auch so leicht und anmuthig zu schreiben, als ob er in einer Conversation begriffen wäre. Dabei verbannte er alle christlichen Anschauungen, alle Citate aus Kirchenvätern, alle Anklänge an Heiligenmythen aus seinen Briefen und führte dafür antike Vorstellungen in den Gedankenkreis seiner Zeit ein. Diese Bestrebungen Petrarcas fanden an Karl IV. Hofe den lebhaftesten Anklang. Sein Stil, seine Denkweise wurden nachgeahmt und schon in der Antwort des Königs [1]) auf seinen Brief ist das ausgefahrene Geleise der mittelalterlichen Stilistik recht absichtlich verlassen. Keine Spur von dem salbungsvollen Ausdruck der Briefe, die früher unter Aufsicht des Kanzlers Johann von Neumarkt geschrieben worden waren. Die eintönigen, niemals endenden Perioden, die dieselben Gedanken in wenig abweichenden Wendungen wiedergeben, gewinnen an Manigfaltigkeit. Rhetorische Einschiebungen, glänzende Attribute sollen die Rede beleben. Classische Reminiscenzen zieren statt Citate aus der Bibel seit langer Zeit zum erstenmal den Brief eines deutschen Regenten. Allein der Schreiber weiss sich noch nicht in die ungewohnte Sprache zu finden und bringt den Gedanken nur stammelnd zum Ausdrucke. Dies und die schlechte Ueberlieferung des Briefes macht ihn stellenweise vollkommen unverständlich. Wichtiger aber ist, dass der christliche Monarch sich mit einem Male in die antike Anschauung verirrt. Ruhm und Ehre sollten die Triebfedern des menschlichen Handelns sein. So mächtig war also sogleich zu Beginn der Einfluss des Humanismus, dass auch ein so kirchlich gesinnter Geist wie der Karl IV. der neuen Mode huldigte. Auch hier zeigte es sich, dass Karl im Stande war, die ausgesprochene Richtung seines Wesens mit der Anerkennung des ihm innerlich Fremden zu vereinigen [2]).

---

[1]) (Sade.) Mémoires pour la vie de Pétr. II. no. XXXIV.

[2]) Ganz dieselben Bemerkungen treffen zu in Betreff des Briefes Karl IV. an Marignola bei Beginn von dessen Chronik.

Der Sache nach wies er jedoch Petrarca schroff ab. Die Sorge
um Italien lag ihm offenbar damals noch so ferne, dass er es nicht
einmal der Mühe werth hielt, seine Anhänger mit Versprechungen
hinzuhalten. Dieser Umstand vergönnt es uns, den tiefen Gegensatz
des Wesens der beiden Männer zu erkennen, den sie später — der
eine aus Irrthum, der andere aus Klugheit — geflissentlich zu verdecken strebten. Mit richtigem Tacte ist dem Dichter in diesem
Briefe vorgehalten, dass er sich zu sehr in den Vorstellungen der
alten Zeiten bewege. Wohl sei der Name des römischen Reiches geblieben; allein der Macht nach sei die Kaiserkrone tief gesunken [1]).
Karl IV. blickt klar in die Wandlung der Zeiten; immer hat der
praktische Staatsmann die Verschiedenheit zwischen zwei historischen
Momenten herausgefunden, wo der Mann der Wissenschaft Analogien
zu entdecken glaubt. Karl meint auch, dass dem Dichter jene alten
Helden viel zu wenig menschlich erscheinen; nur in der Dämmerung
der Vergangenheit treten uns ihre Thaten so fertig entgegen, erscheine ihr Handeln ohne Zögern. Auch ihnen würde der Muth
sinken, wenn sie jetzt die Herrschaft über die Welt erhalten wollten.
„Darum“, so ermahnt der Kaiser Petrarca, „mögen diejenigen, die
sich dem Kaiser zu Räthen anbieten, ihn weniger angreifen.“ Die
Verhältnisse seien so schwierig, dass ihn selbst nur die Liebe zur
Tugend aufrecht erhalte. Er fühle wie Augustus Recht gehabt habe,
als er sagte: Ihr wisst nicht, welch' ein Ungeheuer die Herrschaft
ist. Es sei wahr, dass Kraft rascher zum Ziele führe; bevor aber
das letzte Mittel in Angriff genommen werde, müssten die Aerzte
auch mildere Wege versuchen. Uebrigens spricht Karl den Wunsch
aus, die Rathschläge Petrarcas noch öfter zu hören, denn „dich, du
erlesener Bewohner des Helikons, zählen wir zu den lobenswerthesten
und ergebensten Unterthanen unseres Reiches.“

Dieser Brief Karl IV. wurde bald nach dem Eintreffen von Petrarcas erstem Brief in Prag an den Dichter abgeschickt (Frühjahr
1351). Allein es bedurfte fast dreier Jahre, bis das Schreiben des
Königs an seine Adresse gelangte. Unterdessen aber hatten sich die
Angelegenheiten in Deutschland geordnet; Karl IV. konnte an Italien denken und er wies den Gedanken an einen Zug nach Rom nicht
mehr so schroff von sich.

---

[1]) Sickel, Vicariat der Visconti (Sitzungsber. d. wien. Acad. d. Wiss.
B. 30, S. 32) bemerkt richtig: Das Kaiserthum Karls in Italien ist schon mehr
eine politische Idee als eine politische Macht.

Auf diese günstigen Verhältnisse bezieht sich Petrarca in seinem zweiten Brief [1]), der lange vor der Ankunft von Karls Schreiben abgeschickt wurde. Mit Freimuth habe er seine Rathschläge ausgesprochen; doch bei tieferer Ueberlegung sehe er die Schwierigkeiten eines Römerzuges ein und sei überzeugt, dass Karl alle Gründe wohl überdacht habe. Deswegen habe er sich ein Jahr lang Zeit gegönnt [2]), bevor er seine Mahnungen wiederhole. Jetzt aber erwarte Italien glühend die Ankunft seines Kaisers und es sei zu fürchten, dass diese Flamme erlösche, wenn sie nicht genährt werde [3]). Endlich nach fast drei Jahren, also im Herbst 1353 traf die Antwort Karl IV. auf seinen ersten Brief bei ihm ein und er beeilte sich am 23. November 1353 den Briefwechsel [4]) mit dem deutschen König fortzusetzen. Wohl vermag, so schreibt er, der Regent über die Angelegenheiten des Staates am Besten zu entscheiden; doch will er es wagen, seine Ansichten auseinanderzusetzen. Wenig grossherzig sei es von Karl, wenn er die Schuld seines Zögerns auf die Schwäche der Zeit wälze, wenn er behaupte, die Hindernisse seien ins Unendliche gewachsen [5]). „Glaube mir, o Kaiser, die Welt ist dieselbe, die sie gewesen ist, die Sonne dieselbe, ebenso die Elemente: die Thatkraft allein ist geschwunden." Es ist dies die ewige Rechtfertigung und auch der ewige Irrthum des Idealisten. Die Welt bleibt sich, wie er meint, stets gleich; sie tritt nach seiner Ueberzeugung stets als Hindernis dem Menschen gegenüber, der sie zu beherrschen geboren ist. Es bedürfe nur des Entschlusses des Menschen, um die Verhältnisse zu beherrschen, sei es dass er sie überwindet, oder dass er fallend sie durch sein Pathos übertäubt, oder durch seine Ironie vernichtet. Dabei weist er in grossherziger Weise auf seinen Freund Cola di Rienzi hin, der zu dieser Zeit in Avignon im Kerker schmachtete, um

---

[1]) Fracassetti, lib. XII. ep. 1.

[2]) Plus quam annuas inducias dedi — der erste Brief ist am 24. Februar 1351, dieser zweite etwa im März 1352 geschrieben.

[3]) Aus den Worten des Briefes: Praesentem Tusciae statum vides, . . . illic tibi plurimum erit obsequii kann man schliessen, dass seine Absendung zur Zeit der florentinischen Gesandtschaft an Karl erfolgte. Nach Fracassetti epistolae XV. 5 vom 5. April 1352 sind bereits die zwei ersten Briefe an Karl, (gemina exhortatio) abgesandt.

[4]) Epistolae II. Band, S. 461. l. XVIII. ep. 1.

[5]) Primum quidem tarditati meae clypeum praetendis mutationem temporum, Epistolae II. pag. 462. Es ist wohl statt meae — tuae zu lesen.

das Urtheil des Papstes hinzunehmen. Rienzi habe es durch seine
persönliche Bedeutung vermocht, das Tribunat herzustellen, habe Italien
in Bewegung gesetzt, Europas Aufmerksamkeit auf sich gezogen.
Karl dürfe sich, wenn er sich weigere, die Hand nach der Kaiserkrone
auszustrecken, nicht auf den Ausspruch berufen: „Du weisst nicht, welch'
Ungeheuer das Imperium ist," den er irrthümlicherweise Augustus zu-
schreibe. Mit gelehrter Ueberlegenheit verweist Petrarca den Kaiser
darauf, dass dies ein Wort des Tiberius sei, das er gebraucht habe, als
er heuchelte, die Regierung sei ihm eine Last. Petrarca versucht dann die
Behauptung Karls zu widerlegen, dass Italien nie so zerrissen gewesen
sei. Mit glänzendem Wortschwalle zählt er, um die Uneinigkeit Italiens im Alterthum zu beweisen, die Namen der italienischen Völker
auf, die von den Römern seit den Zeiten des Tullus Hostilius bis auf
Hannibal und die Bürgerkriege bekriegt worden seien und sucht so
durch falsche historische Parallelen Karl darzulegen, dass das römische Imperium im 14. Jahrhundert um nichts schwächer geworden
sei, als es im Alterthum gewesen [1]). Es ist bisher nicht bemerkt
worden, dass dieser Brief Petrarcas ein glänzender Beweis seiner un-
abhängigen Denkweise ist. Zum Erstaunen seiner Freunde war er
nämlich im Mai 1353 an den Hof Johann Visconti's von Mailand
gegangen und war in dessen Auftrage diplomatisch thätig. Diese
Stellung war ehrenvoll und wenn Petrarca blos an seinen Vortheil
gedacht hätte, so hätte er Alles thun müssen, um sich das Vertrauen
Johann Visconti's zu erhalten. Allein er zog es vor, selbst auf seine
persönliche Gefahr hin, seinen Ansichten treu zu bleiben. Petrarca
schrieb den dritten Brief an den Kaiser, als er gerade eine Gesandt-
schaftsreise nach Venedig im Auftrage des Beherrschers von Mailand
unternahm. Niemand mehr als Johann Visconti musste die Ankunft
des Kaisers in Italien fürchten, das damals bereit war, sich unter
den Schutz Karl IV. gegen den Herrn von Mailand, Genua und Bologna zu stellen. So stolz dachte also Petrarca von seiner Stellung,
dass er sich nicht durch Dienertreue gebunden fühlte, wo das Wohl
Italiens und seine politischen Ideale auf dem Spiele standen. Auch
machte er aus dieser Haltung kein Geheimnis, da seine Briefe an den

---

[1]) Der Brief Karl IV. an Petrarca muss uns sehr unvollständig überliefert
sein; denn Petrarcas Citate aus demselben Olim inquis Romana Respublica
dives fuit (Epistolae II. pag. 463.) ferner: At monet paucitas meorum, comites
bellum parant, terret fama vulgaris (Epistolae II. pag. 474) finden sich in dem
Briefe, wie ihn De Sade mittheilt, durchaus nicht.

Kaiser als Flugschriften zu betrachten sind, die nur an eine bestimmte Adresse gerichtet waren und bald in ganz Italien bekannt
wurden. Endlich entschloss sich Karl IV. den von Petrarca heiss-
ersehnten Römerzug anzutreten. Sein Entschluss wurde gereift durch
zwei Todesfälle, die ihn über viele Schwierigkeiten hinüberhoben. Am
5. October 1354 starb Johann Visconti; wenige Tage darauf, wahrscheinlich am 8. October [1]) wurde Cola di Rienzo von dem Volke, das
seiner wieder überdrüssig geworden war, ermordet.

Als Karl IV. die Alpen überschritt, also Anfangs October 1354 [2])
schrieb ihm Petrarca einen kurzen, triumphirenden Brief, in dem er
ihm die Kaiserkrone, die Weltherrschaft und ewigen Ruhm verheisst.
Karl IV. hielt zu Mantua etwas länger Rast und empfing hier die
Gesandten der italienischen Staaten, die sich mit der neuen Erschei-
nung an ihrem politischen Horizont auseinander setzen wollten. Das
Gerücht drang nach Avignon, Petrarca sei von dem Herzog von
Mailand zu dem Congresse abgesandt worden [3]). Dies war nicht der
Fall. Offenbar wählten die Visconti zu ihrem Vertreter lieber einen
Mann, der von der Grösse des kaiserlichen Namens weniger geblendet
war und ihre Interessen schärfer wahrnahm; Petrarca selbst gibt an,
seine Sendung sei durch gewisse Privatverhältnisse verhindert worden.
Allein Karl IV. wünschte den berühmten Dichter Italiens kennen zu
lernen und schickte mehrere Tage nach der Abreise der mailändischen Gesandtschaft einen Boten an Petrarca, um ihn zu bitten, sein
Hoflager zu besuchen. Am 12. December reiste dieser zufolge der
ehrenvollen Aufforderung bei eisiger Kälte von Mailand ab. Vor Mantua, wo er am 16. December ankam, traf er einen Eilboten des
Kaisers, Sacramore [4]), dessen Namen wir noch öfter hören werden;
in der Stadt angelangt, ward er noch an demselben Tage vom Kaiser
empfangen und hatte eine Unterredung mit ihm bis tief in die Nacht.
Diesen ganzen Besuch hat uns Petrarca in einem Briefe an seinen Freund
Laelius geschildert, den er bald nach dem 12. Januar, dem Tage der
Abreise Karls von Piacenza, absandte.

In diesem Briefe tritt uns die liebenswürdige Eitelkeit des
Dichters in ihrer ganzen Stärke entgegen. Wir erfahren genau, was

---

[1]) Papencordt, S. 305.
[2]) Jam iuga Alpium transcendenti occurro animis ... Epistolae XIX. 3
[3]) Epistolae II. S. 517. (lib. 19 ep. 3.)
[4]) Liber XXI, ep. 7.

Petrarca, sehr wenig von dem, was Karl IV. gesprochen hat. Petrarca schrieb seine Briefe mit dem Bewusstsein, die Nachwelt werde sie lesen; und er konnte ruhig urtheilen, kommende Geschlechter würden mehr nach seinen, als nach den Worten des Kaisers fragen. Karl IV., so erzählt der Dichter, bat ihn zuerst, ihm das Buch „über die berühmten Männer", an dem er gerade arbeitete, zu widmen. Nach einigem Verhandeln sagte Petrarca das offene und schöne Wort: „Du kannst auf die Erfüllung Deiner Bitte rechnen, wenn Dir Deine Tugend, wie das Leben erhalten bleibt; denn wisse, nur dann wirst Du des Geschenkes und der Widmung würdig sein, wenn Du Dich nicht allein durch den Glanz Deines Namens und durch das Diadem, das Du trägst, sondern auch durch Deine Thaten und durch Deine Tugenden jenen Männern zugesellen wirst." Ein milder Strahl aus dem Auge des Herrschers und ein zustimmendes Lächeln belohnte den Sprecher. Dieser feine Dank für die kühne Schmeichelei ermuthigte Petrarca, auf die Idee überzugehen, die ihn stets erfüllte und für die er vor Allem den Kaiser gewinnen wollte. Wohl vorbereitet für seinen Zweck bot er dem Kaiser einige mitgebrachte römische Münzen zum Geschenke an und knüpfte an ihre Erklärung eine Vorlesung über die Tugenden der Kaiser und über das grosse Vorbild, das sie ihrem Nachfolger gegeben hätten. Die lehrhafte Art des Mannes, der sich wohl bewusst war, dass er seinem Zuhörer wie der Nachwelt einen ganz neuen Blick in die vergangenen grossen Zeiten des Menschengeschlechtes enthülle, wurde von Karl IV. mit Wohlgefallen genommen, obwohl der Gedanke an Nachruhm derjenige Antrieb war, der ihn am wenigsten beherrschte. Die Stimmung dieser Romantiker für das classische Alterthum war seinen augenblicklichen Plänen günstig; doch, als er theilnahmsvoll zuhörte, war es ihm schon klar, dass er die Erwartungen Petrarcas werde täuschen müssen. Er fragte den Dichter nach seinem Lebensgange, zeigte sich aber dabei merkwürdig unterrichtet, und schloss mit der Frage, was Petrarca in Betreff seiner Zukunft beschlossen habe. Dieser gab seine Absicht kund, sich in die Einsamkeit zurückzuziehen und das Leben eines Einsiedlers zu führen. Dazu lächelte der Kaiser und sagte: „Ich wusste wohl, dass ich Dich durch meine Fragen allmählich zu diesem Geständnisse drängen würde, um Deine Ansicht, die ich in vielen anderen Dingen billige, zu widerlegen." Es erhob sich nun ein heftiger Disput, in dem der Kaiser sich zwar fest zeigte und sogar Sieger zu sein vermeinte, worin er sich aber, wie Petrarca naiv hinzufügt, sicherlich täuschte. Merkwürdig ist nun, dass Petrarca den Antrag des Königs, ihn nach Rom zu begleiten, zurückwies. Karl hoffte mit Recht, der Glanz seines Zuges werde durch den gefeierten Dichter erhöht werden; auch konnte ihm Petrarca durch seine Kenntniss der toscanischen Verhältnisse gute Dienste leisten. Man sollte glauben, Petrarca hätte zugreifen müssen, um die Erfüllung seines Lieblingswunsches, die Krönung Karl IV. zum römischen Kaiser, mit eigenen Augen sehen zu können. War zudem für eine so glühend ehrgeizige Natur, wie die Petrarcas, nicht die Aussicht lockend, an dem Werke thätig mitzuarbeiten, das er, wie er meinte, durch seine Schriften vorbereitet hatte? Trotzdem schlug er diese Einladung aus, denn er besass eben nur jenen passiven Ehrgeiz, dem nicht die Thätigkeit selbst ein Bedürfniss ist, sondern die Anerkennung der Befähigung zu derselben. Solche Naturen verzehren sich in dem Bestreben, zu der höchsten Wirksamkeit berufen zu werden; sie können jedoch mit der grössten Kälte die lockendsten Anerbietungen zurückweisen. Wie seltsam contrastirt dazu Karl IV., dem es sein Leben lang nur um das Wesen der Macht galt und der den Schein so wenig schätzte, dass er ihn nicht einmal in seine Rechnung zog, wo er die Menschen durch ihn hätte gewinnen können! Auch jetzt berechnete er gewiss, wie man bei aller Anerkennung von Petrarcas Formtalent seine phantastischen Pläne eigentlich nicht ausführen könne, wie man alle Erwartungen benützen, wie man sie aber sämmtlich täuschen müsse. So entging Petrarca einer grossen Enttäuschung, als er ablehnte, den böhmischen König zur Krönung nach Rom zu begleiten.

Petrarca zog indessen mit Karl nach Mailand und begleitete ihn noch von da nach Piacenza, wo der deutsche König am 12. Januar 1355 ankam. Dann setzte Karl IV. den Weg nach Rom fort, ordnete bei seinem Aufenthalte in Toscana die Verhältnisse dieses Landes und liess sich am 5. April zu Rom zum Kaiser krönen [1]). Statt aber nun, wie Petrarca hoffte, von der ewigen Stadt aus seines Amtes als Herrscher der Welt zu walten, zog er vor, gemäss seiner dem Papste gegebenen Versprechungen noch am Tage seiner Krönung Rom zu verlassen und nach Deutschland zurückzukehren. Ihm stand fest, es sei vortheilhafter mit dem Papste gegen die öffentliche Meinung als umgekehrt seine Ziele zu verfolgen.

---

[1]) Die beste Quelle über Karls Krönung ist Johannes Porta de Avennaco herausg. von Höfler in den Beiträgen des hist. Vereins zu Prag II. B.

Wenig kümmerte ihn hiebei die Misachtung der Italiener, die
Enttäuschung Petrarcas und seiner Gesinnungsgenossen. Gleichsam um
zu zeigen, wie sehr er mit einem Male die Kluft zwischen sich und dem
italienischen Patrioten fühle, tastete er auch seinen Dichterruhm an,
indem er einen florentinischen Gelehrten Zanobi di Strata am 14. Mai
1355 zu Pisa zum Dichter krönte. Damit theilte Petrarca die Ehre
des Lorbeers mit einem Manne, den er bisher wohl als einen Freund
geschätzt hatte, der aber tief unter ihm stand. Einige Bemerkungen
über Zanobi mögen sein Verhältniss zu Petrarca klar machen.

Wesentlich Petrarcas Bemühungen war es gelungen, Zanobi zum
Aufgeben seiner Schulmeisterstelle in Florenz zu bewegen, die den
freien Flug seines Geistes gehemmt hatte. In dem reizenden Schreiben
aus Avignon [1]), dessen Jahreszahl wir leider nicht kennen, hatte ihm
Petrarca damals auseinandergesetzt, wie wenig er zu seinem Berufe
tauge, der Männer erfordere, deren Emsigkeit rastlos, deren Blut
kalt, deren Körper abgehärtet sei, deren Geist den Ruhm verachtet,
die den Aerger hinunterwürgen können. Der Briefwechsel des Freundes
war weitergesponnen worden; nun aber trat plötzlich eine Erkältung
ein, da Petrarca durch Zanobi's feierliche Krönung verletzt wurde. Doch
Petrarca dachte zu hoch, um dauernd verbittert zu sein; in dem
Briefe vom 9. Februar 1359 [2]) erscheinen die beiden Nebenbuhler,
wenn man sie so nennen kann, wieder versöhnt; Petrarca ist erfreut,
dass Zanobi päpstlicher Notar geworden ist. Die Rede, die Zanobi
bei seiner Krönung vor dem versammelten Volke hielt, ist uns erhalten [3]). Er entschuldigt zuerst seine Befangenheit, die alle berühmten
Redner beim Anblicke des Volkes gefühlt hätten und erklärt sich
nur ermuthigt durch die Aufmunterung seines Maecens, des Gross-
seneschalls von Neapel, Nicolaus Acciaiuoli. Dieser Mann war es ja
der ihm die Stelle eines Secretärs des Königs von Neapel verschafft
hatte, als er Florenz verliess, und der ihn auch jetzt Karl dem IV.
zur Krönung mit dem Lorbeer empfahl. Zanobi hält es für nothwendig, sich zu rechtfertigen, dass er an die Spitze seiner Rede Citate
aus alten Schriftstellern statt aus der Bibel stelle: in der That war
dies ein neues Beginnen. Alle Wesen, so fährt er fort, seien von

---

[1]) Epistolae XII, 3.
[2]) Epistolae XX. 14 an Laelius.
[3]) Unter anderem in der Wiener Handschrift Nr. 4498 folio 112—125
aus dem 15. Jahrhundert.

dem Triebe der Erhaltung ihrer Person und ihrer Gattung beseelt; den Menschen allein zeichne noch aus, dass er sich vom Wunsche nach Ruhm leiten lasse. „Daher die Denkmale der Literatur, daher die Gründung von Städten, daher die ungeheuren Bauwerke, die bis in den Himmel ragen; hier fand die Natur das Mittel, dass, wenn wir auch nicht ewig leben können, doch die Nachwelt wenigstens den Ruhm unserer Thaten und Beispiele für ihre eigenen Werke finde." Nach einer längeren Auseinandersetzung über den Virgil'schen Spruch Stat sua cuique dies breve et irreparabile tempus, zu deren Erklärung er den ganzen philologischen Apparat herbeizieht, der ihm zu Gebote stand, geht er zur genaueren Erläuterung des Wesens des Nachruhmes über. Er legt den Unterschied von fama und gloria auseinander und fordert jeden auf, sich dem Gebiete zuzuwenden, in dem er etwas Ausgezeichnetes leisten könne. Besonders sei Karl verpflichtet, nach Ruhm zu streben. Er erinnert ihn an die alte Grösse Roms, ermahnt ihn, dem winkenden Ruhm nicht auszuweichen: den Ruhm der Thaten verkünden dann die Propheten und Dichter. Deshalb haben die Vorfahren Karls immer die den Wissenschaften Ergebenen hochgehalten. Wie Karl sonst die Cäsaren erreiche, so solle er sie auch darin nachahmen.

Diese Rede schliesst sich Petrarcas Anschauungen vollkommen an. Es sind in ihr ebenso alle religiösen Vorstellungen aufgegeben und statt Bibelsprüchen Citate aus alten Schriftstellern, wie Cicero, Plinius, Sallust, Seneca, Valerius, Claudianus, Terenz herbeigezogen.

In seiner Verstimmung über die Krönung Zanobis durch Karl hörte nun Petrarca, wie der Kaiser Mitte Juni plötzlich Toscana verliess und in einer fluchtähnlichen Reise über die Alpen in seine Heimat zurückkehrte. Da schrieb er dem Kaiser in der zweiten Hälfte des Juni einen Brief, in dem er seine Entrüstung über des Kaisers Zaghaftigkeit aussprach: „Ich wage es nicht, Dir offen zu sagen, wozu mich mein Sinn und die Thatsachen drängen, dass ich Dich nicht durch Worte betrübe, da Du mich und die Welt durch Thaten gebeugt hast — aber nicht etwa, weil ich vor Tadel und Spott zurückschrecke, sondern weil ich wegen Deiner schnellen Abreise, die mehr einer Flucht ähnlich sieht, niemanden für trauriger halte als Dich." In mässigerem Tone fährt er dann fort, um mit den bitteren Worten zu schliessen, dass die Vorfahren Karls sich abwenden würden,

wenn sie diese ruhmlose, um nicht zu sagen ehrlose Römerfahrt
sehen könnten [1]).

Karl dürfte den Brief Petrarcas ziemlich gleichgiltig hingenommen haben: er war sich der Consequenzen seiner Handlungsweise
wohl bewusst und meinte nicht mit Unrecht, der erregte Dichter
werde sich wieder beruhigen lassen. Dies trat bald ein. Als Galeazzo
Visconti 1356 fürchtete, es werde König Ludwig von Ungarn gegen
ihn zu Hilfe gerufen werden, wollte er sich des Beistandes des
Kaisers gegen seinen neuen Gegner versichern. Petrarca liess sich
bestimmen, im Auftrage des Gebieters von Mailand nach Deutschland zu reisen. Schwer liess sich der Dichter aus seiner Beschaulich-
keit zu politischer Thätigkeit heranziehen; er tröstete sich, dass, wenn
seine Sendung mislinge, er wenigstens sein eigener Gesandter beim
Kaiser gewesen sein werde. Er nimmt sich vor, wie aus seinem Briefe
an Francesco de' Apostoli hervorgeht [2]), sich selbst, Italien und das
verlassene Imperium an dem Kaiser zu rächen. Doch muss Galeazzo
diese Vorsätze Petrarcas nicht für sehr ernsthaft gehalten haben, da
er gerade durch ihn seine Bitte an Karl zustellen liess.

Am 20. Mai 1356 brach Petrarca auf, um in Basel den Kaiser
zu treffen. Er wartete einen Monat auf denselben und zog ihm dann
nach Prag nach. Drei Monate verbrachte er im Ganzen auf dieser Reise,
auf der er im Anblicke des fremden Landes den Gedanken fasste, die
Schönheit Italiens und seine Gefühle für seine Heimat in einem
eigenen Buche niederzulegen [3]). Seine Absicht [4]), Näheres über diese
Reise mitzutheilen, scheint er nicht ausgeführt zu haben. Wir wissen
nur, dass er in Prag sehr ehrenvoll aufgenommen wurde; er schrieb
wenigstens ein Jahr später an Erzbischof Ernst, er habe nichts gefunden, was weniger barbarisch und mehr feingebildet sein könnte,
als der Kaiser und einige Männer seiner Umgebung [5]).

---

[1]) Petrarcas Gefühle über den Römerzug Karls sind auch ausgedrückt in
den Briefen an Neri Morlando Buch 20 ep. 1. ep. 2. Der letztere muss noch
im Sommer 1355 geschrieben sein (Fracassetti meint 1356), da Petrarca in demselben noch nach Details über den Römerzug fragt, die ihn später kaum interessirt hätten.

[2]) Epistolae lib. XIX, 3. Der Brief ist geschrieben, als Petrarca schon die
Koffer zur Reise nach Deutschland packte, inter tumultus sarcinulas stringentium.

[3]) Dies sagt er in lib. XIX, ep. 15 vom 31. Mai, einem Briefe, der demnach erst 1357 geschrieben sein kann, da er wieder aus Mailand adressirt ist.

[4]) Liber XIX ep. 14 vom 18. Sept. 1356; dicere aliquid institui.

[5]) Liber XXI. ep. 1.

So wenig ernst Petrarca als Staatsmann zu nehmen ist, so muss man doch jede Annahme zurückweisen, als ob er jemals mit Bewusstsein von seinen Grundsätzen abgewichen wäre. Es ist demnach nicht möglich, wie man oft annimmt, dass der Brief Galeazzo Visconti's an den Vicar des Kaisers zu Pisa, Bischof Marquard, von Petrarca herrühre. Kurz nach seiner Rückkehr aus Prag, noch voll von seinen wohlthuenden Reiseeindrücken hätte der Dichter nimmermehr einen Schmähbrief gegen den kaiserlichen Statthalter abfassen können [1]).

Eine Frucht des Aufenthaltes Petrarcas in Prag war die Bekanntschaft mit dem Erzbischof Ernst von Prag, mit dem Bischofe Johann Ocko von Olmütz und mit dem Kanzler Johann von Neumarkt. der damals (1353—1364) Bischof von Leitmeritz war und später (1364 — 1380) Bischof von Olmütz wurde. Petrarca zollt besonders dem Ersteren die lebhafteste Anerkennung; seinem Wesen nach habe er einem Athener geglichen [2]). Der Briefwechsel mit dem Kanzler Johann geht sogar mehrere Jahre vor ihre persönliche Bekanntschaft zurück [3]). Angeknüpft hat ihn der Kanzler des Königs in einem höchst demüthigen Schreiben, in dem er dem berühmten Dichter seine Verehrung zu Füssen legt. Es ist das erste Schreiben, denn Johann bittet darin erst um einen Brief, ohne sich im geringsten auf eine frühere Verbindung zu berufen. Er würde sich glücklich schätzen, wenn er in den Besitz eines Schreibens des berühmten Dichters käme. „Der Kanzler würde sich wie an einem glänzenden Gastmal erfreuen beim Empfang eines reizenden Briefes von Eurem, des Meisters, Tische; er würde sich berauschen an dem ersehnten Nectar der poetischen Beredtsamkeit. Wenn der Meister sich herabliesse, seinen demüthig bittenden Freund durch einen Brief zu erfreuen, so würde dieser sich für den glücklichsten der Menschen halten [4])." Ohne

---

[1]) Der Brief datirt vom 9. Oct. 1356 (Variarum epist. 59). Vgl. auch Fracassetti, Lettere 5, pag. 467.

[2]) Liber XXI. ep. 1 quod ad haec attinet, abunde mites et affabiles velut si Athenis Atticis nati essent.

[3]) Bis jetzt waren sechs Briefe Petrarca's an den Kanzler gedruckt (XXI, 2, 5; XXXIII. 6, 7, 10, 14, 16); dann sechs Briefe des Kanzlers an Petrarca bei Mehus Vita di Ambrogio Traversari Einl. pag. CCXXI.

[4]) Dieser Brief ist aus einer Wiener Handschrift im Anhang Nr. VIII. abgedruckt. Johann beruft sich in demselben auf die grosse Meinung des Apothekers über Petrarca. Es ist dies Angelo von Florenz, der zu Prag den ersten botanischen Garten anlegte.

Zweifel ist der 6. Brief des 10. Buches in der Correspondenz Petrarca's die Antwort auf Bischof Johanns Bitte. Der Dichter ist durch
die anerkennende Stimme von jenseits der Alpen entzückt. Er hatte
nicht gehofft, in so weiter Ferne einen Freund zu haben. Wohl wisse
er, dass der Ruhm etwas Nichtiges sei, allein er gestehe, dass er für
ihn, wie für viele edle Gemüther etwas Lockendes habe. Er zollt
Johann die liebenswürdige Anerkennung, dass er, obwohl fern von
Rom geboren, mit römischer Beredtsamkeit erfüllt sei. Sein Griffel
bürge dafür, dass die Formvollendung auch jenseits der Alpen zu
Hause sei. Es freue ihn daher, etwas in seinen Augen zu gelten; er
schäme sich nur, dass er verdienstvoller erscheine, als er verdiene [1]).
Die Aussöhnung des Kaisers und des Dichters, die bei dessen Besuch
zu Prag stattfand, zeigt sich in der Auszeichnung, die der Kaiser
Anfangs 1357 Letzterem zukommen liess. Er wurde nämlich zum
kaiserlichen Pfalzgrafen ernannt mit einer Urkunde, deren Siegel
sich in einer goldenen Bulle befand. Gleichzeitig mit diesem Decret
scheint auch der Brief des Kanzlers [2]) abgegangen zu sein, in dem
er seine tiefe Verehrung für Petrarca ausspricht. „Während Dein
Schüler, der Dir hier schreibt, sich so in Zweifel befindet und von
quälender Ungewissheit umhergetrieben wird, sucht er mit Gottes
Hilfe eine Stelle, wo er den Anker werfen, wo er das wogende,
zweifelnde Herz mit gewünschter Sicherheit befestigen könne — und
er hat sie gefunden. Er hat die süsse Freundschaft des edlen Franciscus gefunden, ... so dass es ihm tröstend ist, sich immer
seines Franciscus zu erinnern, immer an ihn aus der Tiefe seines
Herzens zu denken . . . . [3])". Er sendet dem Freund die Grüsse des
Erzbischofes von Prag, des Bischofes von Olmütz und seine eigenen
und drängt ihn, den Wunsch des Kaisers zu erfüllen, der „das Buch
von den berühmten Männern" zu lesen wünscht, von dem ja, wie
wir wissen, Karl IV. und Petrarca sich in Mantua unterhalten hatten.
In der Antwort vom 29. April 1357 [4]) äussert sich Petrarca entzückt aber den Entschluss des Freundes, dass der Name Franciscus

---

[1]) Der ille vir optimus, der, wie Petrarca bescheiden meint, dem Kanzler
eine zu günstige Schilderung seiner Persönlichkeit entworfen habe, ist eben
Angelo von Florenz. (Vgl. die vorige Anmerkung.)

[2]) Es ist der im Anhang Nr. II. veröffentlichte.

[3]) Francisci semper habere recordium, semper de ipso cordialissime
meditari.

[4]) Liber XXI. ep. 2.

niemals dessen Gedächtnisse entschwinden werde ¹); er schätzt sich glücklich, einen solchen Freund gefunden zu haben und vergleicht sich mit dem Bauer, der eine Perle gefunden habe. Er sei sich selbst theurer geworden, seit er solchen Lobes gewürdigt werde. Dennoch werde ihm nichts das Bewusstsein seines Unwerthes nehmen. Nach diesen graziösen Wendungen erbittet er sich die Gnade, Johann möge die goldene Bulle zurücknehmen, die ihm Sacramore überbracht habe und deren er sich unwürdig erachte.

Etwas förmlicher ist der Brief, den Petrarca an demselben Tage an Erzbischof Ernst von Prag abschickte ²) und der von den feinsten Schmeicheleien überströmt.

Johann war nun so höflich, die goldene Bulle nebst einem anerkennenden Schreiben, das indessen nicht erhalten zu sein scheint, Petrarca noch einmal zu überschicken. Letzterer nimmt endlich ³) das Geschenk an; er weist zudem die Bescheidenheit Johanns in der Schätzung des eigenen Stiles zurück und meint, das Staunen seines Freundes über die Vortrefflichkeit der Schreibweise Petrarcas rühre nur von dessen Nachsicht her. „Denn könntest Du irgend einen Stil, selbst den des Cicero bewundern?" ⁴). Die Empfehlungsschreiben, welche Petrarca dem Ueberbringer dieses Briefes Sacramore di Pommiers an den Kaiser, den Erzbischof und den Kanzler mitgab, sind

— —

¹) Nunquam Francisci tui nomen memoria Johannis abiturum. Aus dieser Stelle schloss ich, dass der obige Brief des Kanzlers vorausgegangen sei. Der Brief ist gewiss an den Kanzler Johann gerichtet, nicht an Bischof Johann Ocko, obwohl er die Aufschrift Johanni episcopo Olomutiensi trägt und damals (1357) Johann Ocko zu Olmütz Bischof war. Die Aufschriften der Briefe rühren eben aus einer späteren Zeit her. Die Stelle tu munus Caesareum augustum (d. i. die Urkunde der Ertheilung der Pfalzgrafenwürde) omni studio adornasti atque augustissimum effecisti kann sich nur auf die Thätigkeit des Kanzlers beziehen.

²) Liber XXI. ep. 1.

³) In dem Briefe liber XXI. ep. 5 vom 25. März 1358.

⁴) Von demselben Tage sind auch die Empfehlungsschreiben Petrarcas für Sacramore di Pommiers an den Kaiser (lib. XXI. ep. 7) und an Erzbischof Ernst (lib. XXI. ep. 6). Es war dies der ständige Bote zwischen Prag und Mailand, der die Geschäfte des Herrn von Mailand zu führen hatte. Ueber ihn Fracassetti Lettere 4, p. 340. In der Urkunde bei Maderus. Gervasius Tilber. Otia imper. p. 98 erscheint Sacramore als Vollmachtträger Bernabo's von Mailand, um mit dem Kaiser einen Vertrag einzugehen. Vgl. auch Neumann, Neues lausitz. Mag. 1846 Nr. 212.

so liebenswürdige Variationen desselben Themas, dass man begreift,
dass Johann in seiner Antwort [1]) ausrufen konnte, dass er, der sich
sonst zu dem Collegium der Notare rechnete, durch den Witz von
Petrarcas erlesener Rede betäubt, sich kaum den Spechten zuzählen
könne, da der Stil des Kanzlers mit des Freundes Rede verglichen
gar nicht der menschlichen Sprache gleiche.

Um diese Zeit wurde Petrarca benachrichtigt, die Gemalin
Karl IV. sei endlich mit einen Töchterchen gesegnet worden. In dem
Briefe vom 23. Juni 1358 an Kaiserin Anna wünscht der Dichter
der erlauchten Mutter Glück, tröstet sie aber zugleich, dass der
Himmel ihr noch keinen Thronerben geschenkt habe. Wie die Weisen
sagen, so meint er, folgt einem schwachen Anfang bald günstigeres
Geschick. Wer das Höchste anstrebt, pflegt mit dem Untersten zu
beginnen. „Die Natur wollte wahrscheilich an Dir ebenso handeln
und Dir durch die eine fröhliche Geburt viele fröhlichere verkünden.
Für mich, für diejenigen, die von Dir und Deinem erhabenen Gemahl glückliche Sprossen hoffen, genüge es, dass Du fruchtbar bist
für einen kaiserlichen Erben. Du wirst jetzt nicht endigen, sondern
glücklich vollführen, was Du begonnen.“ Nach diesen zierlichen Wendungen, die die Klippe des Allzunatürlichen glücklich umschiften,
wird das pathetische Geschütz der historischen Citate aufgefahren, um
zu beweisen, dass das weibliche Geschlecht nicht gering zu achten
sei. Von Semiramis und Lucretia an werden alle berühmten Frauen
des Alterthums aufgezählt; von den Heroinen des christlichen Glaubens
jedoch ist es nur die heilige Maria, die sich dem Gedächtnisse Petrarcas aufdrängt: so ausschliesslich lebt sein Geist in der Erinnerung
der classischen Zeit. —

Am innigsten wurde der Verkehr zwischen dem italienischen
Dichter und dem kaiserlichen Hof in den Jahren 1361 bis 1363. Da
war fast immer ein Brief auf dem Wege, sei es von diesseits oder
jenseits der Alpen. Es ist nun eine nicht leichte Aufgabe, die Reihenfolge dieser häufig nicht datirten Zeilen festzusetzen; man muss oft
verzichten, einen strengen Beweis für eine gewisse Aneinanderreihung
führen zu wollen und kann bloss auf die Wahrscheinlichkeit des
Aufbaues im Ganzen und Grossen hinweisen. Im sechsten Regierungs-

---

[1]) Als solche möchte ich den Brief bei Mehus, Vita di Ambrogio Traversari p. CCXXIII, ep. VI. auffassen, von dem gesagt ist, dass ihn Sacramore
überbringe.

jahre Kaiser Karls [1]) (also nach Ostern 1360), und zwar im März
1361 schickte der Kaiser einen Eilboten an den Dichter in einer
höchst wichtigen und dringenden Angelegenheit [2]). Kurz vorher hatte
nämlich Herzog Rudolf IV. ein Privilegium vorgewiesen, welches dem
Hause Oesterreich mehrere grosse Rechte von solcher Ausdehnung
verbriefte, dass durch sie die Ostmark fast unabhängig vom deutschen
Reiche geworden wäre. Angeblich war dieser Freibrief (das sogenannte privilegium maius) schon von Cäsar und Nero ausgestellt
worden; sonst aber war die auf denselben verwendete Sorgfalt des
Fälschers eine so bedeutende, dass erst in unserer Zeit die unbe-
strittene Widerlegung der Echtheit des Privilegiums geführt wurde.
Karl IV. zweifelte wohl auch an die Glaubhaftigkeit des Briefes, der
seinem Schwiegersohne Rudolf eine so gewichtige Waffe bot: er wollte
indessen über das Schriftstück die Meinung des ausgezeichneten
Kenners des Alterthums, Petrarca, hören. Mit dieser Anfrage wird
wohl auch die Mittheilung verbunden gewesen sein, dass dem Kaiser
endlich der ersehnte Thronerbe geboren worden sei; zugleich wurde
an Petrarca das dringende Ersuchen gestellt, den Kaiser wieder in
Deutschland zu besuchen [3]). An diese Mittheilungen schloss sich dann
ein Brief des Kanzlers [4]), in dem dieser mit den wärmsten Ausdrücken der Verehrung — er nennt Petrarca seinen Meister und
Herrn — sich der Einladung des Kaisers anschliesst und den Dichter
bittet, er möge ihm seine Schrift Remedia utriusque vitae schicken [5]).

Petrarca beeilt sich nun, in zwei etwa gleichzeitigen Briefen,
dem Kaiser zu antworten. Auf die Anfrage in Betreff des Privilegiums muss er bei der höchsten Eile des Gegenstandes noch an dem-

---

[1]) In ea ipsa saltem, quam mihi dictabas, epistola non animadvertisti
sextum imperii tui annum agi? (Epist. t. 3 p. 190.)

[2]) In dieses Verhältniss hat Jäger in der Abhandlung im österreichischen
Archiv Band 38. S. 454 ff. Klarheit gebracht.

[3]) Wahrscheinlicher ist, dass die Einladung in einem eigenen Schreiben
zugestellt wurde; es dürfte dies die Urkunde bei Pelzel T. II. Nr. CCCXXII
= Mehus epist. III = Hoffmann, Sammlung ungedruckter Urkunden Nr. 322 sein.

[4]) Pelzel, Leben Kaiser Karl IV T. II. Nr. CCCXXIII = Mehus, Epistola II.

[5]) Diese Schrift war wirklich erst kurze Zeit vorher geschrieben. Ihre
Widmung an Azzo, den Herrn von Coreggio datirt von 1358. Baldelli's Angabe,
Petrarca hat die Remedia am 5. Oct. 1366 beendigt, widerlegt sich demnach
auch durch diesen Brief, der nicht nach 1363 geschrieben ist, da nach dieser
Zeit der Verkehr zwischen Petrarca und dem Hofe Karl IV. aufhörte.

selben Tage sein Gutachten abgeben [1]). Die Urkundenkritik lag
damals in den unbedeutendsten Anfängen; Petrarca hatte sich zudem
wahrscheinlich mit diesem Hauptbehelfe mittelalterlicher Rechts- und
Geschichtswissenschaft wenig beschäftigt. Nichtsdestoweniger kann
ich seine Antwort nicht als so nichtssagend betrachten, wie sie
mehrere Forscher gefunden haben. Er erklärte das Privilegium vor
Allem für falsch. Seine historischen Einwürfe gegen dasselbe sind
zwar schwach; ehrenvoll aber bleibt es für ihn, dass er jenes wichtige
Hilfsmittel der Urkundenkritik, die Untersuchung der Beschaffenheit
des Stils mit solcher Sicherheit angewendet hat. In diesem
Punkte, in dem er die Kennerschaft beanspruchte, zögerte er keinen
Augenblick; der stete Vergleich, den er während seines Lebens zwischen
dem classischen und dem modernen Latein gezogen hatte, gab ihm
die Sicherheit des Urtheils in dieser Beziehung; die Mangelhaftigkeit
des Stiles der Urkunde ist der Hauptgrund, warum er ihre Echtheit
verwirft. Gleichzeitig mit diesem Briefe schickte er am 21. März 1361
von Mailand aus einen andern Brief [2]) an den Kaiser, der wie alle
Schreiben Petrarcas zur sofortigen Veröffentlichung bestimmt war,
während der erste Brief auf Wunsch des Kaisers geheim bleiben
sollte. In diesem offenen Schreiben lehnt Petrarca die Einladung des
Kaisers dankend ab, da er täglich schwerfälliger werde und sich von
seinem Vaterland nicht trennen könne. Sonst würde es ihm ruhmvoll dünken, Karls Virgil und Flaccus zu sein, ein Ruhm, den er
sich aus Liebe zu seinem Heimatlande versage. Damit kehrt Petrarca
zu den theueren Vorstellungen zurück, mit denen er einst Karl IV.
vertraut zu machen bemüht war. Mit dem ganzen Aufgebot seiner
Kraft versucht er den Kaiser zu bewegen, noch einmal nach Italien
zu kommen und die Zügel der Herrschaft in seine Hand zu nehmen.
Mit Stolz habe er Karl IV. in Italien gesehen, zu schnell sei dieser
nach Deutschland zurückgeeilt. Sei er aus Furcht vor der Gefahr ge-
wichen? Jetzt sei keine Zeit mehr zu verlieren; die Zeit fliehe, Karls
Pflicht dränge. Nun habe er einen Erben, der ihm folgen könne,
falls er auf dem Zuge sterbe. Er möge sich nicht durch das Verbot
des Papstes zurückhalten lassen; Rom sei seine Heimat, das Haus
der Caesaren, sein wahres Vaterland. Wenn er geschworen habe, Rom
nicht zu betreten, so müsse ihn der Papst von seinem Eide lösen.

---

[1]) Senilium epist. 5, liber XVI.
[2]) Liber XXIII. epist. 2.

„Welche Hochmuth ist es von dem Papste," sagt Petrarca, „den
römischen Fürsten, den Bürgen der römischen Freiheit, seiner Unab-
hängigkeit zu berauben, so dass er, dem alles gehört, nicht mehr sein
eigener Herr ist" „Du verstehst," fügt er vielbedeutend hinzu, „nicht
allein, was ich gesagt habe, sondern was ich sagen wollte." Zugleich
mit diesem Schreiben ging ein Brief an den Kanzler Johann [1]) ab, in
dem er zuerst den Namen des Meisters und Herrn ablehnt, den ihm
Johann gegeben hat.   Er bittet ihn, sich des Freundes beim Kaiser
anzunehmen, der vielleicht durch seinen Freimuth verletzt worden
sei. Zugleich übersendet er ihm seine Eclogen, als dem Ersten, der
die Gedichte erhalten habe.   Die Erläuterung zu diesen Gedichten
werde er ihm schicken, sobald sich der Kaiser zum Zuge nach Italien
aufgerafft haben werde. Um diese Erklärungen bittet alsbald Johann
von Neumarkt den Dichter [2]).   „Denn ich werde von Wehmuth und
Schmerz ergriffen, wenn ich Worte von solcher Klangfülle und Bilder
von so tiefem Gehalte lese, während ich nicht verstehe, welchem
Sinne die Rede in ihrer genussvollen Glätte zustrebt."

Die Antwort des Kaisers auf die Aufforderung Petrarcas nach
Italien zu kommen war eine zweite Einladung an den Dichter, den
Kaiser in Prag zu besuchen. Ein goldener Becher kam zugleich mit
diesem Briefe als Beweis der Achtung des Monarchen. Petrarca zeigt
sich in seiner Antwort vom 18. Juli 1361 [3]) höchlichst geschmeichelt,
dass der Kaiser, der den Völkern gebiete, den Königen befehle, ihn
zu sich bitte. Allein er fühlt, dass Karl IV. seine politischen Pläne
mehr des Stiles wegen schätze, in dem sie auseinandergesetzt waren,
als um ihres Inhaltes willen.   Petrarca zeigt sich geneigt, diesen
Theil ihres Verhältnisses mit jenem feinen Humor aufzufassen, der
Karl IV. erfüllt haben mochte. Und konnten ihm noch seine Jugend-
ideale von der Grösse des römischen Reiches, von der Herrschaft der
Kaiser erreichbar scheinen? Er ehrte sie nur noch als ein Ver-
mächtniss seiner Jugend; er hielt an ihnen fest, wie ein Mann, der
fühlt, dass er sich wohl gleichgeblieben sei, dass aber die Zeit ihn
im Stich lasse. „So erfolglos also, ich bitte Dich, ist der Ruf meiner

---

[1]) Liber XXIII. ep. 6. Von dem Verkehr Petrarcas und Johanns gibt noch
der Brief lib. XXIII. ep. 7 Zeugnis, in dem Petrarca dem Kanzler einen jungen
Mann empfiehlt.

[2]) Mehus, Vita di Ambrogio Traversari p. CCXXII. ep. IV.

[3]) Liber XXIII ep. 8.

Briefe, dass Du, der Du von mir so oft, so lange, so angstvoll, so heissersehnt nach Italien gerufen wurdest, zuletzt mich, den Mahnenden, zu Dir rufst und mich, wie Du in Deiner Milde Dich auszudrücken geruhest, mich ersehnst, mich erwartest? Was soll daraus werden, o Caesar, Du rufst mich nach Deutschland, ich Dich nach Italien; Du bist mir überlegen durch Deine Stellung, ich Dir durch meine Gründe; Du rufst mich zu einer, ich leugne nicht, angenehmen und ehrenvollen Erholung, ich Dich zur Thätigkeit, zur gebieterischen Pflicht." Wieder schlägt er die Einladung aus; ihn hindere die Hitze des Sommers, dann das nahende Alter. Er sei nie so jung gewesen dass er nicht gewusst hätte, er werde alt; er wusste es, als er es noch nicht fühlte. Zudem könne er sich nicht von seinen Büchern trennen. Indessen, wenn der Sommer dem Herbst weichen werde, wenn der Geleitsbrief des Kaisers anlange, gedenke er sich auf den Weg zu machen.

Zweifelsohne ging auch diesmal gleichzeitig mit dem Briefe an den Kaiser ein Schreiben an den Kanzler ab, in dem vermuthlich die Erläuterung der Eclogen Petrarcas enthalten war, um die Johann gebeten hatte. Den Dank für diese Schrift Petrarca spricht Johann in einem uns erhaltenen Schreiben aus [1]), in dem er nur bedauert, dass ein Wunsch des Dichters, den wir nicht kennen, noch nicht der Erfüllung habe zugeführt werden können [2]).

Es erfolgte nun eine dritte Aufforderung Karls an Petrarca, den Kaiser zu besuchen, indem dieser erklärte, er werde ihn an den Grenzen Italiens erwarten. Darauf hin entschliesst sich Petrarca in dem Briefe vom 21. März 1362 [3]), die Alpen zu übersteigen. Es wäre unbescheiden von ihm, auch jetzt nicht zu kommen. Er habe gehofft, der Kaiser werde seiner vergessen; doch jetzt erkenne er dessen treues Gedächt-

---

[1]) Mehus epistola V. und Neumann N. Lausitzisches Mag. 1846 Nr. 211. In letzterem heisst es indessen negotium domini . . ., de . ; . . Es kann sich also auch um eine Petrarca befreundete Person, nicht um dessen eigenen Wunsch gehandelt haben.

[2]) Vor diesen Brief fällt wohl noch XXIII. 16, da sich Petrarca in diesem Brief beklagt, dass Johann ihm gar nichts in der bewussten Angelegenheit schreibe; er sei indessen überzeugt, dass weder der Kaiser noch der Kanzler ihm übelwolle.

[3]) Liber XXIII. ep. 9. Die letzte Aufforderung des Kaisers kam zwischen dem 10. Januar und 21. März 1362 bei ihm an. Vgl. Oesterr. Archiv. Bd. 28 Seite 458.

niss, „Du hast gesiegt. Deine Herablassung hat meine Unentschlossenheit überwunden." An demselben Tage theilt er dem Bischof-Kanzler sein Bedenken mit [1]). „Ich ahne, dass der Kaiser mir schnell Lebewohl sagen wird, wenn er sieht, wie sehr es mir frommt, mich aus der Ueberlegung über mich selbst und über das diesseitige Leben zu dem Dienst des himmlischen Kaisers zu erheben. Und dass Du nicht über Schwerfälligkeit staunest, wenn Du meine Art genauer kennen lernen wirst. Du wirst in mir nicht eine Schwalbe finden, die zum Himmel fliegt, nicht einen Hirsch, der auf den Bergen jagt, sondern eine Schildkröte, die mühselig dahinschleicht."

Petrarca brach am 11. Mai 1362 von Mailand nach Padua auf, um sich nach Deutschland zu begeben. Allein er fand die Wege versperrt, da der Ehrgeiz der Visconti einen neuen Krieg erregt hatte [2]). Dies meldete er in mehreren Briefen nach Prag, von denen indessen kein einziger seine Bestimmung erreichte, so dass jetzt eine ganze Zeit der Verkehr unterbrochen war. Petrarca aber wählte jetzt statt Mailand Padua zu seinem Aufenthalte und machte Arquà berühmt durch sein Verweilen, das fast ununterbrochen bis an des Dichters Tod (1374) währte. Spät erst langte ein Brief von Bischof Johann an, in dem dieser sein Befremden kundgibt, dass Petrarca ihm nicht mitgetheilt habe, dass er seinen Wohnsitz verändert habe, und in dem überhaupt, wie es scheint, mit dem förmlicheren „Ihr" ein neuer, weniger herzlicher Ton angestimmt war.

So verfällt auch Petrarca in dem letzten Brief, den er wahrscheinlich an den Bischof Johann gerichtet hat, in eine stolzere Redeweise, als wir es in seinem Verkehre mit diesem bemerkt haben. Gerade deshalb tritt uns Petrarca wieder einmal, da er sein Wesen nicht unter höflichen Formen zu verstecken gezwungen ist, offener hervor. Mit Stolz spricht er an dieser Stelle von dem, was er als sein Verdienst betrachtet. „Du sprichst mich," sagt er, „in der Mehrzahl an, da ich doch nur Einer und glücklicherweise ein Ganzer bin, der noch nicht in mehrere feindliche Mächte widerstreitender Ansichten zerrissen ist. Ich werde meinen Brauch darin nicht ändern, dessen sich einst alle Gebildeten und auch wir untereinander lange bedient haben; ich verwünsche die Schmeicheleien und Thorheiten der Neueren und rühme mich Dir gegenüber ungerne zwar, doch offenherzig, dass ich

---

[1]) Liber XXIII. ep. 10.
[2]) Das erfahren wir aus Epist. famil. XXIII. 14; Epist. senil. lib. I. ep. 5.

den Stil unserer Väter, der in dieser Beziehung weibisch und kraft-
los war, allein oder doch der Erste in Italien verbessert und zu
seiner alten Kraft und Festigkeit zurückgeführt habe."

An demselben Tage (11. März 1363) schickte er dem Kaiser
die letzte Aufforderung nach Italien zu kommen. Allein Petrarca
thut es nur mehr, um seiner Pflicht zu genügen, nicht in der Hoffnung auf Erfolg. Matt tönt seine Stimme, ein Hauch von Wehmuth durchzieht seine Klage. Seine Wünsche, seine Vorwürfe sind
zu Seufzern geworden, die sich schon fast wider seinen Willen der
Brust entringen. „Erschöpft ist mein Geist, da ich Dich auf Deinen
Thron rief, heiser wurde meine Kehle, verwirrt meine Stimme, es
fehlt mir schon an Thränen, zu schwach sind meine Seufzer, mit
dem Herzen allein vermag ich zu sprechen." „Italien rufe seinen
Kaiser wie Jesus seinen Vater: Caesar, Caesar, Caesar, warum hast
Du mich verlassen?"

Mit diesem Schmerzensschrei schliesst der Briefwechsel des
Kaisers und des Dichters [1], der für jeden von Beiden ebenso ehrenvoll als bezeichnend ist. Petrarca irrte dort, wo der Irrthum für ihn
keine Schande war, indem er an den Kaiser höhere Anforderungen
stellte, als dieser zu erfüllen vermochte, indem er Träume verwirk-
lichen wollte, die wohl ein Dante, ein Cola mit ihm theilte, die
indessen nur jenen edlen Geistern ein Bedürfniss waren, die ihren
Geist in die einstige Grösse Italiens vertieft hatten. Gerade das Gefühl, das ihn als Politiker irreleitete, erfüllte ihn mit dichterischem
Feuer und erweiterte das Gebiet seiner poetischen Phantasie mit
einer Vorstellung, die so vielen besonders deutschen Dichtern gefehlt
hat, mit der Idee des Vaterlandes.

Umgekehrt hat Karl IV. niemals den Pfad, den er sich als
Staatsmann vorgezeichnet hatte, den Bildern des Dichters zu Liebe
verlassen. Eher kann ihm vorgeworfen werden, dass er seinen Freund
getäuscht habe, indem dieser wähnte, mit seinen Gründen zu wirken,

---

[1] Handschriften von Petrarcas Werken aus dem 14. Jahrhundert sind in
Böhmen nicht selten. Sie beweisen das Interesse für diesen Dichter. Der merkwürdigste derartige Codex befindet sich in der Raygerer Bibliothek D K 1 A 3. Er
ist von Frater Conrad vita pictor, habitu religiosus minimi ordinis Carthus.
geschrieben und enthält unter Anderem die Meditationes Francisci Petrarcae
und das Psalterium Fr. Petr. poete laureati super septem moralia peccata et
ramos eorumdem. Dagegen ist der häufig unter Petrarcas Namen vorkommende
liber Augustalis (eine Weltchronik) von Petrarca de Rambaldis.

während Karl dem Tonfall seiner Perioden lauschte. Mit feinem Sinn wusste Karl immerdar zu trennen, wo sich in Petrarca die Schwäche des Politikers und die Grösse des Redners und Poeten schied. Und hat er Petrarca etwa Unrecht gethan, wenn er meinte, den Dichter erfreue mehr die Bewunderung des literarischen Kenners als die besiegte Ueberzeugung des Staatsmannes? Karl verzieh deshalb Petrarcas Freimuth als poetische Licenz und forderte seine Rathschläge immer heraus, um sich einen Genuss zu verschaffen, den nur der erste Stilist seiner Zeit gewähren konnte. Ganz anders hatte Karl IV. Cola di Rienzo zurückgewiesen, da dieser seine Träumereien als puren Ernst zu geben sich den Anschein gab.

Wir konnten demnach auch in diesem Abschnitte den Nachweis führen, dass Karl IV. die Gabe hatte, sich in die verschiedensten Geistesrichtungen hineinzudenken und das Bedeutende an ihnen zu schätzen. Anfangs zog ihn wohl zu Petrarca nichts Anderes hin, als dessen berühmter Name. Später aber fasste er warmes Interesse für die merkwürdige Persönlichkeit des Dichters. Zwar ist er gewiss niemals in das Wesen seiner Bestrebungen eingedrungen, er hat kaum verstanden, was Petrarca denn eigentlich an dem Geiste des Alterthums schätzte. Allein er bemühte sich doch, die classisch-rhetorische Form des Briefstiles in seine Schreiben einzuführen und sein Kanzler Johann hat, wenn auch in der unglücklichsten Weise, den Dichter nachzuahmen versucht. Ja Karl ist so sehr aus sich selbst herausgetreten, dass er die antiken Anschauungen von Ruhm und Menschengrösse in seinen Urkunden zu reproducieren bestrebt war. Doch war ihm dies Alles nur äusserlich angeflogen: er gehörte noch ganz dem langsam begreifenden, scholastisch-gelehrten 14. Jahrhundert an, das sich um eine ganze Welt von dem Zeitalter der Renaissance unterscheidet, dem lebensfrohen, unchristlichen, hellenisirenden Jahrhundert des Lorenzo Magnifico, Angelo Poliziano und Leonardo da Vinci.

Beilagen.

(Seite 70 Anmerk. 3 ist irrigerweise auf Beilage Nr. I statt Nr. VI. verwiesen.)

I.

Idem (Cancellarius) **rogat S., ut non habeatur de eo suspicio, quod sibi que grana condenda dederit causa ioci.**

(Handschrift der Prager Universitätsbibliothek XIII D. 6. Nr. 27. Vgl. oben S. 110 Anm. 1.)

Nobilis vir amice karissime.

Inter clericos iuniores Cancellaria mea hactenus per dies multos currebat illud solacium, ita quod secum illis granis mutuo hincinde reciperent, ut unus aleri ad risum provocandum pararet sitis incendium; et nullum aliud inter eos umquam evenit periculum, nisi quod, postquam de nocte grana sumebantur, ab uno continue sequenti die potibus inhiabat. Et ego confidens, nullum aliud vobis immineri periculum, sub bona fiducia ad hoc ibam, ut grana talia deglutiretis. Unde, amice karissime, cum absque omni dolo talia gesta sint et ego salutem et dulcem fortunam vestram et augmentum honoris vestri semper dilexerim, rogo vos, ut suspicionem mali repellatis ab animo et credatis, hoc negocium pro excitandis risibus evenisse. Nam qua racione vobis, singulari amico meo, scienter parassem tantam doloris materiam, qui nec talia facerem ei qui mihi foret notorius inimicus!

II.

Littere misse Francisco Petrarce per Cancellarium.

(Handschrift der Prager Universitätsbibliothek XIII.D. 6 und Handschrift Nr. 52 der Wiener Hofbibliothek Nr. 3372 f. 118 a. Vgl. oben S. 111. Anm.)

Stili magistralis apparatus magnificus et verborum sublimium mellica dulcedo sicud a purissime mentis mundo thalamo prodiisse noscuntur

sic salutem [1] mentis mee incomptamque grossiciem servi fulgo ris
aspectibus terruerunt, ut non solum oris fores obmutuerint ad loquendum, verum eciam manus ipsa ad scribendum palpitet, calamum
tremula quidem recipiens, corporeis viribus [2]) destituta. Neque, magister et domine, pater et amice karissime, est ad quod mireris, si
mei intellectus declinitas sacrum non admittit eloquium, ad cuius
intelligenciam vix Virgiliana profunditas, Lucani sonoritas aut Ovidiana sufficeret latitudo. Nam, virtuose pater, dum epistola tua recte
prospicitur, dum post lecturam carnalis oculi mentis eciam visu per-
pense disquiritur ac in eo interioris hominis incipit laborare solercia,
tam mira tamque suavi cernitur plena dulcedine, ut habitus electivus
suo fraudetur officio [3]), nescius utique an sentenciarum pondere seu
florum pocius delectetur fragrancia, vel si incomptissimi stili grata
posicio aut dulcium verborum singularis proprietas magis allicere
valeat animum audientis. Dumque in dubiis sic haberet sicque vacil-
lante ambiguitate difertur scribens tibi discipulus, aliquid divina
favente clemencia certo requirit, ubi defigat anchoram; ubi fluctus
dubie mentis optata firmitate stabiliat [4]), requirit et invenit. Invenit
utique nobilis Francisci amicam dulcedinem, invenit dulcem amici-
ciam, que Johannis animum super omni favo mellico aut ea, que
gustum mutare potuerint, privilegiati roris aspergine sic dulcorat,
ut dulce sit ei [5]) sui Francisci semper habere recordium, semper de
ipso cordialissime meditari; hoc unum exoptans, ut a te salutetur
multociens, ut exquisito musarum carmine omni genere doctrine
virenti, quod ex tuis [6]) labiis velud a beato quodam fonte progre-
ditur, grata sibi gustus interior mentis valeat convivia reperire.
Salutat te Archiepiscopus, Episcopus et tuus discipulus, qui hec
scribit. Si sciret tua paternalis dileccio, quanto desiderio Cesareus
animus sitit librum virorum illustrium et quibus gemitibus Cancellarius expectat eumdum, ad sui transmissionem celerem tua procul
dubio nobilitas festinaret. In corpore et anima tui gerat custodiam,
qui suo precioso sanguine genus humanum generose redemit. Cui te
devotis affectibus omni tempore recommendo etc.

----

[1]) Die Wiener Handschrift liest: stabeam.

[2]) Wiener Handschrift: visibus.

[3]) Die Prager Handschrift hat: et habitus electuaris sine frueretur officio nescio . . .

[4]) Die Wiener Handschrift liest: stabilitat.

[5]) Die Wiener Handschrift liest: enim.

[6]) Wiener Handschrift: eius.

III.

Item epistola cuidam poete.

(Handschrift des Wiener Staatsarchivs Cod. papir. 183 Nr. 28 Fol. 20a. Vgl. oben Seite 111. Anm. ¹)

Musarum Eliconei colles omni genere doctrine virentes ver-
nausque thimiamatum grata congeries, que dearum instinctu sulcata
prata germinare faciunt decore quod colorant vario flores, ut diversi
virorum flagrancia pupillam amovent oculorum et animi famelentum
diversis odoribus sacient delibutum; quapropter diversi lauripete florum
pulchritudinem et saporem carpere volentes, alii montis Hiemecii
cacumen transcenderunt, alii Eliconeos colles petentes Musis propiciis
partim unusquisque rapuerunt. Et quamvis viridarium tociens famo-
sis Rethorum artificiis spoliatum videretur, non tamen abfuit, quin
campo plura consisterent florum mutatoria secundum materie appe-
tibilem qualitatem, quam nec Tulliana facudia nec Virgilii profunditas, Ovidiana latitudo nec Sidonii obscuritas seu Lucani sonoritas
devastarunt. Preterea quia diversi poete diversis utuntur dictandi
moribus, ut non talis facundie lepor in aliis appareat, in aliis vero
clarescat super favum mellica loquela, ita ut singularibus rebus pro-
mendis singularis stilus refulgeat depuratus, prout divine Pierides
propriam prestiterunt largitatem. unde presumptuosa dictancium
sevitas aliter in luce tenebratur. Nam cum alii alicui insistunt materie,
hii precipitatis ruunt verbis, materiam prodiga brevitate confundunt,
ut repentini verbi prolapsu sentencias plene-verbis non cogant:
alii presumpcione andaci durioris stili insecuntur vestigia formeque
rigore conturbant; alii diversarum incomparabilium materiarum
serie ita lacerant intellectum, ut mentis non pateat integritas;
alii profunditate magisterii tam implicite seminant, ut vix aut
nunquam sensum quis eorundem metere valeat: alii prolixitate gau-
dentes dispendiosum generant fastidium; alii brevitate torpentes
parcitate furantur, ita quod ineptudine quadam procellosi impetus
inundacione corruunt, cum dearum antidota male tractant. Unde veri
oratoris hec est regula veritatis. Nam alii tristia fata elegiaco scri-
bunt acthonitu; alii tragediam altis traiciunt verborum iactibus; alii
comediarum inpollitam tractant grossiciem; alii materie'massam tautis

---

¹) Eine sorgsame Vergleichung meiner Abschrift mit dem Codex war
mir nicht möglich, da letzterer auswärts verschickt war, als ich meine ältere
Abschrift noch einmal controlliren wollte.

ornant monilibus, ut redimitis gemmis varie elucescat et inno-
centis materie qualitas castitate pudica eniteat. Ego vero, qui nec in
collibus nominatus nec in Parnasei montis pinaculo digni qualiter
secreta pandam celestium, cum nec animi prudenciam nec instru-
menta debita habeam ad loquendum, — igitur ad tue claritatem
limpiditatis parvus curro suppliciter, quatenus mee parvitati velis
radium tui veri luminis impertire et Pegasei nectaris profluvio saciare,
ut tui particeps esse videar veluti effluvio paradisi universa secula irri-
gante etc.

IV.

Cancellarius transtulit quoddam carmen de Theutonico in Latinum et mittit episcopo.

(Handschrift der Wiener Hofbibliothek Nr. 3372 Fol. 121 vgl. oben S. 114.)

Reverendissime pater et domine metuende. Vulgaris elo-
quencie princeps, qui secundum Reni asperginem linguam adornavit
Theutonicam et venusto floris germine decoravit, magister Johannes
dictus Frawenlob condolens exulanti justicie tam notabile tamque
famosum carmen elegiaco stilo in materia tali composuit, quod, dum
ad me perveniret noticiam, scelus arbitrabar eximium, si ex mea
negligencia dominus meus tanti carminis dulcedinem ignoraret. Cuius
quidem deliciosi dictaminis grata sententia sequitur in hec verba.
Carminis huius est tripartita divisio videlicet duorum versuum et
unius gradualis ascensus. In primo versu magister predictus per
Anastrophan loquens Iusticiam sic affatur: „O Justicia qualiter modo
disparuisti internis! Alte sedebas regum lateribus sociata lata in-
debaris profecisti cum sceptris regalibus et coronis. Nemo tibi re-
sistere poterat eo tempore. quoniam vias privatas et publicas gu-
bernabas.“ „In secundi versus principio iterum magister predictus
per Anastrophan loquitur Justicie et ipsa statim post in prosopeya
respondet et sunt hec verba que secuntur; „Quis est modo tue
corone custos? fare Justicia!“ „Certe servus meus, iniqua Potestas,
qui me annichilat et adversum me pugnat fortissime. et in eius
subsidium catervatim veniunt furta. rapine, incendia. Nam falsitas
confederavit eidem dominos, homines atque terras. Qualiter igitur
incedere debeam iam ignoro.“ Tertia vero pars, que ut premisi appel-
latur gradualis ascensus, communi modo absque figuris incedit in
hec verba: „Justicia. fides atque moralitas sunt perfidie studiis in

exilium relegate. Falsitas hylarescit, Infidelitas dilatatur. Deus creator
omnium, in adiutorium tue christianitatis intende ob profundum
livorem tuorum vulnerum et effice, quod Justicia ad hereditatis sue
locum reveniat annis nostris solacia secum ferens." Translacionem
huiusmodi reverencie paternali non fecit scribentis sedulitas tamquam
prelato ignoranti theutonicum, cum per Dei graciam nobilis illius
lingue germanice copiosam noticiam habeatis, sed quamvis a vobis
plene intelligatur materia, eciam in ipso vulgari apperire tamen volui
modos loquendi tanti et tam famosi decantantis, qui super omnes
alios hanc insignem loquelam floribus et sentenciis redimivit, ut vi-
deat vestra reverencia, non esse acceptatorem personarum ipsum
creatorem altissimum, ut vel Boemum Theutonico aut rursum Theutonicum Boemo preroget, cum ex omni gente illi solum accepti
sunt, qui sub timoris angustia et karitatis Latine domino nimium
famulantur. Hec ante festum dicta sufficiant et utinam accepta sint
presuli, cuius reverencie diriguntur etc.

V.

Magistro Nicolao Artiste Pragensi.

(Ueber den Tod Johanns, Bischof's von Olmütz, † 1380.)

(Handschrift des Wiener Staatsarchivs 183, Folio 9. Vgl. oben S. 115 Anm. 1.)

Devote dilecte. Cogit me non modicus dolor, elegiacum tibi
scriptum dirigere, videlicet reverendi in Christo patris Johannis, quon-
dam episcopi Olomucensis rhetoris et poete eximii flebilem transi-
tum, qui iratis diis in vigilia natalis domini preterita ultimum
fatum mortis persolvit. Rebar enim, quod musis propiciis inmor-
talis existeret, quibus sic suis serviebat carminibus, quas tantis laudum incollebat preconiis, qui eciam, quod earumdem dignitas requi-
rebat, in suis epistolis eas debitis sedibus collocabat, ita quod nul-
lius culpandus iniurie habebatur fueritque dignissimus ipsarum Cancellarius; sed an digne mercedem tulerit, qui jam per eas extinctus
esse cognoscitur, tibi relinquimus. Ubi tunc latitabat divorum deorum medicus Esculapius? Ubi unguentorum eius pigmenta salubria,
ubi ex Eliconeis collibus Camenis propiciis Cassia Myrtus et aliarum
thymiamatum redolenta in sue vite presidium decerpta fuerunt? Qua ob-
livione datus est tantus preco eorum? Sed ecce, quem iste mendose manes
diviserunt, superne dee gratanter tulerunt, principaliter tamen illa
dearum dea, que deum deorum meruit in sui sacrarii utero continere;

cui ipse sepius carminis odas formabat, cui canticum laudi precinebat, cui oracionum suarum supplices partes tribuebat, cui metra scandire parabat [1]). Hoc enim pro temporali varietate vitam sibi stabilem tribuit et eternam. Quapropter tibi sinceriter consulimus, ut istis amodo nugosis metriculis fidem non adhibeas, que tam preclaro viro iniuriate sunt, sed oculos ad illam intemeratam deam virginem matrem Jesu Christi gloriosam Mariam convertas, quam ille pro fide furie contremescunt, eique doxam cane, eius eciam asseclam te per bonorum operum varietatem ostende. Enim eciam et nos venerari libet, quam insuper sanctorum agmina laudare non sufficiunt. Et utinam sic ab intestato variarum scienciarum vir redimitus non decessisset, quod, si forsan possibile esset, in extrema mortis hora, prout res ceteras, disertam eius eloquii suavitatem alicui delegasset. Sed unum est, in quo consolor, quod libros suos hinc inde legatos quam plura habent monasteria, quos tu cum summa scrutari velis diligencia, ut si qui venales forent, eos libenter persolvam aliosque adiuvante Domino copiabo.

VI.

Widmung der Schrift Konrad's von Megenberg De electione Karoli IV. an Bischof Friedrich von Regensburg.

Vgl. oben S. 70 Anm. 3.

(Handschrift des Brünner Museums Nr. 51. Dieses Manuscript ist mir leider erst während des Druckes bekannt geworden.)

Reverendo in Christo patri ac domino suo generoso domino Friderico venerabili episcopo Ratisbonensi Konradus de Monte Puellarum humilis eiusdem ecclesie canonicus reverenciam tam debitam quam devotam [2]).

Novit vestra prudencia in novis ac arduis delectari animum humanum, et quia in plurimis vobis obligor graciarum accionibus, novi quid ac ardui vestre paternitati decrevi humiliter deferre. Igitur et dicam: casu accidit anno precedenti proximo, ut serenissimum nunc Imperatorem dominum K. [3]) et tunc regem Romanorum, qui

---

[1]) Johann von Neumarkt hinterliess demnach auch Lobgesänge der heil. Maria, die uns nicht mehr erhalten zu sein scheinen.

[2]) Eine Handschrift des Planctus ecclesiae desselben Autors liegt in Paris (Archiv für deutsche Gesch. VI. S. 45).

[3]) Der Brief und der Tractat sind demnach etwa 1355 geschrieben.

pie Boemie rex est, subtus bestiam quandam inmanissimam stratum flebiliter conspicerem, papas quoque et ceteros cardinalium specialiter tamen papam Johannem XXII. et Clementem sextum bestie dentibus eiusdem tamquam dentibus aprinis crudeliter dilacerari contuerer ac ego . . . . . quantum vires pauperes ministrarunt, a faucibus bestialibus papam et cardinales extraxeram et predictum regem Augustum plenis armis in equum suum tamquam honoris ascensorem reposueram meis manibus Domino cooperante, inscius facti huius nunc Cesar Augustus, inscia quoque sedes forsitan Romana. Sed hunc tractatum veluti nunccium novigerulum, mittere desideraveram tunc regi, nunc imperatori. Rex autem in eam se transtulit distanciam imperialem recepturus coronam, qua nunccius hic libellus eum porrigere minime valebat. Ingratus ergo mihi erit imperator sed absit. Nam si Nychardus olym agrestium emulus Nychardicis comediis hanc materiam exarasset, grates gratissimas a Cesare accepisset. Suscipite itaque pacis reverende tenuem hanc cartulam et eam si placet Imperatori redeunti offeratis, quem deus benedictus vobis generosum et placabilem faciat in omnibus vestris coram eo ventilandis et agendis. Amen.

VII.

De Begardis.

(Handschrift des Wiener Staatsarchivs 183. Vgl. oben S. 199 Anm. 1.)

Johannes dei gratia archiepiscopus Pragensis apostolice sedis legatus universis, ad quos presentes pervenerunt salutem in Domino. Diebus istis noviter ad nostrum pervenit audienciam, qualiter serenissimus princeps dominus Wenceslaus Romanorum rex semper augustus et Boemie rex inclitus velud princeps catholicus zelator fidei orthodoxe, quem non pretereunt subditorum incommoda, de civitate Pragensi per vicos et plateas generali edicto voce preconia Beghardos et yppocritas, quorum secte sunt quedam hereses, quibus mentes fidelium dampnabiliter inficiuntur et a via veritatis quasi recti specie abducuntur, mandavit expellere et animarum zelando salutis precepit penitus abolire. Quia tamen nonnulli alii studio malicie, quorum dampnati conceptus et a deo reprobati quasi e radice iniquitatis prodeunt, ex concepta ipsorum malicia per eorum exquisita fraudulenta ingenia huius labore hereseos devotorum corda moliuntur inficere et in ecclesia dei scandala seminare ac sub pretextu cuiusdam secte beghar-

dorum sive yppocritarum, quam ipsi beghardiam nominant, servos dei
et ancillas, prout palam est omnibus, in divine majestatis offensam
opprimere et destruere machinantur, videant tales, si recto corde
hoc ipsum aput eos agitur, si iuste ac pie concepta prosecuntur.
Non enim protinus zizania, quam inimicus hoc bono semini superse-
minat, est exstirpanda, sed usque dum messis venerit, est pocius
relinquenda, ne cum malo semine simul et bona semina evellantur.
Sane cum inter ceteras sollicitudines officii nostri et oneris esse
debeat viciorum germina de finibus nostris evellere et vite melioris
frugem inducere sancteque commissacionis studia ordinare, cunctos
igitur in Christi nomine decrevimus presentibus ammonendum; ut,
si qui sunt aut cuiuscumque status condicionis fuerunt, et quem-
piam de Beghardia accusare statuerunt, hoc ipsum coram nobis aut
vicariis nostris in spiritualibus generalibus prodeant et deducant;
in quos si probatum fuit, volumus, ut penis carceralibus, instala-
cionibus et aliis condigne iuxta exigenciam prodeatur. Si vero dela-
tores iniqui inique ac iniuste crimen devotis et innocentibus beghardie
vel yppocrisis obiecerunt et infra mensem in eos probare non potue-
runt, ex tunc in tales ipso facto excommunicacionis sentenciam volumus esse in hiis scriptam, ceterum culpa delatoris famam inno-
centum lacerare volentis . . . . secundum qualitatem excessus
penis carceralibus eo ipso astringantur, quamdiu per eos lesis et im-
famia pressis condigna satisfactione premissa fuerit satisfactum,
ne alii decreto ad similia tam defacile audeant prosilire. Datum in
castro nostro Helfenburg anno domini 1388. Die X. mensis Junii,
sigillo nostro currenti tergotenus impresso.

VIII.

Litterae Cancellarii missae cuidam famoso poetae.

(Handschrift der Wienes Hofbibliothek Nr. 3372 f. 118 Vgl. oben S. 311 Amerk. 4.)

Magister et domine. Utinam Parnasei fluminis delicato liquore
et Pegasei roris aspergine lingua scribentis imbuta germine secundo
Eliconici collis fructus uberes et Apollonis Delphici gratha thimia-
mata degustare valeret, tanto et tam famoso magistro Rethorici carminis oblectamine locuta! Et utinam illuminantis Phebi serenitas
pectoris mei latebras sua claritate purificet! Utinam Mercurii grata
benignitas plectrum lingue agilitatis sue virtute sic dirigat, ut verbi
sentenciis et rursum sentencie verborum floribus apta disposicione

respondeant, ne precipicium minetur epistola talibus et tam magni-
fici examinantis [1]) presentanda conspectibus; sed sic ante progressum
igne racionis decocta de pura resolvatur inprimis, ne in tanti con-
flatoris ignibus pudibunda sordicie liquefiant. Etenim preclare magister,
sicud apothecarii vestri tenebatur [2]) assercio, cum penetralia vestre
mentis sint favore divino apta quidem, grandes invenire matérias,
inventas disponere et flore rethorico vestire dispositas, et elocuta
memorie commendare et dulcis plectri modulamine pronuncciare no-
verint memorata; non indigne vobis supplicat scribentis affeccio,
ut musarum cantus dulcifluos in omni genere doctrine virentes et in
hiis cordis, unde thesaurizat nobilitas auris, Cancellarii Imperialis
recitacione suscipiamus. Inter magistralis mense vestre deliciosas
epistolas splendidis letetur conviviis et prerogato nectare poetalis
facuudie inebrietur. Nam si magistralis dignacio humilitatem suppli-
cantis amici resalutaret epistolis, inter felices merito numerabilis
essem etc.

---

[1]) Die Handschrift liest examinandis.

[2]) Die Handschrift liest tenebant. Dieser Apotheker ist Angelus von
Florenz.

Register.

Druck von Hirschfeld.